Just go

방콕

노소연 지음

시공사

작가의 말

Just go 방콕 독자들에게

2001년 동남아 배낭여행을 시작으로, 일 년에도 몇 번이고 들락거리던 방콕. 지금까지 여권에 찍힌 도장만 50개가 넘을 것 같네요. 유럽을 갈 때도 일부러 방콕을 경유할 만큼 제게 방콕은 너무나 매력적인 도시입니다. 주머니가 가벼운 장기 여행에도 저렴한 가격으로 배를 채우고 소박하게 마사지를 받을 수 있었던 배낭여행 시절의 즐거웠던 경험과 인연으로 지금까지도 방콕은 저의 베스트 여행지 중 하나가 되었습니다.
남들보다 방콕에 대해 많이 알고 좋아한다는 이유로 책을 집필하게 되었지만, 취재를 위해 방콕 구석구석을 돌아다니면서 내가 알고 있던 것보다 방콕은 훨씬 화려하고 다이내믹한 도시라는 것을 알게 되었고 그 매력에 더욱더 빠져들게 되었습니다.
'어메이징 타일랜드'라는 광고 카피가 떠오르는군요. 태국을 한마디로 표현하라면 가장 알맞은 말이 아닐까 생각합니다. 두 번, 세 번 가면 갈수록 빠져들게 되는 나라 태국, 알면 알수록 재미를 더하는 도시 방콕에 꼭 한 번 가보지 않으실래요.

Special Thanks to

항상 응원해주고 배려해주는 나의 사랑하는 가족, 기나긴 취재 기간 쓸쓸할 뻔했던 식사를 함께해준 현진, 승택 삼촌, 승애, 현석 부부와 은정 언니, 정하진, 소중한 사진을 협찬해준 창엽과 유리, 방콕만 5번 함께 여행한 친구 소영, 8년 만에 방콕에서 다시 만난 방콕 마니아 동건, 태국어 발음을 교정해주고 바뀐 정보의 업데이트를 도와준 방콕 홍익여행사의 염소 오빠와 써니, 잠자리가 없을 때마다 항상 날 반겨주는 보영과 동주 오빠, 일 년 전 가장 힘들

때 다시 원고를 쓸 수 있게 응원해준 노커팅, 손현숙, 정아 언니, 날아간 사진 때문에 고민할 때 사진 제공에 힘써 준 민희, 개정 작업에 힘써 준 태국 친구 으앙, 샛별, Ticker, 뿌이 그밖에 도움 주신 쏭크라 대학 졸업생들, 한국에서 항상 응원하며 늘 힘이 되어 주는 나의 소중한 친구, 선배, 후배들 모두 감사합니다.
마지막으로 좋은 책을 만들 수 있도록 여기까지 이끌어 주신 시공사의 원경혜님과 책을 예쁘게 디자인해 주신 성현진님, 지도를 그려주신 김은정님 감사드립니다.

글·사진 노 소 연

유럽 배낭여행을 시작으로 러시아, 태국, 베트남, 캄보디아, 라오스 등지로 배낭여행을 다녔다. 일하면서 틈틈이 시간을 내어 40여 개국을 돌아다녔고 다시 여유가 된다면 더 많은 곳을 둘러보고 싶은 것이 소망이다. 〈홍콩 주말여행 100배 즐기기〉와 〈시크릿 싱가포르〉, 〈홍콩 주말여행 코스북〉, 〈해외 쇼핑 TOP LIST 710〉을 썼다.
앞으로도 좋아하는 나라, 도시를 더 많이 소개하고 싶다. 여행을 통해 많은 것을 배웠고 좋은 사람들을 만나서 행복하다.

CONTENTS

특별부록
① 초대형 휴대지도
② 휴대용 방콕 미니 지도책
③ 각종 할인 쿠폰

베스트 오브 방콕
Best of Bangkok

방콕 삼매경 Day & Night ········ 12	여행자도 이용하기 쉬운 푸드 코트 ········ 45
방콕에서 꼭 가봐야 할 관광명소 ········ 16	방콕에서 쇼핑하기 좋은 곳 베스트 5 ········ 46
방콕에서 꼭 해봐야 할 10가지 ········ 18	강력 추천! 방콕의 쇼핑 아이템 ········ 47
한국인이 좋아하는 태국 음식 베스트 10 ········ 20	짜뚜짝 주말 시장 vs 아시아티크 ········ 50
다양한 태국 음식 알아두기 ········ 23	방콕 로컬들이 즐겨 찾는 야시장 ········ 56
태국 스타일의 디저트 ········ 25	순박한 매력의 수상 시장 ········ 58
방콕에서 꼭 맛봐야 할 열대 과일 ········ 26	아기자기한 수퍼마켓 쇼핑 ········ 60
방콕의 추천 레스토랑 베스트 10 ········ 28	편의점에서 사먹는 간식 ········ 64
브런치 하기 좋은 곳 베스트 4 ········ 30	저렴하고 실용적인 드러그스토어 쇼핑 ········ 65
달콤하고 시원한 디저트 숍 베스트 3 ········ 31	개성 넘치는 태국 디자이너 브랜드 ········ 66
달콤한 휴식의 시간, 애프터눈 티 ········ 32	방콕에서만 해볼 수 있는 특별한 체험 ········ 68
야경이 아름다운 강변 레스토랑 ········ 36	방콕의 로맨틱한 야경 명소 베스트 6 ········ 70
강 위의 로맨틱한 시간, 디너 크루즈 ········ 40	몸과 마음이 행복해지는 마사지 ········ 72
서민의 먹거리, 포장마차 ········ 42	방콕의 추천 마사지 숍 베스트 5 ········ 76

방콕에서 놓칠 수 없는 멋진 쇼	78
방콕에서 묵어보고 싶은 특별한 호텔	80
방콕 1일 여행 코스	82
일정별 방콕 여행 코스	88

방콕 여행의 시작
Good Start

태국 입국하기	94
공항에서 시내로 가는 법	97
한국으로 귀국하기	100
방콕의 시내교통	102

방콕
Bangkok

방콕 지역 가이드	112
쑤쿰윗	114
– 나나~아쏙	116
관광	117
쇼핑	118
맛집	120
나이트라이프	134
마사지	137
– 프롬퐁~텅러~에까마이	142
관광	143
쇼핑	145
맛집	148
마사지	163
나이트라이프	170
씨암	172
관광	175
쇼핑	179
맛집	186
나이트라이프	195

칫롬 & 펀칫	196
관광	198
쇼핑	199
맛집	204
나이트라이프	211
마사지	214
싸톤 & 씰롬	216
관광	219
맛집	221
나이트라이프	234
마사지	241
랏따나꼬씬	242
관광	245
방람푸	254
관광	256
맛집	260
나이트라이프	264
두씻	266
관광	269
톤부리	274
관광	277
차이나타운	280
관광	283
쇼핑	286
맛집	289

방콕 근교 투어	290
담넌 싸두악 수상 시장 +로즈 가든	
+쌈프란 동물원 투어	290
매끌렁 기차 시장+암파와 수상 시장	
+반딧불 투어	292
깐짜나부리 투어	293
아유타야 투어	294
무앙 보란 투어	297
파타야 투어	297

파타야
Pattaya

파타야 가는 법	300
추천 여행 코스	303
관광	304
맛집	307
마사지	312
나이트라이프	313

방콕의 숙소
Hotel Guide

숙소 선택하기 ·· 316
게스트하우스 · 유스호스텔
쑤쿰윗 ·· 319
카오싼 로드 · 방람푸 ··· 319
씨암 ·· 321
호텔
쑤쿰윗 ·· 322
싸톤 · 씰롬 ·· 332
씨암 · 빠뚜남 ·· 334
칫롬 · 펀칫 ·· 336
짜오프라야 강변 ·· 339
파타야의 숙소 ·· 341

태국 여행 기초 정보
Basic Information

태국의 기초 정보 ··· 346
태국의 관습과 예절 ······································· 350
태국의 역사 ·· 352

방콕 여행 준비
Prepare to Travel

여권과 비자 ·· 358
여행자 보험 ·· 360
각종 증명서 ·· 361
환전과 여행 경비 ·· 362
면세 쇼핑 ··· 364
짐 싸기 ··· 365
공항 가는 법 ·· 368
출국 수속 ··· 370
위급한 상황에 대처하기 ······························· 373
태국어 여행회화 ·· 374
찾아보기 ·· 376

Just go
이렇게 보세요

★ 관광명소 정보 ★

SIGHTSEEING 페이지에는 방콕 및 근교 도시의 관광명소를 소개합니다. 각 명소에는 중요도와 추천도에 따라 별점(★)을 0~3개로 매겼습니다. 처음 방문하는 여행자들은 여행 일정을 짜는 데 참고하면 됩니다.

★ 상업시설 정보 ★

저자가 추천하는 식당·상점·마사지 숍·클럽·바 등을 소개합니다. 이 책에 소개된 곳 중 유명 음식점이나 호텔 내의 레스토랑 및 바에서는 부가세(7%)와 서비스 차지(10%)가 별도로 붙는 경우가 대부분입니다.
♥강추 이름 옆에 강추 표시가 있는 곳은 저자가 강력히 추천하는 곳입니다. 여행 계획을 세우는 데 참고하기 바랍니다.

★ 숙소 정보 ★

카오싼 로드와 방람푸 등지의 저렴한 게스트하우스부터 세련된 디자인 호텔과 합리적인 시티호텔, 세계적 명성의 최고급 호텔에 이르기까지 다양한 예산별 숙소를 지역별로 보기 쉽게 소개합니다. 숙박비는 예약 경로나 방법, 여행의 시기, 각종 숙박 플랜 등에 따라 달라지니 유의하기 바랍니다.

★ 태국어 발음

이 책에 쓰여진 태국어는 현지인들이 사용하는 실제 발음을 한글로 최대한 비슷하게 표기했습니다. 하지만 태국어에는 성조가 있어서 표기와는 조금 다르게 들릴 수도 있습니다.

★ 알아두면 좋은 태국어 ★

타논 Thanon Road 또는 Street을 태국어로는 '타논'이라고 말하는데 이 책에서는 쉬운 이해를 위해 Rd(Road의 줄임말)로 표기했습니다. 실제 방콕에 가면 간판이나 현지 안내서에 '타논'이라고 표시하는 곳들도 많습니다.
쏘이 Soi 타논을 중심으로 그 사이사이의 골목길을 '쏘이'라고 부릅니다.
타 Tha 수상 보트 선착장을 말합니다. 영어로 Pier라고 표기하기도 합니다.

★ 가는 방법에 대하여 ★

이 책에 표기된 교통수단의 소요시간은 평균 시간이며, 도로가 막히는 시간에는 좀 더 소요될 수 있습니다. 택시의 경우 그에 따라 요금도 올라갈 수 있습니다.

★ 지도 보는 법 ★

관광명소와 음식점, 상점, 숙소 정보에는 MAP 정보가 있습니다. MAP P.7-C라고 표기된 곳은 별책부록인 지도책의 7페이지 C구역 안에서 찾을 수 있습니다.

이 책에 실린 모든 정보는 2018년 3월까지 취재한 내용을 바탕으로 하고 있습니다. 요금, 입장료, 영업시간, 전화번호, 교통정보 등은 이후 현지 사정으로 변동될 수 있으므로 유의하기 바랍니다.
문의 편집부 travel@sigongsa.com 저자 노소연 0630noh@naver.com

Best of Bangkok
베스트 오브 방콕

방콕 삼매경 Day & Night　12
방콕에서 꼭 가봐야 할 관광명소　16
방콕에서 꼭 해봐야 할 10가지　18
한국인이 좋아하는 태국 음식 베스트 10　20
다양한 태국 음식 알아두기　23
태국 스타일의 디저트　25
방콕에서 꼭 맛봐야 할 열대 과일　26
방콕의 추천 레스토랑 베스트 10　28
브런치 즐기기 좋은 곳 베스트 4　30
달콤하고 시원한 디저트 숍 베스트 2　31
달콤한 휴식의 시간, 애프터눈 티　32
야경이 아름다운 강변 레스토랑　36
강 위의 로맨틱한 시간, 디너 크루즈　40
서민의 먹거리, 포장마차　42
여행자도 이용하기 쉬운 푸드 코트　45
쇼핑하기 좋은 곳 베스트 5　46

강력 추천! 방콕의 쇼핑 아이템　47
짜뚜짝 주말 시장 vs 아시아티크　50
방콕 로컬들이 즐겨 찾는 야시장　56
순박한 매력의 수상 시장　58
아기자기한 수퍼마켓 쇼핑　60
대표 쇼핑 거리　90
편의점에서 사 먹는 간식　64
저렴하고 실용적인 드러그스토어 쇼핑　65
개성 넘치는 태국 디자이너 브랜드　66
방콕에서만 해볼 수 있는 특별한 체험　68
방콕의 로맨틱한 야경 명소 베스트 6　70
몸과 마음이 행복해지는 마사지　72
방콕의 추천 마사지 숍 베스트 5　76
방콕에서 놓칠 수 없는 멋진 쇼　78
방콕에서 묵어보고 싶은 특별한 호텔　80
저스트고가 추천하는 방콕 여행 코스　82

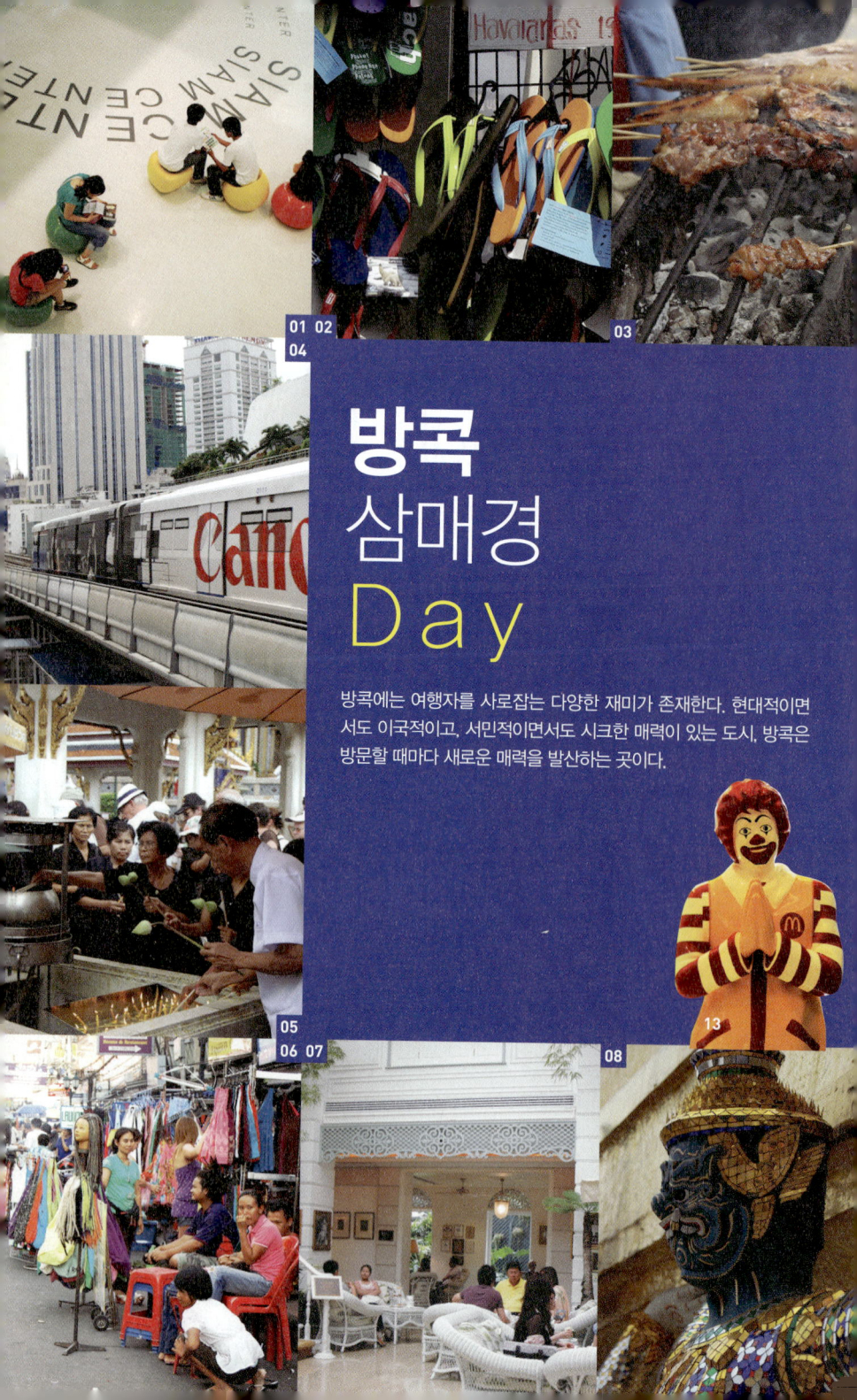

방콕
삼매경
Day

방콕에는 여행자를 사로잡는 다양한 재미가 존재한다. 현대적이면서도 이국적이고, 서민적이면서도 시크한 매력이 있는 도시, 방콕은 방문할 때마다 새로운 매력을 발산하는 곳이다.

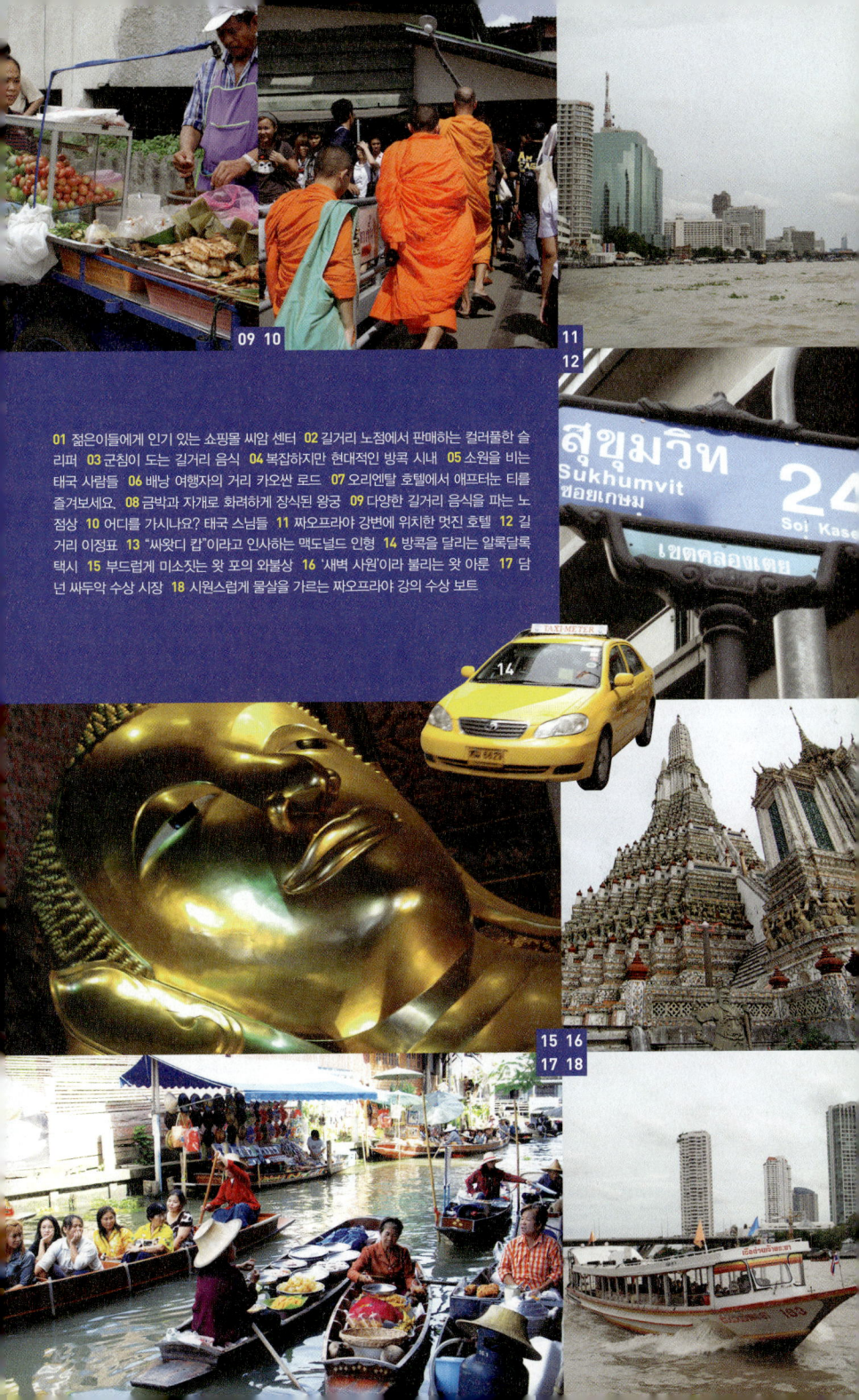

01 젊은이들에게 인기 있는 쇼핑몰 씨암 센터 02 길거리 노점에서 판매하는 컬러풀한 슬리퍼 03 군침이 도는 길거리 음식 04 복잡하지만 현대적인 방콕 시내 05 소원을 비는 태국 사람들 06 배낭 여행자의 거리 카오싼 로드 07 오리엔탈 호텔에서 애프터눈 티를 즐겨보세요. 08 금박과 자개로 화려하게 장식된 왕궁 09 다양한 길거리 음식을 파는 노점상 10 어디를 가시나요? 태국 스님들 11 짜오프라야 강변에 위치한 멋진 호텔 12 길거리 이정표 13 "싸왓디 캅"이라고 인사하는 맥도널드 인형 14 방콕을 달리는 알룩달룩 택시 15 부드럽게 미소짓는 왓 포의 와불상 16 '새벽 사원'이라 불리는 왓 아룬 17 담넌 싸두악 수상 시장 18 시원스럽게 물살을 가르는 짜오프라야 강의 수상 보트

01

방콕
삼매경
Night

방콕의 밤은 화려하다. 매혹적인 춤과 노래로 우리를 사로잡는 칼립소 쇼, 스타일리시한 클럽과 바, 로맨틱한 야경이 아름다운 레스토랑 등 신나는 나이트라이프가 가득하다.

01 밤 거리를 환하게 밝히는 노점상들 **02** 예쁜 언니들(?)의 멋진 무대 칼립소 쇼 **03** 카오싼 로드는 밤에도 사람들로 북적인다. **04** 새롭게 떠오르는 야경 명소, 레드 스카이 **05** 야경이 아름다운 레스토랑 씨로코 **06** 라이브 바에서 열창하는 여가수 **07** 버티고에서 바라보는 아름다운 야경

02
03

JUST GO's PICK

방콕에서
꼭 가봐야 할 관광명소

짧은 일정 내에 알찬 관광을 즐기기 원하는 여행자들에게는 역사 명소를 추천한다. 대부분의 역사 명소는 방콕에 모여 있기 때문에 반나절 정도 시간을 들이면 충분히 둘러볼 수 있다. 후회 없는 방콕 여행을 위해서는 아래 관광명소 세 곳은 꼭 놓치지 말고 방문하자.

1 왕궁 & 왓 프라깨우
Grand Place & Wat Phra Kaew P.245

왕실의 연회장이었던 짜끄리 마하 프라쌋

방콕에서 꼭 가봐야 할 명소 중 첫 번째로 꼽히는 왕궁. 태국인들이 신성하게 여기는 장소이므로 외국인이라도 예의를 갖추어야 한다. 반바지 및 민소매 차림으로는 입장이 불가하다. 입장하자마자 왼쪽에 제일 먼저 보이는 황금색 둥근 탑은 프라씨 랏따나 쩨디로, 부처님의 가슴뼈가 보존되고 있는 것으로 유명하다.

왕궁을 지키는 경비병들

왕실 사원인 왓 프라깨우에는 에메랄드 불상이 모셔져 있는데, 태국 국왕이 일 년에 세 번, 계절에 맞는 옷을 갈아입히는 의식을 치른다. 라마 1세 때 지어진 프라 마하 몬티안과 라마 1세 시신을 안치하기 위해 지어진 두씻 마하 쁘라쌋 놓치지 말고 꼭 둘러보자.

왓 프라깨우

2 왓 포
Wat Pho   P.249

16세기에 건립된 가장 오래된 사원. 안에는 편안한 미소의 금빛 와불상이 있다. 라마 3세 때 만든 와불상은 16년 7개월 동안의 복원 작업을 거친 것으로 길이 46m, 높이 15m로 매우 거대하다. 와불상의 발바닥을 자세히 들여다보면 108개의 조각이 새겨진 것을 볼 수 있는데, 이것은 백팔번뇌를 의미한다.

사원 밖을 천천히 돌아보는 것도 좋다. 왕, 고승 등의 유골이나 사리를 모신 쩨디 95개가 사원 내에 우뚝 서 있다. 또 하나 유명한 것은 왓 포 타이 마사지 스쿨. 태국은 마사지가 유명한데 왓 포에서는 태국의 전통 마사지법을 전수받을 수 있으며 왓 포 마사지를 받아볼 수도 있다.

3 왓 아룬
Wat Arun   P.277

'새벽 사원'이라고 불리우는 작은 사원. 짜오프라야 강 건너편에 있어 보트를 타고 가야 한다. 탑에 붙여진 아름다운 조각은 중국 상인들이 버리고 간 자기로 만든 것이다.

낮에는 햇빛에 의해 반짝이고, 밤에는 주변에서 쏘아 올린 조명으로 아름답게 빛난다. 왓 아룬 위에서 내려다보는 풍경도 아름답지만, 밤에 짜오프라야 강 건너편에서 바라보는 왓 아룬은 더욱 아름답다.

왓 포의 와불상

JUST GO's PICK

방콕에서
꼭 해봐야 할 10가지

완벽한 방콕 여행을 위한 필수 조건은 무엇일까? 방콕에서 할 일은 무궁무진하지만 여행자에게 시간은 한정적이다. 방콕이기에 가능하고, 방콕이기에 놓치지 말고 꼭 해봐야 하는 몇 가지를 소개한다. 방콕을 한 번 방문했던 여행자들을 다시 방콕으로 이끄는 매력을 경험해보자.

1 마사지 체험
P.72

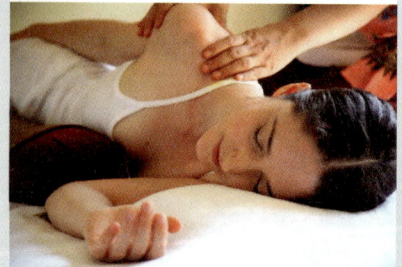

태국 마사지는 세계적으로 유명하다. 방콕에서 마사지를 체험한 사람들은 그 손맛을 잊지 못해 또 찾게 된다. 저렴한 가격과 숙련된 마사지 솜씨를 자랑하는 태국에서 일상의 스트레스와 피로를 날려버리자.

2 길거리 음식 맛보기
P.42

방콕의 길거리 음식에 도전해보자. 한 끼 식사로 그만인 쌀국수, 볶음국수 팟타이, 쏨땀과 잘 어울리는 치킨 요리 까이양 등 그 맛에 반해 어느새 태국 마니아로 변할지 모른다.

3 칼립소 쇼 관람
P.78

날씬하고 예쁜 트랜스젠더들의 매력적인 공연. 부러울 만큼 예쁜 언니들의 교태와 애교 넘치는 쇼, 멋진 춤을 보는 것도 태국에서 놓쳐서는 안 될 볼거리 중 하나이다.

4 카오싼 로드 헤매기
P.256

배낭여행자의 거리로 알려졌던 카오싼 로드는 이제 어엿한 관광명소로 자리 잡았다. 거리를 배회하며 전 세계 여행자들과 여행정보를 나누는 것조차 여행의 일부가 되었다. 왕궁과 가깝고 먹거리가 저렴한 것도 인기 요인.

5 짜뚜짝 주말 시장 탐험
P.50

방콕 최대 규모의 시장으로, 활기차고 흥미로운 곳이다. 매우 넓고 미로처럼 복잡한 탓에 고생스럽기도 하지만, 저렴한 쇼핑 아이템과 맛있는 길거리 음식은 놓치기 아쉽다.

6 짜오프라야 강의 디너 크루즈
P.40

짜오프라야 강의 낭만적인 야경을 즐길 수 있는 디너 크루즈. 유유히 물살을 가르는 유람선을 타고 방콕의 아름다운 야경을 감상하면서 뷔페 식사를 할 수 있다.

7 로맨틱한 나이트라이프 즐기기
P.70

방콕에는 멋진 루프 톱 레스토랑과 바가 많다. 씨로코, 버티고, 레드 스카이는 이미 모르는 사람이 없을 정도. 칵테일을 한잔하면서 야경을 즐길 수 있어 추억 만들기에 최고의 장소이다.

8 유럽풍 야시장 아시아티크 방문
P.54

짜오프라야 강변에 위치한 아시아티크는 세련된 유럽 분위기에서 즐거운 밤 시간을 보낼 수 있는 곳이다. 기념품 숍과 레스토랑 외에 칼립소 쇼, 무에타이 쇼 공연장도 있다.

9 방콕의 풍성한 음식 체험하기
P.10~45

방콕은 태국 음식뿐 아니라 이탈리아, 프랑스, 일본 등 세계 각지의 음식을 맛볼 수 있는 미식의 천국이다. 태국의 풍부한 식재료로 만들어 본토의 맛을 즐길 수 있고 가격도 저렴하다.

10 방콕 근교 일일 투어 하기
P.290

여행사 투어 프로그램에 참여하면 방콕 근교를 저렴하고 편하게 여행할 수 있다. 방콕 시내에서 느끼지 못한 이색 체험이 가능하다. 방콕을 처음 방문하는 사람에게 추천한다.

JUST GO's PICK

한국인이 좋아하는 태국 음식 베스트 10

신선하고 풍부한 재료를 바탕으로 다양한 조리법을 활용해 만드는 태국 요리. 친근하면서도 이국적인 맛은 여행을 한층 풍요롭게 한다. 태국을 대표하는 음식이자 향신료에 민감한 한국인들이 편하게 먹을 수 있는 요리 베스트 10을 소개한다.

1 뿌 팟 퐁까리
Poo Phat Phong Kari

한국인들이 가장 좋아하는 태국 음식으로 꼽는 뿌 팟 퐁까리. 살이 통통하게 오른 먹음직스러운 게를 삶아 커리 소스와 달걀, 채소를 넣어 함께 볶은 요리다.

2 쏨땀
Som Tam

쏨땀

얇게 채 썬 그린 파파야, 말린 새우, 땅콩, 매운 쥐똥고추에 '남쁠라'라는 생선 소스를 넣어 절구통에 찧어 만든 태국식 샐러드. 그 집만의 특별한 소스를 발라 먹음직스럽게 구워 내는 치킨 요리인 까이양과 곁들여 먹으면 더욱 맛있다.

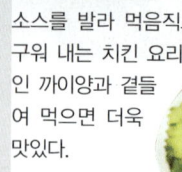

까이양

뿌 팟 퐁까리

3 팟타이
Phat Thai

쌀국수를 주재료로 각종 채소와 달걀, 태국식 유부 등을 넣어 만드는 태국식 볶음국수. 큰 새우를 넣어 만들면 '팟타이 꿍', 해물을 넣어 만들면 '팟타이 탈레'라고 부른다.

4 꾸에이띠여우
Kuaytiaw

태국인들이 간단하게 한 끼 식사를 해결할 때 즐겨 먹는 것이 바로 쌀국수다. 우리나라 사람들은 특히 국물이 있는 쌀국수를 선호한다. 대부분 쌀국수는 국물이 있는 것으로 알고 있지만 비빔국수도 있다. 쌀국수의 면은 개인 취향에 따라 가는 면, 중간 면, 굵은 면 중 고를 수 있으며, 고명도 닭고기, 돼지고기, 소고기, 어묵 등 다양하다.

5 똠얌꿍
Tom Yum Kung

세계 3대 수프 중 하나로 선정된 태국의 대표 음식. 매콤한 똠얌 국물과 향긋하고 새콤한 라임 향이 어우러진 수프로 우리나라로 치면 찌개와 비슷하다.

6 수끼
Suki

'MK 수끼'로 잘 알려진 수끼는 육수에 각종 채소, 어묵, 고기 등 여러 가지 재료를 넣어 끓여 먹는 샤부샤부 스타일의 음식이다. 여러 명이 함께 푸짐하게 끓여 먹는 재미를 느낄 수 있다.

7 까오 팟
Khao Phat

한국 사람들이 가장 좋아하는 태국식 볶음밥. 재료에 따라 이름이 조금씩 달라진다. 닭고기 볶음밥은 '까오 팟 까이', 게살 볶음밥은 '까오 팟 뿌', 왕새우 볶음밥은 '까오 팟 꿍'이라 부른다.

9 싸테
Satay

돼지고기나 닭고기를 한입에 먹을 수 있는 크기로 작고 얇게 썰어 커리와 코코넛으로 만든 소스를 발라 숯불에 구워 낸 음식이다. 한국의 꼬치구이와 비슷하다.

8 얌 운쎈
Yum Wunsen

당면과 비슷한 얇은 국수와 해물, 채소 등 다양한 재료를 넣어 매콤 새콤하게 버무려 먹는 태국 스타일 샐러드. 본격적으로 식사를 시작하기 전 입맛을 돋우는 애피타이저 역할을 한다.

10 커리
Curry

밥이나 로티(태국식 크레이프)와 함께 먹으면 좋은 음식. 레드 커리, 그린 커리 등 여러 종류가 있다. 매콤한 맛을 좋아하는 우리나라 사람들에게도 잘 맞는 음식으로 채소, 코코넛밀크, 칠리로 만들어 굉장히 부드럽다.

TIP

태국인들의 맥주 사랑

태국인들은 맥주를 무척 좋아한다. 가장 유명한 브랜드는 싱하(Singha) 맥주인데, 태국 시장의 절반 이상을 차지한다. 태국말로는 '비아 씽'이라고 부른다. 그외에도 창(Chang), 클로스터(Kloster), 레오(Leo) 등 다양한 태국 맥주가 있다. 날씨가 더운 나라답게 맛이 드라이해서 태국 음식과 잘 어울린다.

JUST GO's PICK

다양한 태국 음식 알아두기

김치 대국인 우리나라를 능가할 정도로 태국인의 고추 소비량은 세계 제일이다. 태국 음식은 매콤하다는 인상이 있지만, 매운맛뿐 아니라 단맛과 신맛도 있다. 대도시 방콕의 음식은 비교적 부드러운 편이나, 남부나 동북부(이싼) 지방은 매운맛이 강한 편이다. 맛이 분명하다는 것도 태국 음식의 특징 중 하나이다. 매운맛, 신맛, 단맛이 섞여 있어도 각각의 맛이 확실하게 느껴진다.

태국 음식은 크게 서민 음식과 궁중 음식으로 나뉘는데 실제로는 먹는 장소나 담아내는 방법, 맛내기 등이 다를 뿐 내용은 거의 같다. 중국에서 남하해 온 민족이 태국인이 되었다는 설이 있듯이, 태국 음식에 가장 큰 영향을 준 것은 중국 음식이다. 중국에서 많은 사람들이 들어온 영향인지, 중국 음식과 종류도 거의 같다. 볶음류는 특히 그런 경향이 강하다.

◎ 음식 재료

돼지고기 무	생선 쁠라	야채 팍
소고기 느아	조개, 굴 허이	모닝글로리 팍붕
닭고기 까이	모시조개 허이라이	마늘 끄라티암
계란 카이	게 뿌	고추 프릭
오리고기 느 아뺏	홍합 허이 말랭 푸	완두콩 투아 란 따우
해산물 탈레	바닷가재 꿍 망껀	배추 팍 깟 카오
오징어 쁠라묵	쌀밥 카오빠우	옥수수 카오폿
새우 꿍	찰밥 카오니야우	땅콩 투아리송
생새우 꿍쏫	당면 운쎈	라임 마나오
말린 새우 꿍행	두부 따오후	긴 콩 투아 확 야우

◎ 요리법

볶다 팟
굽다 삥
튀기다 텃
찌다 능
삶다 똠

음식 종류

{ 찌개 }
국물 있는 음식

프릭 깽 키여우 완
고추를 넣어 매콤하게 만든 그린 커리.

깽 키여우 완
코코넛밀크를 넣은 초록색 커리로 주문 시 '그린 커리'라고 말해도 알아듣는다.

똠 카 까이
코코넛밀크가 들어간 닭고기 커리로, 맛은 상당히 부드럽다.

깽쯧
김, 연두부를 넣은 맑은 수프로 맛이 담백하다.

프릭 깽 키여우 완

{ 샐러드 }
얌은 '섞다'라는 뜻으로 샐러드를 말한다.

얌 투아 푸 새우, 코코넛밀크, 채소를 넣은 샐러드. 맛은 시고 달다.

얌 쏨오 자몽으로 만든 샐러드로 상큼한 맛이다.

얌 탈레 해산물 샐러드를 말한다.

{ 해산물 요리 }

꿍(뿌) 옵 운쎈 새우(게)와 당면을 찐 요리로 짭쪼름해서 맛있다.

꿍 파오 새우구이. '꿍'은 새우이고 '파오'는 구이라는 뜻.

어쑤완 굴 볶음으로, 달걀 등을 넣어 요리해서 한국인 입맛에도 맞다.

허이라이 팟 남프린 파우 모시조개와 불에 구워서 빻은 고추를 함께 볶은 음식. 매콤해서 밥 반찬으로 안성맞춤이다.

허목 으깬 생선과 코코넛 밀크를 넣어 찐 음식

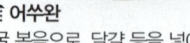

텃만 꿍 으깬 새우를 동그랗게 만들어 튀긴 것

카이 찌여우 허이 낭롬 굴과 달걀을 섞어 만든 굴 부침으로 어쑤완과 비슷해 보이지만 좀 더 부침개 같아 보인다.

쁠라 텃 끄라띠얌 생선과 마늘을 함께 튀긴 음식으로 적당한 마늘향이 입맛을 살린다.

꿍 채 남쁠라 생새우에 라임, 마늘 등과 함께 소스를 얹어 먹는다.

{ 육류 }

까이양 숯불에 구운 닭고기. 양념을 발라 구워 맛있다. 쏨땀과 함께 먹으면 좋다.

씨컨 무 양 양념을 발라서 구운 돼지갈비. 우리나라의 돼지갈비와 비슷하다.

팟카 파우 무쌉 돼지고기와 향긋한 채소인 팟카 파우를 짭조름하게 볶은 반찬.

까이 허 바이떠이 닭고기를 바이떠이 잎에 싸서 튀긴 닭 요리.

{ 밥 또는 죽 }

카오 옵 쌉빠롯

카오 옵 쌉빠롯 속을 파 낸 파인애플에 담겨 나오는 볶음밥으로 달콤한 맛이다.

카오 랏 까이 닭고기로 만든 중국식 닭고기덮밥.

카오 똠 아침 식사나 야식으로도 많이 먹는 죽 요리. 해산물을 넣은 죽은 '카오 똠 탈레'이며 재료에 따라 이름이 달라진다.

카오 카 무 간장 양념을 해 짭쪼름한 족발을 먹기 좋게 썰어 올린 덮밥.

쪽 간 쌀을 푹 끓여 묽고 부드러운 죽. 돼지고기나 돼지 내장 등을 넣어 만든다.

{ 국수 }

팟씨유 간장 양념에 국수를 넣어 볶은 음식으로 돼지고기를 넣고 볶은 것이 가장 일반적이다.

{ 채소 요리 }

팟 팍붕 화이댕

팟 팍붕 화이댕 채소 '모닝글로리'를 볶은 것

팍 팟 루엄밋 오이스터 소스를 이용한 채소볶음.

까이 팟 맷 마무앙 캐슈넛 등을 다양한 채소와 함께 볶은 요리.

JUST GO's PICK

태국 스타일의
디저트

태국 사람들은 우리나라 못지 않게 매운 음식을 좋아한다. 그래서인지 디저트로는 단맛을 선호한다. 태국의 디저트는 과일이나 콩 같은 자연식품을 기본 재료로 하고 설탕이 많이 들어가는 것이 특징이다. 일반적으로 포장마차에서 파는 디저트는 단맛이 강하고, 고급 레스토랑에서는 단맛을 약간 줄이는 경향이 있다.

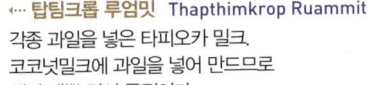

탑팀크롭 루엄밋 Thapthimkrop Ruammit
각종 과일을 넣은 타피오카 밀크.
코코넛밀크에 과일을 넣어 만드므로
색이 예쁜 것이 특징이다.

끌루아이 부아치
Kluai Buat Chi
코코넛밀크에
바나나를 넣고 조린 디저트.
뜨거운 바나나 맛이 이색적이다.

확텅 부엇
Fakthung Buat
코코넛밀크에 호박을 넣고
조린 디저트.

프악 부엇
Puak Buat
타로토란을 코코넛밀크에
넣고 조린 디저트.

카오니야우 투어담
Kaoniao Tuadam
찹쌀과 검정콩으로 만든 것으로,
달콤한 맛이 난다.

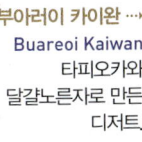

부아러이 카이완
Buareoi Kaiwan
타피오카와
달걀노른자로 만든
디저트.

카오니야우 마무앙
Kaoniao Mamuang
찹쌀밥에 잘 익은 망고를 얹은 디저트.
역시 코코넛밀크가 들어간다.

베스트 오브 방콕 **25**

JUST GO's PICK

방콕에서
꼭 맛봐야 할
열대 과일

일 년 내내 따뜻한 날씨가 이어지는 태국은 열대 과일의 천국이다. 우리나라에서는 쉽게 접할 수 없거나 비싸서 엄두를 낼 수 없던 싱싱한 열대 과일. 잘 익은 제철 과일들을 10~50B의 저렴한 가격으로 길거리에서 사서 먹을 수 있고, 과일로 만든 셰이크와 아이스크림도 어디에서나 쉽게 만날 수 있다. 여행 중 부족한 영양도 보충하고, 알록달록 각양각색의 과일들을 골라 먹는 재미도 누려 본다면 여행의 즐거움이 배가될 것이다.

망고스틴 Mangosteen
한 번 맛보면 잊을 수 없는 달콤함에 매료되는 태국의 대표 과일. 탐스러운 자주색 껍질을 벗기면 드러나는 하얀 마늘 같은 속살은 부드럽고 달달하다. 신선할수록 수분이 풍부하다. 태국말로는 '망쿳'이라고 부른다.

망고 Mango
망고는 잘 익으면 노란색이 된다. 수퍼마켓이나 길거리 노점에서 껍질과 씨를 제거해 먹기 편리하게 판매한다. 과즙이 풍부하고 맛이 달아 남녀노소 모두가 좋아한다. 우리나라에서 쉽게 볼 수 없는 그린 망고는 딱딱한 상태에서 먹으면 아삭아삭 씹히는 맛이 최고다.

두리안 Durian
고약한 냄새로 인해 처음부터 쉽게 친해지긴 힘든 과일이다. '냄새는 지옥, 맛은 천국'이라는 표현을 쓸 정도로 맛에 한 번 빠지면 쉽게 빠져나올 수 없는 마성의 과일. 그러나 코를 찌르는 지독한 냄새 때문에 호텔에서는 반입을 금지한다. 거리나 수퍼마켓에서는 껍질을 벗겨 먹기 좋은 상태로 포장해 파는데, 잘 익었는지 물어보고 구입하는 것이 좋다.

람부탄 Rambutan
태국말로는 '응어'라고 부른다. 고슴도치처럼 껍질에 난 털이 복슬복슬한데 따갑지 않고 부드럽다. 껍질을 까서 하얀 속살만 먹는다. 신선할수록 당도가 높고 과즙이 많다.

파파야 Papaya
크고 길쭉한 생김새를 가진 열대 과일. 우리에게는 낯선, 조금 독특한 냄새가 나지만 마니아들에게는 이 냄새마저 향기롭게 느껴진다고. 노점에서 파파야 주스나 껍질을 벗겨 포장한 상태로 판매해 쉽게 사먹을 수 있다. 껍질이 노란 것이 당도가 높은 것이다.

드래곤 푸르트 Dragon Fruit
우리나라에서는 '용과'라고 부르는데, 용이 여의주를 물고 있는 모습을 닮았다고 해서 붙여진 이름이다. 붉은 껍질에 속은 새하얗고 까만 씨가 박혀 있는 열대 과일이다.

로즈 애플 Rose Apple
태국말로는 '촘푸'라고 한다. 이름에 '애플'이 들어가지만 우리나라의 사과와는 맛과 모양이 전혀 다르다. 아삭아삭하며 빨간색과 초록색 두 종류가 있다.

구아바 Guava
철분이 많이 함유되어 있는 초록색 과일. 식감이 아삭아삭해서 껍질째 먹어도 맛있다. 과일주스로도 많이 먹는다.

롱안 Longan
나뭇가지에 달린 갈색 열매로, 껍질을 까면 하얀 과육이 나온다. 검은 씨가 굉장히 크니 잘 발라 먹을 것. 불면증, 건망증에 효과적인 과일이기도 하다.

포멜로 Pomelo
감귤과의 과일로 자몽과 비슷하게 생겼다. 노점이나 수퍼마켓에서 먹기 편하게 잘라서 판매한다. 태국말로 '쏨오'라고 발음한다.

잭 푸르트 Jack fruit
겉모습이 두리안과 비슷하다. 속은 노란색 과육으로 단맛이 강하다. 노랗게 잘 익은 과육은 잘 찢어지며 말려서도 먹는다.

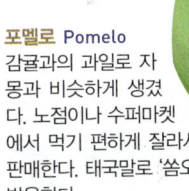

코코넛 Coconut
방콕 길거리에서는 코코넛 파는 것을 쉽게 볼 수 있다. 시원하게 보관한 코코넛 윗부분에 구멍을 낸 후 빨대를 꽂아 즙을 마실 수 있다. 태국말로는 '마프라오'라고 부른다.

JUST GO's PICK

방콕의 추천 레스토랑 베스트 10

레스토랑, 어디로 갈지 고민된다면 이 페이지에서 추천하는 식당을 참고하자. 유명 로컬 식당에서 이제는 세계 각국에서 일부러 찾아오는 방콕의 맛집을 소개한다.

1 쏜통
Sorntong　　　　P.148

3 쏨분 시푸드
Somboon Seafood　　P.210

분위기는 동네 음식점처럼 허름하지만, 맛에서는 절대 뒤지지 않는 해산물 전문점. 매년 방콕의 베스트 레스토랑으로 손꼽히는 곳이다. 한국인에게 인기 있는 메뉴는 뿌 팟 퐁까리이다.

방콕의 해산물 식당 중 가장 유명한 곳으로 가격도 적당하다. 우리 입맛에 잘 맞아 어느 것을 주문해도 웬만해서는 실패하지 않는다. 신선한 굴과 꿍파오, 뿌 팟 퐁까리를 추천한다.

2 MK 골드 레스토랑
MK Gold Restaurant　　P.186

4 팁 싸마이
Thip Samai　　　　P.263

태국식 샤부샤부인 수끼로 가장 유명한 체인점. 여러 명이 함께 가서 푸짐하게 먹기 좋은 곳이다. 같은 브랜드이지만 MK보다 MK 골드가 좀 더 럭셔리한 분위기다.

방콕에서 진정한 팟타이를 맛보고 싶다면 꼭 가봐야 할 곳. 먹고 또 먹어도 생각나는 곳이다. 에어컨이 없는 로컬 식당이지만 맛은 방콕 최고라 할만하다.

5 반 카니타
Baan Khanitha   P.120

분위기 있는 고급 태국 요리 전문 레스토랑. 흠잡을 데 없는 음식 맛과 서비스로 명성이 높다. 저녁 시간은 예약이 필수다.

6 커피 빈 바이 다오
Coffee Bean by Dao   P.205

태국 요리를 비롯해 이탈리아 요리와 다양한 케이크도 맛볼 수 있는 고급 레스토랑이다. 음식이 깔끔하고 맛도 좋아 방콕 시내에 지점을 늘려가고 있는 신흥 맛집이다.

7 수다
Suda   P.122

쑤쿰윗 중심에 위치한 태국 요리 레스토랑으로 가격이 저렴하고 맛도 좋다. 에어컨은 없지만 항상 실외 테이블까지 만석일 정도로 현지인들에게 인기 있다.

8 텅 크르앙
Thon Krueng   P.156

방콕의 청담동이라 할 수 있는 텅러 지역에 위치한 태국 음식점. 다양한 본토 요리를 비롯해 태국 왕실에서 먹었다는 고급 요리도 있는데, 다른 고급 식당에 비해 가격이 합리적인 편이다.

9 블루 엘리펀트
Blue Elephant   P.226

한국 영화 〈스파이〉에 등장한 타이 레스토랑. 가격은 비싸지만 럭셔리한 태국 요리를 즐길 수 있다. 다양한 요리를 맛보고 싶다면, 매일 메뉴가 조금씩 달라지는 세트 메뉴를 주문할 것.

10 해브 어 지드 바이 스테이크 라오
Have a Zeed by Steak Lao   P.129

이싼 음식 전문점으로 합리적인 가격에 태국 음식을 즐길 수 있는 곳이다. 교통의 요지 아쏙역에 위치한 쇼핑몰 터미널 21에도 입점해 있어 방문하기 좋다. 방콕에만 12개의 지점이 있다.

JUST GO's PICK

브런치 즐기기
좋은 곳 베스트 4

유행에 민감한 방콕의 핫 피플들은 감각적이고 분위기 있는 곳에 삼삼오오 모여 브런치를 즐기며 오후를 보낸다. 현지인처럼 여유롭게 휴식을 취할 수 있는 힙 플레이스 네 곳을 소개한다. 맛과 분위기를 모두 누릴 수 있는 제대로 된 식당들이다.

 로스트 커피 앤 이터리
Roast Coffee & Eatery P.155

텅러에서 가장 핫한 레스토랑. 직접 로스팅한 신선한 커피를 판매한다. 브런치 세트를 비교적 저렴한 가격에 즐길 수 있다.

 카르마카멧 다이너
Karmakamet Diner P.154

빌딩 숲 오아시스 같은 레스토랑. 여유롭게 즐길 수 있는 프렌치토스트 등 다양한 브런치 메뉴가 준비되어 있다.

 TWG 티 살롱 & 부티크
TWG Tea Salon & Boutique P.188

고급스러운 분위기의 티 살롱. 달콤한 마카롱, 브런치 메뉴, TWG의 고급스러운 차를 함께 즐기면 좋다.

 로켓 커피바
Rocket Coffeebar P.223

방콕 매거진 〈BK 매거진(BK Magazine)〉에서 베스트 레스토랑으로 선정되기도 했다. 브런치 메뉴로 로켓 베네딕트와 노르딕 스타일이 인기.

JUST GO's PICK

달콤하고 시원한
디저트 숍 베스트 2

열대 과일로 만든 시원한 빙수와 달콤한 아이스크림은 물론, 머리가 띵할 정도로 달달한 케이크, 현지인들이 즐겨 먹는 태국식 디저트 등 방콕은 디저트의 천국이다. 그중에서도 방콕 최고의 핫 플레이스 두 곳을 추천한다. 모두 중심가에 있어 여행 중 가볍게 들르기 좋다.

1 망고 탱고
Mango Tango　　　　　　　　P.189

씨암 스퀘어에 본점을 두고 있는 디저트 전문점. 잘 익은 신선한 망고로 만든 디저트로 가득해 주변 대학가는 물론 씨암에 쇼핑 나온 젊은이들이 많이 찾는다. 자주 이사를 하던 망고 탱고는 씨암 스퀘어 쏘이3과 아시아티크 지점에 완전히 자리를 잡았다. 노란 망고가 달려 있는 곳이 바로 망고 탱고다.

2 애프터 유
After you　　　　　　　　P.157

'방콕의 청담동'이라 불리는 부자 동네 텅러에서 출발한 디저트 숍. 태국 사람들은 유난히 음식을 달게 먹는 편인데 애프터 유에는 한국인 입맛에 맞는 디저트도 많다. 고급 백화점으로 유명한 씨암 파라곤을 시작으로 씰롬 센터와 최근 씨암에 오픈한 씨암 스퀘어 원에도 지점을 내는 등 승승장구하고 있다.

씨암 스퀘어 원 지점

JUST GO's PICK

달콤한 휴식의 시간,
애프터눈 티

방콕에서 한여름 무더위 속을 걷다 보면 휴식 시간이 간절하다. 그럴 때 필요한 것이 바로 애프터눈 티 타임. 애프터눈 티 타임은 영국의 귀족들이 점심 식사와 저녁 식사 사이에 간단하게 차와 디저트를 즐기던 것에서 유래했다. 방콕의 고급 호텔과 쇼핑센터에도 티 타임을 즐길 수 있는 티 살롱과 티 룸이 있다. 고급 호텔에서 묵지 않더라도 애프터눈 티를 즐기는 것만으로 럭셔리함을 경험할 수 있다.

오서즈 라운지
Authors' Lounge   MAP P.16-E

방콕에서 가장 고급스러운 호텔로 손꼽히는 만다린 오리엔탈 호텔에서 만끽하는 우아한 애프터눈 티 타임. 호텔로 들어서는 입구부터 로비까지 100년의 역사를 그대로 느낄 수 있으며, 가장 영국식에 가까운 애프터눈 티를 제공하는 곳이다. 애프터눈 티는 태국 스타일과 오리지널 영국 스타일이 있는데, 그중 영국 스타일을 추천한다.

태국에서는 상상할 수 없을 정도의 고가이지만 만다린 오리엔탈 호텔 특유의 탁 트인 천장과 고풍스러운 화이트 톤 인테리어 덕분인지 주말만 되면 관광객과 커리어 우먼들이 삼삼오오 모여든다.

● 1F Mandarin Oriental, 48 Oriental Ave ☎ 0-2659-9000 ● 12:00~18:00 ● 연중무휴 ● 1인 1450B ● BTS 싸판 딱씬(Saphan Taksin)역 하차
● www.mandarinoriental.com/bangkok

드레스 코드

만다린 오리엔탈 호텔은 방콕의 다른 호텔들보다 고급스러움을 더 강조하는 곳이다. 그러므로 우아하게 차려 입었거나 정장 차림인 방문객이 대부분이다. 애프터눈 티는 낮에 편안한 휴식을 위한 것으로 정장 차림까지는 아니지만 그래도 편안한 스마트 캐주얼을 입어 예의를 갖추도록 하자.

트뿐 아니라 단품 케이크도 이곳의 인기 메뉴 중 하나이며 간단한 식사도 할 수 있다.

- 2F Erawan Bangkok Mall, 494 Ratchadamri Rd
- ☎ 0-2254-1234 ● 14:30~18:00 ● 연중무휴 ● 1인용 700B ● BTS 칫롬(Chit Lom)역 하차
- http://bangkok.grand.hyatt.com

에라완 티 룸
Erawan Tea Room　　　　MAP P.11-G

그랜드 하얏트 에라완 호텔과 함께 있는 에라완 방콕 부티크 몰 2층에 자리하고 있다. 이곳은 쇼핑으로 지친 관광객에게 오아시스 같은 공간으로, 휴식을 취하기 좋은 최고의 장소다. 하얏트 호텔에서 운영 중이지만, 가격은 다른 호텔보다 저렴한 것이 이곳의 매력이다. 티 세트는 태국식 디저트, 싸테 등이 태국 스타일의 접시에 가지런히 담겨 나온다.

호텔만큼의 고급스러운 서비스는 기대할 수 없지만 가격, 위치 모두 만족스러운 곳이다. 티 세

에라완 티 룸

더 로비

더 로비
The Lobby
MAP P.16-E

강가에 접해 있는 페닌슐라 호텔에서 편안하고 기분 좋은 음악을 들으며 오후의 나른함을 만끽할 수 있다. 고급스럽게 장식한 꽃들 사이 소파에 편안하게 앉아 세계적으로 유명한 페닌슐라의 애프터눈 티를 즐길 수 있다. 커피 대신 차를 주문할 경우 여러 종류의 차 중 원하는 것을 주문할 수 있다.

2개의 주전자에는 차와 따뜻한 물도 미리 준비해준다. 3단 트레이에 마카롱, 초콜릿 케이크, 스콘, 샌드위치 등이 올려져 나온다. 2명 이상 방문한다면 티 세트 1개에 차 또는 커피를 추가로 주문하는 것도 좋은 방법이다.

- 1F The Peninsula Bangkok, 333 Charoen Krung Rd
- ☎ 0-2861-2888 ● 14:00~18:00 ● 연중무휴 ● 1인용 1100B~ ● BTS 싸판 딱씬(Saphan Taksin)역 하차
- www.peninsula.com/bangkok

살롱
Salon　　　　　　　　　　MAP P.15-G

고급스러움으로 사랑받는 쑤코타이 호텔에 위치한 티 살롱. 평일에는 다른 호텔과 마찬가지로 애프터눈 티를, 금~일요일에는 초콜릿 뷔페(14:00~17:00)를 운영한다. 평일에 제공되는 애프터눈 티는 두 종류로 쑤코타이 티 세트와 타이 헤리티지 티 세트가 있다.

다른 호텔과 차별화된 애프터눈 티를 즐기고 싶은 사람은 주말에만 제공되는 초콜릿 뷔페를 먹어보자. 다양한 초콜릿 디저트는 맛도 훌륭하지만 태국 전통 악기로 연주하는 아름다운 태국 음악도 감상할 수 있다.

● 1F Sukhothai Hotel, 13/3 South Sathorn Rd ☎ 0-2344-8888 ● 14:00~17:00 ● 연중무휴 ● 월~목 800B, 금~일 초콜릿 뷔페 990B ● MRT 룸피니(Lumphini)역 하차 ● www.sukhothai.com

업 앤 어버브 레스토랑 앤 바
Up & Above Restaurant & Bar　　MAP P.11-H

새롭게 문을 연 고급 호텔 오쿠라 프레스티지 호텔 24층 로비에 위치한 레스토랑에서 우아하고 한적한 애프터눈 티를 즐길 수 있다. 애프터눈 티로 유명한 호텔들은 모두 예약이 필요할 정도로 인기 있지만, 이곳은 아직 유명세를 덜 타기도 했거니와 오픈한 지 얼마 되지 않아 다른 호텔보다 좀더 한적한 오후를 보낼 수 있다는 것이 장점이다.

간단하게 요기할 수 있는, 먹기 아까울 정도로 예쁜 핑거 푸드와 달콤한 케이크를 즐길 수 있다.

● Park Ventures Ecoplex, 57 Wireless Rd, Lumpini, Pathumwan ☎ 0-2687-9000 ● 애프터눈 티 14:00~16:00 ● 오쿠라 애프터눈 딜라이트 1190B(스파클링 사케 포함 시 1550B) ● BTS 펀칫(Phloen Chit)역 하차 ● www.okurabangkok.com

JUST GO's PICK

야경이 아름다운 강변 레스토랑

방콕의 아름다운 야경을 볼 수 있는 짜오프라야 강변. 높은 빌딩에서 보는 풍경과는 또 다르다. 낮과 밤 모두 아름다운 왓 아룬을 볼 수 있는 레스토랑들이 특히 인기가 많은데, 왓 포 주변인 타 띠안 선착장에서 가까운 레스토랑들의 뷰가 가장 아름답기로 유명하다. 강 건너로 보이는 왓 아룬과 짜오프라야 강을 유유히 떠다니는 보트까지 아름다운 야경을 바라보며 낭만적인 식사를 즐겨보는 것도 방콕에서 꼭 해봐야 할 필수 코스다.

더 데크
The Deck

MAP P.21-C

방콕에서 가장 아름다운 왓 아룬을 감상할 수 있는 레스토랑. 음식이 맛있고 가격도 합리적이어서 주머니가 가벼운 여행자들에게도 큰 부담이 되지 않는다. 1층 야외 좌석부터 3층까지 80여 개의 좌석이 마련되어 있다. 이 중에 한국인이 가장 선호하는 자리는 왓 아룬이 바로 보이는 19번 테이블이다. 1~2달 전에 미리 예약하지 않으면 앉을 수 없는 명당이다.

이곳에서 다니엘 헤니와 문소리가 출연한 영화 〈스파이〉가 촬영되었다. 추천 메뉴로는 스파이시 이탈리안 소시지 샐러드(Spicy Italian Sausage, 260B), 그릴드 머쉬룸 위드 엑스트라 버진 올리브 오일 앤 발사믹 (Grilled Mushroom with Extra Virgin Olive Oil and

Balsamique, 250B), 태국 요리로는 팟타이 꿍 (250B). 점심 시간에는 코스로 먹을 수 있는 세트 메뉴(720B~)도 준비되어 있다. 아침 메뉴는 160B부터. 가볍게 칵테일만 즐기고 싶다면 5층의 아로모사(Aromosa)를 방문해도 좋다.

- 36-38 Soi Pratoo Nok Yoong, Maharat Rd. Rattanakosin ☎ 0-2221-9158 ● 08:00~22:00 ● 연중무휴 ● 예산 200B~ ● 영어 메뉴 있음 ● 예약 권장 ● 타 띠안(Tha Tien) 선착장에 하차해서 도보 3~4분 ● www.arunresidence.com

살라 랏따나꼬씬 레스토랑
Sala Rattanakosin Restaurant　　MAP P.21-C

살라 리조트에서 운영하는 곳으로, 1~2층으로 된 분위기 있고 전망 좋은 레스토랑이다. 왓 아룬이 보이는 레스토랑 중 가장 쾌적한 분위기이지만 가격은 그리 비싸지 않다. 숙소와 함께 있어 아침부터 문을 연다. 점심, 저녁 메뉴는 조금 달리 제공되니 참고하자.

음식이 나오기 전 대나무 바구니에 간단한 스낵이 제공된다. 밥이나 오믈렛으로 간단하게 먹을 수 있는 아침 메뉴는 220B부터, 점심 메뉴는 타이 스타일 수프 240B부터, 쏨땀이나 얌탈레 290B부터. 양이 부족하다면 밥을 추가할 수 있다. 오가닉 재스민, 브라운 라이스로 만든 밥은 40B. 돼지 목살을 그릴에 구운 태국 음식인 커무양(Kor Moo Yang, 250B), 쏨땀과 잘 구워진 닭꼬치구이는 280B. 멋진 야경을 즐기면서 맛볼 수 있는 저녁 메뉴에는 조금 비싼 해산물, 오리 요리 등이 메인 메뉴에 추가된다.

- 39 Maharat Rd. Rattanakosin ☎ 0-2622-1388 ● 08:00~22:00 ● 연중무휴 ● 예산 300B~ ● 영어 메뉴 있음 ● 예약 불필요 ● 타 띠안(Tha Tien) 선착장에 하차해서 도보 2~3분
- www.salarattanakosin.com

잇 사이트 스토리 데크
Eat Sight Story Deck MAP P.21-C

더 데크에 위치해 풍광이 좋은 레스토랑이다. 왓 아룬과 왓포 주변에 왔다면 가볍게 들르기 좋은 캐주얼한 분위기다. 에어컨이 시원하게 나오는 실내는 테이블이 몇 개 없지만 아담하고 화사한 공간으로, 낮에는 뜨거운 햇빛을 피할 수 있는 실내 테이블에서 간단하게 음료 한잔하기 좋다. 저녁에는 강 건너 아름다운 왓 아룬을 감상할 수 있는 야외 테이블이 인기가 있다.

음식 메뉴는 샐러드, 피자, 태국 음식을 포함한 30여 가지. 그린 파파야로 만든 상큼한 쏨땀 시푸드(250B), 스파게티 시푸드 타이 스타일(270B), 마르게리타 피자(260B), 로스티드 살몬(390B), 아메리카노(55B), 셰이크(75B), 호주, 칠레, 이탈리아, 프랑스, 남아프리카 등 유명 산지에서 온 60여 종의 각종 와인(789B~)이 구비되어 있다.

● Maharat Rd, Rattanakosin ☎ 0-2622-2163 ● 12:00~22:00 연중무휴 ● 예산 100B ● 영어 메뉴 있음 ● 예약 불필요 ● 타 띠안(Tha Tien) 선착장에 하차해서 도보 2~3분

반 카니타
Baan Khanitha by the River (Asiatique)
MAP P.16-A

방콕에만 4개 지점 있는 고급 타이 레스토랑. 짜오프라야 강 바로 옆에 위치한 아시아티크 점은 우아한 분위기다. 좌석은 실내와 야외 모두 있다. 상쾌하게 식사를 즐기고 싶다면 에어컨이 나오는 실내 좌석을 권한다. 매년 베스트 레스토랑에 뽑힐 정도로 음식 맛이 훌륭하다.

추천 메뉴로는 뿌 팟 퐁까리(1100B), 팟타이(240B)가 있다. 또 게살 볶음밥인 카오팟 뿌와 향신료 향이 진하지 않은 똠얌꿍도 먹을만하다. 밥과 물은 별도로 돈을 지불해야 한다. 아시아티크가 문을 여는 오후 5시에 오픈한다. 미처 예약하지 못해 줄을 서야 한다면, 아시아티크를 한 바퀴 돌아보는 것도 좋은 방법이다.

● 194 Room No.8, Charoen Krung Rd ☎ 0-2108-4910~1 ● 17:00~24:00 ● 연중무휴 ● 1500B~ ● 예약권장 ● BTS 싸톤 딱씬(Saphan Taksin)역에서 내려 타 싸톤(Tha Sathorn) 선착장에서 아시아티크 행 무료 셔틀보트 타고 아시아티크(Asiatque) 선착장 바로 앞 ● www.baan-khanitha.com

JUST GO's PICK

강 위의 로맨틱한 시간,
디너 크루즈

서울에 한강이 있고 파리에 세느 강이 있다면 방콕에는 짜오프라야 강이 있다. 방콕을 가로지르는 짜오프라야 강은 서민들의 생활 터전이며 방콕의 역사와 함께 유유히 흐르고 있다. 짜오프라야 강은 밝은 낮에는 보트로 주변을 관광할 수 있지만, 밤에는 디너 크루즈로 야경을 감상할 수 있다. 배 안에서 2시간 정도 여유 있게 저녁 식사를 즐기며 방콕의 아름다운 밤을 충분히 감상해보자.

태국 전통 배를 이용한 완파 디너 크루즈

완파 디너 크루즈

디너 크루즈가 시작되는 리버 시티 선착장

짜오프라야 프린세스 디너 크루즈의 뷔페

짜오프라야 프린세스 디너 크루즈
Chaophraya Princess Dinner Cruise

리버 시티에서 출발하는 크루즈. 가장 많이 이용되는 디너 크루즈 중 하나로 1, 2층으로 이루어진 큰 배를 탄다. 깔끔한 뷔페 음식과 라이브 음악을 선사하는데, 최근에는 한국 관광객이 많이 이용해 한국 가요도 들어준다.

● 운행 시간 매일 19:15~21:30 ● 가격 900B~

완파 디너 크루즈
Wanfah Dinner Cruise

태국 전통 배를 이용해 좀더 태국 스타일을 즐길 수 있는 크루즈. 다른 디너 크루즈와 똑같은 노선으로 매일 운항된다. 아름다운 야경을 즐기며 식사할 수 있는데, 태국 음식 또는 해산물 요리 중에 선택할 수 있다.

● 운행 시간 매일 19:00~21:00 ● 가격 1000B~

원더풀 펄 크루즈
Wonderful Pearl Cruises

그랜드 펄 디너 크루즈에서 운영하는, 우리나라 인기 예능 프로그램 〈무한도전〉에도 나왔다. 방콕의 야경을 제대로 보고 싶다면 3층으로 올라가자. 식사는 뷔페로 진행된다.

● 운행 시간 19:30~21:30 ● 가격 1350B

아난타라 마노라 디너 크루즈
Anantara Manohra Dinner Cruise

아난타라 그룹에서 운영하며 70여 명을 수용할 수 있는 크루즈로, 다른 크루즈 투어보다 탑승인원이 적어 여유롭게 즐길 수 있다. 나무로 만든 바지선은 고풍스럽고 분위기를 연출한다. 태국식 요리를 선보이며 아난타라 리버사이드 호텔에서 출발한다.

● 운행 시간 19:00~22:00 ● 가격 1850B~

그랜드 펄 디너 크루즈
Grand Pearl Dinner Cruise

1~3층에 300여 명을 수용할 수 있는 크루즈. 라이브 공연과 태국의 전통 공연까지 관람할 수 있다. 리버 시티에서 시작하며 식사는 다채로운 음식들로 구성된 뷔페로 제공된다.

● 운행 시간 19:30~21:30 ● 가격 1000B~

압사라 디너 크루즈
Apsara Dinner Cruise

세계적인 체인 호텔인 반얀트리의 디너 크루즈. 고풍스러운 목재인 티크 우드로 만든 바지선을 타고 태국 궁중 요리를 맛보며 짜오프라야 강의 아름다운 야경을 감상한다. 60명 정도의 적은 인원만 수용하므로 복잡하지 않게 크루즈를 즐길 수 있다. 또 반얀트리에서 운영하는 사프란 레스토랑(Saffron Restaurant)에서 고급스러운 식사를 제공하는 것도 이곳만의 큰 장점.

● 운행 시간 20:00~21:45 ● 가격 1850B~

샹그릴라 호라이즌 디너 크루즈
Shangri La Horizon Dinner Cruise

고급스러움의 대명사인 샹그릴라 호텔에서 운영하는 디너 크루즈로 에어컨 시설이 완비되어 있으며 음식은 뷔페로 제공된다. 2층에서는 실외로도 나갈 수 있다.

● 운행 시간 19:15~21:30 ● 가격 2000B~

디너 크루즈 예약 방법

출발 전 확실한 날짜가 정해졌다면 한국에서 여행사를 통해 미리 결제를 한 후 바우처를 이메일로 받아 출력해 가지고 가면 된다. 직접 구입하는 것보다 여행사를 통해 미리 구입하는 것이 저렴하고 편리하다. 호텔 픽업 서비스 유무도 확인해두자. 디너 크루즈 가격은 예약하는 여행사에 따라 조금씩 차이가 난다.

예약처
홍익여행사 www.hongiktravel.com
몽키트래블 www.monkeytravel.com

JUST GO's PICK

서민의 먹거리,
포장마차

방콕에는 길거리 노점이 정말 많다. 다양한 종류의 포장마차가 골목 골목 자리 잡고 있어 언제나 이용할 수 있어 편리하다. 간혹 위생 상태가 좋지 않아 이용을 꺼리는 여행자도 있지만 포장마차는 한 끼 식사부터 음료수까지 태국 음식을 풍부하게 맛볼 수 있는 곳이자, 서민들의 간단한 식사 장소이며 방콕의 다채로운 간식거리를 맛볼 수 있다.

과일 노점

대체적으로 30B 정도면 얼음 위에 보관하는 시원한 과일을 맛볼 수 있다. 보통 수박, 파인애플, 구아바, 망고, 멜론 등이 있다. 더운 방콕에서 꼭 한 번은 먹어봐야 하는 열대 과일로 더위를 사냥해보자.

음료수 노점

무더운 날씨의 방콕 거리를 걷다보면 시원한 음료가 가장 먼저 떠오른다. 이럴 때 노점에서 판매하는, 간단하게 마실 수 있는 태국 스타일의 차가운 차(차옌)를 먹어보자.

허름하지만 서민들이 많이 이용하는 노점에서 비닐 봉지에 담아주는 태국 스타일의 차와 즉석에서 갈아주는 신선한 과일주스는 뜨거운 방콕 날씨에 꼭 필요한 청량제이다. 가격 20B~.

바나나 팬케이크 노점

밀가루 반죽을 멋지게 타닥타닥 쳐서 만든 로티

를 살짝 끓인 기름 위에 얹고 그 위에 바나나를 썰어 넣어 만드는 바나나 팬케이크. 취향에 따라 달걀 등을 추가할 수 있다. 카오싼 로드 등에서 쉽게 볼 수 있다. 가격은 50B~.

쌀국수 노점

방콕 서민들이 가장 많이 먹는 쌀국수인 꾸에이띠여우는 위의 노점에서 간편한 한 끼 식사로 안성맞춤인 음식이다.

쌀국수 노점은 언제나 비슷한 자리에서 비슷한 시간에 영업을 한다. 쌀국수 노점은 대부분 비슷해 보이지만 그 집만의 자랑할 만한 맛이 있으며 들어가는 재료도 다양하다. 쌀국수 국물과 고명은 선택할 수 있다. 가격 50B~.

팟타이 노점

외국인들이 태국에서 가장 좋아하는 음식으로 손꼽는 팟타이. 태국 스타일의 볶음국수로 단 3분이면 완성되며, 식사 또는 간식으로 먹기에 좋다.

팟타이는 면도 고를 수 있다. 카오싼 로드에서 밤낮으로 쉽게 볼 수 있는데 전통적인 팟타이와는 맛이 다르지만 그래도 노점에서만 맛볼 수 있는, 잊을 수 없는 맛을 제공한다. 가격 50B~.

까이양과 쏨땀 노점

간편하게 먹기 좋은 태국식 샐러드인 쏨땀은 그린 파파야를 잘게 썰어 절구통에 넣고 매콤한 쥐똥고추, 토마토, 라임, 땅콩, 마른 새우, 남쁠라 등을 넣어 살짝 다진 음식이다.

취향에 따라 쏨땀 타이, 새우을 넣은 쏨땀 꿍, 간장에 절인 게로 만드는 쏨땀 뿌 등을 고를 수 있다. 쏨땀은 양념한 닭고기를 숯불에 구운 까이양과 함께 먹어야 제맛이다. 가격 50B~.

쌀국수 집중탐구!

면의 종류
❶ 쎈 미 얇은 면 ❷ 쎈 렉 중간 굵기 면 ❸ 쎈야이 두꺼운 면 ❹ 바미 라면과 비슷한 노란색의 밀가루로 만든 면(건면 또는 생면)

쌀국수의 종류
태국어로 쌀국수를 '꾸에이띠여우'라고 한다. 가게마다 그 집만의 독특한 육수와 고명의 맛이 쌀국수의 맛을 좌우하므로 여러 가게를 둘러보다가 그중 가장 좋아하는 재료를 사용하는 집에서 주문하면 된다. 그리고 국물의 유무에 따라 국물이 있는 것을 '남', 국물이 없는 경우는 '헹'이라고 한다. 포장마차 안의 재료가 즐비하게 걸려있거나 가지런히 정리되어 있어서 태국말을 못하는 사람이라도 대략 짐작으로 어떤 재료를 사용하는지 쉽게 알 수 있다. 육수는 닭고기 육수와 쇠고기 육수, 돼지뼈 육수 등 다양하며 돼지 피나 소의 피를 이용하기도 한다.

❶ 쎈야이 남 까이 닭고기로 만든 맑은 육수에 잘 익힌 닭고기를 고명으로 얹은 쌀국수.
❷ 쎈렉남 룩친 쁠라 생선으로 만든 어묵을 고명으로 얹은 쌀국수.
❸ 느아 쁘어이 오래 끓인 쇠고기 육수에 잘 익은 부드러운 쇠고기를 고명으로 얹은 쇠고기 쌀국수.
❹ 끼어우 남 돼지고기로 만든 작은 완탕과 노란 바이면을 넣어 먹는 완탕국수.

주문하는 법
❶ 먼저 면의 종류를 고른다. 쌀로 만든 면은 세 종류 정도가 있는데 원하는 면으로 고를 수 있다.
❷ 국물이 있는 것으로 할지 없는 것으로 할지 고른다. 면 안에 들어가는 어묵, 숙주, 채소, 닭고기 등의 고명은 가게에 따라 종류가 다르다. 원하는 고명을 고를 수 있는 곳도 있고 주인 맘대로 알아서 넣어주는 곳도 있다. 넣기 싫은 것들이 있다면 손짓으로 또는 태국어로 "넣지 마세요"라고 말을 하자.
"마이 싸이 팍치." – 팍치(우리나라 사람들이 별로 좋아하지 않는 채소인 고수)를 넣지 마세요.
"마이 싸이 퐁추롯." – 조미료(미원)를 넣지 마세요.
❸ 쌀국수가 나오면 테이블에 놓여있는 3~4가지 양념 중 기호에 따라 넣어 먹으면 된다. 보통 설탕, 고춧가루, 프릭 남쁠라(쥐똥고추를 넣은 태국식 젓갈), 매콤한 고추를 넣은 식초가 있다.

태국 어묵
우리나라의 어묵과 비슷한 피시 볼(Fish Ball). 태국어로는 '룩친'이라고 부른다. 여러 가지 생선으로 만들어지는데 돼지고기로 만들어진 것도 있다.

JUST GO's PICK

여행자도 이용하기 쉬운
푸드 코트

대형 쇼핑몰이나 백화점에는 한 장소에서 여러 종류의 음식을 골라 먹을 수 있는 푸드 코트가 있다. 길거리 식당보다는 비싸지만 위생 면에서 양호하고 레스토랑보다 저렴한 가격에 다양한 메뉴를 즐길 수 있다.

푸드 코트에서 사용하는 카드

푸드 리퍼블릭(씨암 센터)
Food Republic　　　　　　　　　　P.192

● 407, Siam Center, 989 Rama 1 Rd, Pathumwan ☎ 0-2718-7481 ● 10:00~22:00 ● 연중무휴 ● BTS 씨암(Siam)역 1번 출구로 나오면 씨암 센터로 바로 연결 ● www.facebook.com/FoodRepublicThailand

피어 21(터미널 21)
Pier 21　　　　　　　　　　P.130

● 5F Terminal 21 Sukhumvit Soi 19 ☎ 0-2108-0888 ● 10:00~22:00 ● 연중무휴 ● BTS 아쏙(Asok)역에서 바로 연결 ● www.terminal21.co.th

이타이(센트럴 엠버시)
Eathai　　　　　　　　　　MAP P.11-H

● LG F, Central Embassy, 1031 Ploenchit Rd ☎ 0-2119-7777 ● 10:00~22:00 ● 연중무휴 ● BTS 펀칫(Ploenchit)역 5번 출구 ● www.centralembassy.com

푸드 로프트(센트럴)
Food Loft　　　　　　　　　　MAP P.11-H

● 7F Central, 1027 Phloenchit Rd ☎ 0-2793-7777 ● 10:00~22:00 ● 연중무휴 ● BTS 칫롬(Chit Lom)역 5번 출구에서 바로 연결 ● www.central.co.th

TIP

푸드 코트 이용법
먼저 카운터에서 원하는 금액만큼 쿠폰을 구입하거나 푸드 코트 전용 카드를 구입하여 원하는 금액만큼 충전한다. 음식을 주문할 때 쿠폰 또는 카드를 사용한다. 사용 후 남은 금액은 유효기간 내에 써야하며, 잔액은 카드를 반납하면 돌려받을 수 있다. 푸드 코트마다 카드 유효기간이 다르다.

JUST GO's PICK

쇼핑하기 좋은 곳 베스트 5

방콕 시내에는 각기 다른 개성으로 여행자들을 유혹하는 쇼핑몰이 많다. 여행 기간이 짧다면 취향에 맞는 쇼핑몰을 선택하도록 하자.

1 씨암 파라곤
Siam Paragon　　P.179

화려한 고급 브랜드와 거대한 규모로 유명한 씨암의 대표적인 쇼핑센터.

2 센트럴 월드
Central World　　P.199

대대적인 리뉴얼로 새롭게 중무장한 세련된 건물에서 즐기는 원스톱 쇼핑.

3 씨암 센터
Siam Center　　P.181

모든 것을 해결할 수 있는 쇼핑센터. 젊은이들이 선호하는 브랜드와 상점, 레스토랑, 푸드 코트 등이 입점해 있다.

4 터미널 21
Terminal 21　　P.119

아쏙역과 바로 연결되는 신개념 쇼핑몰. 층층마다 전 세계의 유명 도시들을 방문하는 느낌으로 돌아볼 수 있다.

5 엠쿼티어
EmQuartier　　P.146

럭셔리한 백화점. EM District Project의 2단계로 건설되었다. 현재는 마지막 단계인 3단계가 공사중이며, 공사가 마무리되면 이 지역은 거대한 쇼핑지로 탈바꿈될 예정.

JUST GO's PICK

강력 추천!
방콕의 쇼핑 아이템

태국 냄새가 솔솔 나는 이국적인 쇼핑 아이템들을 골라보자. 특히 한국보다 물가가 저렴한 태국에서 쇼핑하면 더욱 좋을 만한 아이템들이 있다. 우리의 지갑을 열게 할 매력적인 쇼핑 아이템들을 만나보자.

아기자기한 소품

태국에는 저렴하고 품질 좋은 물건이 굉장히 많다. 특히 태국에서 직접 만든 물건들은 수공예품인데도 한국보다 훨씬 싸다. 물가도 낮으므로 같은 브랜드 제품이라도 한국보다 저렴하게 구입할 수 있는 것이 매력이다.

동물 모양 보디 스펀지

가볍고 실용적인 나라야 가방

귀여운 코끼리 열쇠고리

곱으로 만든 예쁜 스카프

태국 식품

태국 각 지역에서 나오는 과자, 말린 과일, 천연 꿀, 태국 식재료 등을 사오면 귀국 후 태국이 생각날 때 간식으로 먹거나 요리를 해먹을 수 있어서 좋다. 가까운 슈퍼마켓과 시장에서 구입할 수 있다. 백화점의 슈퍼마켓에서는 외국에서 수입한 다양한 음식 재료들도 구입할 수 있다.

태국의 천연 꿀은 유명하다.

타이 실크

태국의 유명 브랜드인 짐 톰슨 숍에서는 품질 좋고 색감이 아름다운 타이 실크로 만든 소품을 구입할 수 있다. 저렴한 물건을 찾는다면 짜뚜짝 주말 시장에서 판매하는 실크 박스, 지갑, 목베게 등이 선물용으로 괜찮다.

실크로 만든 장식용 쿠션

선물용으로 좋은 명함집

실크로 만든 보석함

귀여운 코끼리 인형

고급스런 악세사리 보관함

실용적인 파우치

아로마 오일과 허벌볼

고급 보디 용품 브랜드 한 HARNN

천연 보디 용품

질 좋은 천연 라벤다, 레몬그라스, 로즈 등으로 만든 천연 오일, 스크럽제, 허벌볼, 아로마, 보디 젤 등 다양한 제품이 있다. 백화점에 입점되어 있는 고급 브랜드도 있지만 짜뚜짝 주말 시장이나 카오싼 로드에서 판매하는 제품들은 더욱 저렴한 가격에 구입할 수 있다.

속옷

방콕을 여행하는 대부분의 여성 관광객들이 주요 쇼핑 아이템으로 생각하는 것이 바로 속옷이다. 고가 브랜드인 와코루, 트라이엄프 등이 우리나라보다 저렴한 가격에 판매되고 있다. 백화점 매장에 가면 다양한 스타일의 속옷을 고를 수 있다. 한국에 입점하지 않은 유명 브랜드도 많다.

JUST GO's PICK

방콕의 시장 탐험
짜뚜짝 주말 시장 vs 아시아티크

짜뚜짝 주말 시장
Chatuchak Weekend Market MAP P.113-C

태국에서 가장 규모가 큰 재래시장으로 토, 일요일만 문을 연다. 없는 것 빼고는 다 있다. 더위를 무릅쓰고 이곳에 모이는 이유는 저렴하고 재미있는 물건들을 고르기 위해서인데 조금만 발품을 팔면 좋은 물건을 저렴하게 구입할 수 있다. 방콕에 거주하는 사람이라면 일상용품이나 동식물까지 구입할 수 있고, 관광객이라면 선물이나 인테리어 소품, 식기, 옷, 태국 스타일의 다양한 물건들의 유혹을 떨쳐 버릴 수 없는 곳이다. 시장 안에서 식사도 즐길 수 있으며 군데군데 생과일주스, 커피, 과일 등을 파는 식당과 노점상들도 많으니 쇼핑 중 찾아오는 배고픔은 걱정하지 않아도 될 듯하다.

짜뚜짝 주말 시장은 15,000개의 크고 작은 상점들이 모여 있어, 하루 종일 다녀도 다 볼 수 없을 만큼 거대한 규모라는 것을 잊지 말자. 알차고 재미있는 쇼핑을 위해 유의할 점은 다음과 같다. 더위를 피해 아침 9시 정도부터 쇼핑을 한다면 더위가 몰려오기 전에 시작하는 장점이 있지만 상점들이 모두 문을 열지 않아 아쉽다. 따라서 오전 11시 정도에 방문하는 것이 쇼핑을 즐기기 가장 좋은 시간이다. 단, 시장의 크기가 어마어마하므로 수박 겉핥기식으로만 본다 해도 기본 2~3시간은 잡아야 한다.

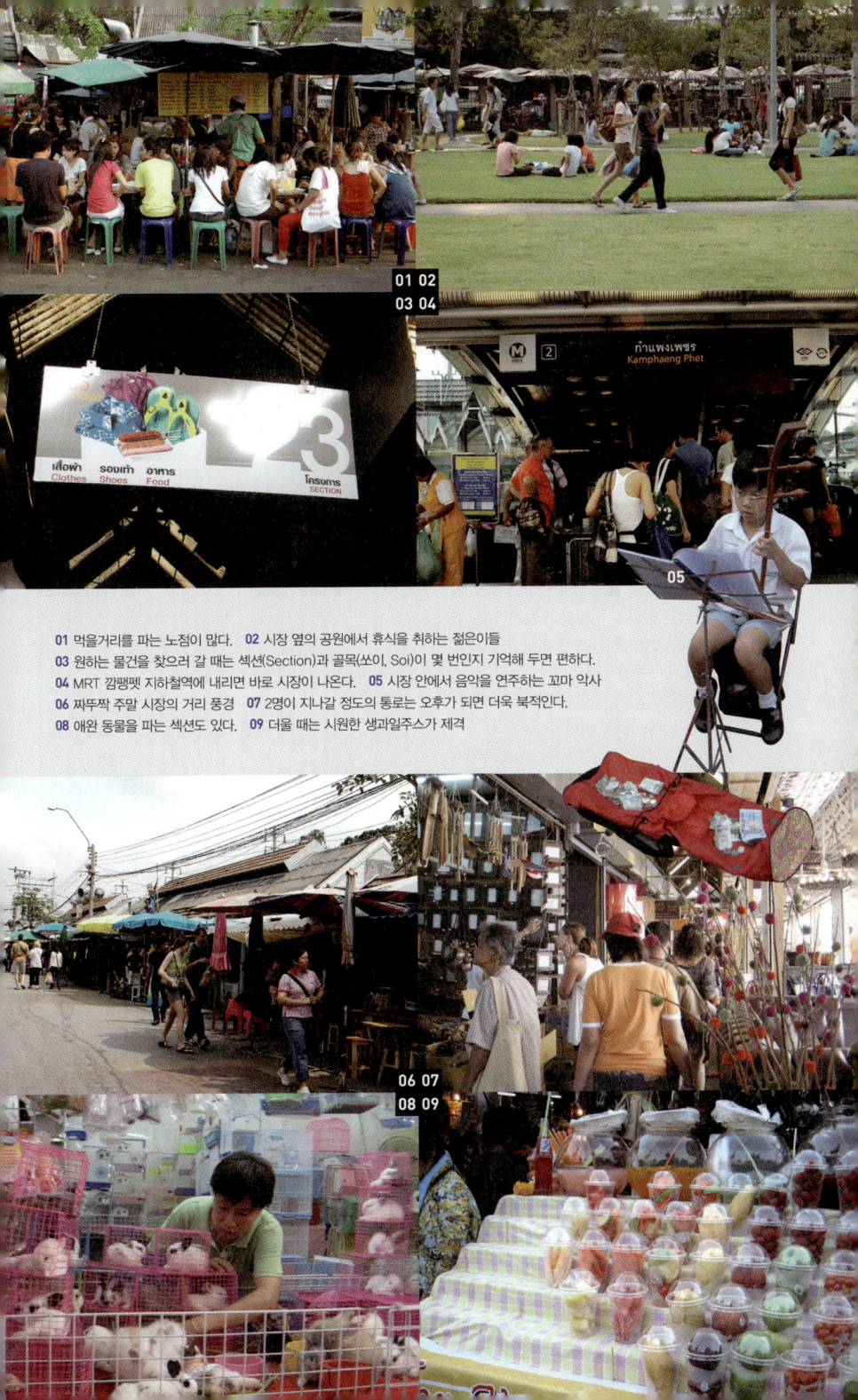

01 먹을거리를 파는 노점이 많다. 02 시장 옆의 공원에서 휴식을 취하는 젊은이들
03 원하는 물건을 찾으러 갈 때는 섹션(Section)과 골목(쏘이, Soi)이 몇 번인지 기억해 두면 편하다.
04 MRT 깜팽펫 지하철역에 내리면 바로 시장이 나온다. 05 시장 안에서 음악을 연주하는 꼬마 악사
06 짜뚜짝 주말 시장의 거리 풍경 07 2명이 지나갈 정도의 통로는 오후가 되면 더욱 북적인다.
08 애완 동물을 파는 섹션도 있다. 09 더울 때는 시원한 생과일주스가 제격

- 4 Kamphaeng Phet 2 Rd, Chatuchak
- 매주 토, 일 09:00~17:30 ● MRT 깜팽펫 (Kamphaeng Phet)역 2번 출구에서 바로. BTS 머칫(Mo Chit)역 1번 출구에서 도보 7분. 방콕 시내 중심부에서 택시로 40~60분(교통 상황에 따라 다름)

TIP

짜뚜짝 주말 시장 돌아보기

시장을 무작정 돌아다니다 보면 더위와 복잡함에 지치기 쉽다. 특히 짜뚜짝을 처음 방문한다면 미리 어디를 돌아볼지 계획하는 것이 합리적이다.

시장은 여러 섹션(Section)으로 나누어져 있다. 우선 도착하면 어느 섹션에서 무엇을 파는지 확인한 후 원하는 섹션 방향으로 이동하면 된다. 워낙 규모가 크기 때문에 헤매느라 시간을 허비할 수 있고 때로는 불필요한 쇼핑을 할 수 있다. 오른쪽의 지도를 보고 먼저 사고 싶은 쇼핑 아이템들이 몰려 있는 섹션부터 가는 것이 좋다. 섹션 내의 작은 골목은 쏘이(Soi)로 구분되어 있다.

좀 더 자세한 지도는 시장 안에 있는 인포메이션(Information)에서 받을 수 있다.

시장에서 무엇을 살까

시장을 돌아다니다 보면 더위로 꽤 고생을 할 것이다. 하지만 똑같은 물건도 시장에서라면 좀더 저렴하게 살 수 있다. 짜뚜짝 주말 시장에는 시내에 숍을 가지고 있는 고급 점포도 다수 입점해 있다. 흥정을 잘하면 더욱 저렴한 가격으로 좋은 물건을 살 수 있다.

아시아티크
Asiatique
MAP P.16-E

최근 새롭게 문을 연 아시아티크는 거대한 창고를 개조해서 만든 깔끔하고 분위기 있는 유럽풍 야시장으로, 방콕에서 꼭 들러야 하는 필수 관광 코스로 자리 잡았다.

짜오프라야 강변에 위치하며, BTS 싸판 딱씬역에서 셔틀보트를 타고 15분이면 갈 수 있다. 짜뚜짝 주말 시장에 비해서 가격대가 좀 더 높고 규모는 작지만 매일 열기 때문에 주말에만 여는 짜뚜짝에 가기 어려운 사람들도 편하게 들르기 좋다. 총 4개 구역에 100여 개의 상점이 오밀조밀 모여 있는데, 옷, 액세서리, 식품, 인테리어 소품, 앤티크 소품 등을 효율적으로 쇼핑할 수 있다. 마치 짜뚜짝의 축소판 같다. 또한 아름다운 강변의 경치와 더불어 화려한 조명의 관람차가 있으며, 분위기 있는 레스토랑들도 여러 곳 있다. 또한 방콕의 가장 유명한 쇼 중 하나인 칼립소 쇼와 무에타이 쇼 등의 공연을 이곳에서 볼 수 있어 쇼핑뿐 아니라 관광명소로서의 매력이 충분하다.

● Asiatique, 2194 Charoenkrung Rd, Wat Prayakrai
☎ 0-2108-4488 ● 17:00~24:00(상점마다 다름) ● 연중무휴(상점마다 다름) ● BTS 싸판 딱씬(Saphan Taksin)역 2번 출구로 나와 타 싸톤 선착장(Tha Sathorn)에서 아시아티크 무료 셔틀보트 이용(16:00~23:30, 30분 간격)
● www.thaiasiatique.com

아시아티크로 가는 두 가지 방법

택시를 이용해서 아시아티크 바로 앞에 도착할 수도 있지만, 저렴한 요금으로 낭만적인 분위기를 즐기며 가는 방법은 무료 셔틀보트를 이용하는 것이다. 보트를 타고 짜오프라야 강을 가로질러 도착하는 방법은 이색적이기도 하고 재미있다. 게다가 교통 체증을 걱정할 필요도 없다. 식사와 쇼핑을 마친 후 돌아갈 때도 셔틀보트를 이용하는 것이 현명하다. 무료 셔틀보트 운행시간이 지나면 택시로만 이동할 수 있기 때문에 택시 기사들이 엄청난 바가지 요금을 요구하며 미터기를 누르고 출발하려는 택시는 거의 없다는 점을 알아두자.

01 아시아티크로 가는 무료 셔틀보트 선착장 02 유럽풍 인테리어의 아시아티크
03 아기자기한 디자인 상품도 구입할 수 있다. 04 아시아티크에만 있는 숍들 05 개성있는 태국 전통 의류 숍
06 비누, 보디용품을 파는 상점 07 코끼리 모양의 소품 08 캔으로 만든 귀여운 툭툭
09 분위기 있게 즐길 수 있는 레스토랑 10 사랑이 이루어진다는 줄리엣 발코니

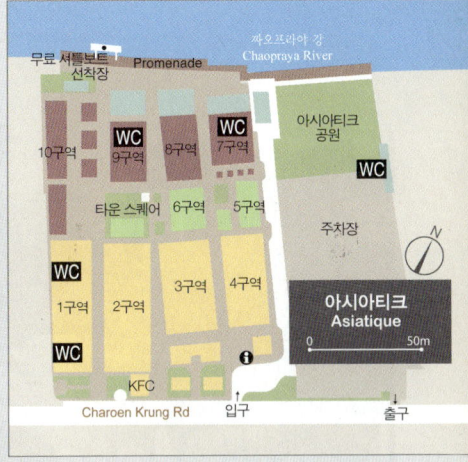

JUST GO's PICK

방콕 로컬들이
즐겨 찾는 야시장

방콕은 쇼핑의 천국답게 수많은 쇼핑센터와 시장이 있다. 늘 더운 날씨인 방콕은 낮에는 시원한 에어컨이 나오는 쇼핑센터가 붐비지만 조금 서늘해지는 밤에는 저렴하고 다양한 물건을 파는 야시장을 찾는 사람이 많다. 특히 주말 밤이면 친구, 연인 등 젊은이들이 모여들어 야시장은 불야성을 이룬다. 현지인들은 아시아티크 같은 세련된 관광지보다는 저렴하고 먹거리가 많은 곳을 선호하는데, 관광지에서 살짝 벗어난 곳에 있지만 찾아가기에 크게 불편함은 없다. 밤 시간을 알차게 보낼 수 있는 야시장을 추천한다.

짜뚜짝 그린
Jatujak Green(JJ Green)　　　　　MAP P.1

짜뚜짝 주말 시장 근처에 위치한 짜뚜짝 그린 야시장. 짜뚜짝 그린 주차장 쪽에서 상점에서 파는 앤티크 제품들은 물론 직접 그린 그림, 수집품 등 복고풍 물건을 판매하는 작은 노점상들이 늘어서 있다. 앤티크 시계, 전화기, 카메라, 악기, 낡은 광고 포스터, 인테리어 소품 등 태국의 옛날 물건을 구경할 수 있다.

가격도 저렴한 편이다. 물론 새 상품을 파는 노점상들도 많으며 직접 만들어 파는 제품들도 꽤 많아 구경하는 재미가 쏠쏠하다. 야시장에 빠질 수 없는 노점 음식점들도 분위기를 고조시킨다. 라이브 음악을 들으며 술 한잔할 수 있는 술집들도 많아 태국 젊은이들에게 인기 있다.

● Kamphaeng Phet 3 Rd. Chatuchak ☎ 09-2409-5616 ● 목~일 17:00~01:30 ● BTS 머칫(Mo Chit)역 또는 MRT 짜뚜짝 파크(Chatuchak Park)역에 하차해 짜뚜짝 주말 시장 게이트 2 방향에서 도보 2~3분

딸랏 롯파이 라차다
Talad Rot Fai Market Ratchada

씨콘 스퀘어의 딸랏 롯파이를 축소해놓은 듯한 롯파이 라차다 역시 활기 넘치는 야시장이다. 딸랏 롯파이보다 규모는 작지만 아기자기한 앤티크 소품과 미소가 지어지는 재미있는 아이디어 상품, 구제 물건들이 여행객의 흥미를 끈다. 야시장의 꽃인 주전부리도 빼놓을 수 없는 매력. 관광객들에게 이미 입소문이 나서 꽤 붐빈다. 지하철역 근처에 있어 찾기 쉽다.

● Soi 51, Ratcadaphisek Rd ☎ 09-2713-5599 ● 목~일 17:00~24:00 ● MRT 타일랜드 컬쳐 센터(Thailand Cultural Centre)역에 하차해 3번 출구 방향에 있는 에스플러네이드 쇼핑몰(Esplanade Shopping Mall) 뒤쪽

딸랏 롯파이
Talad Rot Fai (Train Night Market)

짜뚜짝 주말시장 옆의 기찻길에 있어 일명 기차 시장이라고 불리며 인기를 끌던 야시장 딸랏 롯파이가 씨콘 스퀘어 근처로 이전했다. 이름은 전과 동일하게 '딸랏 롯파이'라 부른다. 관광지와는 조금 떨어진 곳이지만 인기는 이사 전과 다름없다.

시장 초입에는 태국에서 인기 있는 독특한 인테리어의 라이브 주점들이 있고, 시장 안으로 들어가면 큰 광장을 둘러싸고 옷, 가방, 주전부리를 파는 노점들이 가득하며, 솜씨 좋은 장인들이 만드는 수공예품도 만날 수 있다. 특히 앤티크 제품을 파는 섹션은 꼭 방문해야 할 곳이다. 입구에서 왼쪽으로 들어가면 태국 전통 골동품뿐 아니라 자동차, 카메라, 인테리어 소품 등 한국에서는 보기 드문 앤티크 제품을 파는 상점이 가득하다. 골동품 수집을 하는 사람이 아니라도 구경만으로 재미있다.

● Srinakarin Soi 51, Srinakarin Rd, Nong Bon, Prawet ☎ 08-1827-5885 ● 목~일 17:00~24:00 ● BTS 온눗(On Nut)역 앞에서 택시를 타고 씨콘 스퀘어 딸랏 롯파이 하차

JUST GO's PICK

순박한 매력의
수상 시장

태국에는 전통을 보존하기 위해 재현한 시장과 관광 상품으로 만들어 낸 수상 시장이 있는데 방콕 주변의 몇몇 시장은 아직 관광 투어에는 포함이 되어 있지 않아 다른 곳보다는 순박한 분위기를 연출한다. 현재 방콕에서 가장 많이 가는 수상 시장인 담넌 싸두악(P.290), 암파와 수상 시장(P.292)과는 조금 다른 분위기를 느낄 수 있고 태국의 소박하면서 이국적인 분위기를 만끽할 수 있는 곳이다. 천천히 둘러볼 수 있다는 것이 장점이지만 대중교통을 이용해 가기는 불편하므로 택시를 이용해야 한다.

끌렁 랏마욤 수상 시장
Khlong Lat Mayom Floating Market

가장 최근에 생긴 끌렁 랏마욤 수상 시장. 아직 관광지화되지 않아 현지인들이 즐겨 찾는 곳이다. 군것질거리를 파는 상점을 비롯해 해산물 요리점, 타이 마사지 상점 등 없는 게 없고 가격도 매우 합리적이다.
시간 여유가 있는 사람들은 배를 타고 수로 구경을 할 수 있는 투어에 참가하는 것도 좋겠다. 2시간 정도 돌아보는 투어는 1인당 60B. 주말에는 친구, 연인, 가족 단위로 삼삼오오 찾아오는 이들로 활기가 넘친다. 사톤 방향 호텔 앞에서 택시를 타면 바로 도착할 수 있고, BTS 방와(Bang Wa)역까지 이동한 후 택시를 이용해도 된다.

● 30/15 Moo 11 Talatnam Khlong Lat Mayom, Bang Ramat Rd ● 토·일, 공휴일 09:30~16:30 ● 월~금 휴무 ● BTS 방와(Bang Wa)역 앞에서 택시 이용

탈링 찬 수상 시장
Taling Chan Floating Market

방콕 시내에서 약 12km 정도 떨어진 탈링 찬 수상 시장은 1987년 고 푸미폰 아둔야뎃 왕의 60세 생일을 맞아, 서서히 사라지는 전통 수상 시장의 명맥을 잇고자 하는 취지에서 만들었다. 다른 수상 시장보다는 덜 상업화되어 현지인들이 많지만 외국인 관광객들도 꽤 찾는 명소다.
쇼핑보다는 먹거리 위주로, 배에서 갓 구워 낸 왕새우, 게 등의 신선한 해산물과 다양한 태국 음식을 맛볼 수 있어 가족, 친구들끼리 주말을 즐기기 위해 많이 찾는다. 관광용 배를 타고 수로 주변을 둘러볼 수 있는 투어도 있는데, 약 2시간에 100B 정도로 저렴하다.

● Taling Chan Floating Market, Thanon Chak Phra ● 토·일 08:00~17:00 ● 월~금 휴무 ● 카오싼 라차담리에서 79번 버스를 타고 30분 이동. 또는 BTS 웡완얀 야이(Wongwian Yai)역에서 내려 택시를 타면 된다 (택시비 200B 이상). 또는 시내에서 택시 이용(택시비 300B).

콴 리암 수상 시장
Kwan-Riam Floating Market

태국 소설 〈프래 까우〉의 남녀 주인공의 이름을 딴 수상 시장. 〈프래 까우〉는 태국판 〈로미오와 줄리엣〉으로 남자 주인공은 콴, 여자 주인공은 리암이다. 태국의 전통을 유지하고 있는 시장 중 하나로, 다른 수상 시장에서 볼 수 없는 탁발 의식이 유명하다. 수로를 중간에 두고 있는 두 불교 사원인 왓 밤펜느어, 왓 방펭따이의 스님들이 아침 7시 30분부터 30분간 배 위에서 음식을 공양하는 의식인 탁발 의식을 행하는 모습을 볼 수 있다. 불교 국가지만 대도시에서 쉽게 볼 수 없는 의식이기 때문에 아침 일찍 서둘러 가서 볼 것을 추천한다.

탁발 의식이 끝나면 평범한 태국의 수상 시장이 되므로 만약 조금 늦게 도착했다면 태국의 다른 수상 시장과 비슷하게 해산물과 태국 음식을 맛보고 소소한 쇼핑을 즐기면 된다. 망아지, 거북이 등 다양한 동물도 구경할 수 있어서 어린이를 동반한 가족들이 많이 찾아온다.

● Ramkhamhaeng 187 Rd ☎ 0-2517-5464 ● 토·일 06:00~18:00(탁발 의식 07:30~08:00) ● 월~금 휴무 ● 대중교통을 이용해 가기는 불편하므로 택시 이용을 권한다. 람캄행 쏘이 187 또는 185 딸랏 콴 리암(람캄행 쏘이 187 입구에서는 툭툭 서비스를 제공한다)에 하차
● www.kwan-riamfloatingmarket.com

JUST GO's PICK

아기자기한
수퍼마켓 쇼핑

외국인들이 많이 사는 글로벌 도시인 방콕의 수퍼마켓에는 다양한 국내외 식재료와 먹거리가 가득하다. 태국의 수퍼마켓 체인 빅C와 테스코 로터스에는 다양한 태국 제품들이 많고, 외국인들이 많이 사는 동네나 고급 백화점에 입점해 있는 구어메이 마켓, 톱스 마켓, 빌라 마켓에는 글로벌 브랜드 제품들이 많이 구비되어 있어 구경하는 재미 또한 쏠쏠하다.

드라이 푸르츠
파인애플이나 망고 등의 말린 과일은 여성들에게 사랑받는 아이템이다. 왼쪽이 망고, 오른쪽이 망고스틴.

보디 파우더
더운 날씨가 일 년 내내 이어지는 방콕에서 몸을 보송보송하게 지켜주는 아이템. 허브 파우더 등 종류가 다양하고 가격도 저렴하다.

똠얌 라면
똠얌꿍이나 쌀국수 등 태국의 맛이 그리울 때 먹으면 좋은 인스턴트 음식.

견과류
먹기 편한 해바라기 씨, 호박 씨 등을 작게 포장해 판매한다. 휴대하기 편하고 맛도 좋다.

타로 생선포
맥주 안주나 심심풀이 간식으로 좋으며 매운맛, 간장맛, 고소한맛 등 맛이 다채로워 취향에 맞게 선택할 수 있다.

꿀
로열 프로젝트의 제품으로 튜브 안에 벌꿀이 들어있다. 품질이 좋고 무난한 맛이다.

코코넛밀크
태국식 커리나 디저트를 만들 때 많이 사용하는 식재료. 요리를 할 때마다 조금씩 쓸 수 있도록 개별 포장되어 있다.

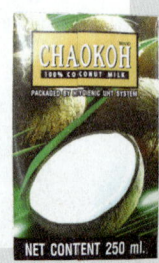

맥주
유명한 태국 맥주로는 창, 싱하, 리오가 있다. 드라이한 맛이 우리 입에도 잘 맞는다.

맛있다
인기 아이돌 그룹 슈퍼주니어가 광고를 하는 김 과자. 이름도 한국말로 지었다. 술 안주로 좋다.

두리안 칩
태국의 고급 바에서 제공되는 마른 안주 중 하나로 고소한 맛이 일품. 먹을수록 중독되는 맛이다.

코코넛 오일
유명 톱 모델인 미란다 커의 다이어트의 비밀로 알려진 후 더 인기가 높아진 오일. 건조한 몸과 모발에 바르면 촉촉해진다.

피시 소스
쥐똥고추 대신 매운 청양고추를 피쉬 소스에 넣어 볶음밥에 뿌려먹으면 그리운 태국의 맛을 느낄 수 있다. 휴대용도 있다.

태국 음식 패키지 키트
팟타이뿐 아니라 똠얌꿍 등을 한 번에 쉽고 간단하게 만들 수 있도록 소스, 재료가 다 들어 있다. 그대로 만들어 채소만 곁들이면 간단하게 태국 음식 끝. 회사별로 제품이 다양하다.

소스
레드 커리, 그린 커리, 팟타이, 똠얌꿍 등 다양한 소스를 판매한다.

데오도란트
슈퍼마켓에는 다양한 브랜드의 데오도란트가 있다. 가격도 저렴하고 늘 무더운 태국에서는 필수품이다.

와사비 과자
짭짤하고 매운 와사비 가루를 묻힌 과자 속에는 땅콩이 들어 있다.

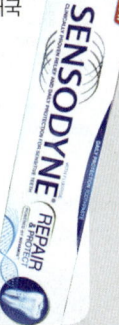

치약
센소다인뿐 아니라 파로돈탁스도 한국보다 저렴하다. 슈퍼마켓, 드러그스토어에서 판매한다.

방콕의 대표적인 수퍼마켓

빅C
BigC MAP P.11-G

태국 대형 체인 마트로 방콕 시내는 물론 태국 지방에도 많이 분포되어 있다. 생필품이 모두 구비되어 있다.

● 97/11 Ratchadamri Rd ☎ 0-2250-4888 ● 09:00~23:00 ● 연중무휴 ● BTS 칫롬(Chit Lom)역 또는 라차담리(Ratchadamri)역 하차. 센트럴 월드 건너편
● www.bigc.co.th

톱스 마켓
Top's Market MAP P.6-B

센트럴, 로빈슨 백화점 등 대형 몰에 입점해 있는 수퍼마켓 체인으로 방콕에만 34개의 지점이 곳곳에 위치하고 있다.

● 259 Sukhumvit Rd ☎ 0-2651-1533 ● 10:00~22:00 ● 연중무휴 ● BTS 아쏙(Asok)역 하차
● www.tops.co.th

구어메이 마켓
Gourmet Market MAP P.12

씨암 파라곤의 지하 1층과 엠쿼티어, 센트럴 칫롬 지점에 위치한 고급 수퍼마켓 체인. 씨암 파라곤 지하에서는 택스 프리 서비스도 가능하다. 단, 꿀, 채소, 과일 등은 세금 환급 제외 품목.

● GF Siam Paragon, 991 Rama 1 Rd. ☎ 0-2690-1000 ● 10:00~22:00 ● 연중무휴 ● BTS 씨암(Siam)역 하차

구어메이 마켓

빌라 마켓
Villa Market MAP P.6-B

현지인뿐 아니라 외국인들도 이용하기 좋은 곳이다. 지점마다 조금씩 규모가 다르지만 한국에서는 쉽게 접할 수 없는 다양한 수입 제품과 국가별로 진열되어 있는 와인 섹션이 훌륭하다.

- Villa Ambassador Soi 11 Sukhumvit ☎ 0-2255-6559 ● 09:00~24:00 ● 연중무휴 ● BTS 나나(Nana)역 하차 ● www.villamarket.com

푸드 랜드 수퍼마켓
Food Land Supermarket MAP P.7-G

태국의 수퍼마켓 체인. 방콕뿐 아니라 파타야 등지의 호텔과 고급 주택가에 위치해 있다. 방콕에서 가장 편리하게 이용할 수 있는 쑤쿰윗 쏘이 16 지점은 주변 호텔 투숙객들이 이용하기 편리하게 24시간 운영한다.

- 1F, 48 Column Tower, Sukhumvit Soi 16 ☎ 0-2204-2177 ● 24시간 ● 연중무휴 ● BTS 아쏙(Asok)역 4번 출구로 나와 아쏙 사거리 큰길을 건너면 True Fitness가 있는 익스체인지 타워 빌딩이 보인다. 우측 대로변인 아쏙 사거리 방향으로 조금 가다 보면 Soi 16 표지판이 보인다. Soi 16으로 들어가서 5분간 직진

이케아 IKEA

방콕 중심지에서 조금 벗어난 방나(Bangna) 지역에 위치한 대규모 쇼핑몰 메가 방나(Mega Bangna)에 입점해 있다. 1층에는 주방용품, 가구, 다양한 생활 필수품들이 전시 판매되고 있으며, 2층에는 세련되게 제품을 디스플레이한 쇼룸과 이케아 레스토랑이 있다.

- 38 Moo 6 Bangna-Trad km. 8, Bangkaew Sub-District, Bangplee District, Samutprakarn ☎ 0-2708-7999 ● 10:00~22:00, 식당 09:30~22:00(주문마감 21:30) ● BTS 우돔쑥(Udomsuk)역 5번 출구로 나와서 안내 표지판을 따라 메가 방나행 셔틀버스 이용. 메가 방나역에서 하차(셔틀버스 운행-우돔쑥역 첫 버스 10:00~, 메가 방나 마지막 버스 23:00) ● www.ikea.com/th

테스코 로터스
Tesco Lotus MAP P.10-E

테스코 로터스는 대형 마트로 큰 규모를 자랑하는데, 수퍼마켓 안에 푸드 코트, 체인형 레스토랑 등이 있어서 원스톱 쇼핑이 가능하도록 되어 있다.

- 831 Rama I Rd ☎ 0-2612-3960 ● 09:00~23:00
- 연중무휴 ● BTS 내셔널 스타디움(National Stadium)역 1번 출구에서 도보 3~4분 ● www.tescolotus.com

JUST GO's PICK

편의점에서
사 먹는 간식

방콕 시내에는 큰 건물이나 골목에서 24시간 편의점을 쉽게 볼 수 있다. 세븐일레븐, 서클K 같은 편의점에서는 가볍게 먹을 수 있는 즉석 음식, 간식 등을 구입하기 좋다. 즉석 음식 등은 전자레인지에 바로 데워 주므로 숙소 근처에 식당이 없다면 편의점을 이용하는 것도 좋다.

↥ 대용량 요구르트　　↥ 파니니　　↥ 쌀국수

↥ 커리 라이스

↥ 라이스 버거　　↥ 파카파오 무샵 라이스　　↥ 슈크림

⋯ 완탕　　만두 ⋯　　↥ 소시지

JUST GO's PICK

저렴하고 실용적인
드러그스토어 쇼핑

약뿐 아니라 간단한 생필품을 판매하는 드러그스토어. 태국에서 가장 많이 볼 수 있는 곳은 영국 브랜드인 부츠(Boots). 영국에서 판매하고 있는 동일 제품을 영국보다 저렴한 가격으로 구입할 수 있다. 필요한 약은 약사에게 의논한 후 구입하면 된다. 약 외에 매장에서 판매하는 제품 중에는 화장품, 고급 아로마 제품뿐 아니라 질 좋고 향기 좋은 보디용품들이 가득하다. 게다가 세일을 많이 하므로 이때를 이용하면 같은 가격으로 1+1 제품 또는 1개 구입하면 1개는 반값에 구입할 수 있다. 타임 스퀘어나 대형 쇼핑몰에는 한국에도 입점해 있는 왓슨스(Watsons)가 있으니 필요 시 이용하면 좋다.

← 모기 차단제
야외에서 식사를 하거나 밖에 있는 시간이 많을 때 꼭 필요하다.

보디 로션 →
건조한 피부에 필수. 보습력이 우수하다.

← 숩 글로리 보디 버터
은은한 향기에 보습 효과도 좋다.

로레알 스킨 ←
한국 면세점보다 저렴한 로레알 제품

← 이노 소화제
소화 안될 때 물에 풀어 거품이 꺼지기 전에 마시면 된다.

↑ 야돔
머리가 띵하거나 코가 막혔을 때 사용하면 좋다.

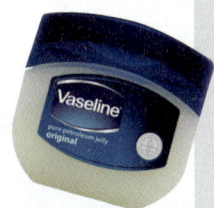

↑ 바셀린
건조한 피부에 좋은 휴대용 제품

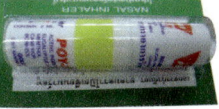

코코넛 보디용품 →
피부에 좋다는 코코넛 제품들이 많다.

← 핸드 워시
향기가 은은한 레몬 글라스 향과 타마린 향

샤워 젤 →
열대 과일 등 향 좋은 제품들이 많고 한국보다 저렴하다.

JUST GO's PICK

개성 넘치는
태국 디자이너 브랜드

태국은 개성 있고 감각적인 디자인 제품들이 많기로 유명하다. 센스가 남다른 디자이너들은 태국 패션계를 주도하고 있고 세계 각국에 매장을 내면서 외국인들에게도 인기를 얻고 있는 브랜드들도 많다. 유행을 선도하는 특별한 디자인으로 태국 패션피플들의 인기를 한 몸에 받고 있다.

1 플라이 나우 III
Fly Now III

1983년 솜차이 솜왓타나가 만든 브랜드. 독특하고 과감한 디자인으로 세계적으로 인정받는 브랜드로 성장하게 되었다.

태국의 고급 실크와 직물을 사용하는 것이 특징으로 파격적인 디스플레이를 구경하는 것도 재미있다. 씨암 파라곤, 센트럴 월드, 씨암 센터, 엠포리움에 입점해 있다.

2 클로젯
Kloset

2001년 설립한 태국 브랜드. 클로젯의 디자이너 몬리카 르앙끄릿야는 대부분 수작업을 고집하는 장인 정신이 투철한 디자이너이다. 여성스럽고 귀여운 디자인이 특징으로 여성들이 반할만한 매혹적이고 기발한 디자인을 매년 선보이고 있다. 패션뿐 아니라 액세서리 제품도 독특하다. 씨암 파라곤, 센트럴 칫롬, 센트럴 월드점에 입점해 있고, 씨암 센터에는 액세서리 제품을 파는 자매 브랜드인 클로젯 앤 잇세트러(Kloset & Etcetera)도 입점해 있다.

3 세나다
Senada

세나다의 디자이너인 차니따 프리차웟타야꾼은 '패션은 평생의 표현'이라는 신념으로 개성 있는 옷을 만든다. 시즌별로 젊은 층을 대상으로 섹시하면서도 귀여운 느낌의 제품을 선보인다. 방콕뿐 아니라 미국, 유럽에도 매장을 오픈할 정도로

인기 있는 태국의 대표 브랜드 중의 하나이다. 씨암 센터, 센트럴 월드, 씨암 파라곤, 엠포리움에 입점해 있다.

4 그레이하운드
Geryhound

한국인들에게 이미 유명한 브랜드다. 감각적인 인테리어가 돋보이는 카페도 운영하고 있으며 유명 백화점에는 대부분 입점해 있다.
다른 패션 브랜드와는 달리 그레이하운드는 패션을 전공하지 않은 4명의 친구들이 모여 만든 브랜드이다. 초기에는 남성복으로 시작하여 지금은 여성복, 액세서리, 카페, 레스토랑까지 사업을 넓혔다. 스타일리시하고 미니멀한 인테리어의 매장 구경은 필수. 씨암 센터, 씨암 파라곤, 엠포리움, 이세탄 백화점에 입점해 있다.

JUST GO's PICK

방콕에서만 해볼 수 있는 특별한 체험

자유여행 수요가 늘어나면서 다양한 체험을 즐기며 나만의 즐거움을 찾는 여행자들이 늘고 있다. 짧게는 1~2시간 수업을 받거나 길게는 일주일 수업을 받고 자격증을 받을 수 있는 코스 등 다양하다. 태국 요리를 만들고, 다이어트에 좋은 운동으로 무에타이를 배워보는 것도 좋다. 타이 마사지 수업은 수업료도 비싸고 긴 시간이 필요하므로 미리 계획하고 가야한다.

1 쿠킹 클래스
Cooking Class

세계적으로 유명한 태국 음식을 현지에서 직접 배울 수 있는 요리 교실. 일주일 단위로 코스가 다르므로 홈페이지에서 프로그램을 보고 신청하면 된다. 아침, 오후, 저녁별로 수업이 나누어져 있어 가장 편한 시간을 선택하면 된다.
태국 요리를 배우는 것은 물론, 요리에 필요한 재료를 재래시장에서 구입하는 방법과 시장 가격 정보를 얻을 수 있으며, 수업이 끝나고 나면 직접 만든 음식을 시식할 수 있다. 방콕에는 여러 곳에 쿠킹 클래스가 있어서 가격, 프로그램을 비교해보고 선택하면 된다.

씰롬 타이 쿠킹 스쿨
Silom Thai Cooking School MAP P.17-H

● O Sanusi Mareh, Proprietor, 68 Silom Soi 13 , Silom Rd ☎ 08-4726-5669 ● 08:30~17:30 ● 1000B(여행사 예약 시 900B) ● BTS 총논씨(Chong Nonsi)역 3번 출구로 나와 1~2분 직진해서 타이항공 오피스가 나오면 바로 좌회전 후 직진하면 나라이(Narai) 호텔 앞 씰롬 Soi 11 앞에서 직원과 미팅
● www.bangkokthaicooking.com

2 무에타이 배우기
Muay Thai

손, 발, 무릎 등의 전신을 사용하여 싸우는 기술이지만 머리를 타격하지는 않는 태국의 전통 무술인 무에타이. 맨손으로 사각 링에 올라가서 경기를 하기도 하지만 요즘은 대부분 글러브를 사용해 안전하게 경기를 진행한다.
룸피니 또는 라차담넌 경기장에서 프로 선수들의 실제 경기를 볼 수도 있지만 일일 코스로 무에타이를 배울 수 있는 체육관들이 있으니 관심 있는 사람이라면 배워보길 권한다. 외국인 거주자나 관광객들을 위한 일일 코스는 매일 세 차례 진행된다. 미리 전화 예약을 하거나 시간에 맞춰 체육관을 방문하면 된다. 한 명이라도 수업은 진행되므로 편한 시간에 맞춰 방문해도 좋다.

RSM 아카데미
RSM Academy　　　　　　　　MAP P.9-C

● Seenspace 13, 251/1 Soi Thonglor 13 ☎ 0-2185-2384 ● 일일코스 초보 550B, 어드밴스 850B, 프로 1500B, 어린이 400B ● 10:00, 15:00, 17:30, 19:00 ● BTS 텅러(Thong Lo)역 1번 출구에서 도보 15분
● www.rsm-academy.com

3 타이 마사지 자격증 따기
Thai Massage License

피곤한 몸을 풀기 위해 마사지를 받는 것도 좋지만, 마사지 스쿨에서 마사지를 배워 자격증에 도전해보는 것도 좋다. 방콕에는 외국 관광객들이 배울 수 있는 마사지 스쿨 코스가 다채롭다. 그중 왓 포 타이 마사지 스쿨에서는 가장 유명한 왕실 마사지를 배울 수 있다. 타이 마사지, 발 마사지 등 다양한 과정의 마사지 수업이 있다. 자세한 코스와 수업료, 수업 문의는 홈페이지에서 확인할 것.

왓 포 타이 마사지 스쿨
Wat Pho Thai Massage School　　MAP P.21-C

● 361/33-34 Maharach Rd, Prabarommaharaja-wang ☎ 0-2622-3551, 0-2221-3686 ● 9500B~ ● 타 창(Tha Chang) 선착장에서 도보 5분, 왓 포에서 도보 3~4분 ● www.watpomassage.com

방콕의 로맨틱한 야경 명소 베스트 6

높은 곳에서 내려다보는 방콕의 야경은 어떨까? 하루를 마무리하면서 고급스러운 바나 레스토랑에서 멋진 야경을 보는 것도 여행의 즐거움 중 하나다. 낭만적인 시간을 보내기에 가장 좋은 공간에서 분위기 있는 식사 또는 칵테일 한잔을 즐기는 여유를 가져보자.

1 씨로코
Sirocco　　　P.234

방콕의 야경을 가장 분위기 있게 즐길 수 있는 최고의 레스토랑 겸 바. 스테이트 타워 빌딩 61층에 위치해 멋진 분위기를 느낄 수 있는 곳으로 야외 테이블에서는 한가로운 저녁 식사를 즐기기에 좋다.

2 버티고 그릴 앤 문 바
Vertigo Grill & Moon Bar　　　P.236

반얀 트리의 가장 높은 59층에 내려 계단을 빙글빙글 돌아 61층에 도착하면 야경이 아름답기로 소문난 버티고가 있다. 미리 예약해야 하는 디너 테이블과 칵테일을 마시며 야경을 감상할 수 있는 테이블이 있다.

버티고 그릴 앤 문 바

3 쓰리 식스티 라운지
Three Sixty Lounge   P.237

밀레니엄 힐튼 호텔 32층에 위치한 쓰리 식스티 라운지에서는 은은하게 들려오는 재즈 가수의 노래와 함께 짜오프라야 강의 아름다운 전경을 내려다볼 수 있다. 반짝반짝 빛나는 야경을 바라보며 로맨틱한 분위기를 만끽해보자.

4 피프티 파이브 & 레드 스카이
55 & Red Sky   P.213

센타라 그랜드 앳 센트럴 월드 호텔 55층에 위치한 곳으로 사방이 탁 트여 있어 시원하고 분위기는 차분하다. 레드 스카이는 야외 테이블이 있어 낭만적이며, 시원하고 편안한 실내 좌석도 마련되어 있다.

5 업 & 어버브 레스토랑 앤 바
Up & Above Restaurant & Bar   P.213

오쿠라 프레스티지 방콕 호텔에 위치한 바. 24층 로비와 같은 층에 위치하며 시크하고 스타일리시한 곳이다. 6~7개의 야외 테라스에서 확 트인 방콕의 경치를 보면서 조용하게 보낼 수 있다. 월요일부터 토요일까지는 하루 네 번 부드러운 재즈 연주를 들을 수 있다.

6 젠세
Zense   P.212

센트럴 월드 젠 백화점 17층에 위치한 분위기 있는 레스토랑 겸 라운지 바. 고급스러운 인테리어를 갖추었으며 야외 테이블도 있다. 전망이 트인 테이블을 원한다면 미리 예약하는 것이 좋다.

JUST GO's PICK

몸과 마음이
행복해지는 마사지

한 번 받아보면 그 매력에 푹 빠지게 될 정도로 태국에 왔다면 마사지는 절대 빼놓을 수 없는 필수 코스다. 국내에서는 마사지 가격이 엄청 비싸지만, 방콕에서라면 다양한 종류의 마사지를 훨씬 저렴한 가격에 받을 수 있고, 내 몸에 맞는 마사지를 골라받을 수 있다.

태국의 마사지는 전통적인 마사지인 타이 마사지, 근육의 긴장을 풀어주기 위해 천연 오일을 사용해서 몸을 편안하게 풀어주는 오일 마사지, 오장육부가 다 있는 몸의 축소판이라고 불리울 만큼이나 중요한 발을 위한 발 마사지, 마사지뿐 아니라 수압, 수류를 이용한 욕조를 사용하는 스파 등 매우 다양하다.

방콕에는 일상에 지친 여행객들의 휴식 공간으로, 한국보다 저렴하고 고급스럽게 마사지를 즐길 수 있는 숍들이 많이 있다. 타이 마사지는 대부분의 숍에서 가능하지만 위생 상태 등을 고려할 때 시설이 깨끗한 곳에서 받는 것을 추천하고 싶다. 이외에 돌을 이용하는 스톤 마사지(Stone Massage), 인도 스타일의 따뜻한 오일을 이용하는 아유르베다(Ayurveda), 각종 약재를 넣어 만든 허벌볼(Herbal Ball) 등의 다양한 마사지가 있으니 체질에 맞는 요법을 골라 받아 보자.

호텔의 코쿰 스파

타이 마사지를 받을 때 알아둘 점

전통 타이 마사지를 받는다면 웬만한 곳에서 받아도 좋다. 단, 유흥가가 밀집해 있는 거리의 바로 옆이라면 피하는 것이 좋다. 퇴폐 마사지 숍일 가능성이 있고, 성의 없는 마사지를 받을 수 있기 때문이다. 타이 마사지를 하는 곳은 골목 골목에서 쉽게 볼 수 있는 것이 장점이다. 하지만 마사지사의 실력에 따라 효과가 크게 차이가 나므로 실력이 있는 마사지였다면 이름을 기억해두자. 다음에 방문했을 때 마사지사를 지정하면 좋다.

고급 마사지 숍의 이용 순서

❶ 전화나 인터넷 사이트를 방문하여 원하는 날짜와 시간을 예약한다. 수용 인원이 적거나 시간대에 따라 만실일 수 있으므로 미리 예약해야 여행 일정에 차질이 없다.

❷ 방문 시 주는 웰컴 드링크를 마신 후 원하는 마사지 종류를 고른다. 마사지에 대한 궁금증이 있다면 안내 직원에게 충분히 문의한 후 마사지를 받는다. 마사지가 필요한 부분이 어디인지 체크하는 용지를 주는 곳도 있는데, 그럴 경우에는 차근차근 체크하면 된다.

❸ 배정받은 마사지실로 들어간다. 발 마사지 전에는 발을 씻겨주니 여행 중 더러워진 발이라도 걱정하지 않아도 된다. 마사지 종류에 따라 샤워를 해야 하는데 마사지 전 또는 후에 샤워를 하면 된다.

❹ 마사지실로 안내를 받은 후 준비되어 있는 편안한 옷으로 갈아입는다.

❺ 마사지 받을 때 너무 강하거나 약하다고 생각된다면 마사지사에게 말해 원하는 강도를 조정할 수 있다. 마사지 숍에 따라 미리 용지에 체크한 경우라도 마사지 도중 강도를 조절해 달라고 말하면 조절해준다.

❻ 마사지가 끝난 후 옷을 갈아입고 나오면 차나 과일이 준비되어 있다.

수쿰윗에 위치한 마사지숍 라바나

마사지의 종류

마사지를 고르기 전 우선 마사지의 종류를 알고 선택을 해야 후회하지 않는다.

타이 마사지 Traditional Thai Massage

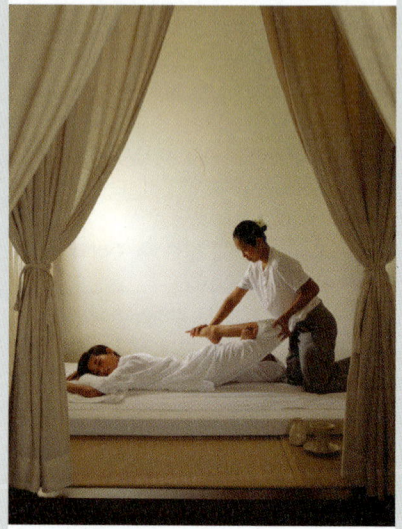

태국의 전통 마사지인 타이 마사지는 세계적으로 유명하다. 2500년의 전통을 이어받은 마사지가 몸과 마음까지 편안하게 해준다. 부드러운 마사지로 어깨, 목 등의 긴장감을 풀어주며 유연성을 좋게 해주는 효과가 있다.
사람의 몸에는 '센'이라는 기가 움직이는 통로가 있는데 스트레스, 피로 등으로 막히게 된다. 마사지를 통해 막힌 통로를 풀어주는 역할을 한다. 마사지를 받다보면 인도의 요가에서 영향을 받은 동작들을 볼 수 있다.

아로마 오일 마사지 Aroma Oil Massage

고급스러운 숍일수록 자신의 몸 상태와 심리 상태에 알맞는 아로마 오일을 골라서 마사지를 받을 수 있다. '아로마테라피'라고도 불리는 마사지는 요즘에는 대체의학으로까지 발전해 있는 상태로 아로마 향기만으로도 근육의 긴장을 완화시키고 마음까지 평화롭게 해주므로 일상에 지친 사람들에게 인기 있는 마사지다. 천연 재료들로 만든 에센스 오일을 이용하므로 가격은 비싸지만 다른 마사지보다 효과가 좋다.
숍에 따라 구비되어 있는 아로마 오일의 종류가 다른데 마사지 숍에서 오일을 고를 때 몸 상태에 따라 조언을 받는 것도 좋은 방법이다. 보통 오일 마사지라고도 부른다.

발 마사지 Foot Massage

인체의 축소판이라고 할만큼 발에는 중요한 지압점들이 있다. 이 지압점을 자극만 줘도 간단하게 몸 상태를 알 수 있으며, 발 마사지를 받음으로써 심신을 편안하게 할 수 있다. 경우에 따라서는 몸이 아픈 부분의 지압점에서 통증을 느낄 수도 있다.

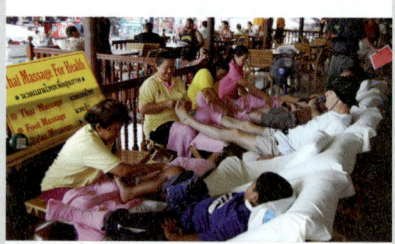

스톤 마사지 Stone Massage

따뜻하게 데운, 매끈하고 둥근 돌을 이용해서 몸의 뭉친 근육을 풀고 몸 안의 혈관과 림프관의 순환을 원활하게 만들어주며 따뜻한 기가 전

달된다. 따뜻하게 데운 돌을 이용해 몸 구석구석을 적절하게 마사지해 근육을 풀어주므로 편안해지는 것을 느낄 수 있다. 스톤 마사지는 고급 스파 숍에서만 받을 수 있다.

아유르베다 마사지　Ayurveda Massage

인도에서 처음 시작되어 전 세계적으로 치료 효과를 인정받은 마사지 요법이다. 몸을 안정시켜 주는 효과가 큰 것으로 알려져 있다. 따뜻한 오일을 이용해 근육과 심신의 밸런스를 맞추고 몸 속에 쌓인 독소를 배출한다.

허벌볼 마사지　Herbal Ball

근육 이완에 좋은 허벌볼 마사지. 질 좋은 면 안에 각종 약초들을 넣은 후 꽁꽁 맨 허브 뭉치를 스팀으로 따뜻하게 데워 마사지 한다. 어깨와 등의 뭉친 부분을 풀어주는 데 효과가 있다.

스파　Spa

벨기에에서 처음 유래된 용어로 물, 광천수 또는 온천을 뜻하는데, 대부분 따뜻한 물을 이용해서 편안하게 휴식을 취할 수 있도록 도와준다. 물뿐 아니라 좋은 오일과 향을 이용해서 더욱 큰 효과가 나타나며 근육을 풀어주는 효과가 있고 혈액 순환에 좋다. 수압과 수류를 이용하는 스파 욕조를 사용해서 프로그램이 진행된다. 요즘은 마사지의 다른 의미로도 표현되지만 고급 마사지 숍에서만 받을 수 있다.

래핑 트리트먼트　Wrapping Treatment

몸의 보습력을 높여 주는 래핑 트리트먼트. 부드러운 크림 제품을 온몸에 발라 랩이나 수건으로 감아놓는다. 특히 수분이 부족한 사람에게 필요한 케어로, 피부가 건조해졌을 때 이 케어를 받으면 수분과 적당한 영양까지 줄 수 있다.

스크럽　Scrub

천연 제품을 사용해 부드럽고 정성껏 문질러 피부의 묵은 각질을 없애주는 것으로, 마사지를 받기 전에 한다.
선탠 전에 스크럽을 하면 얼룩지지 않게 태울 수 있는 효과를 볼 수 있다고 한다. 단, 과도한 선탠을 했을 경우에는 피부 자극이 심하므로 권하지 않는다.

스웨디시 마사지　Swedish Massage

아로마를 이용한 림프 배농 관리법으로 유럽 스웨덴에서 시작되었다. 스트레스로 균형이 무너진 몸을 편안하게 해주고 생기를 찾아준다. 보통 오일 마사지라고도 불리지만 좀 더 세심하고 부드럽게 신경 써주는 고급 마사지다.

**마사지를 받고 난 후
팁은 얼마를 줘야 할까?**

마사지를 받고 나면 마사지사에게 별도로 팁을 주는 것이 관례이다. 1시간을 받았을 때는 50B, 2시간은 100B 정도가 적당하다.

JUST GO's PICK

방콕의 추천 마사지 숍
베스트 5

태국의 마사지는 세계적으로 유명하다. 게다가 저렴하고 수준도 높다. 피곤한 일상의 피로를 잠시나마 날려 버릴 수 있는 마사지는 어디에서 받느냐가 굉장히 중요하다. 골목마다 즐비한 마사지 숍이나 카오싼의 길 거리, 호텔에서도 받을 수 있지만 합리적인 가격과 편안함이 강조되는 쾌적한 곳에서 받으면 좋다.

1. 라바나 Lavana   P.137

1층 로비에서는 직접 만든 아로마 제품을 판매하고, 마사지를 받기 위해서는 2층 마사지 룸으로 이동한다. 아침에 방문하면 간단한 아침 식사나 얼굴 마사지를 해주는 프로모션 행사를 진행하니 방문 전 홈페이지를 미리 들어가보는 것이 좋다.

2007년에 오픈하여 이미 한국인들에게 매우 유명한 곳이다. 마사지 종류가 다양하고 샤워시설이 잘 갖추어진 프라이빗한 개인 룸이 준비되어 있다. 시간적으로 여유가 있다면 패키지 메뉴를 이용하는 것도 좋다.

2 헬스 랜드
Heath Land
P.139

방콕에만 5개 지점이 있는 방콕 최대 규모의 체인 마사지 숍. 쾌적한 마사지실을 갖추었으며, 마사지사들의 솜씨가 기복이 없어 형편없는 마사지를 받을 걱정은 없다.

4 코란
Coran
P.164

숍 안에 카페를 함께 운영하고 있으며, 아침에 마사지를 시작하여 마사지가 끝나는 시간에 맞춰 건강식 점심 식사를 제공하는 스파 프로그램이 진행중이다.

3 아시아 허브 어소시에이션
Asia Herb Association
P.163

오픈 당시에는 일본인 손님들이 대부분이었지만 현재는 한국뿐 아니라 다른 나라에서 온 관광객들도 많이 찾는다. 특별한 아로마 제품과 허브를 넣은 질 좋은 제품들을 사용하고 판매도 한다.

5 디바나
Divana
P.138, 165

방콕에 3개 지점을 운영하며 품질 좋은 보디 용품을 만드는 스파 숍. 수십 명의 고객을 한꺼번에 수용하기에는 부족한 규모지만 조용한 분위기에서 세밀한 서비스를 받을 수 있는 것이 장점이다.

JUST GO's PICK

방콕에서 놓칠 수 없는 멋진 쇼

방콕에서 꼭 봐야 할 것 중 하나이며 세계적으로 가장 유명한 쇼이기도 하다. 일명 '게이 쇼'라고 불리는, 트랜스젠더들의 멋진 춤과 노래를 볼 수 있는 칼립소 쇼와 태국에서 가장 화려한 무대인 씨암 니라밋은 꼭 빼 놓지 말아야 할 방콕의 볼거리다.

칼립소 쇼
Calypso Show   MAP P.16-E

태국에 왔다면 꼭 봐야하는 재미있는 캬바렛 쇼이다. '방콕' 하면 떠오르는 대표적인 쇼로서, 매우 인기 있는 볼거리이다. 여자보다 더 예쁜 트랜스젠더의 멋진 쇼와 중간 중간 코믹한 배우들의 재미있는 무대는 눈을 뗄 수 없다. 쇼에 등장하는 아름답고 늘씬한 미인들은 예전에는 남자였지만 성전환 수술로 완벽한 여성의 모습이 되어 에너지 넘치는 쇼를 보여준다. 민망한 쇼는 아니며 가족들이 함께 봐도 좋다. 짜오프라야 강변의 야시장 아시아티크에 위치한 공연장에서 볼 수 있다.

● Asiatique The Riverfront, 2194 Charoenkrung Rd, Prayakrai, Bangor Laem ☎ 0-2653-3960 ● 어른 1200B, 어린이 600B(여행사에서 구입 시 900B~) ● 공연시간 20:15, 21:45(하루 2회) ● BTS 싸판 딱씬(Saphan Taksin)역 2번 출구 앞에 있는 타 싸톤(Tha Sathon) 선착장에서 아시아티크로 가는 무료 셔틀보트 이용(16:30~23:00, 30분 간격 운행, 10분 소요)
● www.calypsocabaret.com

칼립소 쇼를 즐기는 법
입장료에는 음료수가 포함되어 있고 편안한 자리에서 화려한 무대를 감상할 수 있다. 쇼를 마치고 나올 때는 출구 쪽에 무희들이 인사를 하며 사진을 함께 찍어주는 서비스를 하는데 무대에서 가장 눈여겨본 무희와 기념 촬영을 해보자. 무희와 사진을 찍은 후에는 꼭 팁을 줘야 하는 것도 잊지 말자. 팁은 보통 50B 정도(한화 천 원도 가능)다.

네이션(Ordination), 쏭끄란(Song Kran), 피따콘(Phi Dtaa Khon), 러이 끄라통(Loy Krathong) 등과 같은 태국의 다양한 축제를 보여준다.

- 19 Tiamruammit Rd, Huaykwang ☎ 0-2649-9222
- 17:30~22:00, 공연 소요시간 80분(20:00~21:30)
- 연중무휴 ● 저녁 뷔페와 함께 이용 시 어른 1200B, 어린이 1000B, 공연만 관람 시 어른 1000B, 어린이 850B ●
- MRT 타일랜드 컬츄럴 센터(Thailand Cultural Center)역 1번 출구에서 무료 셔틀을 15분마다 운행(18:00~20:00)
- www.siamniramit.com

씨암 니라밋
Siam Niramit　　　　　　　　MAP P.1

씨암 니라밋은 4억 달러라는 어마어마한 금액을 투자해 완성된 태국 전통 쇼로, 2005년 세계 기네스북에 올랐다. 2000여 명을 수용할 수 있는 커다란 극장에서 실감 나는 공연을 볼 수 있다. 태국의 예술과 문화를 한눈에 감상할 수 있는 세계적인 공연으로 500벌 이상의 의상을 갈아입는 150여 명의 연기자들이 멋진 연기를 펼친다. 최신 기술을 갖춘 특수 효과와 장비들은 공연을 보다 생동감 넘치고 감동적으로 연출한다.
1막 '역사속으로'에서는 북부 고대 란나 왕국과 야유타야 왕국의 이야기가 펼쳐지며, 2막 '상상의 세계'에서는 살면서 선행을 행하든 악행을 행하든 다음 생애에 다시 태어난다는 불교의 윤회 사상을 보여준다. 3막 '축제 속으로'는 오디

씨암 니라밋을 즐기는 법
쇼만 관람하는 요금, 쇼와 저녁 식사가 포함된 요금이 다르다. 저녁 식사는 뷔페로 제공되며 17:30에 도착해 먼저 식사를 한 후 공연을 관람하면 된다.
공연 극장에서 직접 예약할 경우 일반석은 1500B, 골드석은 2000B이며 뷔페 식사는 350B를 추가하면 된다. 여행사에서는 더 저렴한 가격으로 입장권을 구입할 수 있어 여행 경비를 아낄 수 있다. 일반석은 1000B(어린이 850B)부터, 뷔페 포함 시 1200B(어린이 1000B)부터이며, 골드석은 400B 추가된다. 픽업 포함 시 1400B(어린이 1150B)부터 구입할 수 있다.

JUST GO's PICK

방콕에서 묵어보고 싶은
특별한 호텔

방콕에는 수천 개의 숙박업소가 있는데, 가격과 부대시설, 서비스까지 천차만별이다. 방콕의 럭셔리한 유명 체인 호텔들은 다른 동남아시아 도시에 비해 가격이 저렴한 편이다. 그중에서 개성을 중시하는 개별 여행자들이 가격, 위치 조건보다는 좀 더 특별한 분위기를 원할 때 관심을 가져봐도 좋을 멋진 호텔 네 곳을 엄선해 소개한다.

씨암 호텔
The Siam Hotel
MAP P.18-B

방콕에서 가장 비싼 호텔 중 하나. 짜오프라야 강변에 위치한 최고급 리조트형 호텔이다. 시내 접근성은 좋지 않지만 방콕에서는 찾기 어려운 풀빌라 스타일의 럭셔리 룸과 스위트 룸을 갖췄다. 스파, 쿠킹 클래스를 진행할 수 있는 키친과 무에타이를 배울 수 있는 체육관, 작은 영화관과 도서관까지 부대시설도 완벽하다. 호텔 로비에는 앤티크 소장품들을 전시하여 박물관이 부럽지 않은 곳.

● 3/2 Khao Rd, Vachirapayabal, Dusit ☎ 0-2206-6999 ● 10000B~ ● 택시 이용. 또는 타 싸톤(Tha Sathorn) 선착장에서 셔틀보트 이용(호텔 홈페이지에서 셔틀보트 시간표 참조)
● www.thesiamhotel.com

씨암 켐핀스키 호텔
Siam Kempinski Hotel
MAP P.12

번화가이자 방콕의 중심지인 씨암에 위치한 호텔. 씨암 파라곤과 연결되어 있어 쇼핑, 레스토랑, 다른 지역으로 가는 접근성까지 최적의 조건을 갖춘 곳이다. 시내 중심가에 위치해 있지만 호텔 건물은 노출되지 않아 번잡함 없이 편안하게 머물 수 있다.

● 991/9 Rama 1 Rd ☎ 0-2162-9000 ● 6000B~
● BTS 씨암(Siam)역 3, 5번 출구
● www.kempinski.com

프라야 팔라조 호텔
Praya Palazzo Hotel　　　　MAP P.18-A

짜오프라야 강 옆에 위치한 팔라디오 건축 양식의 호텔이다. 길도 없고 인적이 드문 강가에 있어 오직 호텔 셔틀보트로만 오갈 수 있다. 1923년 라마 왕 시절 왕실 관세담당 귀족인 프라야가 1946년까지 거주하던 저택을 개조해 2011년 호텔로 다시 태어났다. 호텔이 알려지기 전 왕실 음식을 전문으로 하는 호텔 내 레스토랑이 먼저 유명해지면서 호텔도 함께 주목받기 시작했다. 조용하고 고풍스러운 호텔로, 슈피리어, 디럭스, 스위스, 짜오프라야 스위트까지 객실은 단 17개뿐이다. 호텔 셔틀보트를 타야만 갈 수 있어 조금 불편할 수 있으나 조용하게 휴식을 보낼 수 있어 유럽인들에게 특히 인기가 높다.

- 757/1 Somdej Prakinklao Soi 2, Bangyeekhan ☎ 0-2883-2998 ● 4000B~ ● 택시를 이용해서 타 프라야팃(Tha Phra Athit) 선착장으로 이동 후 호텔 셔틀보트 이용 ● www.prayapalazzo.com

로이 라 롱 호텔
Loy La Long Hotel　　　　MAP P.4-J

방콕의 다른 고급 호텔들과 비교하면 시설이나 위치 면에서 뒤떨어지는 곳이지만 세계 각국에서 온 여행자들이 묵어보고 싶은 숙소로 손꼽히는 유명한 호텔이다. 30년이 넘은 오래된 수상 가옥을 개조한 호텔로, 방콕에서의 특별한 하룻밤을 보내기에 충분하지만 방이 7개뿐이니 예약을 서둘러야 한다.

시설은 소박하지만 짜오프라야 강이 바로 옆에 있어 낭만적이다. 2009년 태국 최고 흥행작이었던 영화 〈방콕 트래픽 러브 스토리〉에서 두 주인공이 사랑을 나누는 장소로 등장하기도 했다. 짜오프라야 강의 밤과 낮, 방콕의 일상을 그대로 느낄 수 있는 매력이 있는 곳이다.

- 1620/2 Song Wat Rd, Sampanthawong(Patum-kongka 사원 안에 위치) ☎ 0-2639-1390 ● 2100B~ ● 택시 이용 Patumkongka Temple로 이동 ● www.loylalong.com

JUST GO's PLAN 1
저스트고가 추천하는
방콕 1일 여행 코스

{관광 위주의 일정}
방콕 관광 삼매경 코스

방콕의 역사유적과 유명 관광지를 모두 보고 싶은 사람들에게 추천하는 코스. 볼거리에 욕심 많은 여행자라면 만족할만한 하루 일정으로, 더운 날씨 때문에 힘들지만 모두 돌고 나면 뿌듯함이 느껴질 것이다. 아주 부지런히 다녀야 하므로 편한 신발은 필수!

08:00 왓 아룬 관광 P.277
↓ 보트 5분 & 도보 15분

09:00 왓 포 관광 P.249
↓ 도보 5분

10:00 왕궁과 왓 프라깨우 관광 P.245
↓ 도보 15분

12:00 카오싼 로드 구경 후 점심 식사 P.256
↓ 툭툭 10분 또는 도보 20분

13:30 두씻 정원 관광 P.272
↓ 도보 10분

15:30 왓 벤짜마버핏 관광 P.270
↓ 툭툭 10분 또는 도보 15분

16:20 푸 카오 텅(황금의 산)과 왓 싸켓 관광 P.258
↓ 도보 10분

18:00 팁 싸마이에서 저녁 식사 P.263
↓ 수상 보트 & 셔틀보트 30분

20:00 아시아티크 쇼핑, P.54 칼립소 쇼 관람 P.78

왓 아룬

왕궁

TIP

여기는 꼭 가보자
다 돌아보기에는 시간도 없고 체력도 걱정된다면 왕궁과 왓 프라깨우를 선택하자. 왕궁은 왕의 권력과 나라의 번영을 기원해 지은 곳으로, 왕궁 안에는 태국에서 가장 신성시하는 최고의 사원인 왓 프라깨우(에메랄드 사원)가 있으니 이 두 곳은 절대 놓치지 말아야 한다.

칼립소 쇼 또는 씨암 니라밋의 티켓을 저렴하게 구입하자
카오싼 지역에 위치한 홍익여행사에서 구입하거나 인터넷에서 미리 티켓을 구입하는 것이 더 경제적이다. 공연장에서 직접 구입하면 가격이 더 비싸다.

{쇼핑과 휴식 위주의 일정}
스타일리시한 리프레시 코스

주로 일상에 지쳐 있는 직장 여성들이 선호하는 일정이다. 시내 주변의 호텔에 묵으며 관광보다는 쇼핑을 즐기고, 분위기 있는 레스토랑에서 식사를 하며 마사지로 피로를 풀고 싶은 여행객들에게 권한다.

10:00 씨암 파라곤에서 쇼핑 P.179

씨암 파라곤

↓ 도보 5분

12:00 씨암 스퀘어 구경 및 쇼핑 P.184

↓ 도보 15분

13:00 센트럴 월드에서 점심 식사 및 쇼핑 P.199

에라완 티 룸

↓ 도보 5분

15:00 에라완 사당을 구경하며 소원 빌어보기 P.198

↓ 도보 2분

15:30 에라완 티 룸에서 애프터눈 티 즐기기 P.33

씨로코

↓ BTS 5분 & 도보 10분

18:00 라바나 또는 헬스 랜드에서 마사지 받기 P.137, 139

라바나

↓ BTS 20분 & 셔틀보트 10분

20:00 아시아티크에서 저녁 식사와 쇼핑 P.54

↓ 셔틀보트 10분 & 도보 5~10분

23:00 씨로코에서 칵테일 마시며 야경 즐기기 P.234

피로를 날려주는 마사지
태국의 마사지는 세계적으로 유명하다. 태국 전통 마사지를 저렴하게 이용해도 좋고 좀 더 고급스러운 마사지인 허브 오일 마사지도 받을만하다. 시간 여유가 많고 피로에 심신이 매우 지쳤다면 3시간 이상의 마사지 패키지를 받아보는 것도 좋다.

저스트고가 추천하는 방콕 여행 코스 **83**

{관광과 쇼핑 위주의 일정}

관광 반 쇼핑 반 일석이조 코스

방콕에서 절대 놓치면 안 되는 주요 관광지만 돌아본 후, 방콕에서 가장 규모가 큰 쇼핑센터인 씨암 파라곤과 센트럴 월드에서 쇼핑과 식사까지 동시에 즐기는 코스.

08:30 왕궁과 왓 프라깨우 관광 P.245

↓ 도보 5분

10:00 왓 포 관광 P.249

↓ 보트 3분 & 도보 15분

11:00 왓 아룬 관광 P.277

↓ 보트 5분 & 택시 30분

12:30 씨암 파라곤 MK 골드 레스토랑에서 점심 식사 P.186

↓ 도보 5분

15:30 망고 탱고에서 달콤한 디저트 P.189

↓ 도보 5분

14:00 씨암 파라곤에서 쇼핑 P.179

↓ 도보 15분

16:00 에라완 사당 구경하며 소원 빌기 P.198

↓ 도보 5분

17:00 센트럴 월드에서 쇼핑 및 저녁 식사 P.199

↓ BTS 18분 & 셔틀보트 10분

20:00 아시아티크 쇼핑 P.54

↓ 셔틀보트 10분 & 도보 5~10분

22:30 씨로코에서 칵테일 마시며 야경 즐기기 P.234

왓 프라깨우

왕궁

씨암 스퀘어

왓 포

시간대에 따라 움직이자

햇빛이 비교적 덜 강한 아침에는 왕궁 등의 관광지를 둘러보고, 햇빛이 강한 오후는 에어컨이 시원하게 나오는 쇼핑몰 안에서 보내는 것이 좋다. 늦은 저녁에는 하루의 피로를 싹 잊을 수 있는 아름다운 야경과 칵테일을 즐길 수 있는 씨로코에도 꼭 가보자.

{ 저렴한 쇼핑 위주의 일정 }
알뜰 쇼핑 코스

도매상인들이 주로 찾는 차이나타운은 복잡하지만 저렴한 물건을 사기에 좋은 곳이다. 그보다 좀더 쾌적한 장소는 마분콩 센터(MBK). 젊은 감각의 세련된 물건들을 골라서 살 수 있는 씨암 스퀘어도 태국 젊은이들에게 사랑받는 쇼핑 명소다.

10:00 마분콩 센터(MBK)에서 쇼핑 P.185

마분콩 센터

↓ 도보 5분

12:00 씨암 스퀘어 구경 및 점심 식사 P.184

씨암 스퀘어

↓ 택시 20~30분

13:00 차이나타운에서 쇼핑 및 티케이 시푸드에서 저녁 식사 P.289

티케이 시푸드

↓ 택시 10~15분

17:00 카오싼 로드 구경 후 시원한 맥주 한잔 P.256

쇼핑, 관광, 식사까지 원스톱으로 해결
차이나타운은 시끌벅적하지만 언제나 활기가 넘친다. 여러 시장들을 둘러보고 딤섬과 해산물 등으로 저렴한 가격에 푸짐한 식사까지 할 수 있는 곳이다.

↓ 수상 보트 30분

20:00 아시아티크 쇼핑 P.54

실크 바

차이나타운

{보트로 즐기는 여행}
짜오프라야 강을 따라가는 코스

투어리스트 보트를 타고 짜오프라야 강 주변의 관광지를 돌아볼 수 있는 여행 코스. 방콕은 짜오프라야 강 주변만도 볼거리가 매우 많다. 강 주변의 아름다운 풍경을 감상하면서 교통 정체 없이 이동할 수 있는 보트를 타고 현지인들의 사람 냄새나는 정겨운 방콕의 진짜 모습을 볼 수 있다는 장점이 있다. 특히 관광을 좋아하는 사람들에게 추천하는 코스이다.

09:00 왓 아룬 관광 P.277

↓ 보트 3분 & 도보 15분

10:00 왕궁과 왓 프라깨우 관광 P.245

왓 프라깨우

↓ 수상 보트 5분

12:00 카오싼 로드에서 가벼운 점심 식사 후 구경 P.256

카오싼 로드

↓ 수상 보트 20~30분

15:00 만다린 오리엔탈 호텔의 오서즈 라운지에서 애프터눈 티 만끽하기 P.32

오서즈 라운지의 애프터눈 티

↓ 수상 보트 5분

19:00 디너 크루즈에서 저녁 식사 및 야경 즐기기 P.40

↓ 수상 보트 4분 & 셔틀보트 10분

21:00 아시아티크에서 쇼핑 P.54

디너 크루즈

> **TIP**
> **디너 크루즈**
> 크루즈는 낮에도 운행되지만 야경까지 볼 수 있는 디너 크루즈를 선택하는 것이 좋다. 저녁 식사를 하면서 야경을 볼 수 있어 일석이조다.

{BTS로 즐기는 여행}

BTS(스카이 트레인)를 타고
간편하게 즐기는 방콕 도심 여행 코스

'교통 지옥'이라고 불리는 방콕에서 쾌적한 BTS를 타고 다니는 방콕 도심 여행. 소소한 볼거리를 돌아보며 휴식을 취할 수 있는 코스이다. 아쏙역 주변은 마사지 숍, 스파 숍, 괜찮은 레스토랑이 많고, 텅러역 주변은 마치 서울 신사동의 가로수길처럼 고급 레스토랑과 카페들이 늘어서 있다.

09:00 쌀라댕(Sala Daeng)역 하차.
룸피니 공원을 둘러보며
도심 속 여유 즐기기 P.219

 BTS 6분

10:30 내셔널 스타디움
(National Stadium)역 하차.
짐 톰슨 하우스 박물관을
둘러본 후 마분콩 센터
(MBK)에서 쇼핑 P.175, 185

 BTS 4분

12:00 칫롬(Chit Lom)역 하차.
센트럴 월드에서 쇼핑 후
에라완 사당을 둘러보고 소원
빌어보기. 에라완 티 룸에서
애프터눈 티 즐기기 P.199, 198, 33

도보 5분

15:00 씨암 센터와
씨암 파라곤에서 쇼핑 P.181, 184

BTS 10분

19:00 텅러(Thong Lo)역 하차.
주변 레스토랑에서
저녁 식사 P.142

짐 톰슨 하우스 박물관

에라완 사당

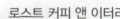
로스트 커피 앤 이터리

에라완 티 룸의 애프터눈 티
걸어 다니다가 지친 몸을 쉬기 위해 시원한 곳에서 애프터눈 티를 즐기는 것도 방콕에서 느끼는 또 하나의 즐거움이다. 특히 시내에 위치한 하얏트 호텔에서 운영하는 에라완 티 룸의 애프터눈 티는 다른 호텔보다 저렴하면서도 고급스러운 분위기에서 태국 스타일의 애프터눈 티를 즐길 수 있어 인기 있다.

미식가가 모이는 텅러 거리
텅러 거리는 로드 숍들이 늘어서 있는 게 아니어서 구경하는 즐거움은 덜하다. 괜찮은 레스토랑이 많아 분위기를 즐기며 고급 요리를 접할 수 있는 트렌디한 지역으로 떠오르고 있다. 최근에는 유명 음식점들이 텅러 지역에 속속 지점을 내고 있다.

JUST GO's PLAN 2
저스트고가 추천하는
일정별 방콕 여행 코스

2박 4일

금요일 저녁 가장 늦은 비행기를 타고 떠나서, 월요일 아침 일찍 돌아오는 코스로, 휴가를 낼 수 없는 직장인들에게도 가능한 일정이다. 짧아서 아쉬운 일정이므로 방콕을 처음 방문하는 사람이라면 관광과 쇼핑 위주로 하고, 처음이 아니라면 관광을 빼고 마사지나 레스토랑 등을 돌아보는 것도 좋다. 부족한 잠은 돌아오는 비행기에서 청하고 곧바로 일상으로 돌아오는 매우 타이트한 일정이다.

1일
밤 9시경에 인천 국제공항 출발
↓
새벽 1시 20분경에 방콕 도착
공항에서 방콕 시내로 들어가는 데 1시간 이상 소요된다. 호텔에는 새벽 2시 반 이후에 도착하게 되니 늦잠을 잘 가능성이 많다. 알람을 꼭 맞춰두자.

2일
왓 아룬 관광 P.277
↓
왕궁과 왓 프라깨우 관광 P.245
↓
왓 포 관광 P.249
↓
씨암 파라곤에서 쇼핑 후 저녁 식사 P.179
↓
아시아티크에서 쇼핑 P.54
↓
씨로코에서 야경 즐기기 P.234

3일
짐 톰슨 하우스 박물관 관광 후 점심 식사 P.175
↓
마사지 받고 저녁 식사
↓
공항으로 출발, 밤 11시경 방콕 출발

4일
아침 7시경 인천 국제공항에 도착

씨암 파라곤

왓 아룬

방콕 야경

왓 프라깨우

디바나

3박 5일

금요일 하루만 휴가를 내고 다녀올 수 있는 일정으로, 방콕만 둘러보기에는 적당한 기간이다. 목요일 저녁 늦은 비행기로 출발하고 월요일 아침 일찍 돌아올 수 있다.

씨로코

 1일
- 밤 9시경에 인천 국제공항 출발
- 새벽 1시 20분경에 방콕 도착
  공항에서 방콕 시내로 들어가는데 1시간 이상 소요된다. 호텔에는 새벽 2시 반 이후에 도착하게 되니 늦잠을 잘 가능성이 많다. 알람을 꼭 맞춰두자.

2일
- 왓 아룬 관광 P.277
- 왕궁과 왓 프라깨우 관광 P.245
- 왓 포 관광 P.249
- 카오싼 로드 관광 P.256
- 디너 크루즈에서 저녁 식사 및 야경 즐기기 P.40
- 아시아티크에서 쇼핑 P.54

왓 포

 3일
- 차이나타운 관광 P.280
- 룸피니 공원 관광 P.219
- 나이트라이프 즐기기
  씨로코를 방문하거나 아쏙 주변의 스타일리시한 나이트 클럽 또는 바에 가거나, 팟퐁 주변에서 맥주 한잔하기

카오싼 로드

4일
- 짐 톰슨 하우스 박물관 관광 P.175
- 씨암 파라곤, 씨암 스퀘어에서 쇼핑 P.179, 184
- 아쏙 주변에서 마사지 받고 저녁 식사 P.116
- 공항으로 출발, 밤 11시경 방콕 출발

디너 크루즈

5일
- 아침 7시경 인천 국제공항에 도착

4박 6일

관광, 쇼핑, 휴식까지 두루 즐길 수 있다. 방콕 시내만 둘러보기에는 시간적으로 여유가 있으니 일일 투어를 신청하여 가까운 근교를 함께 관광하는 것도 좋다. 휴식이 필요하다면 2~3일은 방콕 도심을 둘러본 후 가까운 해변인 파타야로 향하는 것도 좋다.

1일
밤 9시경에 인천 국제공항 출발
↓
새벽 1시 20분경에 방콕 도착

2일
왓 아룬 관광 P.277
↓
왕궁과 왓 프라깨우 관광 P.245
↓
왓 포 관광 P.249
↓
카오싼 로드 관광 P.256
↓
디너 크루즈에서 저녁 식사 및 야경 즐기기 P.40

왓 포

3일
깐짜나부리, 아유타야,
담넌 싸두악 수상 시장, 암파와 수상 시장 중
한 곳 (일일 투어로 신청) P.290

차이나타운

4일
파타야로 출발 P.300
↓
파타야 꼬 란에서 해양 스포츠 즐기기 P.306
↓
워킹 스트리트의 바에서 나이트라이프 즐기기

레드 스카이

쌤프란 동물원

5일
파타야 자유 일정 P.300
↓
파타야 출발
출발 4~5시간 전 방콕 쑤완나품 국제공항으로 출발

6일
아침 7시경 인천 국제공항에 도착

Make My Plan

여행 기간 : ....
여행 콘셉트 : ....

1일

2일

3일

4일

5일

6일

Good Start

방콕 여행의 시작

태국 입국하기 94
공항에서 시내로 가는 법 97
한국으로 귀국하기 100
방콕의 시내교통 102

Immigration

태국 입국하기

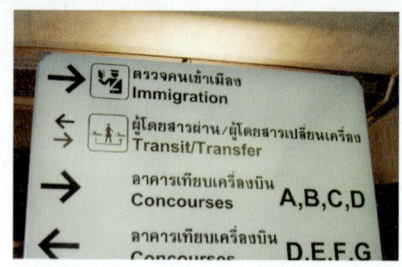

❷ 비행기에서 내리면 이미그레이션(Immig-ration) 방향으로 화살표를 보면서 걸어간다. 입국 심사대가 나오면 외국인용 카운터(Foreign Passport) 앞에 줄을 선다.

두근두근 여행의 설렘과 함께 5시간 20분의 지루한 비행 시간을 견디고 나면 드디어 방콕 쑤완나품(Suvarnabhumi) 국제공항에 도착하게 된다. 쑤완나품 국제공항은 방콕에서 동쪽으로 약 25km 떨어진 곳에 자리 잡고 있는데, 동남아시아 최대의 거점 공항으로서 역할을 하고 있다.

TIP

태국의 면세 범위
시가 등의 담배류는 총 무게가 250g을 넘지 않아야 하고 보통 담배는 200개비 한 보루로 제한된다. 주류는 1L까지로 양주 및 와인 한병만 허용된다.

❸ 자신의 차례가 오면 심사원에게 출입국 신고서와 여권을 제출한다. 그러면 심사원이 자세히 살핀 후 앞에 설치된 작은 카메라로 사진을 찍는다. 그리고 여권에 도장을 찍고 입국 신고서는 가져가고, 출국 신고서는 여권과 함께 돌려준다.

입국 수속 순서

❶ 기내에서 나누어주는 출입국 신고서를 빈칸 없이 작성한다. 영어로 작성해야 하며, 태국 내 주소는 자신이 머무는 호텔의 이름을 반드시 적어야 한다. 아직 숙소를 예약하지 않은 경우에는 가이드북을 보고 적당한 곳을 적는다. 작성 방법은 오른쪽 페이지를 참조할 것.
비행기가 안전하게 공항에 착륙하면 기내에 두고 내리는 소지품은 없는지 꼼꼼히 챙긴다.

❹ 이미그레이션 앞에 설치된 대형 모니터에서 자신이 타고 온 항공기의 편명과 수하물 찾는 곳을 확인한 후 한국에서 부친 짐을 찾으러 이동한다.

❺ 짐이 서서히 나오면 자신의 짐이 맞는지 확인한 후 찾아서 출구로 향하자. 만약 짐이 나오지 않는다면 항공권에 첨부된 수하물

Declare)로 가고, 신고물품이 있는 경우는 빨간색 심사대(Goods to Declare)를 거쳐 나오면 된다. 세관 신고대에서는 면세 범위를 넘었는지와 담배, 술 반입을 철저하게 단속 중이니 주의한다.

보관증을 수화물 찾는 곳(Baggage Claim)으로 가서 보여주고 분실 신고를 한다.

❻ 짐을 찾은 후 세관 신고대를 거치면 입국 절차는 끝. 신고물품이 없을 시 녹색 심사대(Nothing to

출입국 신고서 작성법

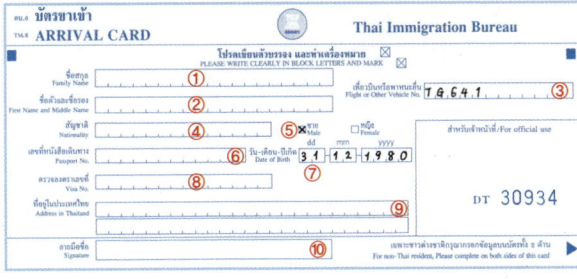

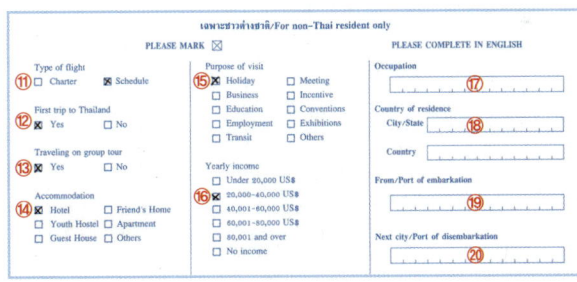

① 성
② 이름
③ 입국 시 비행기 편명
④ 국적
⑤ 성별(여성은 F, 남성은 M)
⑥ 여권번호
⑦ 생년월일
⑧ 비자(해당 없음)
⑨ 태국 내 주소(호텔 또는 머물 지인의 집 주소)
⑩ 서명
⑪ 입국 시 비행기 종류(전세기편 Charter, 일반 비행기 Schedule)
⑫ 태국 방문이 처음이면 Yes 아니면 No
⑬ 단체 여행인 경우 Yes, 개별 여행인 경우 No
⑭ 숙박 형태
⑮ 입국 목적
⑯ 연 수입(연봉)
⑰ 직업(회사원 Employee, 주부 Housewife)
⑱ 한국 주소
⑲ 입국 전 출발 도시
⑳ 입국 도시
㉑ 출발 비행기 편명

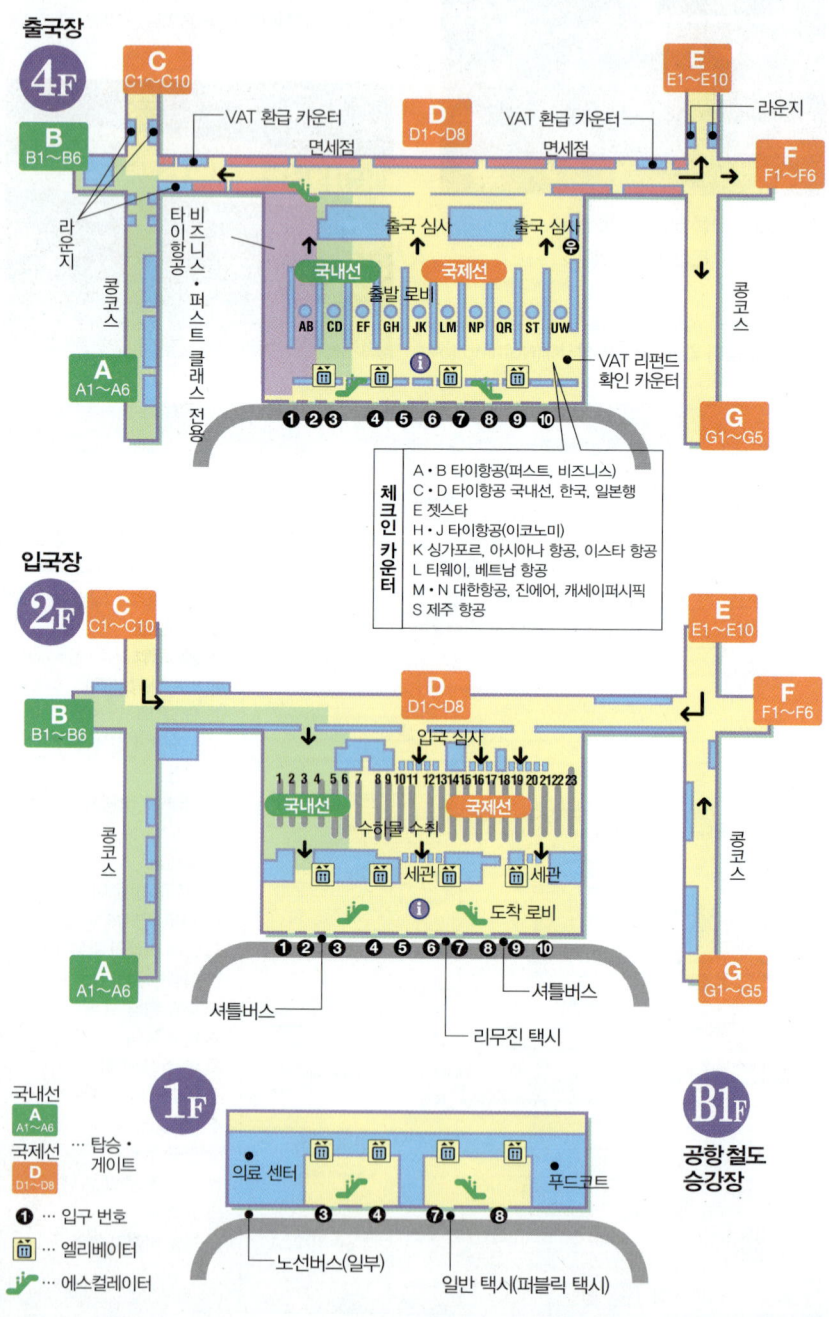

Access

공항에서 시내로 가는 법

공항철도 Airport Rail Link

공항과 시내를 연결하는 고가 철도 노선으로 2009년 12월에 개통했다. 쾌적하고 빠르게 시내로 이동할 수 있는 가장 저렴한 교통수단으로 쑤완나품 국제공항 지하 1층에 연결되어 있다. 공항에서 막까산(Makkasan)역까지 직행으로 가는 익스프레스 서비스와 몇 개의 정거장을 더 거치는 시티 라인 서비스 두 종류가 운행되는데, 시민과 여행자 대부분 완행 서비스인 시티 라인 서비스를 이용한다.

공항철도 파야타이(Phyathai)역은 BTS 파야타이역과 연결되어 있어, 특히 짐이 별로 없는 여행자들이 이용하기에 좋다. 막까산역에서 하차해 목적지까지 택시, 버스, MRT(펫차부리역)를 이용해도 좋다.

익스프레스 SA Express
- 쑤완나품 국제공항 – 막까산 Makkasan(15분 소요)
- 운행 시간 06:00~24:00
- 요금 편도 90B, 왕복 150B(왕복 티켓의 유효기간은 2주)

시티 라인 SA City Line
- 쑤완나품 국제공항 – 랏끄라방 Ladkrabang – 반탑창 Ban Thab Chang – 후아막 Hua Mark – 람깜행 Ramkham haeng – 막까산 Makkasan – 랏쁘라롭 Rajprarop – 파야타이 Phyathai(30분 소요)
- 운행 시간 06:00~24:00 ● 요금 편도 20~45B

플라스틱 토큰

쑤완나품 국제공항철도역 입구

쑤완나품 국제공항에서 방콕 시내로 가는 방법은 택시, 공항철도, 버스 등이 있다. 처음 방문하는 초보 여행자라면 걱정이 되겠지만 다음에 설명하는 교통수단을 미리 읽어보고 차근차근 따라 한다면 숙소로 이동하는 것은 문제 없다. 인원수, 도착 시간, 요금 등을 고려해서 가장 빠르고 안전한 교통수단을 이용하자.

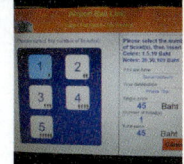
터치스크린에서 목적지를 터치하면 가격이 나온다.

쑤완나품 시티 라인 승강장

깔끔한 내부

시티 라인

택시 Taxi

택시 카운터

비행기가 도착한 도착층에서 퍼블릭 택시(Public Taxi) 이정표를 따라 걸어가다 보면 택시 카운터가 나온다. 과거에는 직원들이 택시 카운터로 안내했지만, 현재는 키오스크(Kiosk) 시스템으로 바뀌었다. 키오스크 시스템에서 인원에 따라 택시 또는 벤을 선택하면 번호표가 나온다. 번호표에 적힌 번호를 확인 후 택시 카운터로 가서 탑승하면 된다.

택시에 타고난 후 기사가 미터기를 누르면 기본요금 35B이 표시되며 1km당 5.5B이 올라간다. 교통 혼잡을 피하기 위해 유료 도로(Expressway)를 타게 되면 통행료는 손님이 부담한다. 지역에 따라 1~2번의 통행료를 내기도 하는데 통행료는 각각 25B와 50B이다. 내릴 때는 미터기에 최종 나온 요금과 서비스 차지인 50B, 통행료까지 합하여 지불하면 된다. 통행료는 톨게이트에서 바로 지불해도 좋다.

공항 택시 이용 시 주의하자

퍼블릭 택시는 미터기가 달린 택시뿐이다. 미터기가 달린 택시가 요금을 흥정하는 경우 절대로 이용하지 말자. 간혹 일부 기사는 택시 스탠드에 다운타운 400B이라고 써 있는 간판을 보고 400~500B의 요금을 요구하는 경우가 있다. 이것은 예상 요금이 그 정도 나온다고 공항에서 안 내리는 것일 뿐 이용하는 시간대와 이용하는 길에 따라 요금이 달라진다. 특히 택시 카운터를 이용했는데도 기사가 미터기를 누르지 않는 경우나 미리 미터기를 눌러놓은 경우 또는 무작정 400B을 요구하는 경우도 종종 있다.

출발층의 택시를 타도 될까?

공항에서 택시를 이용해서 타는 경우 종종 도착층이 아닌 출발층에서 택시를 타러 가는 경우가 있다. 과거 돈무앙 공항이 국제공항이었을 때는 택시 카운터를 이용했을 때보다 저렴한 요금으로 시내까지 도착할 수 있었지만 쑤완나품 국제공항으로 바뀐 이후로는 터무니없는 요금을 요구하는 기사들이 늘어났다. 기본 1000B를 불러 미터기를 누르는 것보다 바가지를 쓸 수 있다. 특히 여성 여행객이라면 안전을 위해서라도 도착층에 마련된 택시를 이용하는 것이 좋다.

에어컨 버스 Bus

시내로 가장 저렴하게 갈 수 있는 교통수단. 에어컨 버스는 11개 노선이 운영되고 있다. 버스를 타기 위해서는 공항에서 공항버스 터미널(Transport Center)까지 이동할 때는 무료 셔틀버스를 이용(5분 소요).

● 운행 시간 24시간   ● 요금 35B부터

에어컨 버스의 주요 노선

550번
쑤완나품 국제공항 → 해피 랜드(Happy Land) → 랏끄라방(Ladkra bang) → 온눗 로드(On Nut Rd)

551번
쑤완나품 국제공항 → 라차위티 로드(Rachawithi Rd) → 전승 기념탑(Victory Monument)

552번
쑤완나품 국제공항 → BTS 온눗(On Nut) → 방나-방파공 거리(Bangna-Bangpakong Rd) → 쑤쿰윗 로드(Sukhumvit Rd)

553번
쑤완나품 국제공항 → 랏끄라방 로드(Ladkrabang Rd) → 낑깨우 로드(Kingkaew Rd) → 쑤쿰윗 로드(Sukhumvit Rd)

554번
쑤완나품 국제공항 → 뉴 방콕 촌부리 익스프레스웨이(New Bangkok-Chonburi Expressway) → 람인트라 로드(Ramintra Rd) → 돈무앙 공항(Don Muang Airport)

556번
쑤완나품 국제공항 → 남부 버스 터미널 욤마랏 경유(Southern Bus Terminal via Yommarat) → 민주기념탑(Democracy Monument) → 타마쌋 대학교(Thammasat University) → 파타 백화점(Pata Department Store) → 남부 버스 터미널(Southern Bus Terminal)

TIP

공항버스 터미널

공항 무료 셔틀버스

쑤완나품 국제공항 안에는 공항버스 터미널(Transport Center)이 운영되고 있다. 공항 부지가 워낙 넓어서 셔틀버스를 타고 이동해야 한다. 셔틀버스는 무료이며, 24시간 운행된다. 공항버스 터미널은 24시간 운영되는데, 방콕 시내로 가는 에어컨 버스는 물론이고 파타야나 아유타야 등 가까운 근교 도시로 출발하는 장거리 노선 버스도 이곳에서 출발한다.

공항에서 파타야 가는 법 → P.301

가짜 안내자를 주의할 것

짐에 붙은 이름표를 보고 마치 마중 나온 안내자인 것처럼 행세하며, "○○씨군요. △△호텔(여행사)에서 나왔습니다"라고 말하고 자기 차에 태워 강도짓을 하거나 협박을 해 돈을 뜯어내는 범죄이다. 자주 있는 일은 아니지만, 마중 나올 사람이 있다면 플래카드를 잘 확인하자.

돈무앙 공항 Don Mueang Airport

인천에서 출발하는 저가항공 에어아시아는 현재 돈무앙 공항을 이용하고 있다. 돈무앙 공항이 국제공항이던 시절에는 다양한 공항버스가 운행되었지만 현재는 A1 버스만 운행 중이다. A1 버스는 BTS 머칫(Mo Chit)역까지 운행된다. 시내로 나오려면 택시를 이용하는 것이 가장 빠르다. 택시 스탠드에서 탈 경우에는 마지막 요금에 서비스 차지 50B를 추가해 요금을 지불한다.

Departure

한국으로 귀국하기

방콕 시내에서 공항으로

이제 아쉬운 여행을 마치고 한국으로 돌아갈 시간이다. 시내에서 쑤완나품 국제공항으로 가는 방법은 공항에서 시내로 나왔던 방법과 동일하다. 방콕은 워낙 교통 체증이 심하므로 2시간 전까지는 공항에 도착하는 것이 좋으니 공항으로 가는 시간까지 여유 있게 생각해서 출발하자.

택시
가장 편하고 간단한 방법은 택시를 이용하는 것이다. 택시를 이용할 때는 꼭 미터기를 누르고 출발해야 한다. 도중에 유료 도로인 탕두언(Expressway)을 이용했다면 택시기사에 따라 통행료는 톨게이트에서 승객이 바로 지불하기도 하고, 공항에 도착했을 때 요금과 통행료(25B, 50B)를 한번에 지불하기도 한다. 택시기사에게 팁을 주지 않아도 된다. 단 짐을 내려주거나 친절한 기사의 경우 남은 동전 정도를 지불하면 좋다.

공항철도
가장 빠르고 저렴한 공항철도를 이용해도 좋다. BTS 파야타이역이나 MRT 펫차부리역에서 공항철도로 환승하여 30분 정도 걸리는(종점 파야타이에서 출발 시) 시티 라인을 이용하거나 15분 소요되는 익스프레스를 이용한다.

미니 버스
카오싼 로드 부근 여행사에서 승차권을 판매하는 공항행 미니버스를 이용하면 저렴한 요금으로 공항까지 갈 수 있다. 여행사에서 하루 전에 예약하는 것이 좋고 시간대별로 출발한다.

체크인 카운터

공항에 도착하면

공항 내 표지판

쑤완나폼 국제공항 출발층으로 2시간 전까지 도착하여 항공사 카운터로 향하자. 액체류는 기내에 반입이 안되니 부치는 짐에 넣어야 한다.
체크인 카운터에서 여권, 항공권을 제시하면서 원하는 좌석을 이야기하면 자리가 있을 경우 원하는 자리로 지정해준다. 체크인을 하면서 짐도 함께 부친다. 체크인을 마치면 여권과 보딩패스를 받는다.

출국 수속

출국 수속을 위해서 출국장에서 여권과 보딩패스를 확인 받으면 바로 앞에 있는 패스포트 컨트롤(Passport Control)에 줄을 서면 된다. 여권과 보딩패스, 입국 시 받은 출국 신고서를 준비한 후 차례가 되면 직원에게 제출한다. 그러면 출국 수속이 끝난다.

게이트로 가자

보딩패스에서 내가 가야할 게이트를 확인한다. 출발 시간보다 최소 30분 전에는 게이트에 도착해 있는 것이 좋다. 쑤완나폼 국제공항은 규모가 매우 크다. 따라서 면세점 쇼핑으로 뒤늦게 도착하는 경우가 많으니 보딩 시간에 주의하자.

TIP

VAT 리펀드 받기
VAT Refund

외국인에 한해서 태국 여행 중에 구입한 물건의 세금을 환불받을 수 있는 VAT 리펀드 제도가 있다. 이 제도를 이용하면 상품 구입 시 지불한 일정액의 세금을 환불받을 수 있으므로 잘 이용한다면 여행 경비를 조금이라도 아낄 수 있다.
VAT 리펀드가 되는 상점이나 쇼핑센터에서 같은 날을 기준으로 2000B 이상을 구입하면 VAT 리펀드 신고서를 작성할 수 있다. 단, 모든 상점에서 적용되는 것은 아니다. 귀국일까지 구입한 총 합계 금액이 5000B 이상이면 세금을 환급받을 수 있다.

세금 환급받는 법

❶ VAT 리펀드가 가능한 쇼핑센터나 숍에서 2000B 이상의 쇼핑을 마쳤을 경우 리펀드 용지를 받아 영문 이름, 여권 번호, 한국 주소 등 기입 사항을 적는다.

❷ 귀국일까지의 총 구매 금액이 5000B 이상일 경우 세금 환급이 가능하므로 기입한 리펀드 용지를 모아둔다.

❸ 귀국일 공항에 도착하면 항공사에서 보딩패스를 받기 전에 먼저 출발층 UW 카운터 방향에 위치한 VAT 리펀드 사무실로 향한다. 여권과 VAT 리펀드 신고서를 담당 직원에게 제출하면 여권과 본인 여부를 확인한 후 도장을 찍어준다. 구입한 물건을 제시해야 할 경우를 대비해서 반드시 가방을 부치기 전에 확인을 받아야 한다. 만약 물건을 제시하지 못할 경우는 세금을 환급받을 수 없으니 이 점에 유의한다.

❹ 항공사 카운터에서 체크인을 하고 출국 심사를 통과한 후 공항 내 VAT 리펀드 카운터로 향한다. 여권과 확인 도장을 받은 VAT 리펀드 신고서를 제출하면 세금을 환급받을 수 있다. 취급 수수료 100B를 제외한 나머지 금액을 즉시 사용할 수 있는 현금(바트)으로 돌려받는다.

Transportation

방콕의
시내교통

BTS 지상철(Skytrain)

교통 지옥인 방콕에서 시내를 이동할 때 가장 쾌적하고 편리하며 빠르게 이동할 수 있는 최고의 교통수단이다.
1999년 12월 5일 첫 운행을 시작한 BTS(Bangkok Mass Transit System)는 2개의 노선으로 운행된다. 쑤쿰윗 라인(Sukhumvit Line)은 머칫(Mo Chit)에서 쌈롱(Samrong)까지 운행하며, 씰롬 라인(Silom Line)은 내셔널 스타디움(National Stadium)에서 방와(Bang Wa)까지 오간다.

● **운행 시간** 06:00~24:00(피크 시간에는 3분 간격, 보통은 5분 간격으로 운행) ☎ 0-2617-7340 ● **요금** 1회권 1구간 16B, 2구간 23B, 3구간 26B, 4구간 30B, 5구간 33B, 6구간 37B, 7구간 40B, 8구간 41B, 9구간 44B, 10구간 59B/1일 패스 140B(하루 동안 자유롭게 사용하는 패스), 30일 성인 티켓 345B(15회 사용 가능)
● www.bts.co.th

이용 방법

역에 가면 티켓 오피스와 자동발매기가 있다. 티켓 오피스에서는 1회권을 판매하지 않고 정액권만 판매한다.
따라서 1회권을 구입하는 여행자들은 자동발매기를 이용해야 하는데, 자동발매기는 동전만 사용 가능하다(1B, 5B, 10B). 동전이 없을 때는 티켓 오피스에서 동전으로 바꿔달라고 하면 된다. 지폐가 사용되는 발매기가 있는 역도 있다.

❶ 구간별로 요금이 다르므로 역에 있는 운행 노선도에서 내가 가야 할 역의 요금이 얼마인지 확인한다.

❷ 자동발매기로 가서 해당 구간의 요금을 누른다. 구간은 현재 9개 구간이 있다.

❸ 구간에 맞는 요금을 넣으면 티켓이 나온다. 거스름돈은 오른쪽에서 티켓이 나온 후 바로 나온다.

❹ 티켓을 넣고 개찰구로 들어가서 가고자 하는 방향을 확인한 후 BTS 승강장으로 가면 된다.

❺ 도착역에 내려 개찰구에 티켓을 넣고 나오면 되는데 티켓을 잘못 구입했을 경우 티켓 오피스에 추가 요금을 내고 나오면 된다.

지상철(BTS) · 지하철(MRT) · 공항철도 노선도

- MRT 블루 라인
- MRT 퍼플 라인
- BTS 쑤쿰윗 라인
- BTS 씰롬 라인
- 공항철도 시티 라인
- 공항철도 익스프레스

방콕 여행의 시작 **103**

MRT 지하철

2004년 7월에 운행을 시작한 방콕의 지하철로 현재 2개 노선이 운행되고 있다.

빠르고 편리한 교통수단으로 자리매김을 하고 있는 MRT는 활람퐁역을 시작으로 방쑤역까지 18개 역이 운행되는데, BTS로 바로 갈아탈 수 있는 시스템은 아니다. 갈아탈 경우 티켓은 다시 구입해야 한다. BTS로 환승하려면 씰롬역(BTS 쌀라댕역), 쑤쿰윗역(BTS 아쏙역), 짜뚜짝 파크역(BTS 머칫역)에서 갈아탈 수 있다.

- 운행 시간 06:00~24:00 ● 요금 거리별 요금 적용. 16B~, 1일권 120B, 3일권 230B
- www.mrta.co.th 또는 www.bangkokmetro.co.th

이용 방법

❶ 테러가 의심되는 요즘은 입구에서 간단한 가방 및 소지품 검사를 받거나 무형 탐지기를 통과해야 한다. 직원이 요구하면 가방을 살짝 열어 보여주면 된다.

❷ 역에 배치되어 있는 자동발매기의 터치 스크린으로 향한다.

❸ 터치 스크린에 자신이 갈 도착역을 터치하면 요금이 나온다. 영어로도 서비스가 되니 처음 화면에서 영어 모드로 전환한 후 실행하면 편리하다.

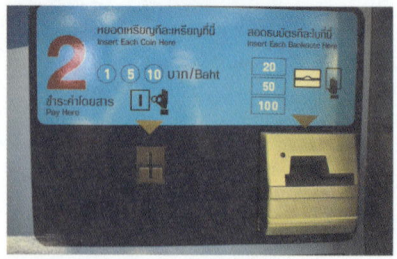

❹ 표시된 요금의 동전을 넣는다.

❺ 해당 요금을 넣으면 동전 모양의 검은색 플라스틱 토큰 모양의 승차권과 잔돈이 나온다.

❻ 동그란 플라스틱 승차권을 개찰기의 센서에 갖다대면 문이 열린다.

❼ 역에 도착해 밖으로 나올 때는 개찰구에서 동전 모양의 플라스틱 승차권을 투입구에 넣고 나오면 된다.

택시 Taxi

형형색색의 택시들

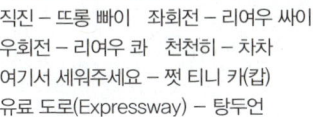
독특하게 꾸며진 택시 내부

택시 안에 써 있는 택시 번호

택시 미터기와 기사

방콕에는 무수히 많은 택시가 운행 중인데 24시간 언제든지 편리하게 이용할 수 있는 것이 장점이다. 초보 여행자가 제일 많이 이용하는 교통수단이며 우리나라보다 요금이 저렴하다. 2~3명이 이용한다면 더욱 저렴하고 편하게 이동하기 좋은 교통수단이다.

방콕은 모든 택시가 미터제로 운행된다. 택시에 타고 난 후 기사가 미터기를 누르면 최초 1km까지 35B가 기본요금이고 이후 1km당 5.5B씩 올라간다. 택시는 원하는 곳에서 세워 승차할 수 있다. 길이 워낙 막히는 탓에 승차 거부를 많이 당하므로 타기 전에 목적지를 말한 후 타는 것이 좋다. 하차 시 팁은 필수사항이 아니며 대부분 잔돈인 1~2B는 받지 않고 내리기도 한다.

TIP

택시 탈 때 쓰는 간단 태국어
직진 – 뜨롱 빠이   좌회전 – 리여우 싸이
우회전 – 리여우 콰   천천히 – 차차
여기서 세워주세요 – 쩟 티니 캅(캅)
유료 도로(Expressway) – 탕두언

택시를 탈 때 유의 사항
목적지까지 편하게 갈 수 있어 택시를 많이 이용하지만 택시 기사들의 횡포로 머리가 아플 때가 종종 있다. 평범한 택시 기사를 만났을 때는 미터기를 누르고 목적지까지 도달할 수 있지만, 영어를 잘하고 복장이 불량한 기사일수록 가격을 흥정하려고 한다. 택시를 탄 후 미터기를 누르는지 반드시 확인할 것. 만약 요금을 흥정하려는 기사를 만났을 때는 택시를 타지 말고 그냥 보내고 미터기를 이용하는 정상적인 택시를 이용한다.
호텔 앞에 오래 서 있는 택시보다는 달리고 있는 택시를 세워서 잡도록 하자. 특히 호텔 앞에 서서 오랜 시간을 기다리는 택시는 방문하고자 하는 곳이 쉰다는 핑계로 관광을 요구하거나 쇼핑센터, 보석상 등으로 데리고 가는 사기 택시일 가능성이 높다. 교통 혼잡을 이유로 택시 기사들이 유료 도로(Expressway)인 고속도로(탕두언)를 이용하기를 원하기도 한다. 고속도로 이용 시 통행료는 25~50B로 도로마다 다르다. 고속도로 통행료는 마지막에 한 번에 지불하기보다는 톨게이트 앞에서 기사에게 지불하는 것이 편하다.

방콕의 교통 체증
방콕은 교통 지옥으로 불리는 도시 중 하나다. 방콕 시내는 시도 때도 없이 막히므로 교통 상황을 예측할 수 없다. 특히 출퇴근 시간의 정체가 심하고 씨암 파라곤, 센트럴 월드 같은 대형 백화점 주변은 항상 막힌다고 생각하면 된다. 만약 약속된 시간에 맞춰야 한다면 BTS나 MRT 이용을 권한다.

버스 Bus

방콕의 버스는 에어컨 버스와 에어컨이 없는 일반 버스 등 13,000여 대의 버스가 442개의 노선을 달리며 서민의 발이 되어주고 있다. 그러나 관광객들은 타고 내리는 안내판을 알아보기 힘들고 교통 체증으로 느리다는 단점 때문에 불편함을 느낄 수밖에 없다. 특히 버스 노선이 버스 정류장이나 버스에 쓰여 있지 않으므로 방향을 잡기가 어렵고 영어가 통하지 않아서 이용에 많은 무리가 따른다.

요금은 에어컨 버스가 11~25B, 일반 버스는 7~8B 정도로, 가격은 다른 교통수단에 비해 무척 저렴하다.

● 운행 시간 05:00~23:00(일부 노선은 24시간 운행하기도 한다) ☎ 0-2246-0973
● 홈페이지 www.bmta.co.th

이용 방법

❶ 버스 번호를 보고 타면 요금을 받는 요금원이 다가와 돈을 받고 버스표를 준다. 특히 처음 방문하는 사람이라면 내려야 할 위치를 전혀 알 수 없으므로, 내릴 버스 정류장을 미리 요금원이나 주위 사람들에게 물어보고 알려달라고 부탁하는 것이 좋다.

❷ 버스에서 내릴 때는 오토바이를 주의한다. 방콕은 오토바이가 많으므로 항상 주위를 살펴야 한다. 버스 요금을 지불하고 받은 버스표는 내릴 때까지 버리지 말고 보관하는 것이 좋다.

주요 관광지를 지나는 버스 노선

왕궁과 왓 프라깨우 Grand Palace & Wat Phra Kaew
1, 3, 9, 15, 25, 30, 32, 33, 39, 43, 44, 47, 53, 64, 80, 82, 91, 201, 203, 501, 503, 508, 512

카오싼 로드 Kaosan Rd
3, 6, 9, 56, 64

짜뚜짝 공원 Chatuchak Park
3, 8, 26, 27, 28, 29, 34, 38, 39, 44, 52, 59, 77, 96, 104, 108, 112, 134, 136, 138, 145, 502, 503, 509, 510, 512, 513

씰롬 로드 Silom Rd
1, 15, 16, 35, 36, 75, 93, 115, 163, 502, 505, 514

왓 포 Wat Pho
1, 3, 6, 9, 12, 25, 43, 44, 47, 53, 60, 82, 91, 123, 501, 508

왓 싸켓 Wat Saket
8, 37, 47

마분콩 센터 MBK Center
21, 25, 29, 34, 40, 47, 50, 93, 141, 163

센트럴 월드 Central World
2, 15, 16, 25, 33, 40, 54, 73, 76, 79, 204, 511

수상 보트 Boat

오렌지색 깃발의 수상 보트

방콕의 젖줄인 짜오프라야 강을 막힘없이 빠른 속도로 가르는 수상 보트는 관광객에게는 낭만적인 교통수단이기도 하다. 수상 보트의 종류는 익스프레스 보트(르아 두언), 크로스 리버 보트(르아 캄팍), 투어리스트 보트, 롱테일 보트 등으로 나뉘게 된다. 방콕의 중요하고 편리한 교통수단으로 일반 시민들이 많이 이용하며 거리별, 보트별로 가격이 다르고 정차하는 노선도 다양하다.

보트의 종류

● **익스프레스 보트(르아 두언) Express Boat**
보트 정류장에서 승차하는 보트로, 정해진 노선을 운행한다. 익스프레스 보트는 강의 북부인 논타부리(Nonthaburi)에서 강 남부의 왓 라차씽콘(Wat Ratchasingkhon)까지 남북을 오가는 배다.
배는 구간과 선착장, 운항 시간이 다른 세 종류가 있으며 선체에 달린 깃발로 구분한다. 선착장에 걸린 깃발을 보고 어느 노선의 보트가 정차하는지 알 수 있다. 강변의 고급 호텔에서 왕궁까지는 유명한 관광명소들이 줄지어 있다.

🏳 **로컬 루트** 깃발이 아무것도 꽂혀 있지 않은 보트로 일반 서민들이 이용한다. 논타부리~왓 라차씽콘 구간을 운행한다. 운행 간격은 20분 정도이다.

● 운행 시간 월~금 06:20~08:20, 15:00~17:30 ● 요금 10B~

🟨 **노란색 깃발(급행)** 10개의 선착장을 운행하는 보트로 급행 보트. 논타부리~싸톤 구간을 운행한다. 운행 간격은 10~20분이다.

● 운행 시간 월~금 06:10~19:00 ● 요금 20B~

🟧 **오렌지색 깃발(급행)** 20개 선착장을 운행하는 급행 보트. 아침과 저녁 러시아워 시간에는 운행 간격이 5분 정도이며, 보통의 운행 간격은 20분 정도. 논타부리~왓 라차씽콘 구간을 운행한다.

● 운행 시간 월~금 05:50~19:00, 토·일 06:00~19:00 ● 요금 15B~

🟩 **녹색 깃발(급행)** 빡끄렛~싸톤 구간까지 운행하는 보트로, 운행 간격은 20~25분 정도.

● 운행 시간 월~금 06:15~08:05, 16:15~18:05 ● 요금 13B~

🟦 **파란 깃발(급행)** 논타부리~싸톤 구간까지 운행한다.

● 운행 시간 월~금 07:00~07:30, 17:05~18:25 ● 요금 22B~

보트 티켓

선착장의 매표소

선착장

선착장 이정표

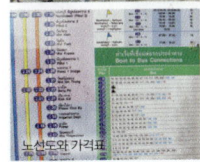
노선도와 가격표

수상 보트 내부

● 보트 이용 타 싸톤 선착장(Tha Sathorn), 타 프라 아 팃 선착장(Tha Phra Athit) ● 1회권 58B, 종일권 180B 요금 180B
● 홈페이지 www.chaophrayaboat.co.th

● 롱테일 보트(르아 항야오) Longtail Boat
폭이 좁고 긴 작은 배로 크기에 따라 두 종류가 있다. 약간 큰 배는 합승선으로 운행되지만 선착장이 확실히 정해져 있지 않아 여행자들은 이용하기 쉽지 않다. 작은 배는 렌탈 수상택시로서 자유롭게 대여 가능하다. 시간 단위로 대여, 가능하고, 요금은 흥정 할 수 있다. 1시간 1000B ~

크로스 리버 보트

크로스 리버 보트 매표소

● 크로스 리버 보트(르아 캄팍)
Cross River Boat
짜오프라야 강의 양쪽 강가를 왕복하는 보트로 짧은 노선을 운행한다. 왓 포와 가까운 타 띠안(Tha Tien) 선착장에서 왓 아룬(Wat Arun)으로 도착하는 노선이 가장 많이 이용된다. 선착장 입구에서 돈을 내고 타면 된다. 요금은 3B.

롱테일 보트

운하 보트 Canal Boat

쎈쎕 운하를 가르는 보트로 시내 접근에 용이하며 18km의 장거리를 운행한다. 배를 타고 내릴 때는 재빨리 타고 내려야 한다. 방람푸(Banglamphu)에서 람깜행 대학교(Ramkhamheng University)까지 운행되는데 중간 지점인 빠뚜남에서 한 번 갈아타야 한다. 티켓은 배 안에서 구입할 수 있는데 승무원에게 도착지를 이야기하고 돈을 지불하면 된다.

● 운행 시간 05:30~19:30 ● 요금 10B~

● 투어리스트 보트 Tourist Boat
관광객 전용 익스프레스 보트로 주요 관광지를 돌아본다. 타고 내릴 때 영어가 가능한 승무원이 있어 편리하다. 관광객이 이용하는 보트이므로 09:30~17:30에 30분 간격으로 운행된다. 관광지를 중심으로 10개의 주요 선착장에서만 정차한다.

매표소

투어리스트 보트

툭툭 Tuk Tuk

방콕을 시원스럽게 내달리는 교통수단. 시끄럽게 부릉부릉 소리를 내며 달리는 툭툭은 바퀴가 3개 달린 삼륜차로 미터기는 없다. 태국 특유의 분위기를 느낄 수 있어서 방콕을 방문했다면 한 번쯤은 타보는 것도 좋다.

거리와 요금을 잘 모르는 여행자에게는 요금을 흥정해야 하는 것이 가장 난감하다. 유의할 점은 툭툭이 택시나 다른 교통수단보다 저렴하지 않다는 점. 가까운 거리는 20B부터 50B 정도로 흥정하며 좀 더 멀리 간다면 적당하게 흥정을 해야 하는 건 여행자들의 몫이다. 막히는 길이라면 불법 유턴을 하기도 하며 골목길까지 종횡무진하며 달리기 때문에 안전성이 떨어져 종종 전복사고가 나기도 한다. 또한 도로 정체 시 매연과 더위에 장시간 노출되어야 한다는 것도 염두에 두어야 한다.

툭툭 이용 시 주의사항

관광지나 호텔 앞에서 요금이 40B라며 유혹한다면 절대 따라가서는 안 된다. 세상에 공짜가 없다는 말이 있듯이 이들이 꼬셔서 데려가는 보석상점에서 난데없이 보석 사기에 걸려들 수 있고, 다행히 사기를 당하지 않았더라도 시간을 낭비하고 모처럼의 즐거운 여행에서 기분이 상하게 된다.

오토바이 택시 Motor Taxi

현지인들이 쏘이(Soi), 즉 골목을 이동하는 수단으로 많이 이용하며 교통 체증이 심한 방콕에서 빠르게 이동해야 할 경우 허가를 받은 오토바이들이 교통수단으로 이용된다.

매우 위험하므로 관광객들은 오토바이 택시를 이용할 이유는 없다. 때로 골목이 아닌 시내로 질주하는 경우가 있는데 복잡한 방콕 교통을 생각하면 매우 위험한 행위다. 그러나 외국인 거주자나 현지인들은 워낙 집이나 회사로 들어가는 골목이 많고 골목 사이가 멀고 걷기 힘들어 많이 이용한다.

기본 요금은 20~40B으로 운행 거리에 따라 요금은 달라지는데 먼 거리로 갈수록 가격이 올라가니 타기 전 미리 가격을 확인해두는 편이 좋다. 오토바이 택시 기사는 눈에 띄는 색의 조끼(운행 지역마다 조끼 색깔이 다름)를 걸치고 운행하므로 한눈에 알아볼 수 있다. 탑승 장소는 주로 골목 초입이나 큰 건물 앞에 있다.

Bangkok
방콕

쑤쿰윗 114
씨암 172
칫롬 196
싸톤 & 씰롬 216
랏따나꼬씬 242
방람푸 254
두씻 266
톤부리 274
차이나타운 280
근교 투어 290

쑤쿰윗 Sukhumvit

고급 호텔, 레스토랑, 상점,
스파 숍들이 상업 지구에 들어차
분주하게 움직이는 도시를 느낄 수 있다

MAP P.6~9

쑤쿰윗 지역은 크고 작은 건물들이 빼곡하게 들어차 있어서 도시 느낌이 물씬 난다. 쑤쿰윗은 BTS 나나(Nana)역부터 BTS 방짝(Bang Chak)역 주변까지 이어지는 대로를 가리킨다. 그 사이사이 이어진 골목길 쏘이(Soi)는 한쪽 길은 홀수, 한쪽 길은 짝수로 정돈되어 있어 길을 찾기 어렵지 않다. 쑤쿰윗 지역에는 서민들의 편안한 휴식처인 도심 공원들이 곳곳에 있으며 백화점과 쇼핑몰 등이 자리하고 있다. 쏘이에 들어서면 길 주변으로 고급스러운 아파트와 호텔, 서비스 레지던스뿐 아니라 레스토랑, 상가, 거리 노점과 서민들이 살고 있는 아담한 공간들까지 한데 어우러져 있다.

관광 ★
쇼핑 ★★★
노점상, 수퍼마켓, 백화점에서 짬짬이 쇼핑을 즐길 수 있다.
음식 ★★★
태국 음식을 비롯해서 세계 각국의 음식을 접할 수 있다.
나이트라이프 ★★
특히 외국인 방문이 많은 멋진 나이트클럽, 바가 많다.
마사지 ★★★
저렴한 마사지 숍부터 고급 숍까지 종류가 다양하다.
교통 ★★★
BTS, MRT, 택시, 버스 등 교통이 편리하다.

추천 여행 코스

예상 소요시간 6~7시간

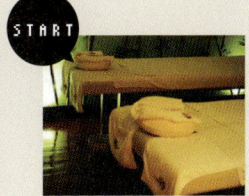
라바나 또는 헬스 랜드
p.137, 139

▶▶▶ 도보 5분

터미널 21
p.119

▶▶▶ 도보 10분

반 캄티양
p.117

▼ BTS 2분

텅러 거리
p.155

◀◀◀ ◀◀◀ ◀◀◀
BTS 2분 또는 택시 10~20분

엠쿼티어
p.144

Just go's Advice

쑤쿰윗 지역은 특별하게 볼거리가 있는 지역이 아니다. 볼거리라고 하면 쇼핑센터, 거리 노점상의 물건들 정도. 반면 마사지 등 여유 있게 놀거리가 많아서 관광을 원하는 여행자보다는 마사지로 몸을 풀고, 먹거리에 중점을 두는 젊은 여행자들이 좋아할 만한 도시의 매력을 갖춘 지역이다. 좋은 호텔에서 숙박하고 세련된 레스토랑에서 시간을 보내기 좋다. BTS가 운행되므로 길이 막히는 방콕 시내를 거침없이 다닐 수 있다는 것도 장점 중 하나. 쑤쿰윗 주변에서는 골목에 숨어 있는 보물을 찾는 것처럼 분위기와 맛, 가격까지 만족스러운 레스토랑을 찾아가는 재미를 느낄 수 있을 것이다.

싸고 맛있는 태국 음식을 원한다면 수다(p.122)를, 분위기 있는 곳에서 맛있는 커피와 디저트, 식사를 하고 싶다면 쿠파(p.121)를, 우아하게 태국 스타일의 식사를 즐기고 싶다면 반 카니타(p.120)를, 다양한 음식을 맛보고 싶다면 터미널 21의 푸드 코트인 피어 21(p.130)을 추천한다.

TIP 편리한 스카이워크

방콕 시내를 걷다 보면 스카이워크(Skywalk)를 만날 수 있다. BTS역과 건물 사이를 연결해놓은 길로, 지붕이 있어 특히 비가 내리는 날이면 더욱 편리하다.

쑤쿰윗

Area 01

나나~아쏙 MAP P.6~7
Nana ~ Asok

BTS 나나역에서 아쏙역까지는 밤낮으로 북적이는 곳이다. 고급 호텔, 레지던스와 고급 레스토랑, 마사지 숍들이 골목마다 즐비하여 세계 각국에서 몰려온 외국인 관광객들이 많이 찾는다. 빼곡하게 차 있는 로드 숍과 수레를 끌고 다니는 노점상들까지 합세해 거리는 발 디딜 틈 없이 복잡하지만 방콕이라는 도시의 다양함을 볼 수 있어 재미를 더한다. 두 역의 중간 지점인 쑤쿰윗 쏘이(Soi) 3, 5에는 아랍 계열의 식당이 많아 중동계 사람들이 자주 눈에 띈다. 밤이면 환락가인 나나 플라자와 아쏙역 부근의 쏘이 카우보이는 술과 다양한 쇼를 찾는 관광객들로 불야성을 이룬다. 또 세련된 나이트클럽과 바도 놓쳐서는 안 된다. 교통도 무척 편리해 BTS 나나역, 아쏙역이나 MRT 쑤쿰윗역을 이용하면 된다. 특히 나나역은 공항에서 택시를 이용할 때도 고속도로가 바로 연결되는 최상의 위치에 자리 잡고 있다.

{ 가는 방법 }

복잡하고 숨 막히는 듯한 쑤쿰윗 주변은 BTS를 이용하는 것이 교통 지옥에서 그나마 짧은 시간 안에 이동하는 최상의 방법이다.

특히 씨암 등 쇼핑몰이 몰려 있는 곳으로 가고 싶다면 BTS로 이동하는 것이 좋다. 만약 일행이 2명 이상이라면 택시를 이용하는 것도 저렴하고 편리하지만 시간대를 잘못 맞추면 매우 차가 막힌다는 점에 유의하자.

● MRT MRT 쑤쿰윗(Sukhumvit)역에서 하차. MRT 활람퐁(Hua Lamphong)역에서 쑤쿰윗(Sukhumvit)역까지 약 14분 소요. 요금 27B.
● BTS BTS 아쏙(Asok)역 또는 나나(Nana)역에서 하차. BTS 씨암(Siam)역에서 나나(Nana)역까지 약 5분 소요. 요금 25B.
● 택시 카오싼 로드에서 나나(Nana)역까지 약 30~40분 소요. 요금 80B~.
공항에서 택시 이용 시 약 50분~1시간 소요. 요금 250B~. 유료 도로 이용 시는 통행료를 두 번(각각 50B, 25B) 내야 한다.
※ 방콕은 예측할 수 없는 교통 체증을 생각해야 한다. 특히 월요일과 금요일은 교통 체증이 극심하며, 비가 내리는 날은 미흡한 배수 시설로 교통 정체가 예상된다.
● 운하보트 나나 느아(Nana Nuea) 선착장 또는 아쏙(Asok) 선착장에서 하차.
(선착장에서 쑤쿰윗 로드로 걸어서 나오려면 15분 이상 소요.)

{ 꼭 해보기! }

★ 낮 DAY 라바나 또는 헬스 랜드(p.137, 139)에서 마사지를 받고 세련된 레스토랑에서 우아하게 식사하기.
★ 밤 NIGHT 물이 좋다고 소문난 분위기 좋은 바에서 흥겨운 음악과 함께 간단한 칵테일로 하루를 마무리하기.

걸어 다닐까? 택시를 탈까?

아쏙역에서 나나역까지는 걸어서 갈 수 있을 정도의 거리로, 그리 멀지 않다. 그렇다고는 해도 대로변이 아닌 쏘이(Soi), 즉 골목길에 위치한 숍은 걸어서 가기 힘들다. 더운 방콕 시내에서는 더욱 그러하다. 이럴 때 가까운 거리라도 택시를 이용해서 갈 수 있다. 단, 방콕은 지옥이라고 불릴 정도로 교통 체증이 심하니 시간에 여유를 두고 이동하도록 한다. 밤 시간에는 낮 시간보다 막히지는 않지만 나나역 주변인 나나 플라자 앞에는 많은 택시들이 정차해 있어 밤 12~1시에 더 막히기도 한다.

SIGHTSEEING

[나나~아쏙의 관광]

반 캄티양
Ban Kamthieng (Kamthieng House) ★
MAP P.7-C

씨암 소사이어티(Siam Society)에서 운영 중인 반 캄티양 하우스는 태국 북부 치앙마이 삥 강변에 있던 집을 조심스레 옮겨온 것이다. 티크 목재를 이용해서 만든 2층 집으로 160년이나 되었으며, 태국 북부의 란나(Lanna) 양식의 가치 있는 건축물이기도 하다. 입구를 들어가 1층에 있는 탁자 위에 입장료를 내고 둘러보면 된다.
1층에는 직접 손으로 만든 목제 농업용품, 고산용품, 베틀 등 옛날에 쓰인 물품들을 가지런히 전시해 놓았고, 2층에서는 예전의 주거 형태를 쉽게 볼 수 있다.

● The Siam Society, 131 Soi Asok, Sukhumvit Rd
☎ 0-2661-6470~7 ● 09:00~17:00 ● 일, 월 휴무 ● 입장료 100B ● BTS 아쏙(Asok)역 3번 오른쪽 출구로 내려와 아쏙 사거리에서 좌회전해 200m 걸어간다. 역에서 도보 3~4분 거리. 입구 바로 앞에는 블랙 캐니언 커피숍이 있다. 길 건너편으로 그랜드 밀레니엄 호텔이 보인다.
● www.siam-society.org

SHOPPING

★ 나나~아쏙의 쇼핑 ★

로빈슨 백화점 Robinson
MAP P.6-B

방콕을 포함해 태국 전 지역에 19개의 체인점이 있는 백화점. 쑤쿰윗에 있는 로빈슨 백화점은 다른 대형 백화점과 달리 큰 잡화점이라는 느낌이 든다. 상품이 별로 많지 않아 일부러 들를 만한 곳은 아니다.
지하에는 수퍼마켓 체인인 톱스(Top's)가 있는데, 주변에 거주하는 외국인이 많이 찾아온다. 1층에는 화장품, 신발, 가방, 액세서리, 네일아트 숍이 있고, 2층에는 여성 속옷, 여성복, 남성복 매장이 있다. BTS 아쏙역, 타임스퀘어와 스카이워크로 연결되어 있다.

● 259 Sukhumvit Rd ☎ 0-2651-1533 ● 10:00~22:00 ● 연중무휴 ● BTS 아쏙(Asok)역에서 5번 출구로 나오면 스카이워크가 있는데 백화점 2층과 연결되어 있다. 택시 이용 시 '쑤쿰윗 로빈싼'이라고 발음하면 택시 기사들이 더 쉽게 알아듣는다.
● www.robinson.co.th

타임 스퀘어 Time Square
MAP P.6-F

이름에서 느껴지는 정도의 굉장한 쇼핑센터는 아니다. 로빈슨 백화점, 아쏙역과 연결되어 있고 1층에는 부츠 Boots, 스타벅스, 태국 기념품 숍, 2층에는 환전센터, 카페, 아시안 북스(서점), 한식당, 미용실, 스파 숍, 할인 매장 등이 입점해 있다. 이 중에는 한국인이 운영하는 곳들도 꽤 많다.

● 246 Sukhumvit Rd ● 10:00~22:00(상점마다 다름) ● BTS 아쏙(Asok)역에서 5번 출구 쪽으로 나오면 계단을 내려오지 않고 스카이워크로 바로 연결

쑤쿰윗 플라자 Sukhumvit Plaza
MAP P.6-F

쑤쿰윗 쏘이 12 입구에 위치한 건물. 한국 상점이 많이 입점해 있어 한인상가 또는 한인 타운이라고 불린다. 한국 식품점, 한국 식당, 중국집, 미용실, 마사지 숍, 기념품 숍 등이 들어서 있다. 한류의 영향으로 태국 현지인들의 방문도 많다. 태국 음식이 입에 잘 맞지 않는 여행자들이라면 들러봐도 좋다. 1층에는 24시간 문을 여는 한국 빙수 전문점인 설빙이 2016년 입점했다.

● Sukhumvit Plaza, Sukhumvit 12 ● 09:00~23:00(상점마다 다름) ● 연중무휴(상점마다 다름) ● BTS 아쏙(Asok)역 5번 출구로 나와 타임 스퀘어에서 도보 1~2분 거리

터미널 21 Terminal 21
MAP P.7-G

다양한 브랜드와 편집 매장, 레스토랑 등이 있는 종합 쇼핑몰. BTS 아쏙역과 바로 연결되어 교통이 편리하다. 터미널이라는 테마에 맞게 각 층마다 세계 유명 도시들의 분위기로 꾸며 놓아 특색 있는 쑤쿰윗의 쇼핑 명소로 떠오르고 있다. 캐리비안이라는 이름의 LG층에는 아시아 북(Asia Book), 부츠(Boots), 구어메이 마켓(Gourmet Market), 모스 버거(Mos Burger), 왓슨스(Watsons)가 입점해 있고, 로마의 이름이 붙은 G층에는 캐멀 액티브(Camel Active), 자스팔(Jaspal), 리바이스(Levi's), 프로모드(Promod), 록시 앤 퀵실버(Roxy & Quik-silver)가 입점해 있다. M층 파리에는 찰스 앤 키스(Charles & Keith), 스타벅스(Starbucks)가 있다. 1층 도쿄, 2층 런던, 3층 이스탄불은 남녀 의류, 소품을 파는 패션숍들이 모여 있고 팀호완(Tim Ho Wan), 4~5층 샌프란시스코에는 후지 재패니스 레스토랑(Fuji Japanese Restaurant), MK 레스토랑(MK Restaurant), 오오토야(Ootoya), 시파(Seefah) 등 세계적으로 유명한 체인 레스토랑들이 있다. 6층은 힐리우드라는 이름에 맞게 영화관이 있다. 같은 건물에는 그랑데 센터 포인트 터미널·21 호텔이 들어서 있다.

- 2, 88 Sukhumvit Soi 19, Sukhumvit Rd ☎ 0-2108-0888
- 10:00~22:00(상점마다 다름) ● 연중무휴
- BTS 아쏙(Asok)역 3, 6번 출구에서 방향에서 바로 연결
- www.terminal21.co.th

교통의 요지 아쏙역과 연결되는 터미널 21

EAT & DRINK

★ 나나~아쏙의 맛집

BTS 아쏙역 주변

반 카니타   Baan Khanitha
MAP P.7-C   강추

매년 베스트 레스토랑으로 뽑힐 정도로 명성이 높은 고급 레스토랑. 태국을 방문하는 귀중한 손님을 접대할 때 이곳에서 접대할 만큼 품위와 음식의 맛까지 보증된 곳이다.

골목으로 들어가 작은 간판을 눈여겨 봐야 찾을 수 있으니 주의 깊게 봐야 한다. 실내외 테이블 어디에서나 식사가 가능한데 저녁 시간은 예약을 해야 한다. 추천 메뉴인 얌 쏨오(Yam Som-O)는 자몽같이 생긴 과일인 포멜로(Pomelo)를 새콤 매콤하게 만들어 메인 식사를 하기 전에 입맛을 돋우어 준다. 태국에서 꼭 맛봐야 하는 똠얌꿍도 맛있다. 음식이 담겨 나오는 접시들과 레스토랑을 장식한 인테리어 소품들에는 모두 태국의 느낌이 묻어 있다. 이곳 외에도 싸톤의 반 카니타 앤 갤러리 2호점(MAP P.14-F), 쑤쿰윗 53점(텅러역 주변), 아시아티크 점도 있다.

● 36/1 Sukhumvit Soi 23 ☎ 0-2258-4181 ● 11:00~22:30 ● 연중무휴 ● 예산 1000B~, 얌 쏨오 230B, 얌 운쎈 180B, 소프트 쉘 블랙페이퍼 490B, 똠얌꿍 S-240B M-480B L-720B ● 영어 메뉴와 사진 메뉴 있음 ● 예약 필수 ● BTS 아쏙(Asok)역 6번 출구로 나온 후 재스민 호텔과 캘리포니아 피트니스 센터가 보이면 바로 Soi 23 표지판이 보인다. 여기서 좌회전해서 Soi 23으로 들어가 직진. 5~7분 정도 걷다 보면 왼쪽으로는 한식당 대장금의 한글 간판과 촉차이 스테이크 하우스가 있는 건물이 보이고 조금 더 걸어 들어가면 오른쪽으로 반 카니타 간판이 보인다. ● www.baan-khanitha.com

추천 메뉴 얌 쏨오

쿠파 Kuppa
MAP P.7-G

강추

갓 볶은 커피 향이 물씬 나는 곳으로 방콕에서 커피를 마실 수 있는 최상의 분위기를 조성해 놓은 레스토랑이다. 창고를 개조해서인지 높은 천장이 실내를 확 트인 느낌으로 만들어주며 현대적인 인테리어가 무척 편안하게 느껴진다. 커피와 식사 메뉴도 다양하다. 태국, 이탈리아 스타일 등 전 세계 국가의 다채로운 메뉴가 준비되어 있어 여러 명이 와도 각자 원하는 먹을 수 있는 것이 장점이다. 음식 양은 적지만 깔끔하고 먹음직스럽게 담겨 나온다. 게다가 좋은 재료가 준비되었을 때는 스페셜 메뉴가 새롭게 구성된다. 디저트는 커피와 잘 어울리는 홈메이드 치즈 케이크가 있는데 무척 맛있다. 대부분의 음식이 비싸다는 것이 흠이긴 하지만 맛과 분위기는 모두 훌륭하다. 세련된 태국인들과 외국인들이 많이 찾는 곳이다.

● 39 Sukhumvit Soi 16 ☎ 0-2663-0495 ● 10:00~23:00 ● 매달 마지막 주 월요일 휴무 ● 예산 500B~. 커피 120B~, 올데이 브렉퍼스트 210B~, 타이 그릴 치킨 310B ● 영어 메뉴 있음 ● 저녁 예약 권장 ● BTS 아쏙(Asok)역 4번 출구로 나와 아쏙 사거리 큰길을 건너면 True Fitness가 있는 건물이 보인다. 우측 대로변인 아쏙 사거리 방향으로 조금 걷다 보면 Soi 16 표지판이 보인다. Soi 16으로 들어와 10~15분 정도 걷다 보면 Kuppa 건물이 보인다. 서머셋 레이크 포인트 바로 전 건물에 위치

수다 Suda
MAP P.7-G 강추

복잡하게 늘어선 큰 빌딩 사이에 자리한 저렴한 태국 음식점. 현지인뿐 아니라 현지 주재 외국인들까지 많이 찾는 곳이다. 다른 비싼 레스토랑처럼 에어컨이 나오는 쾌적한 분위기는 아니지만 식사 시간에는 빈자리가 없을 정도로 인기가 높다. 길에 식탁을 놓으면 바로 실외 좌석이 되는 태국 로컬 스타일 식당으로 서민적인 식사를 즐길 수 있는 장소.

이 집의 추천 메뉴는 쏨땀, 김과 두부를 맑게 끓인 국인 깽쯧 등이다. 라이스류와 팟타이 등 면 요리의 가격대는 80B~. 가격이 저렴해 다양하게 시켜도 부담스럽지 않다는 것이 매력이다. 똠얌꿍은 진한 맛이 덜한 편이라 그다지 추천하고 싶지는 않다. 점심, 저녁 시간에 가면 오래 기다려야 할 때가 많다.

● 6-6/1 Sukhumvit Soi 14 ☎ 0-2229-4664 ● 월~토 11:00~23:00 ● 일 휴무 ● 예산 100B~. 쏨땀 80B, 깽쯧 100B, 까이허 바이떠이 120B ● 영어 메뉴와 사진 메뉴 있음 ● BTS 아쏙(Asok)역 4번 오른쪽 출구로 나와 바로 나오는 왼쪽 골목이 Soi 14이다. 골목 안으로 걸어서 1분 거리에 위치

롱 테이블 Long Table
MAP P.7-G

25층에 위치한 고급 바이자 레스토랑. 탁 트인 공간에는 이름 그대로 긴 테이블이 놓여 있다. 방콕의 야경을 감상하면서 칵테일을 즐길 수 있는 세련되고 시크한 분위기의 바로, 쑤쿰윗의 숨겨진 명소다. 격식 있는 식사를 원한다면 웨스턴 스타일의 코스 요리, 간단한 식사를 하고 싶다면 태국 스타일의 요리 등을 적당한 가격으로 맛볼 수 있다. 얌운쎈(애피타이저, 450B), 메인 요리(450B~), 디저트(250B~), 칵테일(320B~)이 있으며, 할인되는 해피 아워(17:00~19:00)를 이용하면 좋다.
야외 테이블에서는 해가 지는 시간에 낭만적인 분위기를 즐길 수 있고 푹신한 소파가 있는 실내 테이블에서는 지친 다리를 쉬어 갈 수 있다. 규모가 매우 크므로 예약이 없어도 자리에 못 앉는 경우는 별로 없다. 단, 야외 테이블에 앉고 싶다면 예약을 하는 편이 좋다.

● 25F, 48 Column Tower, Sukhumvit Soi 16 ☎ 0-2302-2557~9 ● 17:00~밤 02:00 ● 예산 500B~ ● 영어 메뉴 있음 ● 연중무휴 ● 예약 불필요 ● BTS 아쏙(Asok)역 4번 출구로 나와 아쏙 사거리 큰길을 건너면 True Fitness가 있는 익스체인지 타워 빌딩이 보인다. 우측 대로변인 아쏙 사거리 방향으로 걸으면 Soi 16 표지판이 보인다. Soi 16으로 들어가서 도보 5분 거리로, 컬럼 타워(Column Tower) 25층에 위치
● www.longtablebangkok.com

캐비지 & 콘돔 Cabbages & Condoms
MAP P.6-F

한인 상가인 쑤쿰윗 플라자 골목으로 5분 정도 걸어 들어가면 오른쪽에 있다. 이곳은 독특한 콘셉트로 인기를 모으는 집이다. 이름처럼 입구부터 심상치 않다. 다양하게 전시된 특이한 콘돔들을 여기저기서 볼 수 있다.

이색적인 아이템으로 인해 주목을 받고 있지만 이 식당은 에이즈(AIDS) 예방, NGO 활동, 환경 보호까지 관심을 가지고 있는, 생각 깊은 오너가 운영하는 곳이다. 콘돔의 중요성을 강조하는 차원에서 식사 후 계산할 때는 콘돔을 무료로 나누어준다. 태국요리 전문 레스토랑으로 한국인들이 좋아하는 달콤한 카오 옵 쌉빠롯(Khao Obb Sapparod)이 추천 메뉴. 메뉴판에는 음식의 사진과 제목 설명이 자세히 들어가 있어 주문하기도 쉽다.

● 8 Sukhumvit Soi 12 ☎ 0-2229-4610 ● 11:00~밤 23:00 ● 연중무휴 ● 예산 180B~. 팟타이 꿍(Fried Thai Noodle with Shrimps) 150B, 카오 옵 쌉빠롯(Khao Obb Sapparod) 130B ● BTS 아쏙(Asok)역 2, 5번 출구로 나와서 타임 스퀘어를 지나면 왼쪽으로 쑤쿰윗 Soi 12 표지판이 나온다. 정면으로 세븐일레븐과 킹 앤 아이 마사지 숍 간판이 보이면 좌회전해 Soi 12로 들어가서 3~4분 걷는다. 오른쪽에 Cabbages & Condoms 레스토랑 간판이 보인다.

달걀 부침이 덮혀 나오는 팟타이

푸앙 깨우 Puang keaw
MAP P.7-C

20년 노하우와 전통으로 이루어진 태국 요리의 진수를 느낄 수 있는 곳이다. 그러나 골목길에 있어 잘 보이지 않으니 눈을 크게 뜨고 찾아봐야 한다.

현지인뿐 아니라 외국인 관광객들도 자주 볼 수 있는 곳으로 정감이 가는 레스토랑이다. 규모가 작아 보이기는 하지만 3층까지 이용하고 야외에도 테이블이 있어 그다지 작지는 않다. 식사를 쾌적한 분위기에서 하고 싶다면 시원한 실내로 들어가는 편이 좋다. 분위기도 평범하고 인테리어도 세련되지는 않았지만 편안한 서비스와 맛있는 음식 덕분에 금방 기분이 좋아진다. 추천 메뉴로는 살이 탱탱한 새우를 한입에 먹기 좋게 튀긴 텃만 꿍(160B)과 뿌 팟 퐁까리(450B)로 음식 맛은 대체적으로 훌륭하다.

● 108 Sukhumvit Soi 23 ☎ 0-2258-3663 ● 월~금 11:00~14:00, 17:00~22:00, 토·일 11:00~22:00 ● 연중무휴 ● 예산 300B~. 텃만 꿍(Deep Fried Shrimp Cake) S-225B, 팟타이 130B, 똠얌꿍 250B ● 영어 메뉴와 사진 메뉴 있음 ● BTS 아쏙(Asok)역 6번 출구로 나와 곧장 걸어가면 재스민 호텔과 캘리포니아 피트니스 센터가 보이고 곧바로 Soi 23 표지판이 보인다. 좌회전해서 Soi 23로 들어가서 5~7분 정도 걷다가 첫 번째 골목에서 우회전하여 200m 정도 걸어 들어가면 간판이 보인다.

촉차이 스테이크 하우스
Chokchai Steak House
MAP P.7-C

방콕에서 스테이크를 가장 잘 한다고 소문난 집. 보통 태국의 소고기는 질기다는 인식이 있지만 촉차이 목장에서 직접 공수되는 소고기는 태국에서 맛본 어느 육질보다 부드럽다. 소고기뿐 아니라 양고기, 닭고기, 돼지고기, 연어 스테이크도 준비되어 있다.

스테이크를 좋아하지 않는 사람이라면 기다란 꼬챙이에 꽂혀 나오는 케밥을 권한다. 케밥은 맛있게 양념되어 나오는데 채소와 옥수수도 함께 나온다. 햄버거도 추천할만한 메뉴. 음식은 모두 푸짐하게 나온다.

● 1F Prasanmit Plaza Bd, 45 Sukumvit Soi 23 ☎ 0-2259-9596 ● 10:00~22:00 ● 연중무휴 ● 예산 500B~, 티본스테이크 420B, 립 스테이크 790B/900B, 프라임 티본 스테이크 890B/990B, 뉴욕 스테이크 720B ● 영어 메뉴 있음 ● BTS 아쏙(Asok)역 6번 출구로 나와 걸어가면 재스민 호텔과 캘리포니아 피트니스 센터가 보이고 곧바로 Soi 23 표지판이 보인다. Soi 23로 들어가서 5~7분 정도 걷다 보면 왼쪽에 한식당 대장금 한글 간판이 보이는데 이 건물 1층에 위치
● www.farmchokchai.com

뒤크 드 프라슬린 벨지움 초콜릿
Duc de Praslin Belgium Chocolaterie
MAP P.7-H

벨기에 초콜릿을 맛볼 수 있는 곳. 1993년 벨기에 출신의 여행자인 폴 그랭도르쥬가 세계 여러 나라를 여행하다가 태국 사람들에게 진정한 벨기에 초콜릿 맛을 선보이고자 태국에 정착해 만든 초콜릿 전문 매장이다.

초콜릿의 장인인 폴 그랭도르쥬는 20년간 머무르며 고급 주요 호텔들과 유명 레스토랑, 항공사 등에 납품도 하고 있다. 방콕 시내에는 쑤쿰윗 49에도 지점이 있으며 현재 태국의 파타야, 치앙마이, 코사무이뿐 아니라 말레이시아, 미얀마까지 해외 매장을 넓혀가고 있다. 수제 초콜릿과 초콜릿 음료, 와플, 퐁듀, 마카롱 등도 판매한다. 아담하면서 화사한 쑤쿰윗 매장은 태국 드라마에도 자주 등장하는 곳이다.

● 1F, RSU Tower, Sukhumvit Rd ☎ 02-258-3200 ● 월~금 08:00~21:00, 토·일 09:00~20:00 ● 연중무휴 ● 예산 100B~ ● 영어 메뉴 있음 ● 예약 불필요 ● BTS 아쏙(Asok)역 3, 6번 출구 방향으로 나와 Soi 31을 지나 바로 대로변 건물인 RSU Tower 1층에 위치
● gallothai-chocolate.com

르 달랏 Le Dalat

MAP P.7-C

넓고 푸른 정원이 있는 건물 안으로 들어서면 한국인 입맛에 맞는 고급스러운 베트남 음식점을 만나게 된다. 입구에 들어서면 왼쪽에 작은 바가 있는데 이곳은 방콕 주재 외국인들에게 인기 있는 공간이다. 20여 년의 전통으로 전해오는 음식 맛도 음미해볼 만하다.

인기 메뉴는 사진으로 쉽게 볼 수 있도록 배려하였다. 추천 메뉴인 포호는 쌀국수와 함께 4~5조각의 고기 샤부샤부가 함께 나온다. 점심 시간에 런치 세트 메뉴를 주문하면 경제적이다. 고기를 담근 육수가 포호의 국수보다 더 진국이니 포호의 국물로 배를 채우지 말라고 매니저가 귀띔을 해준다. 닭고기를 얹은 베트남식 쌀국수 퍼가 (Pho ga, 220B) 등의 한국에서는 맛보기 힘든 베트남 음식을 즐길 수 있는 곳이다. 2016년 5월 엠쿼티어에도 오픈했다.

● 57 Sukhumvit Soi 23 ☎ 0-2259-9593 ● 11:30~14:30, 17:30~22:30 ● 예산 200B~, 포보 240B ● 영어 메뉴와 사진 메뉴 있음 ● 저녁 예약 권장 ● BTS 아쏙(Asok)역 6번 출구로 나와 곧장 걸어가면 재스민 호텔과 캘리포니아 피트니스 센터가 보이고 곧이어 Soi 23 표지판이 보인다. Soi 23으로 들어가 직진하다가 촉차이 스테이크 하우스를 지나 골목 끝까지 10분 정도 걷다 보면 나온다. ● www.ledalatbkk.com

츄 Chu
MAP P.7-G

BTS 아쏙역과 연결된 익스체인지 타워 2층에 위치한 작은 카페. 추로스와 디저트, 커피를 여유 있는 테이블 공간에서 맛볼 수 있다. 무료 와이파이를 사용할 수 있어 외국인 거주자에게 인기 있다. 100% 프랑스산 초콜릿으로 만든 음료(120B~), 올데이 브렉퍼스트(250B), 팬케이크(160B), 프렌치토스트(210B~)가 맛있다.

● Exchange Tower 388 Sukhumvit Rd ☎ 0–2663–4554 ● 월~금 07:00~21:30, 토·일 09:00~21:00 ● 연중무휴 ● 예산 70B~ ● 영어 메뉴 있음 ● 예약 불필요 ● BTS 아쏙(Asok)역 6번 출구 방향으로 나오면 스카이워크로 연결된 익스체인지 타워(Exchange Tower) 2층과 연결

재능오 Je Ngor
MAP P.7-H

11개의 지점이 있는 레스토랑으로 신선한 해산물 요리가 일품인 곳이다. 한국인들이 가장 좋아하는 게 요리는 뿌 팟 퐁까리(800B~), 블랙페퍼와 마늘로 요리한 게 튀김 요리(Fried Crab With Black Pepper)도 맛있다.

태국 요리인 똠얌꿍 등은 제대로 된 맛을 기대할 수 없으나 해산물 요리는 대체로 훌륭하다. 이곳에서는 해산물 요리만 주문하도록 하자.

● 68/2 Sukhumvit Soi 20 ☎ 0–2258–8008~9 ● 월~금 11:30~14:30, 17:30~22:00, 토·일 11:30~22:00 ● 예산 700B~, 꽁옵쎈 400B ● 영어 메뉴와 사진 메뉴 있음 ● BTS 아쏙(Asok)역 6번 출구로 내려와 프롬퐁 방향으로 5~10분 정도 직진하면 Soi 18이 나온다. 여기를 지나면 세븐일레븐이 보이는 골목인 Soi 20 이정표가 나오는데 이 골목 안으로 10분 정도 걸으면 오른쪽으로 작은 간판이 보인다. 역에서 도보 20분 이상 소요
● www.jengor-seafoods.com

체사 Chesa
MAP P.7-H

조그마한 스위스 마을 같은 레스토랑. 스위스 요리로 가장 잘 알려진 퐁듀도 스위스에 비해 5분의 1 가격이며 양도 푸짐하다. 2명이 방문한다면 한 명은 퐁듀를 주문하고, 1명은 다른 단품 메뉴를 선택할 것을 권한다.

전체적으로 음식의 맛은 일품이다. 월요일부터 금요일(단, 휴일 제외)까지 제공되는 점심 메뉴 가격이 390B부터, 디저트까지 포함한 가격이 450B부터. 애피타이저와 수프, 오늘의 메뉴가 제공되는데 메인 메뉴는 다섯 가지 중에서 선택할 수 있어 실속 있는 가격에 맛까지 만족할 수 있는 점심 식사가 될 것이다. 저녁에는 가격도 비싸고 복잡하니 사람이 별로 없는 점심에 가는 것이 좋다.

● 5 Sukhumvit Soi 20 ☎ 0-2261-3350 ● 11:00~23:00 ● 연중무휴 ● 예산 500B~. 점심 세트 메뉴 390B~(디저트 포함 450B~), 퐁듀 570B~ ● 영어 메뉴 있음 ● 저녁은 예약 필수 ● BTS 아쏙(Asok)역 6번 출구로 내려와 프롬퐁 방향으로 5~10분 정도 직진하면 Soi 18이 나온다. 여기를 지나면 세븐일레븐이 보이는 골목인 Soi 20 이정표가 나오는데 이 골목으로 1~2분 정도 걸어 들어가면 왼쪽에 간판이 보인다. 윈저 스위츠 호텔 바로 앞에 위치 ● www.chesa-swiss.com

베이 오토 Bei Otto
MAP P.7-H

1984년에 문을 연 독일 레스토랑으로 입구 왼쪽에는 소시지와 직접 구운 독일식 빵을 판매하는 베이커리가 있고 옆 건물에서는 펍을 운영한다.

여행의 피로와 더운 방콕의 열기로 인해 시원한 생맥주 한잔이 간절한 사람은 꼭 들러볼 만한 곳. 물론 식사 메뉴도 있다. 독일식 수제 소시지와 거품이 알맞게 올라온 독일식 생맥주가 이 집에서 가장 인기 있는 메뉴. 주변에는 호텔과 유명 레스토랑이 많이 있어 외국인들이 주 고객이다. 실내외에 좌석이 있는데 실내가 더 이국적인 분위기를 자아낸다. 독일 호프 브로이처럼 독일 전통 의상을 입은 직원들의 친절한 서비스도 돋보이는 곳이다.

● 1 Sukhumvit Soi 20 ☎ 0-2262-0892 ● 펍 11:00~24:00, 델리 07:00~24:00 ● 연중무휴 ● 예산 200B~. 맥주 300ml-160B 500ml-240B, 소시지와 매시드 포테이토 395B ● 영어 메뉴 있음 ● BTS 아쏙(Asok)역 6번 출구로 내려와 프롬퐁 방향으로 5~10분 정도 직진하면 Soi 18이 나온다. 여기를 지나면 세븐일레븐이 보이는 골목인 Soi 20 표지판이 나오는데 이 골목으로 1~2분 정도 걸어 들어가면 왼쪽에 간판이 보인다. 윈저 스위츠 호텔 바로 앞에 위치 ● www.beiotto.com

해브 어 지드 바이 스테이크 라오
Have a Zeed by Steak Lao 강추
MAP P.7-C

태국 북부의 이싼 음식 전문점. 쏨땀이나 랍무, 똠쌥으로 유명한 이싼 음식은 태국에서 맛있기로 유명한 지역 음식이다. 이싼 음식 외에도 태국의 전반적인 음식을 모두 판매하므로 가볍게 방문하기도 좋다.

2011년에 문을 연 터미널 21(4층) 지점을 시작으로 펀칫에 위치한 머큐어 빌과 라차다에도 지점이 있다. 한국인이 좋아하는 게 커리는 먹기 쉽게 게살이 발라진 상태로 나오며 가격도 합리적이다.

- 4F, Terminal 21, Sukhumvit Soi 21 ☎ 0-2108-0787
- 10:00~21:00 ● 연중무휴 ● BTS 아쏙(Asok)역 3, 6번 출구로 나와서 터미널 21 4층으로 올라간다.
- www.facebook.com/haveazeed

팀호완
Tim Ho Wan
MAP P.7-C

미슐랭 가이드에서 별점을 받은 홍콩의 유명 딤섬 식당. 아시아 각국에 지점을 내고 있다. 홍콩은 물론 다른 도시의 지점에서도 기본 30분에서 1시간 이상 줄을 서야 하는 진정한 맛집. 지나가다가 우연히 줄이 길지 않은 것을 발견했다면 고민 없이 들어가도 좋다.

식사 메뉴로 좋은 딤섬은 20여 가지가 있는데, 가장 실패가 적은 새우 딤섬과 달콤하게 양념한 돼지고기 소가 들어 있는 번(Baked Bun with BBQ Pork)으로 꼭 먹어봐야 하는 메뉴다. 기본 딤섬은 3~4개가 나오니 골고루 주문해보자. 이곳 외에도 에까마이 게이트웨이 2호점을 운영 중이다.

- 3/F, Terminal 21, Sukhumvit Soi 21 ☎ 0-2006-5288 ● 11:30~20:00 ● 연중무휴 ● BTS 아쏙(Asok)역 3·6번 출구로 나와서 터미널 21 3층에 위치

믹스 레스토랑 Mix Restaurant
MAP P.7-C

합리적인 가격의 레스토랑. 태국, 이탈리아 등 다양한 나라의 요리를 맛볼 수 있다. 관광객보다 현지인들이 많이 찾는 곳으로 터미널 21의 5층에 위치한다. 커다란 새우 한 마리 위에 살포시 달걀이 덮여 나오는 팟타이는 무척 먹음직스러우며, 음식의 비주얼도 괜찮다.

추천 메뉴로는 똠얌꿍, 튜나 스테이크 샐러드, 게살 볶음밥(Fried Rice with Crab Meat) 등이 있다. 알뜰 여행객이라면 점심 시간에 방문하자. 월~금요일(10:00~18:00)에는 쏨땀 위드 시푸드, 그릴포크 위드 쏨땀 같은 몇몇 메뉴를 30~40% 저렴하게 먹을 수 있는 것이 매력. 2014, 2015년 태국 베스트 레스토랑으로 선정되기도 했다.

● 5F, Terminal 21, Sukhumvit Soi 19 ☎ 0-2254-0799 ● 10:00~22:00 ● 연중무휴 ● 예산 100B~ ● 영어 메뉴 있음 ● 예약 불필요 ● BTS 아쏙(Asok)역 3, 6번 출구 방향에서 바로 연결, 터미널 21 5층에 위치

모스 버거 Mos Burger
MAP P.7-C

1972년 문을 연 일본의 인기 햄버거 전문점으로 현재 일본 항공사에 기내식으로 납품되고 있다. 동남아 각지에도 하나 둘씩 체인점이 늘어나고 있으며 2006년 방콕에 상륙했다. 신선한 재료로 주문 후 바로 만드는 것이 모스 버거의 40년 인기 비결. 방콕에서는 인기 쇼핑몰에 대부분 입점되어 있고 센트럴 월드, 센트럴 칫롬, 씨암 파라곤, 엠포리움 등에도 매장이 있다. 추천 메뉴는 누구나 좋아하는 비프 버거(62B)와 비프 치즈 버거(72B). 세트 메뉴(119B~)로 주문하면 좀 더 저렴하다.

● 023-024 LG, Terminal 21, Sukhumvit Soi 19 ● 10:00~21:00 ● 연중무휴 ● 예산 60B~, 세트 메뉴 119B~, 햄버거 49B~ ● BTS 아쏙(Asok)역 3, 6번 출구 방향에서 바로 연결, 터미널 21 LG층에 위치

피어 21 Pier 21
MAP P.7-C 강추

터미널 21 안에 있는 푸드 코트로 다양한 태국 음식을 골라 먹을 수 있는 곳이다. 쾌적하고 넓어서 편안하게 이용할 수 있다. 가격은 길거리 식당보다는 조금 비싸지만 합리적인 편이고, 위생적이고 맛도 중간 이상이기 때문에 현지인들에게 인기가 많다.

주문 전에 카운터에서 피어 21 선불카드에 돈을 충전해야 한다. 단, 선불카드는 피어 21에서만 사용 가능하며 남은 금액은 충전한 카운터에서 환불 가능하다. 주문할 때마다 카드를 보여주고 주문하면 된다. 푸드 코트에는 30여 개의 매장이 있으며 팟타이, 팟씨유, 꾸에이띠여우 등을 주문을 하면 바로 만들어준다. 매장을 둘러보면서 먹음직스러워 보이는 음식으로 주문하자.

● 5F, Terminal 21, 88 Sukhumvit Soi 19 ☎ 0-2108-0888 ● 10:00~22:00(식당마다 다름) ● 연중무휴(식당마다 다름) ● 예산 30B~ ● 영어 메뉴 있음 ● 예약 불필요 ● BTS 아쏙(Asok)역 3, 6번 출구 방향에서 바로 연결, 터미널 21 5층에 위치 ● www.terminal21.co.th

BTS 나나역 주변

일레븐 갤러리 11 Gallery
MAP P.6-B 강추

좁다란 골목길에 있는 단아한 스타일의 목조 건물이다. 태국 스타일로 소박하게 꾸며진 1층은 삼각 쿠션을 대고 앉는 나무 바닥으로 되어 있으며 한쪽에는 고풍스러운 선풍기가 돌고 있다. 저녁 시간에는 테이블을 더 놓아 야외석까지 마련된다. 특히 저녁 시간에는 은은한 조명으로 무드를 연출하며 태국 스타일의 고운 전통 의상까지 등장해 더욱 이국적인 분위기를 자아낸다.

음식은 태국 스타일인데, 속을 파낸 코코넛 속에 들어 있는 매콤한 똠얌꿍의 맛 또한 제대로다. 바나나 나뭇잎으로 감싸 나오는 밥은 추가로 주문해야 한다. 레스토랑의 규모는 조금 작지만 분위기가 좋아 특히 서양인들에게 인기가 많은 곳이다. 저녁에는 칵테일과 주류도 주문할 수 있다.

● BTS 나나(Nana)역 3번 출구로 나와 직진하면 바로 Soi 11 표지판이 나온다. 여기에서 좌회전해 골목으로 5분 정도 직진해 들어가면 앰버서더 호텔 바로 앞 세븐일레븐 옆에 일레븐 갤러리의 입간판이 보인다.
● www.11-gallery.com

● 25 Sukhumvit Soi 11 ☎ 0-2651-2672 ● 11:00~23:00
● 연중무휴 ● 예산 250B~. 똠얌꿍 200B, 칵테일 100B~

푸파 숍 PhuFa Shop
MAP P.6-B

국민들에게 존경 받는 공주 마하 차끄리 시린톤(Maha ChakriSirindhorn)가 운영하는 카페다. 좋은 제품을 생산하지만 판매 경로가 없는 생산자들을 위해 시작되었다. 2001년 9월 시암 디스커버리 지점을 시작으로 현재 방콕 시내에 17개, 전국에 19개의 매장을 두고 있다. 오픈 당시에 공주가 직접 디자인한 제품을 시작으로 태국 국민들의 관심을 끌며 시작된 사업은, 현재는 질 좋은 수공예품과 공정한 방식으로 생산된 식재료를 판매한다. 지점에 따라 간단한 음식을 판매하는 매장도 있다. 이곳에서 판매하는 대부분의 제품들은 태국의 토속적인 제품들이다.

추천하는 쇼핑 아이템은 생산 과정이 깨끗한 꿀과 코코넛오일 등이 있다. 커피는 태국 북부에서 재배한 원두로 내리며, 아이스커피와 따뜻한 커피가 있다. 계산대에 놓인 예쁜 태국식 디저트도(40~50B)로 저렴하니 한 번 맛보는 것도 괜찮다.

● 7, Sukhumvit Soi 3 ☎ 0-2650-3311 ● 월~금 08:00~20:00, 토·일 10:00~20:00 ● 예산 35B~, 커피 40B, 아이스커피 45B, 아이스 마일로 45B, 태국 스타일 디저트 35B~ ● BTS 나나(Nana)역 1번 출구에서 Soi 7 초입에 바로 위치 ● www.phufa.org

알 마스리 레스토랑 Al Masri Restaurant
MAP P.6-A

레스토랑이 위치한 쑤쿰윗 쏘이 3는 방콕의 아랍 거리로 유명하다. 알 마스리 레스토랑에서는 24시간 내내 아랍과 인도 음식을 즐길 수 있으며 야외에서 전통 담배인 시샤(Shisha)도 피울 수 있다.

아랍 콩을 물에 불려 삶아 낸 다음 곱게 갈아서 올리브오일 등과 함께 먹는 허머스(Hummus)는 건강 음식으로 인기다. 허머스에 레바논 브레드 또는 아랍식 브레드를 찍어 먹는 것을 추천한다. 타불리(Tabbouleh)라는 아랍식 샐러드도 즐길 수 있다. 아랍권에서 즐겨 먹는 양고기에 거부감이 없다면 케밥도 별미다.

● 4/6 Sukhumvit Soi 3/1 ☎ 0-2253-5582, 0-2254-7730 ● 24시간 영업 ● 연중무휴 ● 예산 200B~. 허머스 120B, 레바논 브레드 20B, 아랍식 브레드 30B, 타불리 S-140B, L-280B ● 영어 메뉴 있음 ● BTS 나나(Nana)역 1번 출구로 나와서 Soi 7을 지나 Soi 3 표지판을 보고 우회전해 2분 정도 걷다가 Soi 3/1 로 들어간다. 들어가자마자 왼쪽에 위치.

키나리 타이 레스토랑
Kinnaree Thai Restaurant
MAP P.6-F

예약 필수 ● BTS 나나(Nana)역 4번 출구로 나와 바로 보이는 골목인 Soi 8로 5~7분 정도 걸어 들어가면 오른쪽에 위치 ● www.kinnareegourmet.com

프랑스에서 태국 레스토랑을 경영하던 오너가 고국인 태국으로 돌아와 문을 연 레스토랑이다. 키나리는 허리 밑으로는 새의 형체를, 허리 위로는 인간의 형체를 가졌다는 태국 전설의 새이다. 주메뉴는 태국 전통 음식으로 야외나 실내 중 원하는 좌석을 택할 수 있으며 실내로 들어가는 입구 앞에는 예쁜 장식용 툭툭도 대기하고 있다. 실내 분위기는 깔끔하며 키나리가 좋아한다는 연꽃이 장식되어 있어 태국다운 분위기를 자아낸다. 태국 전통 복장을 한 친절한 직원들의 안내를 받을 수 있고 음식 값도 적당하다. 조금씩 골고루 시식해볼 수 있는 점심 메뉴도 괜찮고 저녁에는 입맛에 맞는 음식을 주문해도 좋다.
음식 솜씨도 좋다고 정평이 나 있는 이곳은 건강을 생각해 화학조미료를 사용하지 않는다. 매운 것을 못 먹는 사람들을 위해 음식의 매운 정도를 메뉴판에 빨간 고추를 그려 넣어 개수로 확인하고 주문할 수 있도록 했다. 음식의 재료와 요리 사진도 메뉴에 같이 있어 주문하는 데 큰 도움이 된다.

● 43 Sukhumvit Soi 8 ☎ 0-2256-0328 ● 11:00~14:00, 18:00~23:00 ● 연중무휴 ● 예산 400B~. 까이 양&쏨땀 280B, 점심 세트 360B~, 저녁 세트 680B~ ● 저녁은

교통사고를 조심하자
방콕은 사람보다 차가 우선인 교통 체계로 교통체증이 매우 심하다. 차선이 우리나라와 반대인 데다가 오토바이, 툭툭, 택시, 자가용까지 사람을 우선으로 하지 않고 마구 달리고 차선을 위반한다. 특히 보행자에 대한 배려가 없는 좁은 길을 걸어갈 때는 오토바이가 어디에서 어떻게 튀어나올지 모르니 항상 조심하도록 하자. 그리고 택시나 버스에서 내릴 때도 지나가는 오토바이를 조심하자.

태국의 승려 옆은 늘 자리가 비어 있다?
버스 안에서 승려의 옆자리가 비어 있는 경우 여성이라면 그 자리에 앉지 말아야 한다. 남자 승려는 여자의 신체 어느 곳도 닿아서는 안 되기 때문이다. 따라서 거리를 걸을 때에도 승려가 앞을 거닐고 있다면 몸이 스치지 않도록 조심해야 한다. 태국에서는 꼭 지켜야 할 예의다.

NIGHT LIFE

★ 나나~아쏙의 클럽 & 바 ★

레벨스 클럽 앤 라운지
Levels Club & Lounge   MAP P.6-B

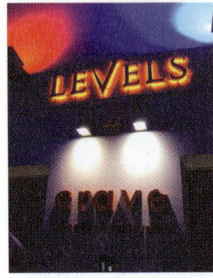

2012년 오픈한 후 방콕에서 가장 핫한 클럽으로 부상한 럭셔리 클럽. 쑤쿰윗에서 가장 클럽과 바가 많은 골목인 쏘이 11 끝에 위치하고 있다(2013년 문을 닫은 베드 서퍼 클럽이 있던 자리의 바로 앞에 위치).

유명 DJ들이 선택한 음악에 클럽의 분위기와 고급스러운 인테리어까지 어느 것 하나 흠잡을 곳이 없다고 평가된 곳이다. 손님들도 대부분 외국인들이 주를 이룬다. 야외 테라스와 실내의 클럽이 있으며, 어로프트 호텔(Aloft Hotel) 입구 오른쪽의 전용 엘리베이터를 타고 올라가면 된다. 날짜가 맞는다면 유명 DJ인 토마스 골드(Thomas Gold), 마틴 개릭스(Martin Garrix)가 출연하는 날에 방문해도 좋다(홈페이지에서 확인 가능). 레이디스 데이에는 여성에게 드링크 메뉴를 공짜로 제공하는 등 각종 이벤트가 있으며, 할로윈 데이, 크리스마스, 새해 등 특별한 날에는 다양한 행사가 열린다.

● 6F, 35, Sukhumvit Soi 11 ☎ 0-2308-3246 ● 21:00~밤 03:00 ● 연중무휴 ● 예산 300B~ ● 예약 불필요 ● BTS 나나(Nana)역 3번 출구로 나와 Soi 11로 들어간다. 도보 6~7분 거리. Aloft 호텔에서 레벨스 클럽 전용 엘리베이터 이용 ● www.facebook.com/levelsclub

어보브 일레븐 Above Eleven
MAP P.6-A

프레이저 스윗에 위치한 32층 높이의 루프톱 바. 방콕의 시티 뷰를 180도로 볼 수 있으며, 칵테일은 물론 식사도 할 수 있다. 규모가 크지 않아 조용하게 방콕의 분위기를 만끽할 수 있다. 시티 뷰를 볼 수 있는 자리는 꼭 예약할 것. 방문객이 가장 많이 찾는 시간대는 방콕의 일몰 시간인 오후 6시. 매일 저녁 9시 30분부터는 전문 DJ가 선곡하는 힙합, 펑키, 살사, 재즈 등 다양한 장르의 음악도 즐길 수 있다.

무알코올의 목테일(Mocktail, 200B~)부터 가볍게 마실 수 있는 칵테일, 와인 등 드링크 메뉴가 다채롭다. 또 애피타이저는 페루의 세비체(Ceviche), 메인 메뉴는 스시, 사시미 등 일본 메뉴가 풍성하다. 스마트 캐주얼은 입장이 가능하지만, 남성은 슬리퍼와 민소매를 입고는 입장할 수 없다.

● 32F, Fraser Suites 38/8, Sukhumvit Soi 11 ☎ 0-2038-5111 ● 18:00~01:00 ● 예산 300B~, 칵테일 250B~ ● BTS 나나(Nana)역 3번 출구에서 Soi 11로 들어간 후 끝에서 좌회전 후 오른쪽. 프레이저 스윗 32층에 위치 ● aboveeleven.com

나나 플라자 Nana Plaza
MAP P.6-E

성인 쇼를 전문으로 하는 여러 술집이 밀집해 있는 복합 술집 타운이라고 하면 적절한 표현이 될 듯하다. 쇼와 술로 밤이면 밤마다 불야성을 이룬다. 업소마다 호객 행위를 하면서 손님을 유혹하는데, 들어가기 전 가격과 어떤 스타일의 쇼를 하는지 확인하고 들어가는 편이 안전하다. 여성보다는 남성들이 더 많이 찾는 곳으로 쇼걸들의 다양한 쇼가 진행되며 성전환수술을 한 트랜스젠더들이 펼치는 화려한 쇼를 하는 업소들도 있다.

쇼는 무료로 진행되는 대신 맥주나 음료를 주문해야 한다. 직원들은 온갖 서비스로 손님들에게 술을 사달라고 한다. 이때는 적당한 선에서 사야한다. 1~2명씩 생각 없이 사주다 보면 바가지 쓴 것 같이 많은 돈을 지불할 수 있다는 것을 유념하고 호기심 충족 정도에 만족하자.

● Sukhumvit Soi 4 ● 19:00~밤 02:00 ● 연중무휴(업소마다 조금씩 다름) ● 예산 300B~. 맥주 110B~(업소마다 조금씩 다름) ● BTS 나나(Nana)역 2번 출구로 나와 5분 정도 직진하면 정면에 주유소가 보이는 골목이 있다. 여기에서 좌회전하면 Soi 4가 나오는데 입구에서 1분 거리에 위치

쏘이 카우보이 Soi Cowboy
MAP P.7-C

아쏙에 있는 쏘이 카우보이는 100m 정도의 짧은 거리로 팟퐁, 나나 플라자와 같은 성인 술집들이 늘어서 있다. 낮엔 눈에 띄지 않았던 조명들이 거리를 방황하는 외국인 손님들을 유혹한다. 바가지를 쓰지 않도록 미리 가격 확인 절차를 거쳐야 한다는 것은 이곳에서도 마찬가지다. 어 고고 바, 펍, 술집 등 많은 업소들이 있다.

● Soi 21(Asok) & Soi 23(Prasarnmitr) ● 19:00~밤 02:00 ● 연중무휴(업소마다 조금씩 다름) ● 예산 200B~. 맥주 100B~ ● BTS 아쏙(Asok)역 3번 오른쪽 출구로 나와 아쏙 사거리 큰길을 건너자마자 좌회전해서 도보 2~3분 거리에 있는데 첫 번째 골목 안에 위치한다.

어 고 고 바(A Go Go Bar)
환락가에서 많이 볼 수 있는 술집으로 무대에서 봉을 잡고 춤을 추는 여자들이나 쇼를 보면서 술을 마실 수 있는 곳이다. 맥주는 가격이 100B부터인데 여자들이 손님 옆에서 이야기 상대를 해주며 음료를 얻어 마시는 것으로 매상을 올린다. 들어가기 전 술값이 얼마인지 미리 물어보거나 메뉴판을 보고 주문하는 것이 현명하다. 퇴폐 업소나 관광객을 노리는 일부 업소에서는 바가지를 쓸 수 있다.

라파르트 L'Appart
MAP P.6-B

2012년 오픈한 소피텔 호텔 32층에 위치한 분위기 있는 바. 소소한 야경을 즐길 수 있는 야외 테이블은 몇 개 없지만 DJ가 선곡한 감각 있는 음악을 들을 수 있는 실내도 괜찮다. 칵테일, 맥주, 와인 등을 간단하게 마실 수 있으므로 늦은 저녁 가볍게 들러도 좋다.
2013년 베스트 레스토랑으로 인정받은 프랑스 레스토랑이기도 하다. 레스토랑의 애피타이저, 메인 메뉴의 가격은 900B부터 시작한다. 간단하게 술 한잔하려면 안주를 주문할 필요는 없다. 맥주는 180B, 와인 240B부터. 간단한 마른 안주는 무료로 제공된다.

● 32F, Sofitel Bangkok Hotel, 189 Sukhumvit Soi 13-15 ☎ 0-2216-9999 ● 11:00~24:00 ● 연중무휴 ● 예산 200B~. 맥주 180B ● 영어 메뉴 있음 ● 예약 불필요 ● BTS 아쏙(Asok)역 3, 6번 출구 방향의 터미널 21로 나와서 로빈슨 백화점 방향으로 직진해 도보 1~2분 거리. 쑤쿰윗 대로변의 소피텔 호텔 32층에 위치

나이트클럽에 갈 때는 반드시 여권을 지참할 것
나이트클럽은 20세 이상 출입이 가능하므로 신분증 대용으로 여권을 지참해야 한다. 나이트클럽 등 유흥업소는 불교의 공휴일과 국왕탄신일, 각종 선거일에는 문을 닫으니 유의하자.

MASSAGE

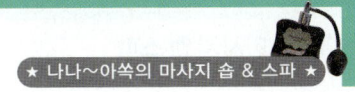
★ 나나~아쏙의 마사지 숍 & 스파

라바나 Lavana
MAP P.6-F

♥ 강추

2007년에 생긴 라바나는 이미 한국인들에게 유명한 곳이다. 초록색 큰 건물의 널찍한 1층 로비에 편안하게 앉아 차를 마시며 마사지 종류를 선택할 수 있고 라바나에서 직접 만든 허브 제품들과 보디용품, 마사지에 사용되는 다양한 아로마 제품도 판매한다. 신선한 재료로 직접 만드는 허벌볼 제조실도 보인다.

싱글 마사지실, 오일 마사지실 등 다양한 마사지를 받을 수 있는 편안한 룸이 갖춰져 있고 샤워 시설도 잘되어 있다. 그렇지만 방마다 화장실이 따로 있지 않으니 옷을 갈아입기 전에 화장실에 다녀오는 것이 좋다. 시간이 허락된다면 패키지 메뉴를 이용해보는 것도 좋다. 이곳의 특징은 오전 9시부터 오후 1시까지의 이용객에게는 간단한 아메리칸 스타일의 아침 식사를 제공한다는 것이다. 추천 마사지는 아로마 오일

을 이용한 오일 마사지와 허벌볼을 이용한 마사지 등이 있다. 특히 뭉친 근육을 풀어주는 데 가장 좋은 4 핸드 마사지(4 Hand Massage)는 2명의 마사지사의 손이 합해지면 4개이기 때문에 붙여진 이름. 2명의 숙련된 마사지사가 호흡을 맞춰 마사지해주므로 짧은 시간에 효과를 볼 수 있다. 가격도 다른 숍에 비해 저렴하다는 것이 장점이다. 특히 비수기일 때는 프로모션을 잘 이용한다면 또 다른 마사지를 서비스로 해주기도 하니 꼭 확인하도록 하자. 프로모션이 진행되는 아침 시간이나 주말은 더욱 붐비니 꼭 예약해야 한다.

● 4 Sukhumvit Soi 12 ☎ 0-2229-4510~2 ● 09:00~24:00(23:00까지 입실 가능) ● 연중무휴 ● 4 핸드 풋 마사지(4 Hand Foot Massage) 60분 1350B, 90분 1550B, 120분 1750B ● 오일 마사지 & 허벌볼(Oil Massage & Herbal Ball) 2시간 1650B ● 4 핸드 아로마 마사지(4 Hand Aroma Oil Massage) 60분 2050B, 90분 2250B, 120분 2450B ● 예약 필수 ● BTS 아쏙(Asok)역 5번 출구에서 타임 스퀘어로 나와 육교 바로 옆 세븐일레븐이 보이는 골목인 Soi 12로 들어가 도보 3~4분 거리
● www.lavanabangkok.com

디바나 마사지 앤 스파
Divana Massage & Spa
MAP P.7-C

간판을 따라 들어오면 아기자기하게 꾸며진 예쁜 정원과 태국 스타일의 테라스가 손님들을 반겨준다. 은은한 아로마 향이 퍼지는 입구에 들어서면 친절한 직원의 안내를 받으며 원하는 마사지 타입을 선택할 수 있다.

조용하고 편안하게 스파와 마사지를 받을 수 있는 마사지실과 스파 트리트먼트실을 갖추고 있으며 천연 재료인 레몬그라스, 꿀, 라벤더 등을 사용하여 만든 스크럽, 오일, 보디 트리트먼트 등 백화점에서도 판매 중인 품질 좋은 제품을 사용하여 마사지를 한다. 11개의 스파 룸에는 개인 스파와 사우나 시설도 갖추어져 있다. 원한다면 푸르른 정원에서 마사지를 받을 수도 있다. 아유르베딕 마사지를 가장 추천한다.

● Sukhumvit Soi 25 ☎ 0-2661-6784~5 ● 월~금 11:00~23:00, 토·일 10:00~23:00 ● 연중 무휴 ● 아로마 보디 마사지 120분 2150B, 패키지 메뉴 스파 하모니(Spa Harmony) 210분 4950B ● 예약 필수 ● BTS 아쏙(Asok)역 3번 오른쪽 출구로 내려와 아쏙 사거리 큰길을 건넌다. 큰길을 따라 걸어가면 캘리포니아 피트니스를 지나 다음 골목 Soi 25 안으로 들어가 도보 1분 거리에 위치
● www.divana-dvn.com

마이 스파 My Spa
MAP P.6-F

얼굴, 발, 보디 마사지를 전문으로 하는 곳으로 타임스퀘어 3층에 있다. 패키지 상품을 이용하는 것도 여러 가지 케어를 함께 받을 수 있는 방법이다.

남성을 위한 케어와 커플이 함께 받을 수 있는 케어도 준비되어 있다. 비수기 기간과 매달 달라지는 프로모션을 노려보는 것도 좋은데 저렴한 가격에 원하는 케어가 가능한지 미리 홈페이지를 방문해 알아보는 것이 좋다.

● 3F Times Square Bd, Sukhumvit Rd ☎ 0-2653-0905 ● 10:00~22:00 ● 연중 무휴 ● 페이셜 케어(Facial Care) 75분 1500B~ ● 허벌볼(Thai Herbal Steam) 100분 1800B~ ● 핫 오일 마사지(Hot Oil Aroma Therapy Massage) 75분 1400B, 105분 1800B ● 발 마사지(Foot Massage) 30분 600B ● 예약 필수 ● BTS 아쏙(Asok)역 5번 출구로 나오면 연결되는 타임스퀘어 3층
● www.my-spa.com

헬스 랜드 Heath Land
MAP P.9-D

- 55/5 Sukhumvit Soi 21 ☎ 0-2261-1110 ● 09:00~23:00
- 연중무휴 ● 타이 마사지 2시간 550B ● 발 마사지 1시간 280B ● 오일 보디 마사지 1시간 30분 850B ● 예약 필수
- BTS 아쏙(Asok)역 3, 6번 출구 방향에서 연결된 터미널 21의 1층으로 내려와 Soi 19로 들어간 후 3~4분 직진해 Soi 21 방향에서 우회전
- www.healthlandspa.com

방콕에만 5개 지점이 있는 방콕 최대 규모의 체인 마사지 숍이다. 지점의 규모에 따라 조금씩 다르지만 수십 명에서 수백 명을 수용할 수 있다. 최근에 오픈한 아쏙점이 시내에서 가기 가장 좋고, 에까마이점, 싸톤점이나 카오싼 로드와 가까운 빈까우 지점에 방문해도 괜찮다.

여러 명이 여러 번 방문할 거라면 여행사에서 10장짜리 쿠폰을 구입해도 좋다. 단, 타이 마사지와 오일 마사지는 가격이 달라 쿠폰을 각각 구입해야 한다. 쿠폰의 유효기간은 1년. 예약과 쿠폰 낱장 구입은 카오싼 로드에 있는 홍익여행사에서 가능하다. 헬스 랜드의 장점은 다른 마사지 숍에 비해 저렴한 가격과 마사지사의 실력이 평준화되어 있다는 점이다. 예약은 필수. 발 마사지, 타이 마사지, 오일 마사지를 받을 수 있다.

가장 최근에 생긴 아쏙점

리플렉스 플레이스 마사지 테라피
Reflex Place Massage Therapy 강추
MAP P.7-C

웨스틴 그랑데 호텔과 로빈슨 백화점 앞 쏘이 19를 들어가다 보면 오른쪽에 한글로 마사지라고 쓰인 초록색 간판이 눈에 들어온다. 1층과 2층 모두 마사지 실로 사용되고 있는데 1층에는 발 마사지실, 2층에는 타이 마사지와 오일 마사지를 하는 방과 샤워실이 있다. 발 마사지는 1시간, 1시간 반, 2시간까지 선택할 수 있다. 이곳은 다른 곳에서 흔히 볼 수 없는 부분 마사지가 가능한데 머리와 등, 어깨 등 특히 몸에서 안 좋은 부분만을 집중적으로 받을 수 있다는 것이 매력이다.

마사지를 한 번 받을 때마다 도장을 한 개씩 찍어주는데 열 번 찍으면 300B 상당의 마사지를 무료로 받을 수 있다. 바로 앞에 자리한 마사지 숍인(SENSES)에서도 사용할 수 있다. 두통이 있는 사람들에게는 머리 마사지(Scalp Massage)를 추천한다. 머리가 헝클어지는 것이 흠이지만 무척 시원하다.

● Sukhumvit Soi 19 ☎ 0-2255-8778 ● 09:00∼23:00 ● 연중 무휴 ● 타이 마사지(Traditional Massage) 60분 300B, 90분 400B, 120분 500B ● 발 마사지(Foot Massage) 60분 250B∼, 90분 400B∼, 120분 500B∼(오일 종류에 따라 가격이 달라짐) ● 머리 마사지(Scalp Massage) 60분 300B, 90분 400B, 120분 600B ● 예약 권장 ● BTS 아쏙(Asok)역 1번 출구로 나와서 웨스틴 그랑데 호텔이 바로 나오는 첫 번째 골목 Soi 19로 들어가 도보 3분 거리에 위치

킹 앤 아이 King And I
MAP P.6-F

한인 타운인 쑤쿰윗 플라자에 있는 마사지 숍. 이미 유명한 곳이며 한국인이 운영하는 곳이기도 하다. 1층에서는 발 마사지와 타이 마사지가 이뤄지는데, 한국인들이 주 고객인 이곳은 남성용 사우나 시설도 갖추고 있다.

● 1F Sukhumvit Plaza, Sukhumvit Soi 12 ☎ 0-2653-0700 ● 10:00∼24:00 ● 연중무휴 ● 타이 마사지(Traditional Massage) 60분 300B, 90분 400B, 120분 500B ● 발 마사지(Foot Massage) 60분 300B, 120분 600B ● 오일 마사지(Oil Massage) 60분 700B, 스페셜 룸 이용 시 60분 800B ● 예약 필수 ● BTS 아쏙(Asok)역 5번 출구. 타임스퀘어에서 나오면 쑤쿰윗 Soi 12 표지판이 나온다. 정면에 있는 세븐일레븐 바로 옆에 위치

풋 마스터 입구

풋 마스터 Foot Master
MAP P.7-D

중국 의학 지식을 토대로 발 마사지를 하는 곳이다. BTS 칫롬역에 위치한 아마리 플라자에 2010년 1호점을 낸 후, 쑤쿰윗 쏘이 31에 2013년 2호점을 새롭게 오픈했다.

발 마사지는 60분(480B) 받을 수 있다. 로열 트리트먼트(Royal Treatment, 90분 800B)는 중국식 풋바스, 어깨, 목 마사지, 발 마사지를 한번에 받을 수 있다. 머리, 목, 어깨, 손 마사지(60분 420B)는 가격도 합리적인 편이다. 시간이 없어 두 배의 효과를 보고 싶다면 2명이 발 마사지를 해주는 4 핸드 마사지(60분 900B)도 추천한다. 그 외에도 타이 마사지(60분 420B)가 있으며, 어깨와 목만 마사지를 받을 경우에는 전용 의자에서 진행된다.

● 1F, Bangkok View Tower, 12/1 Sukhumvit Soi 31 ☎ 0-2259-3441~2 ● 10:00~23:00 ● 예산 480B~ ● 발 마사지 60분 480B ● 로열 트리트먼트 90분 800B ● 영어 메뉴 있음 ● 예약 권장 ● BTS 아쏙(Asok)역 3, 6번 출구 방향으로 나와 Soi 31로 들어가 도보 2~3분 거리
● www.footmaster.co.th

쑤쿰윗에서 길 찾기

쑤쿰윗은 골목이 많아 매우 복잡하다. 게다가 골목 안쪽은 걸어 들어갈 수 없을 만큼 길기 때문에 대부분의 주민들은 골목길을 들어갈 때는 오토바이 택시를 이용한다. 특히 처음 방문하는 여행자라면 어느 골목을 들어가야 하는지 혼동하기 쉽다. 각 골목을 표시하는 간판이 크지 않아 지나치기 쉬우니 사진의 간판 모양을 잘 기억해두자. 쏘이(Soi) 즉 골목길은 대로의 한편은 홀수로, 맞은편은 짝수로 되어 있다는 것을 알고만 있어도 길 방향을 찾는 데 도움이 된다.

쑤쿰윗 : Area 02

프롬퐁~텅러~에까마이 MAP P.8~9
Phrom Phong~Thong Lo~Ekkamai

BTS 프롬퐁(Phrom Phong)역 주변은 마사지 숍, 스파 숍, 유명 레스토랑이 많고 엠포리움 백화점과 고급 호텔, 레지던스도 있어서 외국인의 발걸음이 끊이지 않는다. 새롭게 떠오르고 있는 거리인 텅러(Thong Lo)역 주변은 걸으면서 구경할 만한 건물이라든가 특별한 볼거리는 없다. 하지만 고급 레스토랑과 카페, 고급 스파, 마사지 숍, 개성 있는 인테리어 숍들이 구석구석에 자리하고 있어 한가로운 시간을 보내려는 트렌드세터들이 이곳을 찾는다. 에까마이(Ekkamai)역 주변은 시내에서 조금 떨어져 있는 듯한 느낌이 들지만 낮에는 텅러와 이어지는 골목 사이에 늘어선 개성 있는 숍을 찾는 이들로 분주하고, 밤에는 방콕 멋쟁이들이 속속 모여드는 멋진 클럽들이 있어 불야성을 이룬다.

{가는 방법}

BTS를 이용하면 가장 빠르지만 역에 내려서 골목 안까지 걸어가기에는 조금 멀다. 인원수에 따라 택시를 이용하면 좋다.
BTS 프롬퐁(Phrom Phong)역, 텅러(Thong Lo)역, 에까마이(Ekkamai)역에서 하차.
● BTS BTS 아쏙(Asok)역에서 프롬퐁(Phrom Phong)역까지 2분 소요. 요금 15B.
BTS 씨얌(Siam)역에서 에까마이(Ekkamai)역까지 12분 소요. 요금 37B.
BTS 나나(Nana)역에서 텅러(Thong Lo)역까지 6분 소요. 요금 25B.
● 택시 쑤쿰윗에서 택시로 10~20분 소요. 요금 60B~. 공항에서 택시로 50분~1시간 소요. 요금 250~300B 정도(고속도로 이용 시 유료 도로 통행료는 50B와 25B, 두 번 내야 한다).

※ 방콕에서는 예측할 수 없는 교통 체증을 염두에 두어야 한다. 특히 월, 금요일은 극심한 교통 체증이 있으며, 비가 내리는 날은 미흡한 배수 시설로 교통 정체가 예상된다.

{꼭 해보기!}

★낮 DAY 조용한 주택가이면서 아기자기한 카페와 레스토랑이 밀집한 쑤쿰윗 쏘이 55인 텅러 거리에 가보자.
★밤 NIGHT 저녁에는 신선한 해산물로 푸짐하게 저녁 식사를 하고, 현지인들이 많이 모이는 고급 클럽에 가서 간단하게 몸 풀기.

SIGHTSEEING

[프롬퐁~텅러~에까마이의 관광]

벤자씨리 공원
Benjasiri Park ★
MAP P.8-E

고 푸미폰 국왕의 아내이자 왕비인 퀸 씨리낏(Queen Sirikit)의 60번째 생일을 기념하여 1992년에 지은 도심 속의 공원이다. 공원 안에는 한가롭게 편히 쉴 수 있는 작은 숲이 있으며 태국 스타일의 파빌리온, 농구 코트, 수영장, 어린이 놀이 공간, 연못이 있어 낮에는 편안하게 그늘을 찾을 수 있는 서민의 안식처이다.
해 질 녘에는 조깅을 하는 사람들과 크게 틀어놓은 음악에 맞춰 태극권을 즐기는 현지 사람들을 쉽게 볼 수 있다.

● 22/24 Sukhumvit Rd ☎ 0-2262-0810 ● 05:00~20:00 ● 연중무휴 ● 입장 무료 ● BTS 프롬퐁(Phrom Phong)역 6번 출구로 나오면 바로 앞

도심 속 휴식 공간으로 사랑받는 공원

바운스인크 타일랜드
Bounceinc Thailand
MAP P.6-B

어린이와 함께 여행을 한다면 들러봐도 좋은 곳이다. 어른, 아이할 것 없이 모두가 즐길 수 있는 시설로 한국의 방방과는 비교할 수 없을 정도로 규모가 크고 시설이 매우 훌륭하다. 넓은 트램펄린에서 팀을 나누어 게임도 할 수 있다. 어린이가 많을 날에는 두 팀으로 나누어 안전요원이 피구를 진행하기도 한다. 개인 플레이도 가능하다. 가족 단위로 방문한다면 아이들과 함께 뛰면서 추억을 만들어보는 것도 좋겠다.

3세 이상, 몸무게 120kg 이하면 누구나 참여할 수 있다. 바운스를 이용하려면 바운스 전용 양말인 바운드 그립 양말을 신어야 한다. 일반 양말은 안전 문제로 사용할 수 없다. 입장권을 구입할 때 현장에서 구입할 수 있다. 어린이와 동반한 어른들을 위한 공간도 마련되어 있다.

● 4B02, 4F, The Glass Quartier, Sukhumvit Rd.
☎ 0-2014-2446 ● 10:00~22:00 ● 성인 1시간 490B~, 3세 이상 390B~ ● BTS 프롬퐁(PhromPhong)역 1·2번 출구로 나와 글라스 엠쿼티어 4층에 위치 ● www.bounceinc.co.th

SHOPPING

★ 프롬퐁~텅러~에까마이의 쇼핑 ★

엠포리움 백화점 Emporium
MAP P.8-E

고급 브랜드 숍이 모여 있는 몰과 백화점, 극장까지 갖춘 대형 쇼핑 공간. 규모면에서는 씨암 파라곤과 센트럴 월드보다 밀리지만 덜 복잡하고 고급스러운 이미지로 태국의 부유층과 주변에 거주하는 일본인, 주재 외국인들이 많이 이용한다.

입점 브랜드를 보면 G층은 샤넬, 디오르, 펜디, 에르메스, 겐조, 루이비통, 페라가모, 베르사체, 롤렉스, 몽블랑이 입점해 있고 1층은 셀린느, 디젤, DKNY, 구찌, 프라다, 톱스, 2층은 아르마니 익스체인지, 에스쁘리, 게스, 망고, 자라, 그레이하운드가 있다. 3층에는 스포츠 몰, 부츠, 안경점, 아시아 북스, 4층은 가구점 · 짐 톰슨 · 레스토랑 등이 있다. BTS 프롬퐁(Phrom Phong)역과 연결되어 있어 이용이 편리하다.

- 622 Sukhumvit Rd ☎ 0-2269-1000 ● 10:00~22:00
- 연중무휴 ● BTS 프롬퐁(Phrom Phong)역 2번 출구 방면으로 나와 엠포리움 백화점으로 이어지는 에스컬레이터 이용 ● www.emporiumthailand.com

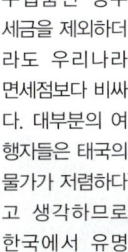

방콕 쇼핑, 미리 알아두자

수입품인 경우 세금을 제외하더라도 우리나라 면세점보다 비싸다. 대부분의 여행자들은 태국의 물가가 저렴하다고 생각하므로 한국에서 유명 브랜드로 알려진 물건들이 반값이라고 생각할 수도 있지만 수입 브랜드는 한국보다 비싼 경우가 많다.

백화점에서는 물건을 사기 전에 외국인 관광객에게 발행되는 5% 할인 쿠폰을 받을 수 있다. 인포메이션에 여권을 보여주면 쿠폰을 준다. 또한 동일 상점에서 2000B 이상을 구입하고 총 구입액이 5000B 이상이면 VAT 리펀드 서비스를 받을 수 있으니 물건 구입 시 VAT 리펀드 서류를 달라고 요청하자.

엠쿼티어는 50여 개의 레스토랑이 있는 글라스 쿼티어(The Glass Quartier), 세계적인 명품 브랜드들이 입점해 있는 헬릭스 쿼티어(The Helix Qaurtier), 워터폴 쿼티어(The Waterfall Quartier) 3개 구역으로 나뉘어 있지만 서로 연결되어 있어 불편함은 없다. 루이비통, 구찌, 샤넬, 프라다, 돌체 앤 가바나, 디오르, 지미 추, 발렌티노, 펜디 등의 명품 브랜드가 1층과 2층에 자리하고 있다. 또 자라, 유니클로, H&M 같은 유명 중저가 브랜드와 독특한 디자인으로 해외에서도 인정받는 태국 디자이너 브랜드 그레이하운드(Greyhound), 클로젯(Kloset) 등도 입점해 있다. G층에 자리한 구어메이 마켓은 매장도 넓고 물건도 많다.

● EmQuartier, 4 Sukhumvit Rd ☎ 0-2003-6171 ● 10:00~22:00 ● 연중무휴 ● BTS 프롬퐁(Phrom Phong) 역 1, 2 번 출구 ● www.theemdistrict.com

엠쿼티어 EmQuartier
MAP P.8-A

2015년 3월 엠포리움 백화점 건너편에 오픈한 럭셔리 쇼핑몰. EM 디스트릭트 프로젝트(EM District Project)의 2단계인 엠쿼티어가 오픈하면서 이 지역은 방콕의 고급 쇼핑 지구의 중심으로 올라섰다. 현재 건설 중인 또 하나의 몰인 엠스피어(EmSphere)가 완공되면 방콕에서 가장 큰 쇼핑 허브가 될 예정이다.

짐 톰슨 아웃렛

나라야 Naraya
MAP P.8-E

'태국' 하면 아직도 나라야를 기억하는 사람들이 많다는 사실이 저렴한 가격대의 실용적인 물건을 많이 구비하고 있다는 말이다. 우리나라에서는 유행이 지나서인지 한국인보다는 중국인 관광객들이 더 많이 찾지만, 실용적인 주방용 아이템과 파우치, 가볍고 간편한 가방들은 여전히 선물 아이템으로 사랑받고 있다.
천으로 만들어 가볍고 무엇보다 실용적이다. 방콕에서는 센트럴 월드, 아시아 호텔 등에 입점해 있으며 팟퐁 매장 2층에서는 이월 상품을 저렴한 가격에 세일해서 판매한다.

● 654-8 Sukhumvit Soi 24 ☎ 0-2204-1145~7 ● 09:00~22:30 ● 연중무휴 ● BTS 프롬퐁(Phrom Phong)역 2번 왼쪽 출구로 나오면 Soi 24로 들어가는 코너에 위치 ● www.naraya.com

짐 톰슨 아웃렛
Jim Thompson Factory Outlets
MAP P.9-H

짐 톰슨의 이월 상품들을 파는 아웃렛 매장으로 수라웡 로드(Surawong Rd)의 아웃렛 매장보다 월등하게 많은 상품이 갖추어져 있다. 1층부터 4층까지 패브릭 제품부터 실크로 만든 인형, 가방, 스카프, 액세서리 박스, 파우치, 각종 소품들이 일반 매장보다 저렴하게 판매되고 있다.
단, 이월 상품뿐 아니라 잘 보이지 않는 작은 흠이 있는 제품도 섞여 있으므로 계산하기 전에 구입하고자 하는 제품을 꼼꼼히 살펴봐야 한다. 2000B 이상 구입 시에는 택스 리펀드를 받을 수 있으니 여권을 지참하는 것이 좋다.

● 153 Sukhumvit Soi 93 Bangchak Prakanong ☎ 0-2332-6530 ● 09:00~18:00 ● 연중무휴 ● BTS 방짝(Bang Chak)역 5번 출구로 나와 직진. Soi 93 간판이 나오면 골목으로 들어가 도보 3~4분 ● www.jimthompson.com

EAT & DRINK

★ 프롬퐁~텅러~에까마이의 맛집 ★

BTS 프롬퐁역 주변

쏜통 Sorntong
MAP P.8-F ♥ 강추

매년 방콕의 베스트 레스토랑으로 뽑힐 정도로 명성이 높은 해산물 식당. 화교가 운영하는 곳으로, 이곳의 음식을 한 번 맛보면 단골손님이 되어 버릴 만큼 맛있다.

외관은 지극히 평범한 방콕의 허름한 식당으로 보이지만 인터넷과 책을 통해 이미 한국인들에게도 소개가 많이 되어 식사를 즐기는 한국인 관광객들도 쉽게 눈에 띈다. 한국인들이 특히 좋아하는 메뉴는 중국식 타이 음식으로 자리 잡은 뿌 팟 퐁까리이다. 한국에서 먹는 꽃게가 아닌 크고 단단한 집게발이 달린 코코넛 크랩으로 요리되어 나온다. 오후 늦게 문을 열지만 저녁 늦은 시간까지 식당의 인기는 식지 않는다. 야외 테이블과 1, 2층 모두 식당으로 이용되는데, 손님들이 가장 많이 몰리는 저녁 식사 시간에는 기다려야 할 만큼 자리가 꽉 차고 음식이 나오는 시간이 너무 오래 걸린다. 그렇지만 이런 악조건 속에서도 놓치지 말고 가볼 만한 식당이다.

식당 밖에 있는 수족관 속을 헤엄치는 살아 있는 새우, 얼음에 가지런히 보관되어 있는 게, 생선 등은 시세에 따라 가격이 조금씩 달라질 수 있다. 추천 메뉴는 뿌 팟 퐁까리, 어쑤완, 꿍 옵 운쎈, 똠얌꿍 등이며 꼭 흰밥이나 볶음밥인 카오 팟 꿍(새우), 카오 팟 뿌(게)도 함께 주문해야 방콕에서의 멋진 만찬에 손색이 없다.

● 2829 Rama 4 Rd ☎ 0-2258-0118 ● 16:00~밤 02:00 ● 연중무휴 ● 예산 500B~(카드 불가). 뿌 팟 퐁까리 700~900B ● 한글 메뉴, 영어 메뉴 있음 ● BTS 프롬퐁(Phrom Phong)역 2번 출구로 나와 엠포리움 백화점 옆 나라야 숍 사이길인 Soi 24로 들어가 15~20분 정도 직진하면 왼쪽으로 데이비스 호텔이 보인다. Soi 24 막다른 길에서 왼쪽으로 Esso Gas Station이 보이자마자 좌회전을 해서 3분 정도 걸어가면 야외 테이블이 보인다. 프롬퐁역에서 걸어가면 총 25~30분 이상 소요

류안 말리카 Ruen Mallika
MAP P.8-F

강추

아유타야식 2층 목조 건물을 식당으로 개조한 아담한 레스토랑이다. 1층은 작은 정원과 연못이 어우러진 테이블로 꾸며놓아 편안한 분위기에서 식사를 할 수 있게 되어 있으며, 2층은 신발을 벗고 앉을 수 있는 나무 바닥으로 원래 건물 그대로의 모습을 살렸다. 과거 이 건물은 라마 2세의 소유였다고 한다. '류안(Ruen)'이라는 말은 태국어로 '집'이라는 뜻이며 레스토랑 주인의 이름이 말리카(Mallika)여서 '말리카의 집'이라는 의미다. 본인의 이름을 걸고 음식을 내는 자부심이 느껴지는 곳으로 독특하고 세심한 요리를 맛볼 수 있다.

역사와 전통이 물씬 풍기는 이곳의 추천 메뉴는 식용 꽃을 튀긴 요리(A Variety of Deep Fried Flowers)인데 다른 레스토랑에서는 전혀 찾아볼 수 없는, 이 집만의 독특한 메뉴이므로 놓치지 말아야 한다.

● 189 Sukhumvit Soi 22 ☎ 0-2663-3211~2 ● 11:00~23:00 ● 연중무휴 ● 예산 300B~, 꽃 튀김(A Variety of Deep Fried Flowers) 작은 사이즈 200B, 큰 사이즈 300B,
생선튀김(Deep Fried Ka-Pong Fish With Herbs) 420B, 해물 코코넛 밥(Fried Rice With Green Chili Paste and Seafood in Coconut) 180B ● 영어 메뉴와 사진 메뉴 있음 ● BTS 프롬퐁(Phrom Phong)역 6번 출구로 나와 벤자씨리 공원(Benjasiri Park)을 지나 Soi 22 표지판이 보이면 골목길로 직진, 10분 이상 걷다가 Soi 16으로 이어지는 오른쪽 골목으로 우회전해서 도보 5~10분 거리에 위치
● www.ruenmallika.com

라이브러리 Li-bra-ry
MAP P.8-F

아담한 이층 건물을 사용하는 라이브러리. 1층 창가로는 햇빛이 가득 들어올 뿐만 아니라 우드 톤의 실내는 높은 천장으로 답답함이 느껴지지 않는다. 2층은 신발을 벗고 앉을 수 있어 한층 편안한 분위기이다.
해피 아워(13:00~15:00)를 이용하면 음료를 할인받을 수 있다. 가장 인기 있는 메뉴는 라이브러리 와플. 일반적인 와플과 모양이 달라 독특하다. 식사는 태국 스타일과 일본 스타일의 퓨전 요리 등이 있다. 와플과 잘 어울리는 아메리카노(65B)와 카푸치노(75B), 그 외에 라바 초콜릿 케이크(Lava Chocolate Cake, 160B)도 맛있다.

● 2 Soi Metheenivet, Sukhumvit Soi 24 ☎ 0-2259-2878 ● 10:00~21:00 ● 예산 65B~ ● 영어 메뉴 있음 ● 예약 불필요 ● BTS 프롬퐁(Phrom Phong)역에서 2번 출구로 나와 바로 앞 Soi 24로 들어간다. 엠포리움 백화점을 지나 오른쪽 골목 Soi Metheenivet 표지판이 나오면 바로 우회전해 도보 1분

피에르 에르메 Pierre Hermé
MAP P.7-G

프랑스에서 가장 유명한 마카롱 전문점. 4대째 가업을 이어온 피에르 에르메는 프랑스 제과업계의 피카소로 불리는 명장 파티시에 브랜드다. 프랑스 전역에 30여 개의 숍을 운영하며, 아시아 시장에도 진출했다. 홍콩점을 발판으로, 한국에 이어 방콕 엠쿼티어에 2015년 3월 오픈했다. 재료부터 각별히 신경 써서 만든 마카롱은 꼭 맛봐야 하는 메뉴이고 초콜릿, 누가 등 다른 매혹적인 디저트도 추천한다. 다만 방콕 물가에 비하면 어마어마하게 비싼 편. 안타깝게도 낱개로 판매하지 않고 7개(980B~) 묶음으로 판매한다. 고급스러운 박스로 포장해 선물용으로도 안성맞춤이다.

● QGB-6, GF, EmQuartier, 4 Sukhumvit Rd ☎ 0-2003-6444 ● 10:00~22:00 ● 연중무휴 ● BTS 프롬퐁(Phrom Phong)역 1, 2번 출구 엠쿼티어 G층 ● www.facebook.com/PierreHermeTHA

존스 더 그로서 Jones the Grocer
MAP P.8-A

1996년 호주의 시드니에서 영업을 시작한 존스 더 그로서는 동남아시아 지역에 체인점을 늘리면서 고급 식품점들만 입점한다는 엠쿼티어에 첫 발을 디뎠다. 한국에는 아직 진출하지 않은 존스 더 그로서의 호주 스타일 요리를 맛볼 수 있는 기회를 놓치지 말자.

고급 유기농 식료품점과 레스토랑을 함께 운영한다. 올데이 브렉퍼스트는 물론 그릴, 파스타, 리소토, 피자, 디저트 등의 메뉴가 있다. 가볍게는 차와 디저트를 즐길 수 있고 호주 와인도 맛볼 수 있다. 추천 메뉴는 샐러드와 애피타이저(265B), 그릴 메인 요리(495B~). 디저트(160B), 마르게리타 피자(340B~) 등이 있다.

● QGC-2, GF, EmQuartier, 4 Sukhumvit Rd ☎ 0-2261-0383 ● 10:00~22:00 ● 연중무휴 ● BTS 프롬퐁(Phrom Phong)역 1, 2번 출구 엠쿼티어 G층
● www.jonesthegrocerthailand 또는 www.weebly.com

인더스 Indus
MAP P.8-F

커다란 앤티크 문과 소품들로 꾸며진 현대적인 스타일의 인도 요리 레스토랑으로 잡지에 실리기도 하고 매년 베스트 음식점에 선정되는 곳이기도 하다. 분위기가 독특한 실내석도 좋지만 야외석에는 시샤(아랍식 물 담배)도 피울 수 있는 자유로운 공간이 있다.

우리나라 사람들 입맛에 맞는 커리, 난, 탄두리 치킨 등이 이 집의 추천 메뉴. 다양한 인도 음식을 즐기고 싶다면 세트 메뉴인 위크엔드 브런치를 주문한다. 가격은 1인당 625B. 단품 메뉴를 여러 가지 주문하는 것보다 저렴하다.

● 71 Sukhumvit Soi 26 ☎ 0-2258-4900 ● 11:30~14:30, 18:00~24:00 ● 연중무휴 ● 예산 400B~. 난 80B~. 탄두리 치킨(Murgh Tandoori) 320B~ ● 영어 메뉴와 사진 메뉴 있음 ● BTS 프롬퐁(Phrom Phong)역 4번 출구로 나와서 엠포리움 반대 방향으로 걸으면 Soi 24를 지나 다음 골목 Soi 26이 나온다. 골목으로 들어가 5분 정도 걸어서 정면에 Four Wings Hotel이 나오면 좌회전하고 다시 1분 정도 걸어서 우회전, 조금 걸으면 왼쪽에 위치 ● www.indusbangkok.com

시푸드 마켓 Seafood Market
MAP P.8-F

방콕 시내에서 가장 비싸게 해산물을 먹을 수 있는 곳이라고 소문이 나 있지만, 신선하고 다양한 요리를 즐길 수 있는 장점을 지니기도 한 대형 식당이다. 이곳은 우선 계산 시스템부터 다르다. 친절한 직원들의 안내를 받아 자리를 지정받았다면 해산물과 채소, 과일까지 직접 골라서 계산하고 나와야 한다. 어떻게 요리를 할지도 선택해야 하는데 요리에 대해 사전 지식이 없다면 직원에게 조언을 구해도 좋다. 식사를 마치고 나갈 때는 다시 한 번 계산해야 하는데 요리하는 비용이 따로 추가가 되니 놀라지 않도록 하자.
추천 메뉴는 바닷가재 회인데, 회를 먹고 남은 부분으로 똠얌 또는 볶음밥도 만들어준다.

● 89 Sukhumvit Soi 24 ☎ 0-2261-2071~5, 0-2661-1252~9 ● 11:30~23:30 ● 연중무휴 ● 예산 2500B~, 새우 1kg당 1775B, 바닷가재 1kg당 3150B(시세에 따라 달라질 수 있음). 요리 비용 80B~(요리 양과 스타일별로 다름) ● 영어 메뉴 있음 ● 저녁은 예약 필수 ● BTS 프롬퐁(Phrom Phong)역 2번 왼쪽 출구로 나와 엠포리움 백화점 옆 나라야 숍 사잇길인 Soi 24로 들어가 10~15분 정도 직진하다 보면 왼쪽으로 새우 모양의 커다란 간판과 'If It Swims We Have It'이라고 쓰인 간판이 눈에 띈다.
● www.seafood.co.kr

오드리 카페 디 플뢰르
Audrey Cafe des Fleurs
MAP P.8-A

텅러에서 오드리 카페 앤 비스트로(Audrey Café & Bistro)를 오픈해 태국 젊은이들에게 인기를 얻은 후 씨암 센터, 새로운 쇼핑몰 엠쿼티어까지 매장을 넓히고 있다. 엠쿼티어 지점인 오드리 카페 데 플뢰르는 다른 지점과 차별화한 인테리어로 꽃밭에 온 것 같은 느낌을 준다. 전체적으로 파스텔 톤이어서 편안하면서도 고급스러운 분위기를 낸다.
태국 음식부터 서양 음식까지 다양한 음식을 맛볼 수 있고 퓨전 태국 요리도 즐길 수 있다. 똠얌 피자도 색다른 맛이다. 추천 메뉴는 크랩 수플레(Crab Souffle Served with Sherry Brandy Sauce, 320B)가 있다. 레스토랑 입구의 케이크 쇼케이스에 진열되어 있는 플라워 포트(Flower Pot, 140B)도 인기 메뉴다. 현지인들은 서양 음식 메뉴를 선호한다.

● Q8A-2, 8F, Helix Building, EmQuartier, 4 Sukhumvit Rd ☎ 0-2003-6244 ● 11:00~22:00 ● 연중무휴 ● BTS 프롬퐁(Phrom Phong)역 1, 2번 출구 엠쿼티어 8층
● www.audreygroup.com

나라 Nara
MAP P.8-A

15년의 역사를 자랑하는 타이 레스토랑으로, 시간이 흐를수록 더 깊어지는 분위기와 음식 맛으로 호평받고 있다. 태국 정통 음식을 선보이는데, 2017년 태국 베스트 레스토랑으로 선정 되었으며, 에라완점은 2017년도 미쉐린 플레이트로 선정되기도 했다. 방콕에만 7개 지점이 있다. 방콕 시내의 유명 쇼핑몰에 대부분 입점해 있으니 가까운 지점을 방문해도 좋다.

이곳은 손님들을 위한 배려심이 깊은 것으로도 유명하다. 메뉴판을 보면 그것을 알 수 있다. 매운 음식에는 고추 그림이, 땅콩 알러지가 있는 사람들을 위해 땅콩이 들어간 음식에는 땅콩 그림이 그려져 있다. 태국 음식을 잘 모르거나 알러지가 있는 사람도 메뉴판을 보면 쉽게 주문할 수 있다.

한국 사람들이 가장 좋아하는 메뉴는 뿌 팟 퐁 까리(1250B). 특별하게 뛰어난 맛을 내는 것은 아니지만 무난한 편이다. 만약 게를 발라 먹기가 불편하다면 새우로 만든 뿌 팟 퐁 까리를 주문하자. 가격도 게보다는 새우가 좀 더 저렴하다. 추천 메뉴로는 똠얌꿍(430B~), 팟타이 꿍(260B~)이 있다.

● 7F, The Helix, EmQuartier, Sukhumvit Rd. ☎ 0-2003-6258~9 ● 예산 600B~ ● BTS 프롬퐁(PhromPhong)역 1, 2번 출구로 나온다. 엠쿼티어 더 헬릭스 7층에 위치 ● www.naracuisine.com

카르마카멧 다이너
Karmakamet Diner
MAP P.8-E

강추

태국에서 급부상 중인 아로마 숍인 카르마카멧에서 운영하는 레스토랑 겸 숍. 2001년 짜뚜짝 주말 시장에서 아로마 숍으로 시작한 카르마카멧은 레스토랑 분야까지 진출했는데 카르마카멧 다이너가 가장 먼저 선보인 레스토랑이다.

엠포리움 백화점 옆의 작은 골목길 안으로 들어가면 카르마카멧 다이너가 살포시 숨어 있다. 차와 식사를 즐길 수 있는 실내외 좌석을 갖춘 고급 레스토랑으로, 테이블 위의 냅킨부터 소품 하나까지 신경 쓴 흔적이 역력하다. 점심 메뉴는 프렌치토스트(French Toast, 250B)와 비프 라비올리(Braised Beef Ravioli, 390B)가 있으며 저녁 메뉴로는 스트로베리 인 더 클라우드(Strawberry in the Clouds, 390B)가 인기 있다. 식사를 마치면 카르마카멧의 아로마 제품들을 구경해보자.

● 30/1 Sukhumvit Soi 24 ☎ 0-2262-0700~1 ● 10:00~23:00 ● 연중무휴 ● BTS 프롬퐁(Phrom Phong)역 1, 2번 출구로 나와 벤자씨리 공원 가기 전, 엠포리움 백화점 옆으로 난 작은 길로 1분 정도 들어가면 나오는 왼쪽 골목에 Karmakamet Diner 간판이 보인다.

BTS 텅러역 주변

로스트 커피 앤 이터리
Roast Coffee & Eatery
MAP P.9-C

강추

● Unit #T1 (Roast), The COMMONS, 335 Thonglor Soi 17 ☎ 0-2185-2865 ● 10:00~22:00 ● 연중무휴 ● 예산 400B~, 브런치 300B, 로스트 브렉퍼스트 400B ● 영어 메뉴 있음 ● 예약 권장 ● BTS 텅러(Thong Lo)역 3번 출구로 나와 도보 15분. 택시 이용 시 텅러 Soi 17 하차
● www.roastbkk.com

텅러에서 가장 핫한 레스토랑. 신 스페이스(Seen Space) 2층에 위치하며 넓은 실내와 야외 테이블을 갖추고 있다. 신문 스타일의 메뉴판에서 사진을 보고 음식을 고를 수 있다. 직접 로스팅한 신선한 커피를 판매하고 있어 커피 마니아들도 즐겨 찾는다. 특히 점심 시간에는 저렴하게 맛볼 수 있는 세트 메뉴가 인기 있다. 여섯 가지 메인 요리와 커피 또는 차 한 잔이 추가된 가격은 300B. 서비스 차지와 택스는 별도다.

올데이, 브런치 메뉴로 수프, 샐러드, 샌드위치가 있고 디너 메뉴로는 퀘사디아, 버거, 스테이크 등 종류도 다양하다. 달콤하고 다양한 디저트들도 맛있다. 추천 메뉴는 로스트 브렉퍼스트 (Roast Breakfast, 400B). 텅러의 인기를 몰아 엠쿼티어에도 입점해 텅러까지 일부러 가는 불편함이 없다.

텅 크르앙 Thon Krueng
MAP P.9-C

♥ 강추

텅러의 터줏대감 역할을 하던 텅 크르앙이 쾌적하고 깔끔한 건물로 옮기면서 태국 요리와 케이크 등의 디저트도 맛볼 수 있게 되었다. 해산물 요리를 비롯해 웬만한 태국 요리는 다 있으니 여러 가지 음식을 맛보기 좋다. 특히 허목(Spicy Steamed Minched Fish, 생선 살을 커리와 허브로 양념해 찐 것)이 유명하다. 허목은 이 집의 추천 메뉴이지만 특유의 향이 진하기 때문에 향에 민감한 사람에게는 부적합하니 방콕에서 첫 시도라면 권하지 않는다. 그 밖의 태국 음식은 대체적으로 맛있으니 걱정하지 않아도 된다. 음식 가격도 적당해 식사를 즐기기 위해 찾은 현지인들로 북적인다. 태국 왕실에서 먹었다는 고급 요리들도 만날 수 있다. 가격은 다른 고급 레스토랑에 비해 소박하지만 음식의 맛은 소박하지 않다. 꿍 옵쎈 등 다양한 종류의 음식이 있으니 상세하게 소개된 메뉴판을 참고해 주문해 보자. 고급 요리로 유명한 샥스핀도 있다. 골목 깊숙이 위치해 툭툭을 무료로 운행한다.

- 211/3 Sukhumvit 49/13 Sukhumvit 49
- 0-2185-3072
- 11:00~22:00
- 연중무휴
- BTS 텅러(Thong Lo)역 1번 출구로 나온 다음 Soi 49로 들어가 싸미티벳(Samitiv) 병원을 지나 직진. 텅러역에서 도보로 15분 이상 소요. 스프링 앤 섬머와 2~3분 거리
- www.thonkrueng.com

애프터 유 After You
MAP P.9-C

강추

방콕의 내로라하는 멋쟁이들이 모이는 디저트 카페로 달콤한 오후를 보내고 싶을 때 들르기 좋다. 채광이 좋고 에어컨 바람으로 시원한 실내에서 나무 의자에 앉아 있으면 예쁜 디저트들이 눈과 입을 사로잡는다.

가장 많이 주문하는 메뉴는 시부야 허니 토스트. 크림과 아이스크림이 가득하며 달콤한 꿀까지 뿌려 먹을 수 있어 단 음식을 좋아하는 태국 사람들이 좋아하는 메뉴다. 아포가토 등 다양한 종류의 커피도 즐길 수 있다. 주문은 직접 카운터에서 하고, 나갈 때 계산한다. 씨암 파라곤 지하, 센트럴 월드, 씰롬 센터, 터미널 21 등 방콕에만 16개 지점이 있다.

● J-Avenue, Thonglor Soi 13 ☎ 0-2712-9266 ● 10:00~24:00 ● 연중무휴 ● 예산 100B~, 아포가토 115B, 시부야 허니 토스트(Shibuya Honey Toast) 185B ● 영어 메뉴와 사진 메뉴 있음 ● BTS 텅러(Thong Lo)역 3번 출구로 나와 에까마이 방향으로 1분 정도 걸으면 텅러 거리 Sukhumvit Soi 55가 나온다. 바로 좌회전해서 15~20분 정도 걸으면 Soi 13에 있는 J-Avenue에 위치

오오토야 Ootoya
MAP P.9-C

일본의 유명 프랜차이즈 음식점이다. 방콕이 해외 1호점으로, 방콕 시내 곳곳에서 지점을 볼 수 있다. 우리 입맛에도 잘 맞는 일본 음식으로 주재원 및 일본인이 많은 방콕을 겨냥하여 성공적으로 운영 중이다.

씨암 파라곤에도 지점이 있는데 텅러 지점은 조용한 공간에서 편안하게 식사할 수 있는 것이 장점이다. 단, 자리가 없어서 바 좌석으로 앉아야 할 때가 많은데 여기에서는 음식이 나오는 동안 요리사들이 요리 만드는 모습을 구경하는 것도 재미있다. 음식의 가격은 200B 정도이며, 추천 메뉴는 푸짐하게 나오는 생선구이, 가츠동, 우동 등이 있다.

● 2F J-Avenue, Thonglor Soi 15 ☎ 0-2712-6827 ● 월~토 11:00~23:00, 일 10:30~22:30 ● 연중무휴 ● 굴밥(Steamed Rice and Oyster) 110B ● 영어 메뉴와 사진 메뉴 있음 ● BTS 텅러(Thong Lo)역 3번 출구로 나와 에까마이 방향으로 1분 정도 걸으면 텅러 거리 Sukhumvit Soi 55가 나온다. 바로 좌회전해서 15~20분 걸으면 텅 크르앙(Thon Krueng)이 나오는데 여기를 지나서 Soi 15 앞 J-Avenue 2층에 위치 ● www.ootoya.co.th

오봉팽 Au Bon Pain
MAP P.9-C

한국에도 체인이 있는 빵집으로 빵, 샌드위치, 커피 등을 판매한다. 아침 일찍부터 문을 여는 매장이 많아 아침 식사를 하기에도 편하다. 텅러, 쑤쿰윗 쏘이 24, 씨암 파라곤, 씨암 스퀘어 등에 자리 잡고 있다. 오봉팽에서 인기 있는 메뉴 중 하나는 바로 수퍼볼(Soupabowl). 원래 미국 샌프란시스코에서 처음 만들어져 유명해졌다고 한다. 겉껍질은 딱딱하고 안은 부드러운 빵의 속 부분을 파내어 그 안에 클램차우더 수프를 가득 넣은 것으로 한 끼 식사로 충분하다. 샌드위치도 잘 나가는 메뉴 중 하나이며 매장 안도 편안해서 커피 한 잔으로 쉬어 가기에 충분히 훌륭한 공간이다.

● 1F J-Avenue, Thonglor Soi 15 ☎ 0-2712-6832~3 ● 일~목 07:00~22:30, 금·토 07:00~24:00 ● 연중무휴 ● 예산 60B~, 샌드위치 110B~, 수퍼볼 95B ● 영어 메뉴 있음 ● BTS 텅러(Thong Lo)역 3번 출구로 나와 에까마이 방향으로 1분 정도 걸으면 텅러 거리 Sukhumvit Soi 55가 나온다. 바로 좌회전해서 15~20분 걸으면 텅 크르앙(Thon Krueng) 식당이 나오는데 여기를 지나서 Soi 15 앞 J-Avenue 1층에 위치 ● www.aubonpainthailand.com

파툼 오가닉 리빙 Patom Organic Living
MAP P.8-B

도심 속 비밀 정원 같은 작은 카페로 마당이 있는 주택을 개조해 만들었다. 1층은 천장이 높고 테이블을 넓게 배치해 아늑한 분위기이며, 2층은 신발을 벗고 들어갈 수 있는 아담한 다락방 같은 공간으로 나누어져 있다. 카페 내부 인테리어에 사용된 나무는 주인장의 소유였던 보트하우스의 나무를 재활용해 만들었다고. 자연과 환경을 생각하는 주인의 주관이 엿볼 수 있다.
유기농 농산물을 생산하는 농민들과 거래해 제공받은 유기농 식자재로 만드는 팟타이, 타이 샐러드, 빵 등의 간단한 요기 거리들을 정갈한 도시락에 담겨 있다. 또 로션, 비누, 보디 제품들을 판매 및 전시해 건강을 생각하는 방콕 시민들에게 큰 사랑을 받고 있다. 평일 낮 시간은 한적하지만, 주말이면 앉을 자리가 없을 정도로 많은 사람들이 몰려들므로, 평일 낮에 방문할 것을 권한다.

● 17/13 Sukhumvit Soi 49/6 ☎ 0-2084-8649 ● 09:00~18:00 ● 예산 200B~ ● BTS 텅러 (Thong Lo)역 3번 출구에서 도보 20~30분 소요. 택시 이용 시 텅러 23으로 들어가 좌회전 후 바로 우회전한다. 간판이 크지 않고 골목이 좁으니 주의 깊게 볼 것

마더 메이 아이 Mother May I
MAP P.9-D

반얀트리가 우거진 조용하고 넓은 정원을 가진 주택을 개조해 만든 식당. 외국인보다는 현지인들이 더 많이 찾는 곳으로, 눈에 잘 띄지 않는 작은 골목에 위치한다. 식당 내부는 창이 많아 햇빛이 많이 비추는데, 마치 따뜻한 온실 속에 와 있는 것 같은 기분이 든다.
영국에서 오랫동안 요리사로 근무한 눔(Noom) 씨가 어린 시절 먹었던 어머니의 맛을 떠올려 만든 요리들을 선보인다. 제철 재료를 사용한 태국 음식의 본래 맛을 기본으로 창작한 음식들이 인기 있다. 애피타이저부터 메인 요리, 디저트까지 모든 요리가 정갈하고 담백한 맛이다. 메뉴판에 음식 사진과 함께 재료가 소개되어 있어 태국 음식을 잘 모르는 사람들도 쉽게 주문할 수 있다.

● 26/2, Sukhumvit Soi 59 ☎ 09-7990-5990 ● 11:00~22:00 ● 예산 500B~ ● BTS 텅러 (Thong Lo)역 3번 출구로 나온 후 길을 건넌다. 왼쪽으로 보이는 메리어트 호텔 쑤쿰윗 다음 골목으로 약 50m 들어가면 오른쪽에 간판이 보인다. ● www.facebook.com/mothermayikitchen

베코피노 Beccofino
MAP P.9-C 강추

이탈리안 셰프 안젤로 씨가 운영하는 이탈리안 레스토랑으로 텅러의 터줏대감. 새로운 둥지를 찾는 동안 잠시 휴업했다가 피프티 피프스 플라자(Fifty Fifth Plaza)에 이전 오픈했다. 가게는 바뀌었지만 맛과 가격, 분위기는 예전 그대로다. 런치타임(11:30~14:30)에는 제 가격을 주고 먹어도 아깝지 않은 요리를 저렴하게 즐길 수 있다. 저렴한 가격으로 요리를 맛본 손님이 저녁에도 찾아올 수 있게 하는 취지다. 점심 세트 메뉴는 세 가지 코스를 선택할 수 있다. 애피타이저 샐러드 바와 수프를 맛볼 수 있는 메뉴(360B), 와인까지 즐길 수 있는 메뉴(450B)가 있다. 또 메인과 디저트에 커피까지 즐길 수 있는 기본 코스(580B)도 준비되어 있다. 샐러드 바도 훌륭하지만 셰프의 요리를 맛보려면 메인이 포함된 메뉴를 주문해야 한다. 점심 메뉴를 놓쳤다면 분위기 있는 식사를 즐길 수 있는 저녁에 방문해도 좋다. 저녁 메뉴는 애피타이저(390B~), 수프(250B~), 파스타와 리소토(360B~), 메인요리(380B~)가 있다.

- 1F, Fifty Fifth Plaza, 90 Thong Lo Soi 2 ☎ 0-2714-7763 ● 11:30~14:30, 18:00~22:00 ● BTS 텅러(Thong Lo)역 3번 출구에서 걸어서 10분 거리
- www.beccofino.com

BTS 에까마이역 주변

퍼햅스 래빗츠 Perhaps Rabbits
MAP P.9-D

얼마 전 에까마이에 오픈한 동화 같은 분위기의 디저트 카페 겸 베이커리. 수제 케이크와 케이크 팝스(Cake-pops)를 판매한다. 주문 판매하는 귀여운 수제 케이크는 선물용으로 인기. 카페 안으로 들어가면 비밀의 방이 보인다. 동화 속 장면이 연상되게 꾸민 작은 공간은 카페를 찾는 손님들이 좋아하는 장소. 사진 찍기 좋아하는 태국 젊은이들의 페이스북과 인스타그램 등의 SNS에 올라 유명해진 곳이기도 하다.
추천 메뉴로는 래빗츠 홀 머드 케이크(Rabbits Hole Mud Cake, 140B), 다니엘스 컵(Daniel's Cup, 160B), 블루 버니 에그(Blue Bunny Egg, 190B), 포니 팝스 레몬 타르트(Pony Poops Lemon Tart, 140B).

- 5/1 Ekkamai Soi 10, Sukhumvit 63(Ekkamai) ☎ 09-6616-3314 ● 09:00~21:00 ● 12월 31일, 1월 1일 휴무. 이외에도 개인적인 스케줄에 따라 쉬므로 페이스북을 참고할 것 ● BTS 에까마이(Ekkamai)역 1번 출구
- www.facebook.com/perhapsrabbits

언 패션 카페 (UN) Fashion Cafe
MAP P.9-D

언 패션 빈티지 컬렉션(UN Fashion Vintage Collection)에서 운영하는 작은 카페. 다락방 같은 비밀 공간에 온 느낌이 든다. 가죽 제품과 빈티지 상품을 판매하는 공간도 특이하다. 실내 테이블은 7~8개뿐이지만 카페 밖에도 음료를 마실 수 있는 공간이 있다. 관광객보다는 현지인들이 좋아한다.
에까마이 헬스 랜드 길 건너로 특이한 건물이 바로 눈에 띄므로 찾아가기는 어렵지 않다. 가볍게 먹을 수 있는 메뉴로 타르트와 케이크, 와플 등이 있다. 와플(Waffle, 185B), 음료 (65B), 차(70B), 아메리카노(70B), 믹스 베리 타르트(Mix Berry Tart, 95B~).

- Ekkamai Soi 10, Sukhumvit 63(Ekkamai) ☎ 0-2726-9592 ● 12:00~21:00 ● 연중무휴 ● BTS 에까마이(Ekkamai)역 1번 출구
- www.facebook.com/unFASHIONVINTAGE

인 더 무드 포 러브 원
In The Mood For Love One
MAP P.9-C

한적한 골목길에 입구가 있는 단독 건물. 이 식당의 이름 중 'In The Mood For Love'는 영화 〈화양연화〉의 영어 제목이며 'One'은 에까마이 쏘이 1에 위치하기 때문에 붙여졌다. 식당 이름처럼 내부 인테리어는 1960년대 왕가위 감독의 영화처럼 몽환적인 분위기를 낸다.

이곳은 태국 젊은이들이 많이 찾아오는 프리미엄 스시 바와 비스트로로, 쑤쿰윗 36 점보 스시 바가 업그레이드된 럭셔리 버전의 레스토랑이다. 1~2층에 모두 120명을 수용할 수 있다. 추천 메뉴는 퓨전 롤, 튀김, 구이 등이며 가장 인기 있는 메뉴는 계절의 별미 재료를 사용하는 오마카세. 셰프에게 가장 신선한 재료로 만든 음식을 추천받아 보는 것도 좋다. 신선한 음식의 비결은 바로 일주일에 세 번씩 오사카에서 직접 공수되는 재료다.

그 외의 추천 메뉴로는 래틀 스네이크(Rattle Snake, 280B), 그릴드 포크 스테이크 위드 재패니스 살사(The Grilled Pork Steak with Japanese Salsa, 240B), 길티 벗 해피(Guilty but Happy, 380B)가 있다.

● Ekkamai Soi 1 ☎ 0-2392-8477 ● 화~금 17:30~24:00, 토·일 11:30~14:00, 17:30~24:00 ● 월, 공휴일, 쏭크란 휴무 ● 예산 700B~ ● 영어 메뉴 있음 ● 예약 권장 ● BTS 에까마이(Ekkamai)역 1번 출구로 나와 도보 15분. 헬스 랜드 에까마이점 건너편 골목
● www.facebook.com/inthemood.bangkok

반 라이 카페 Ban Rie Cafe
MAP P.9-D

특별히 커피에 관심이 많은 사람이라면 태국식 커피를 한번 마셔 볼 수 있는 곳이다. 그러나 고급스러운 커피 맛에 길들여진 사람이라면 실망할 수도 있다.

에까마이 동부 버스터미널 건너편에 자리 잡고 있어서 많은 사람들로 북적인다. 카페 입구부터 범상치 않은데 넘어질 듯한 유적 같은 건물이 인상적인 곳이다. 식사도 할 수 있고 저녁에는 야외에서 즐기는 생맥주 한잔도 좋다.

● 4 Sukhumvit Soi 63 ☎ 0-2902-9419, 0-2902-8639 ● 24시간 영업 ● 연중무휴 ● 예산 50B~. 커피 50B ● 영어 메뉴 있음 ● BTS 에까마이(Ekkamai)역 1번 출구로 나오면 바로 앞에 위치 ● www.banriecoffee.com

MASSAGE

★ 프롬퐁~텅러~에까마이의 마사지 숍 & 스파

아시아 허브 어소시에이션
Asia herb association
MAP P.8-A.C.F

강추

프롬퐁점은 100명을 수용할 수 있는 규모 숙소와 가장 가까운 곳이 어느 지점인지 확인하고 예약 후 방문하자. 마사지를 받기 전에 어떤 마사지를 받을지 메뉴판을 보고 고르는데 오일 마사지를 받을 경우는 원하는 오일을 골라야 한다. 가장 아픈 곳이나 집중적으로 받고 싶은 부분을 방문 시 건네주는 체크 리스트에 꼼꼼히 적어 내면 된다.

마사지의 강도는 꼭 체크해야 한다. 체크 후 마사지를 받을 때 만족하지 못하는 경우는 직접 마사지사에게 강도를 조절해달라고 요구하면 된다. 마사지 침대 옆에 놓여 있는 메뉴판에는 강하게, 약하게 해달라고 말해야 할 때 필요한 간단 영어가 친절하게 쓰여 있으니 말이 안 통할 때 이용하면 좋다. 마사지가 강해 아프다면 마사지사에게 이야기하자. 참을 필요는 전혀 없다.

● 타이 마사지 (Thai Massage) 60분 500B, 90분 750B
● 아로마 오일 마사지(Aroma Oil Massage) 60분 850B, 90분 1200B, 120분 1500B ● 타이 마사지+허벌볼 (Thai Massage+ Herbal Ball) 90분 1100B, 120분 1400B ● 오일 마사지+허벌볼 (Pure Oil Body Massage + Herbal Ball) 90분 1400B, 120분 1700B
● www.asiaherbassociation.com

싸왓디점 ● 20/1, Sukhumvit Soi 31 ☎ 0-2261-2201~3 ● 09:00~밤 02:00(입실 마감 24:00) ● 연중무휴 ● BTS 프롬퐁(Phrom Phong)역 5번 출구로 나와서 빌라 마켓을 지나 Soi 31로 들어가서 5분 거리에 위치. 약 도보 10분 거리 ● 예약 필수

프롬퐁점 ● 20/1, Sukhumvit Soi 24 ☎ 0-2261-7401~3 ● 09:00~밤 02:00(입실 마감 24:00) ● 연중무휴 ● BTS 프롬퐁(Phrom Phong)역 2번 왼쪽 출구로 나와 엠포리움 백화점 옆 나라야 숍 사잇길인 Soi 24로 들어가 도보 2~3분 거리로 길 오른쪽에 위치. 약 도보 10분 거리 ● 예약 필수

텅러점 ● 58/19-24, Sukhumvit Soi 55 ☎ 0-2392-3631 ~3 ● 09:00~밤 02:00(입실 마감 24:00) ● 연중무휴 ● BTS 텅러(Thong Lo)역 3번 출구로 나와 에까마이 방향으로 1분 정도 걷다가 텅러 거리 Sukhumvit Soi 55가 나오면 직진 ● 예약 필수

나나점 ● 20 Sukhumvit Soi 4 0-2254-8631 ● 09:00~밤 02:00(입실 마감 24:00) ● 연중무휴 ● BTS 나나(Nana) 역 2번 출구로 나와 5분 거리 ● 예약필수

코란 Coran
MAP P.9-D

 강추

일본인 주인이 운영하는 마사지 숍. 쑤쿰윗 쏘이 11~13 사이 골목에 위치할 때부터 일본인 주재원들에게 매우 유명했던 곳이다. 에까마이로 이사하면서 더 많은 마사지 룸과 좀 더 쾌적하고 고급스러운 분위기로 오픈했다. 카페와 마사지 스쿨도 운영 중이다.

몸을 릴렉스시켜 주는 핫 스톤 마사지(90분, 2100B)와 아로마 오일 마사지(60분, 1250B)가 있다. 또 콤보 내추럴 트리트먼트 스파 & 런치(Combo Natural Treatment Spa & Lunch)는 180분 코스로 허벌 보디 스크럽 30분, 샤워 후 아로마 테라피 보디 마사지 60분, 페이셜 트리트먼트 60분 마사지와 태국 스타일의 식사가 포함되어 있다. 가격은 모두 5600B. 손님이 붐비지 않는 모닝타임인 10시 30분부터 시작하여 점심 식사 시간에 맞춰 끝나고 간단하게 식사를 하면 된다. 복잡한 시내보다 여유 있고 편안하게 마사지 프로그램을 받고 싶다면 최소 150분부터 240분을 받을 수 있는 패키지 프로그램을 이용해봐도 좋다.

● 94, 96/1 Charoenmitr, Ekkamai Soi 10 ☎ 0-2726-9978 ● 11:00~22:00 ● 연중무휴 ● 예산 1250B~ ● 핫 스톤 마사지(Hot Stone Massage) 90분 2100B ● 아로마 오일 마사지(Massage with Aroma Oil) 60분 1250B~ ● 콤보 내추럴 트리트먼트 스파 & 런치(Combo Natural Treatment Spa & Lunch) 180분 5600B ● 영어 메뉴 있음 ● 예약 권장 ● BTS 에까마이(Ekkamai)역 1번 출구에서 도보 15분. 헬스 랜드 에까마이점 옆 Soi 10에서 도보 2~3분 거리
● www.coranbangkok.com

디바나 디 디바인 스파
Divana D Divine Spa
MAP P.8-B

♥ 강추

작은 정원이 있는 아담한 단독 주택을 이용하여 만들었다. 입구로 들어서면 나무로 된 복도에서부터 신발을 벗고 들어가야 하는데 마사지 숍이라 믿기지 않을 정도로 예쁜 시설이다. 마사지나 스파를 선택하기 전 차와 물수건이 제공된다. 마사지를 고를 때는 오일과 스크럽을 함께 골라야 한다. 이때 몸 상태에 맞게 고르기 위해서 직원에게 조언을 구하면 편하다. 마사지 침대는 다른 곳과 비슷하지만 욕조와 벽의 타일은 모로코풍으로 독특하고 아늑하다. 대체적으로 부드러운 마사지를 받을 수 있다. 20인을 수용할 수 있는 공간으로, 원하는 시간에 받으려면 예약은 필수다.

마틱 마사지 90분 1650B, 120분 2150B ● 예약 필수 ● BTS 텅러(Thong Lo)역 3번 출구로 나와 에까마이 방향으로 1분 정도 걸으면 텅러 거리 Sukhumvit Soi 55가 나온다. 바로 좌회전해서 15~20분 걸어가면 맥도널드, 오봉팽이 있는 J-Avenue가 나온다. 이곳을 지나면 다음 골목에 Soi 17이 나오는데 여기에서 좌회전해서 도보 3분 거리에 위치
● www.divana-dvn.com

● 103 Thonglor Soi 17 ☎ 0-2712-7309 ● 월~금 11:00 ~23:00, 토 · 일 10:00~23:00 ● 연중무휴 ● 오가닉 아로

유노모리 온센 & 스파
Yunomori Onsen & Spa Bangkok
MAP P.8-F

일본에 온 듯한 착각이 드는 유노모리 온센 방콕 지점. 파타야와 싱가포르에도 지점이 있다. 일본 스타일로 꾸민 정원에서 유카타를 입고 온천을 즐기는 등 분위기는 일본과 흡사하다. 원기를 회복해주는 유노모리 온센의 온천수는 깐차나부리(Kanchanburi)의 왓 왕카나이(Wat Wangkanai) 온천에서 직접 공수해 온다. 뜨거운 온천물의 치유 효과로 거의 20년 동안 인기를 끈 왓 왕카나이 온천의 치유 효과를 방콕 시내 한가운데에서 즐길 수 있다. 스파와 마사지, 일본 식당까지 운영해 일본인들에게도 인기 있는 곳이며 온천 문화가 신기한 외국인들에게 더

욱 인기다.
패키지 프로그램(Onsen & Spa Packages)을 이용하면 좋다. 타이 마사지는 60분(380B)과 120분(680B)이 있으며, 아로마 마사지는 90분(900B)과 120분(1100B)이 있다. 단, 일본 스타

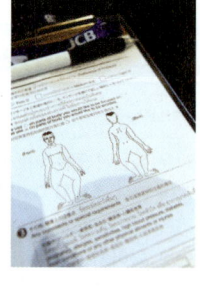

일 온센 바스는 우리에게도 친숙하므로 바스만 목적으로 간다면 실망할 수도 있다.

● A Square, Sukhumvit 26 ☎ 0-2259-5778 (예약 권장) ● 10:30~24:00 ● 연중무휴 ● BTS 프롬퐁(Phrom Phong)역 4번 출구로 나와서 골목 끝까지 가면 K 빌리지와 빅C 건너편에 위치. 골목 끝까지 걷기에는 힘든 거리이므로 택시를 이용한다. ● www.yunomorionsen.com

쌀리라롬 트로피칼 스파
Sareerarom Tropical Spa
MAP P.9-C

태국어로 신체를 뜻하는 'Sareera', 마음을 뜻하는 'arom'이 더해져 지어진 이름이다. 신체와 마음의 균형을 맞춘다는 의미로 편안한 마사지를 제공한다는 것이 이 집의 자부심이다.
요즘 방콕에서도 건강에 관심이 높아지면서 전문 강사가 진행하는 요가 클래스도 함께 운영한다. 방콕에 주재하는 외국인들의 방문이 많은 곳으로 작은 정원과 어우러진 공간이 아늑하다. 티 룸도 있다.

● 117 Thonglor Soi 10 ☎ 0-2391-9919 ● 10:00~22:00 ● 연중무휴 ● 스파 페이셜(Spa Facials) 60분 1500B~ ● 스파 보디 트리트먼트(Spa Body Treatment) 60분 1500B ● 인도네시안 마사지(Indonesian Massage) 100분 1800B ● 스파 패키지 180분 3200B~ ● 예약 필수 ● BTS 텅러(Thong Lo)역 3번 출구로 나와 에까마이 방향으로 1분 정도 걸으면 텅러 거리 Sukhumvit Soi 55가 나온다. 바로 좌회전해서 15~20분 걸으면 Soi 10 골목이 나오는데 이곳으로 들어가 2분 거리에 위치

페이스 스파 Face Spa
MAP P.9-G

태국 전통 스타일의 집에 만들어진 이국적인 숍으로, 특별한 분위기의 공간에서 마사지를 받고 싶어 하는 사람에게 좋다. 커플만을 위한 룸도 있는데 태국 전통 가옥과 어우러져 다른 마사지 숍과는 색다른 분위기를 연출한다.

남들과 다른 것을 원하는 개성파들에게는 추억에 남을 만한 장소이기도 하다. 같은 건물에 페이스 바(Face Bar)와 레스토랑이 함께 운영된다. 단, 현대적인 시설은 아니다.

● 29 Sukhumvit Soi 38 ☎ 0-2713-6048 ● 10:00~22:00 ● 연중무휴 ● 왓 포 전통 마사지(Wat Pho Thai Massage) 60분 900B, 90분 1350B, 120분 1700B ● 로열 마사지(Royal Massage) 60분 900B, 90분 1350B, 120분 1700B ● 스포츠 마사지(Sport Massage) 90분 2100B ● 보디 스크럽(Body Scrub) 30분 850B ● 예약 필수 ● BTS 텅러(Thong Lo)역 4번 출구로 나와서 바로 앞에 있는 골목인 Soi 38로 들어가서 3~4분 거리에 위치
● www.facebars.com

닥터 핏 Doctor Feet
MAP P.8-B ♥ 강추

방콕에서 가장 발 마사지를 잘 한다고 소문난 곳이다. 문을 연 지 12년째로, 발 마사지를 하는 동안 다른 마사지 숍에서는 못 느끼는 고통을 느낄 수도 있다. 내 몸의 안 좋은 곳이 있으면 발의 해당 부위에서 고통이 느껴진다고 하는데 한국말로 써 있는 발 안내판을 들여다보면서 아픈 부분이 어디인지 본인 스스로 체크해보는 것도 좋다. 작고 소박한 공간에서 이루어지지만 정성이 가득한 발 마사지는 여기 외에는 어디에서도 만나볼 수 없다. 1층에서는 발 마사지를, 2층에서는 전신 마사지를 받을 수 있다. 몸의 상태를 직접 의사에게 듣고 싶다면 일찍 예약하는 것이 좋다. 그냥 발 마사지사에게 마사지를 받는다고 해도 예약은 필수다.

● 108/6 Sukhumvit Soi 49 ☎ 0-2712-5990~1 ● 월~금 09:00~21:00, 토·일 09:00~21:00 ● 연중무휴 ● 발 마사지(Foot Massage) 일반 60분 350B ● 보디 마사지(Body Massage) 일반 60분 350B ● 예약 권장 ● BTS 텅러(Thong Lo)역 1번 출구로 나와 직진한 후 Soi 53 방향으로 직진하면 Soi 49가 나온다. 여기에서 우회전해 10~15분 정도 직진하면 빌라 마켓이 나오고 이곳을 지나 5분 정도 더 걸으면 싸미티벳(Samitivej) 병원 바로 앞에 위치

리프레시 앳 24 스파 앤 마사지
Refresh @ 24 Spa & Massage
MAP P.8-F

외국인이 많이 거주하는 곳이면서 유명 레스토랑도 많은 거리 쏘이 24를 걷다 보면 투명한 유리창의 대형 마사지 숍 하나가 눈에 들어온다.

타이 마사지와 발 마사지는 여러 명이 이용하는 공간에서 받을 수 있으며 오일과 스파 마사지는 깨끗하고 편안한 개인 룸에서 숙련된 마사지사로부터 받을 수 있다. 얼굴 마사지는 믿을만한 호주 화장품인 쥴리크를 사용해 제품에 대한 신뢰를 주는 곳이다.

● 43 Soi Sukhumvit 24 ☎ 0-2259-7235~7 ● 09:30~밤 01:00 ● 연중무휴 ● 스웨디시 마사지(Swedish Massage) 60분 900B, 90분 1200B ● 스포츠 마사지(Sport Massage) 60분 1000B, 90분 1500B ● 리프레시 타이 마사지(Refresh Thai Massage) 60분 440B, 90분 660B, 120분 880B ● 아로마 테라피 페이셜(Aromatherapy Facial) 60분 2600B ● 풋 아로마 스파 마사지(Foot Aroma Spa Massage) 75분 750B ● 예약 필수 ● BTS 프롬퐁(Phrom Phong)역 2번 왼쪽 출구로 나와 엠포리움 백화점 옆 나라야 숍 사이길인 Soi 24로 들어가 15분 정도 직진하면 길 왼쪽에 위치 ● www.refresh24spa.com

팜 허벌 리트리트
Palm Herbal Retreat
MAP P.9-C

조용한 주택가와 분위기 있는 레스토랑이 밀집한 텅러 지역에 자리 잡은 평범하지만 아늑한 공간의 마사지 숍이다. 다년간 경력을 차곡차곡 쌓은 숙련된 마사지사들의 정성스러운 마사지를 받으며 피곤한 심신을 달랠 수 있다.

● 552/2 Thonglor Soi 16 ☎ 0-2391-3254 ● 10:00~22:00 ● 연중무휴 ● 타이 마사지(Thai Massage) 60분 750B, 90분 1150B, 120분 1450B ● 아로마 오일 마사지(Aroma Oil Massage) 60분 1200B, 90분 1650B, 120분 2000B ● 스크럽(Scrub) 1300B~ ● 마사지 패키지 180분 3000B~ ● 예약 필수 ● BTS 텅러(Thong Lo)역 3번 출구로 나와 에까마이 방향으로 1분 정도 걸으면 텅러 거리 Sukhumvit Soi 55가 나온다. 바로 좌회전해서 15~20분 걷다가 Soi 16 오른쪽으로 나와 우회전해 들어가면 1분 거리에 위치 ● www.palmherbalspa.co.th

방콕 오아시스 스파
The Bangkok Oasis Spa
MAP P.7-D

호텔 스파가 부럽지 않은 럭셔리한 공간. 조용하고 한적한 커다란 주택을 개조하여 만든 고급스러운 마사지 룸 15개가 갖추어져 있다.

빌라형의 방에는 마사지 침대가 있고 작은 정원으로 나가면 욕조와 샤워 시설이 방마다 갖추어져 있는데 야외에서 샤워를 하는 것처럼 샤워 부스를 만들어 놓았다. 해변의 리조트에 있는 고급 마사지 숍에 온 것 같은 착각을 일으키는 자연 친화적인 곳이다. 확 트인 정원과 함께 편안한 스파를 즐기기에 안성맞춤인 곳으로 메뉴판의 마사지 요금은 택스와 서비스 차지는 별도다. 방콕과 치앙마이, 파타야, 싱가포르, 홍콩에도 지점이 있다.

● 64 Sukhumvit Soi 31 ☎ 0-2262-2122 ● 10:00~22:00 ● 연중무휴 ● 보디 스크럽(Body Scrub) 1200B~ • 보디 랩(Body Wraps) 1200B~ • 아유르베다 헤드 마사지(Ayurveda Head Massage) 1200B~ • 보디 마사지(Body Massage) 2300B~ ● 예약 필수 ● BTS 프롬퐁(Phrom Phong)역 1번 출구로 나와 빌라 마켓을 지나 Soi 31으로 우회전해서 도보 5~10분 거리
● www.bangkokoasis.com

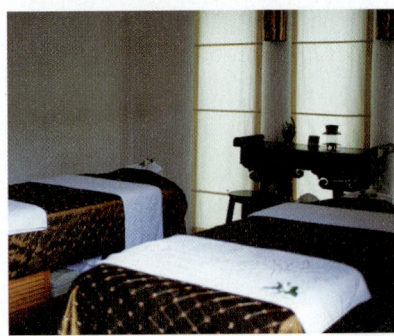

NIGHT LIFE

★ 프롬퐁~텅러~에까마이의 클럽 & 바 ★

페이스 바 Face Bar
MAP P.9-G

태국식 전통 가옥에 레스토랑, 바, 마사지 숍이 함께 있다. 베이징, 자카르타 등 해외에도 지점이 있다. 색다른 인테리어로 주목받고 있는 곳으로 방콕 지점은 캐나다인 오너가 운영 중이다. 어두운 분위기에 오래된 앤티크 가구들과 소품들이 이국적인 느낌을 물씬 풍긴다. 춤추고 술을 마시기보다는 가볍게 술 한잔 마실 수 있는 차분한 분위기이다.

● 29 Sukhumvit Soi 38 ☎ 0-2713-6048~9 ● 18:00 ~24:00 ● 연중무휴 ● 예산 300B~ ● 영어 메뉴 있음 ● BTS 텅러(Thong Lo)역 4번 출구로 나와 바로 앞 골목인 Soi 38로 들어가서 도보 3~4분 거리에 위치 ● www.facebars.com

옥타브 Octave
MAP P.9-C

텅러에 새로 생긴 방콕 메리어트 호텔 쑤쿰윗에 위치한 루프 바. 소파 좌석은 45층에 있으며 360도의 뷰를 즐길 수 있는 톱 데크(Top Deck)는 엘리베이터를 한 번 더 타고 올라가면 된다. 시끄럽지 않고 적당히 분위기를 이끄는 음악을 들으며 가볍게 칵테일 한잔 하기에 최적의 장소다. 해피 아워(17:00~19:00)에 맞춰가면 주문한 칵테일을 무료로 한 잔 더 마실 수 있다. 칵테일 320B~.

● Bangkok Marriott Hotel Sukhumvit, 2 Sukhumvit Road Soi 57 ☎ 0-2797-0400 ● 17:00~02:00 ● 연중무휴 ● BTS 텅러(Thong Lo)역 3번 출구로 나와서 에까마이 방향으로 길을 건너 조금 걸으면 메리어트 호텔 쑤쿰윗 간판이 보인다. ● www.facebook.com/OctaveMarriott

싱싱 시어터 Sing Sing Theater
MAP P.8-B

2015년 10월 문을 열자마자 사람들의 발길이 끊이지 않는 핫 플레이스. 유명 DJ들이 선곡한 신나는 음악과 섹시한 의상을 입은 여자 무용수들, 중국의 붉은색 홍등 등 독특한 인테리어로 오픈과 동시에 많은 사람들의 주목을 받으며 유명세를 탔다. 3층으로 이루어진 내부는 중앙 무대를 내려다 볼 수 있는 독특한 구조로 이루어져 있으며, 몽환적인 분위기가 흐른다.
입장료는 받지 않으며 입장 후 주류를 주문하면 된다. 입장 시 신분 확인이 필요하므로 여권 등의 신분증을 꼭 준비해야 한다.

● Sukhumvit Soi 45 ☎ 06-3225-1331 ● 화~일 20:00~02:00 ● 월 휴무 ● 예산 300B~ 시그너처 드링크 355B~ ● BTS 프롬퐁(PhromPhong)역 3번 출구에서 텅러 방향으로 직진한 후 Soi 45에서 좌회전한다. ● singsingbangkok.com

데모 Demo
MAP P.9-C

2009년 오픈한 클럽. 춤 출 수 있는 공간이 다른 클럽에 비해 꽤 넓은 편이다. 캐주얼하고 자유로운 분위기로 태국 젊은이들이 많이 모여든다. 텅러 쏘이 10으로 들어가면 데모 외에도 방콕에서 물 좋기로 유명한 펑키 빌라와 몇 개의 클럽들이 모여 있다.

● 225/9-10 Thonglor Soi 10 ☎ 085-250-2000 ● 18:00~밤 02:00 ● 월 휴무 ● 예산 250B~, 칵테일 250B~ ● BTS 텅러(Thong Lo)역 3번 출구로 나와 에까마이 방향으로 1분 정도 걸으면 텅러 거리 Sukhumvit Soi 55가 나온다. 좌회전해서 15~20분 이상 직진하다가 텅러 Soi 10이 나오면 우회전해 3분 거리에 있다.
● www.facebook.com/demobangkok

펑키 빌라 Funky Villa
MAP P.9-C

데모 바로 옆에 위치한 클럽. 입구에서 신분증 (외국인은 여권) 확인 절차를 거친 후 입장할 수 있다. 입구 바로 앞에는 게임을 즐길 수 있는 당구대가 있고, 오른쪽으로 들어가면 클럽이다. 태국 음악, 힙합, 팝송 등 다양한 음악을 센스 있게 틀어 최고의 분위기를 만들어낸다.

● 225/9-10 Thonglor Soi 10 ☎ 0-2711-6790 ● 19:00~밤 02:00 ● 월 휴무 ● 예산 200B~ ● 예약 불필요 ● BTS 텅러(Thong Lo)역 3번 출구로 나와 에까마이 방향으로 1분 정도 걸으면 텅러 거리 Sukhumvit Soi 55가 나온다. 좌회전해서 15~20분 이상 직진하다 텅러 Soi 10이 나오면 우회전해 3분 거리에 있다.

RCA

'Royal City Avenue'를 줄여 부르는 RCA 지역은 클럽을 좋아하는 젊은이들이 춤을 추고 술을 마시기 위해 모여드는 곳이다. 방콕에서 나이트클럽이 가장 많은 곳이기도 하다. 유행에 따라 클럽이 없어지고 생겨나지만 그래도 오랜 기간 사랑받고 있는 RCA의 대표적인 나이트클럽은 루트 66(Route 66)이다. 젊은이들의 열기 속에서 방콕에서 화끈한 밤을 즐겨보고 싶다면 한번 가봐도 좋은 곳이다. 20대 젊은이들이 많이 모여들고 외국인들도 많이 찾는다. 금, 토요일이 가장 붐빈다.
이곳은 BTS, MRT가 운행하지 않는 지역이라서 택시를 이용해야 한다. 쑤쿰윗이나 씰롬 지역에서 택시로 15~20분 소요. 택시 이용 시 "빠이 팔람까오 알씨에~(팔람까오에 있는 RCA로 가주세요)"라고 말하면 된다.

씨암 Siam

태국 최대 규모를 자랑하는
화려한 쇼핑몰 씨암 파라곤과 젊음의 거리
씨암 스퀘어가 있는 활기 넘치는 쇼핑 지역

MAP P.10

방콕 쇼핑의 메카라고 불리는 지역이다. 대형 쇼핑몰인 씨암 파라곤, 씨암 센터 등에는 세계적으로 유명한 브랜드들이 입점해 있는 반면 길거리 노점에는 10B짜리 저렴한 상품들이 나와 있어 다양한 가격대의 쇼핑이 가능하다. 마분콩 센터(MBK)는 옷, 기념품, 전자제품 등 다양하고 실용적인 물건들을 갖추고 있어 윈도 쇼핑만으로 시간 가는 줄 모르는, 한국의 명동과 같은 곳이라 할 수 있다.

씨암 스퀘어에는 20대 취향의 옷, 액세사리 등을 판매하는 로드 숍이 많아서 방콕 대학생들의 유행을 한눈에 볼 수 있으며 주전부리, 식사까지 해결할 수 있어 한국 홍대의 축소판이라고 해도 좋다.

> 관광 ★
> 쇼핑 ★★★
> 한나절을 돌아봐도 시간이 모자랄 정도의 최대 쇼핑 지구
> 음식 ★★★
> 쇼핑몰 안에 푸드 코트, 유명 식당들이 입점해 있어 편리하다.
> 나이트라이프 ★★★
> 마사지 ★★
> 교통 ★★★

씨암 파라곤 앞 광장에서 이벤트가 열리기도 한다.

{ 가는 방법 }

2개 노선이 만나는 BTS의 복잡한 환승역이기도 한 씨암역으로 가는 것이 가장 좋다. 갈아타기도 수월하다.
- BTS 씨암(Siam)역 또는 내셔널 스타디움(National Stadium)역에서 하차.
아쏙(Asok)역에서 씨암(Siam)역까지 약 7분 소요, 요금 28B.
쌀라댕(Sala Daeng)역에서 씨암(Siam)역까지 약 3분 소요, 요금 22B.
- 택시 카오싼 로드에서 씨암까지 약 30~40분 소요, 요금 80B~.
- 운하보트 타 싸판 후어창(Tha Saphan Hua Chang) 선착장에서 하차.

{ 꼭 해보기! }

★낮 DAY 쇼핑의 메카 씨암 지역에서 중저가부터 고가에 이르는 제품을 다양하게 둘러보며 쇼핑을 하고 태국 최고의 대학인 쭐라룽껀 대학교도 구경하자.

★밤 NIGHT 젊음을 상징하는 씨암에서 가벼운 저녁 식사를 하고 맛있는 열대 과일로 만든 디저트 삼매경에 빠져보자.

{ 거리 가이드 }

씨암~내셔널 스타디움
Siam~National Stadium

씨암 지역의 명소와 주요 숍, 음식점들은 BTS 씨암역에서 내셔널 스타디움역 주변 거리를 중심으로 모여 있다. 씨암에 오면 세계적으로 주목받고 있는 타이 실크의 선구자인 짐 톰슨의 하우스 박물관을 여유롭게 관광할 수 있다.
마분콩 센터(MBK)와 근접해 있는 명문대학인 쭐라룽껀 대학교에서 도심 속의 한가로움을 느껴보고, 시간이 허락되면 씨암 주변의 많은 쇼핑몰을 둘러보자. 정신없이 구경하다 보면 시간 가는 줄 모르게 된다. 저렴한 물건부터 명품 브랜드까지 없는 게 없을 정도여서 다양한 물건들의 유혹을 이겨내야 한다.

{ 추천 여행 코스 }
예상 소요시간 5~6시간

START
짐 톰슨 하우스 박물관
p.175

▶▶▶ 도보 5분

방콕 아트 앤 컬쳐 센터
p.178

▶▶▶ 도보 3분

마분콩 센터(MBK)
p.185

도보 10분 ▼

씨암 센터
p.181

◀◀◀ 도보 2분

씨암 스퀘어
p.184

◀◀◀ 도보 15분

쭐라룽껀 대학교
p.178

▼ 도보 1분

FINISH
씨암 파라곤
p.179

Just go's Advice

나에게 맞는 쇼핑센터는 어디일까?

저렴한 물건과 전자 제품에 관심이 있다면 마분콩 센터(MBK)가, 쾌적하고 시원한 공간에서 쇼핑을 원한다면 씨암 파라곤이 가장 적합하다.

식사 때 어떤 레스토랑에 갈지 고민하고 싶지 않다면 다양하게 주문할 수 있는 씨암 센터 내 푸드 리퍼블릭을 권한다.

TIP

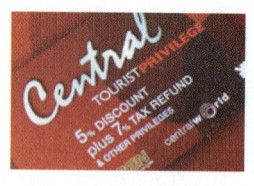

알뜰 쇼핑을 하려면
쇼핑을 시작하기 전에 관광객에게 발급되는 할인 쿠폰을 인포메이션에서 미리 발급받아 활용하자. 여권 제시 필수.

SIGHTSEEING

[씨암의 관광]

짐 톰슨 하우스 박물관
Jim Thompson's House ★★
MAP P.10-A

전 세계적으로 타이 실크를 인정받고 국제적인 관심을 이끌어 낸 장본인인 짐 톰슨의 집. 현재 박물관과 레스토랑, 숍으로 운영되고 있다. 단단한 티크 나무로 지어진 이 집은 1958년 공사를 시작했고, 태국 건축가들과 아유타야에서 초빙해서 온 목수들의 도움을 받아 1년이 지난 1959년에 완성되었다.

1967년 말레이시아로 친구들과 여행을 떠났던 짐 톰슨이 실종되면서 현재는 그가 생전에 모아두었던 국보급 소장품을 다채롭게 전시하고 있다. 짐 톰슨 하우스 박물관의 입구에서 표를 구입한 후 영어, 프랑스어, 일본어 가이드 중에 원하는 언어를 선택할 수 있다. 내부는 1층 이외에는 사진 촬영이 금지되어 있다. 로커에 짐을 맡긴 후 안내원에게 30분 정도 자세한 설명을 들으며 돌아볼 수 있다.

● 6 Soi Kasemsan 2 Rama 1 Rd ☎ 0-2216-7368 ● 09:00~18:00 ● 연중무휴 ● 어른 150B, 학생 100B(학생증 소지자, 22세 이하) ● BTS 내셔널 스타디움(National Stadium)역 1번 출구로 나와 직진한 후 오른쪽의 Soi Kasemsan 2로 들어가 도보 3~4분 거리, 왼쪽에 위치(짐 톰슨 하우스라고 이정표가 보인다)
● www.jimthompsonhouse.org

TIP

짐 톰슨

1906년 미국에서 태어난 짐 톰슨은 제2차 세계대전이 일어날 당시 건축가로 생활하고 있다가 전쟁 중에 OSS(CIA의 전신) 요원으로 활동을 했다. 그는 작전 중 태국으로 투하할 낙하산을 타고 들어오게 되어 있었지만, 1945년 일본의 항복으로 이틀 후 태국으로 들어오게 된다.

그 후 짐 톰슨은 1년 동안 오리엔탈 호텔 복원 공사에 참여하면서 아름다운 타이 실크에 대해 관심을 갖게 된다. 실크의 가능성을 내다보고는 타이 실크의 기술과 아름다움을 세계 각국에 알리기 시작한다. 특히 그는 영화 〈왕과 나〉의 의상을 협찬하면서 더 주목받게 된다. 그러나 성공적으로 사업을 진행 중이던 1967년 3월 짐 톰슨은 말레이시아 카메룬 하이랜드를 여행하던 중 실종되었는데 그의 실종에 대한 의문은 여전히 풀리지 않고 있다.

시라이프 방콕 오션 월드
SEA LIFE Bangkok Ocean World ★★
MAP P.12

포함한 패키지 입장권을 구입해도 좋다.

● B1-B2F Siam Paragon, 991 Rama 1 Rd ☎ 0-2687-2000 ● 10:00~20:00 ● 어른 900B, 어린이 650B (여행사 구입 시 어른 500B) ● 연중무휴 ● BTS 씨암(Siam)역 3, 5번 출구에서 바로 연결
● www.sealifebangkok.com

동양 최대 규모를 자랑하는 수족관으로 씨암 파라곤 지하에 있다. 어린이를 동반한 가족이라면 한번쯤 방문해도 재미있는 곳으로 어린이들에게 바닷속을 간접 체험하게 해준다.

다양한 어종들을 볼 수 있으며 상어 쇼나 4D 입체영상을 볼 수 있다. 매시간 숙련된 다이버들이 관객들을 위해 진행하는 다양한 프로그램(Glass Bottom Boat, Sanyo 4D X-Venture, Dive with the Sharks)에 참여해보는 것도 좋다. 체험 프로그램도 마련되어 있다. 상어 먹이 주기(13:00, 16:00), 가오리 먹이 주기(13:30, 16:30), 펭귄 먹이 주기(12:30, 16:30) 프로그램도 흥미롭다. 입장권과 5D, 바닥이 유리로 된 배 이용권을 모두

씨암 오션 월드의 해저터널

마담 투소 방콕
Madame Tussauds Bangkok ★★
MAP P.12

영국 런던을 시작으로 인기를 얻고 있는 마담 투소가 홍콩, 상하이, 뉴욕 등에 이어 세계적인 관광 도시인 방콕에도 문을 열었다. 실제와 흡사한 세계적인 유명인들의 밀랍인형을 만나보고 사진을 찍을 수 있다. 한류 그룹 2PM의 멤버 닉쿤의 밀랍인형도 전시 중이다.

다른 나라의 마담 투소 박물관을 방문했다고 하더라도 나라마다 각기 다른 유명인들이 전시되어 있어 새로운 지점을 방문할 때마다 흥미로운 곳이기도 하다. 윌 스미스, 앤젤리나 졸리, 브래드 피트, 니콜 키드먼이 있는 레드 카펫(Red Carpet), 마돈나, 마이클 잭슨이 있는 뮤직존(Music Zone), 무하마드 알리, 데이비드 베컴이 있는 스포츠 존(Sports Zone), 피카소, 아인슈타인이 있는 아트 & 사이언스 존(Art & Science Zone), 달라이라마, 엘리자베스 여왕, 오바마 부부가 있는 리더스 존(Leaders Zone) 외에도 필름 존(Film Zone), 어센틱 히스토리(Authentic History), 티브이 존(TV Zone), 히스토리 존(History Zone)으로 나누어져 있다. 유명인들과 함께 사진을 찍는 재미가 쏠쏠하다. 씨암 디스커버리 센터 6층에 위치한다.

● 6F. Siam Discovery Center, Rama 1 Rd ☎ 0-2658-0060 ● 10:00~21:00(입장 마감20:00) ● 입장료 어른 990B, 어린이 790B(여행사 구입 700B~) ● BTS 씨암(Siam)역 1번 출구에서 바로 연결되는 씨암 센터로 나와 도보 1~2분 거리의 씨암 디스커버리 센터 6층에 위치
● www.madametussauds.com/bangkok

쭐라룽껀 대학교
Chulalongkon University
MAP P.10-I

태국 최초로 설립된 대학인 쭐라룽껀 대학교는 라마 5세 왕의 이름을 따서 지은 최고의 명문 대학교이다.
넓은 캠퍼스에서 깔끔하면서 한껏 멋을 낸, 교복을 입은 발랄한 태국 대학생들의 일상을 볼 수 있다. 넓은 캠퍼스는 여행객이 더운 방콕에서 잠시 쉬어갈 수 있는 공간이기도 하다.

● 254 Phyathai Rd ☎ 0-2215-0871~3 ● BTS 씨암(Siam)역 2번 출구 마분콩 센터(MBK) 방향으로 2~3분 걷다가 좌회전하면 건너편에 빠뚜남 프린세스 호텔이 있는데 이곳을 지나 5~6분 거리 ● www.chula.ac.th

방콕 아트 앤 컬쳐 센터
Bangkok Art and Culture Centre
MAP P.10-E

씨암역과 내셔널 스타디움역 중간에 위치한 방콕의 예술 문화 센터. 내부 공간은 건물에 들어섰을 때 가장 잘 보이는 중앙의 원형 건물로 주요 전시실이 위치한 위층으로 시선을 유도해, 다른 공간도 잘 보이고 자연광을 최대한 받을 수 있도록 설계하였다.
미술, 음악, 연극, 영화, 디자인 관련 다양한 전시와 프로그램 및 이벤트를 볼 수 있다. 예술가들에게는 만남의 공간을 제공하고, 문화 예술 프로그램을 즐길 수 있는 공간으로 전시 공간과 상업 시설을 함께 수행할 수 있도록 카페, 레스토랑, 서점, 예술 도서관, 상점까지 입점해 있다.

● BACC 939 Rama 1 Rd ☎ 0-2214-6630~8 ● 화~일 10:00~21:00 ● 월 휴무 ● BTS 내셔널 스타디움(National Stadium)역 3번 출구에서 연결
● www.bacc.or.th

SHOPPING

★ 씨암의 쇼핑 ★

BTS 씨암역 주변

씨암 파라곤 Siam Paragon
MAP P.10-F

화려한 고급 브랜드들이 입점해 있는, 엄청난 규모의 쇼핑몰로 편안하고 여유롭게 쇼핑할 수 있는 곳이다. 야외 행사장에서는 각종 행사가 진행되며 백화점 지하 1~2층에는 시라이프 방콕 오션 월드, 지하 1층에는 수퍼마켓과 간단하게 식사를 해결할 수 있는 푸드코트, 전 세계 각국의 음식을 맛볼 수 있는 레스토랑과 식당들이 있다.

백화점 외부 몰의 각 층에는 샤넬, 구찌, 에르메스 등 명품 브랜드숍들이 입점해 있다. 백화점 안에는 화장품, 가방, 신발, 스포츠용품, 여성의류, 남성의류, 아동용품, 인테리어 소품, 생활용품, 전자제품 등 고가부터 중저가의 제품들이 다양하게 구비되어 있다.

- 991 Rama 1 Rd ☎ 0-2690-1000 • 10:00~22:00
- 연중무휴 • BTS 씨암(Siam)역 3, 5번 출구에서 바로 연결 • www.siamparagon.co.th

푸드코트 카드 카운터

TIP

5% 할인 쿠폰을 챙기자

다른 백화점과 마찬가지로 인포메이션을 방문하면 외국인 관광객에게는 5% 할인 쿠폰을 발급해준다. 먼저 여권을 제시하고 외국인임이 증명되면 바로 그 자리에서 할인 쿠폰을 받을 수 있다. 백화점 내부에서는 대부분 사용할 수 있으나 백화점 외부 몰인 브랜드 숍에서는 거의 사용할 수 없다. 일단은 구입 시 꼭 제시해보도록 하자.

7% 택스 리펀드 받기

백화점 동일 매장에서 사용한 금액이 당일 2000B 이상이고 출국 전 구입 합계가 5000B 이상이면 세금을 환불받을 수 있다. 백화점에서도 한 매장에서 2000B 이상 구입해야만 택스 리펀드 서류를 작성할 수 있다. 몰에 입점해 있는 모든 숍에서 리펀드를 받을 수 있는 것은 아니니 택스 리펀드가 되는지 꼭 물어보는 것이 알뜰 쇼핑족의 지혜.

탄 Thann
MAP P.12

퀄리티 좋은 헤어, 보디용품을 생산하는, 태국의 대표적인 친환경 브랜드. 2002년 런칭하여 태국의 고급 스파, 백화점에 입점하고 있을 뿐 아니라 세계 각국에 지점을 두고 있는데, 현재 한국에도 매장이 있다.

보디용품과 스킨 케어 제품도 인기 있다. 탄 제품 중에 가장 유명한 것은 특허를 낸 쌀 오일. 비타민E가 풍부하여 탄의 대표적인 제품 라인의 원료로 쓰인다. 허브와 재스민, 레몬그라스 등을 사용한 제품도 인기. 씨암 파라곤, 센트럴 월드, 게이손, 씨암 디스커버리 센터, 엠포리움에도 매장을 두고 있고, 게이손에서는 간단한 음식과 애프터눈 티를 즐길 수 있는 카페와 스파 숍도 함께 운영 중이다.

- GF, Siam Paragon, Rama 1 Rd ☎ 0-2658-0550
- 10:00~20:00 ● 연중무휴 ● BTS 씨암(Siam)역 3, 5번 출구에서 연결되는 씨암 파라곤 G층에 위치
- www.thann.info

한 Harnn
MAP P.12

좋은 천연 재료를 사용해 보디·헤어용품, 화장품을 만드는 태국 대표 스파 브랜드 중 하나. 포장이 고급스러워 선물용으로도 좋다.

천연 재료를 사용해 비타민E가 풍부한 쌀겨 오일(Rice Bran Oil), 레몬그라스(Lemongrass), 카피르 라임(Kaffir Lime), 유기농 선인장(Organic Cactus), 라벤더, 천연 에센스 오일, 차이니스 로즈 에센스 오일 등으로 만든 천연 비누(Natural Soap)와 오리엔탈 허브(Oriental Herbs), 레몬그라스, 재스민(Jasmine), 오리엔탈 로즈(Oriental Rose), 트로피칼 우드(Tropical Wood) 라인의 제품들이 인기 상품이다. 비누 상품(170B), 재스민 핸드크림(790B), 샤워젤(720B), 버진 코코넛오일(665B)도 추천할만 하다.

- 4F Siam Paragon, Rama 1 Rd ☎ 0-2610-9715
- 10:00~20:00 ● 연중무휴 ● BTS 씨암(Siam)역 3, 5번 출구에서 연결되는 씨암 파라곤 4층에 위치
- www.harnn.com

씨암 센터 Siam Center
MAP P.10-E

2012년 리노베이션으로 세련된 인테리어로 탈바꿈한 건물 내에 브랜드 숍, 레스토랑, 푸드 코트 등이 입점해 있어 원스톱 쇼핑이 가능하다. 세련되고 젊은 분위기에 맞는 글로벌 브랜드인 빅토리아 시크릿과 세포라가 입점해 신세대 쇼핑몰로 더욱 각광받고 있다.

1층 패션 애비뉴에는 아디다스(Adidas), 나이키(Nike), 폴 앤 베어(Pull & Bear), 세포라(Sephora), 포에버 21(XXI Forever), 빅토리아 시크릿(Victoria's Secret)이, 2층 패션 갤러리아에는 블리스(Bliss), 찰스 앤 키스(Charles & Keith), 폭스(FOX), 자스팔(Jaspal), 스티브 매든(Steve Madden) 등의 신발, 액세서리, 화장품 브랜드들이, 3층 패션 비저너리에는 톡톡 튀는 태국 브랜드인 플라이 나우 III(Fly Now III), 그레이하운드 오리지널(Greyhound Original), 클로젯(Kloset), 사카 런던(Shaka London), 싱하 라이프(Singha Life)와 텅러의 인기를 몰아 입점한 레스토랑 미스터 존스 밀크 바(Mr. Jone's Milk Bar)가 있다. 4층 푸드 팩토리에는 한국식당 본촌(Bon Chon), 푸드 리퍼블릭(Food Republic), 후지(Fuji), 온 더 테이블(On the Table) 등 젊은 층이 선호하는 레스토랑이 다수 입점해 있다.

- Siam Center, 989 Rama 1 Rd ☎ 0-2658-1000
- 10:00~22:00(숍마다 다름) ● 연중무휴 ● BTS 씨암(Siam)역 1번 출구로 나오면 바로 연결
- www.siamcenter.co.th

빅토리아 시크릿 Victoria's Secret
MAP P.12

미국의 유명 속옷 브랜드. 매장 안의 커다란 스크린에서는 런웨이 엔젤로 불리는 아름다운 모델들의 화려한 무대를 끊임없이 틀어 주는데, 한 편의 콘서트나 드라마를 보는 듯하다. 빅토리아 시크릿의 메인 모델인 바버라 팔빈, 아드리아나 리마, 다우천 크루스, 힐러리 로다, 칼리 클로스, 카라 델러빈, 알레산드라 앰브로시오의 화려한 무대는 세계 여성들의 로망이기도 하다. 또 전 세계적으로 유명한 모델인 하이디 클룸 역시 빅토리아 시크릿의 대표 모델이었다.

미국 본토 매장에 비해 속옷 종류는 적은 편이지만 보디용품은 종류별로 갖추고 있다. 향수, 보디로션, 미스트가 세트로 구성된 선물용 아이템들이 많다.

- 101 Siam Center, 989 Rama 1 Rd ☎ 0-2658-1000
- 10:00~22:00 ● 연중무휴 ● BTS 씨암(Siam)역 1번 출구로 연결되는 씨암 센터 1층에 위치
- www.victoriassecret.com

세포라 Sephora
MAP P.12

1970년 프랑스의 도미니크 맨도너드에 의해 창립된 화장품 전문점으로 현재 루이비통 모넷 헤네시(LVMH) 그룹에서 운영 중이다. 세포라 자체 브랜드를 비롯해 전 세계 각국의 유명 뷰티 브랜드를 판매하고 있어, 화장품 백화점이라고 해도 과언이 아니다.

프랑스에서 전 세계로 매장을 넓혀 현재 27개 나라에 약 1,900개의 매장을 두고 있다. 동남아 지역에는 싱가포르, 말레이시아의 쿠알라룸푸르에 이어 방콕 씨암 센터에 매장을 열었다. 메이크업을 잘하는 직원들로부터 메이크업 조언도 받을 수 있고 다양한 브랜드 제품을 비교, 테스트하면서 구입할 수 있는 것이 장점. 세포라에서 직접 만드는 제품들도 눈여겨보자.

- 108-109 Siam Center, 989 Rama 1 Rd ☎ 0-2658-1000 ● 10:00~22:00 ● 연중무휴 ● BTS 씨암(Siam)역 1번 출구로 연결되는 씨암 센터 1층에 위치

클로젯 Kloset
MAP P.12

2001년 설립한 태국 패션 브랜드. 디자이너 몰리카 르앙끄릿야(Mollika Ruangkritya)는 대부분 수작업을 고집하는 독창적인 디자이너. 여성스럽고 귀여우면서도, 발랄하고 기발한 디자인을 매년 컬렉션에서 선보이고 있다. 패션뿐 아니라 액세서리 제품도 특별하다.
씨암 센터점에는 액세서리 제품을 파는 클로젯 앤 이세트러(Kloset & Etcetera)도 함께 입점해 있다.

● 342, Siam Center, Rama 1 Rd ☎ 0-2658-1729 ● 10:00~22:00 ● BTS 씨암(Siam)역 1번 출구로 연결되는 씨암 센터 3층에 위치 ● http://klosetdesign.com

● 306, Siam Center, Rama 1 Rd ☎ 0-2252-2757 ● 10:00~22:00 ● BTS 씨암(Siam)역 1번 출구로 연결되는 씨암 센터 3층에 위치 ● www.senadatheory.com

세나다 Senada
MAP P.12

세나다의 디자이너인 차니따 프리차윗타야쿨(Chanita Preechawitayakul)은 '패션은 평생의 표현'이라는 신념으로 개성있는 옷을 만든다. 시즌별로 출시하는 독창적인 디자인은 소녀 느낌의 러블리한 콘셉트와 섹시하면서도 귀여운 느낌의 제품을 선보인다. 방콕뿐 아니라 미국,

유럽에도 진출해 태국 디자이너의 저력을 보여주는 브랜드다.

씨암 디스커버리 센터
Siam Discovery Center
MAP P.12

씨암 센터보다는 우리에게 조금 더 친숙한 브랜드들이 많은 곳으로 6층 규모의 여유로운 공간에 200개의 점포들이 입점해 있어 편안하게 쇼핑을 즐길 수 있다. 1만 가지의 독특하고 재미있는 아이템이 진열되어 있는 2층의 로프트는 꼭 들러서 구경해야 할 곳.
2016년 대대적인 리노베이션을 마치고 세련된 분위기로 다시 태어났다. 코치, 디젤, 클럽 21, 리모아, 아디다스, 탄, 아시아북, 스타벅스 등이 입점해 있다. 4, 5층에는 홈 데코 제품 숍들이 입점해 있다. 6층에는 세계적인 유명인들을 만날 수 있는 마담 투소 방콕이 있다.

● 989 Rama 1 Rd ☎ 0-2658-1000 ● 10:00~21:00 ● 연중무휴 ● BTS 씨암(Siam)역 1번 출구에서 씨암 센터를 지나 1~2분 거리 ● www.siamdiscoverycenter.co.th

씨암 스퀘어 Siam Square
MAP P.12

젊은이들이 몰려드는 세련된 숍과 망고 탱고, 쏨땀 누아 등 20대 취향의 아이스크림 전문 숍과 레스토랑이 있다. 작지만 미용실, 어학원, 마사지 숍 등이 모여 있어 방콕의 패션을 선도하는 곳이라고 해도 될 정도로 생기가 넘치는 곳이다. 교복 입은 생기발랄한 대학생들의 모습이 이곳에서는 낯설지 않다.

작고 개성 있는, 아기자기하게 꾸며진 숍에서는 귀엽고 독특한 디자인의 옷, 신발, 사랑스러운 액세서리 등이 시선을 붙잡는다. 그리고 새로 생긴 작은 거리 리틀 씨암에서는 저렴한 상품들도 구경할 수 있다. 오후 6시가 지나면 씨암 스퀘어 앞 리도 극장 주변은 노점상들이 하나둘씩 모여 야시장이 된다.

● Siam Square ● 10:00~22:00(상점마다 다름) ● BTS 씨암(Siam)역 2, 4, 6번 출구에서 도보 1분

씨암 스퀘어 원 Siam Square One
MAP P.12

대학가이자 고급 백화점이 있는 방콕에서 유명한 쇼핑 지역 씨암 스퀘어에 새로 생긴 세련된 쇼핑몰. 독특한 구조로 되어 있어 실내에 오래 머물러도 답답한 느낌이 들지 않는다.

각종 브랜드 숍, 식당가, 뷰티 숍들이 입점해 있으며, 젊은 층이 좋아하는 키티 카페와 애프터 유는 1층에 있다. 이밖에 스타벅스, 해산물 레스토랑으로 유명한 쏨분, 오오토야, 홍콩 누들, 젠, 마사지 숍인 렛츠 릴렉츠, 가방 브랜드 나라야 등이 관광객에게 익숙한 곳들이다.

● 254 Phayathai Rd ● 0-2255-9999 ● 11:00~23:00(상점마다 다름) ● 연중무휴(상점마다 다름) ● BTS 씨암(Siam)역 하차 4번 출구 연결 ● www.facebook.com/SIAMSQUAREONE

로프트 Loft
MAP P.12

다양한 생활 잡화를 판매하는 일본 브랜드 매장이다. 아기자기하면서도 실용적인 문구용품들이 있는 코너에는 학생들이 눈을 떼지 못할 만큼 다양한 아이템이 있다. 주방용품, 사무용품, 생활용품, 실용적으로 디자인된 유럽 스타일의 물건을 하나하나 구경하다 보면 시간 가는 줄 모른다.
무엇에 쓰는 물건인지 꼼꼼히 확인하다 보면 웃음을 자아내는 아이디어 상품도 있어 충동구매가 걱정되는 매장이기도 하다. 귀엽고 앙증맞은 물건을 좋아하는 태국 사람들이 많이 찾는다.

● 2F Siam Discovery Center ☎ 0-2658-0328 ● 10:00~21:00 ● 연중무휴 ● BTS 씨암(Siam)역 1번 출구에서 씨암 센터를 지나 씨암 디스커버리 센터 3층에 위치

마분콩 센터 MBK Center
MAP P.12

대형 쇼핑몰로 일본 백화점인 도큐(Tokyu)가 입점해 있으며 신발, 화장품, 액세서리, 옷, 장난감 등을 갖추고 있다. 특히 4층은 휴대폰 매장들이 꽉 들어차 있어 휴대폰을 저렴하게 구입하기 위해 들른 현지인들로 가장 북적이는 층이기도 하다. 그 밖에도 유명 체인 식당들, 서민적인 푸드코트가 가볼만 하다.

● 444 Phayathai Rd ☎ 0-2620-9000 ● 09:00~21:00 ● 연중무휴 ● BTS 내셔널 스타디움(National Stadium)역 4번 출구에서 바로 연결
● www.mbk-center.com

EAT & DRINK

★ 씨암의 맛집 ★

BTS 씨암역 주변

MK 골드 레스토랑
MK Gold Restaurant
강추
MAP P.12

한국에 전골이 있다면 태국에는 수끼가 있다. 수끼는 태국식 샤부샤부인데, 가장 유명세를 타고 있는 식당은 MK 그룹에서 운영하는 체인 식당이다. 전국에 지점을 운영 중이어서 웬만한 번화가와 태국의 지방 도시에서도 찾을 수 있다.
사람이 많이 붐비는 대형 쇼핑몰에 자리 잡고 있어 쉽게 찾을 수 있다. 혼자 방문하기에는 좀 어색할 수 있는 곳으로 2명 이상 방문하면 여러 가지 재료들을 다양하게 주문할 수 있어 좋다. 신선한 재료와 고급스러운 식기, 세련된 분위기를 원한다면 MK 골드 레스토랑에 가보자.

● GF, Siam Paragon, 991 Rama 1 Rd ☎ 0-2610-9336 ● 10:00~22:00 ● 연중무휴 ● 예산 300B~ ● 영어 메뉴와 사진 메뉴 있음 ● BTS 씨암(Siam)역 3, 5번 출구로 연결된 씨암 파라곤 G층에 위치

TIP 수끼를 맛있게 먹는 방법
❶ 메뉴판에서 채소, 고기, 해물, 면류 등 원하는 재료들을 주문한다.
❷ 주문한 재료는 채소부터 펄펄 끓는 육수에 푹 담아 익혀 먹는다.
❸ 마지막으로 각종 재료가 잘 우러난 육수에 밥을 넣고 끓여서 죽으로 먹으면 된다. 우러난 국물을 조금 남긴 후 달걀과 밥, 얇게 썬 쪽파, 참기름을 살짝 넣어 끓이면 맛있는 영양죽이 된다. 이때 참기름이라는 단어를 태국어로 미리 알아두는 것이 중요하다. 한국인 방문이 별로 없는 체인점에서는 참기름을 표현하지 못해 고생할 수도 있다.

· 참기름 – 태국어로 '남만 웅아'
· 얇게 썬 파 – 태국어로 '똔험 쏘이'

후지 Fuji
MAP P.12

일본 음식이 먹고 싶을 때 방문하면 좋은 곳이다. 대부분 큰 쇼핑센터에 입점해 있어서 일부러 찾아 다녀야 하는 번거로움이 없다. 분위기도 깔끔하고 음식 맛과 가격 모두 합리적이다. 한국인 입맛에 딱 맞는 곳이기도 하다. 생선회, 도시락 세트, 우동, 튀김 등 메뉴도 다양하고 메뉴판에 사진으로 소개되어 있어 일본 음식을 몰라도 주문하는 데 어려움이 없는 체인 식당이다. 씨암 센터, 센트럴 월드, 엠포리움 백화점, 마분콩 센터(MBK)에도 지점이 있다.

● GF Siam Paragon ☎ 0-2129-4315~7 ● 10:00~22:00 ● 연중무휴 ● 예산 100B~. 스페셜 세트 190B~, 커리 소바 160B, 가츠동 125B ● BTS 씨암(Siam)역 3, 5번 출구와 연결되는 씨암 파라곤 G층에 위치
● www.fuji.co.th

트루 True
MAP P.12

모바일과 인터넷 서비스를 제공하는 통신회사에서 운영하는 카페. 인터넷도 하고 커피, 케이크 등을 먹으며 편안한 시간을 보낼 수 있는 공간으로 방콕 시내 번화한 곳에 생기면서 젊은이들의 발길을 붙잡는다. 가장 멋지고 화려한 곳임에 틀림없는 씨암 파라곤에 자리한 매장에는 음료와 플라워 숍, 인터넷카페, 책방까지 함께 있어 젊은 고객층에게 더욱 인기가 있다. 마치 어른들의 놀이터 같은 행복한 공간이다. 카오싼 로드, 씨암 스퀘어 등에도 지점이 있다.

● 304-306 Siam Paragon, Rama I Rd ☎ 0-2610-8888 ● 10:00~22:00 ● 연중무휴 ● 예산 40B~, 아메리카노 60B, 아이스 아메리카노 80B, 인터넷 1시간 요금 50B ● 영어 메뉴 있음 ● BTS 씨암(Siam)역 3, 5번 출구로 연결되는 씨암 파라곤 3층에 위치
● www.truecoffee.com

TWG 티 살롱 & 부티크
TWG Tea Salon & Boutique
MAP P.12

싱가포르의 유명 홍차 브랜드 TWG에서 운영하는 티 살롱. 세계 각국의 유명 차를 판매하는 곳으로 식사도 가능하다. 씨암 파라곤, 엠포리움 백화점에는 티 살롱과 부티크가 있고, 방콕 쑤완나품 국제공항에는 다양한 차를 구입할 수 있는 부티크만 입점해 있다. 고급스러운 분위기의 살롱에서는 몇 백 종이 넘는 세계 각국의 차를 취향에 따라 선택할 수 있고, 달콤한 마카롱, 브런치 메뉴, 디저트, 식사 메뉴 등을 갖추고 있다. TWG의 고급 차는 가격이 비싸지만 특별한 선물로 안성맞춤이다.

아침 메뉴인 파리 브렉퍼스트(330B)는 크루아상과 차가 제공되며, 런던 브렉퍼스트(430B)는 스콘과 차가, 브렉퍼스트(590B)는 에그 베네딕트가 곁들여져 나온다. 추천 메뉴는 올데이 메뉴인 샐러드(310B~). 가장 인기 있는 티 타임 메뉴이면서 간단한 요기로 좋은 메뉴로는 스콘 또는 크루아상과 차를 골라 마실 수 있는 1837(390B), 오후라면 치크(Chic, 610B)를 선택해보자.

● MF, Siam Paragon, 991 Rama 1 Rd ☎ 0-2610-9526~7 ● 10:00~22:00 ● 연중무휴 ● 예산 150B~ ● 영어 메뉴 있음 ● 예약 불필요 ● BTS 씨암(Siam)역 3, 5번 출구로 나와 바로 연결되는 씨암 파라곤 M층에 위치

해러즈 플랜테이션 룸
Harrods Plantation Room
MAP P.12

마치 영국에 온 듯한 느낌을 받을 수 있는 해러즈 플렌테이션 룸. 해러즈는 영국에서도 귀족적인 분위기로 유명하다. 씨암 파라곤을 시작으로 고급 쇼핑몰에는 어김없이 입점해 있다. 새로 오픈한 센트럴 엠버시, 엠쿼티어에도 해러즈 플렌테이션 룸이 있다.

잉글리시 브렉퍼스트 티를 시작으로 세계 각국의 명품 스페셜 차를 맛볼 수 있다. 특히 출출해지면서 나른한 오후에 어울리는 영국식 애프터눈 티를 정통 영국 분위기로 즐길 수 있어 인기가 많다. 또한 영국 전통 요리인 비프 웰링턴(Beef Wellington, 790B), 훈제연어 로제트(PAN-Roasted Pork Chop, 520B) 등 식사 메뉴도 있다.

● GF, Canal Zone, Siam Paragon, 991/1, Rama I Rd ☎ 0-2683-9300 ● 10:00~22:00 ● 연중무휴 ● BTS 씨암(Siam)역 3, 5번 출구 바로 연결. 씨암 파라곤 G층

망고 탱고
Mango Tango
MAP P.12

강추

망고가 주재료인 디저트 천국. 잡지와 가이드북에 소개되어 이미 유명한 곳이다. 노랗게 잘 익은 망고처럼 간판도 밝고 선명한 노란색이다. 메뉴 역시 잘 익은 망고 디저트들로 가득하며 망고 탱고, 망고 왈츠, 망고 차차차 등 춤 이름을 붙여 놓아 먹는 재미를 더한다. 자리를 잡은 후 카운터에서 주문을 하면 자리로 가져다 준다. 오래 앉아 이야기할 수 있는 것보다는 맛있게 먹고 나오는 분위기다. 테이크아웃도 많다. 몇 번의 이사 끝에 씨암 스퀘어 쏘이 3에 정착했다. 아시아티크 점이 있다.

● Siam Square Soi 3 ☎ 081-619-5504 ● 11:00~22:00 ● 연중무휴 ● 예산 100B~. 망고 탱고 140B, 망고 룸바 95B, 망고 왈츠 85B ● 영어 메뉴와 사진 메뉴 있음 ● BTS 씨암(Siam)역 2, 4, 6번 출구 씨암 스퀘어 Soi 3

반 쿤 매 Ban Khun Mae
MAP P.12

씨암 스퀘어의 터줏대감으로 20년째 자리를 지키고 있는 전통 있는 태국 요리 전문 식당. 레스토랑의 이름은 태국말로 직역하자면 '어머니의 집'이라는 뜻이다. 어머니의 손길 같은 분위기가 푸근하며 음식 맛도 중급 이상이라는 평이다. 입구에 들어설 때 눈길을 사로잡는 태국 스타일의 예쁜 디저트와 잘 익은 망고들이 군침을 돌게 한다.

인기 메뉴는 면과 먹음직스러운 새우가 요리되어 나오는 꿍 운쎈과 볶음국수인 팟타이, 커리로 만든 음식들이며 모두 맛있다는 평가를 받고 있다. 여럿이서 방문한다면 여러 메뉴를 합리적인 가격에 맛볼 수 있는 세트 메뉴를 주문해보자. 5명 이상일 경우 1인당 350~800B의 가격으로 주문이 가능하다(음료 제외, 서비스 차지 별도). 세트에 따라 음식이 6~13가지나 나오고 디저트도 같이 나온다.

- 458/6-9 Siam Square Soi 8 ☎ 0-2250-1952
- 11:00~22:00 ● 연중무휴 ● 예산 400B~, 꿍 파오 450B, 꿍 운쎈 280B, 쏨땀 100B ● 영어 메뉴와 사진 메뉴 있음
- BTS 씨암(Siam)역 2, 4, 6번 출구 씨암 스퀘어 Soi 8에 위치 ● www.bankhunmae.com

쏨땀 누아 Som Tam Nua
MAP P.12

강추

파파야 샐러드인 쏨땀을 맛있게 하는 집으로 유명하다. 점심 시간이 아니어도 늘 줄 서 있는 광경을 자주 볼 수 있을 만큼 인기 만점인 곳이다.

이곳의 쏨땀은 젊은이들의 입맛에 맞추어 퓨전식으로 만들었기 때문에 태국의 전통적인 쏨땀 맛을 원하는 사람들은 약간 실망하기도 한다. 가격이 저렴해서 이것저것 여러 가지를 시켜 먹어도 부담이 없어 좋다. 인기 음식에는 메뉴판에 별표가 되어 있으니 참고할 것. 씨암 센터에도 지점이 있으니 편한 곳으로 방문하면 된다.

● Siam Square Soi 5 ☎ 0-2251-3334 ● 10:45~21:30
● 연중무휴 ● 예산 100B~. 쏨땀 75B~. 까이양 115B/150B ● 영어 메뉴 있음 ● BTS 씨암(Siam)역 2, 4, 6번 출구 씨암 스퀘어 Soi 5에 위치

코카 수끼 Coca Suki
MAP P.12

태국에서 '수끼' 하면 생각나는 곳 중 하나가 코카 수끼다. MK 수끼와 비교해서 조금 비싼 편이고 MK 수끼의 인기에 가려지긴 했지만 깨끗하고 다양한 메뉴로 고객의 입맛을 사로잡는다. 수끼를 좋아하는 사람이라면 이곳의 해물 수끼를 꼭 먹어보자. 똠얌 국물과 맑은 국물을 한 냄비에 동시에 끓일 수 있어 일석이조.

추천 메뉴인 해산물 세트는 3명 이상 먹으면 적당하다. 국물이 다 끓으면 게, 새우 등을 넣어 육수의 맛을 시원하고 얼큰하게 한다. 먼저 해산물을 건져 먹은 후 채소 등을 넣어 먹는 것이 제맛이라고 직원들이 조언한다. 채소나 다른 재료들은 추가로 주문할 수 있다. 마지막으로 진국이 된 육수에 밥, 달걀, 참기름을 넣어 죽으로 만들어 먹으면 된다.

● 4F Siam Center ☎ 0-2658-1105~6 ● 10:00~21:00
● 연중무휴 ● 예산 300B~. 해산물 세트 1588B, 코카 콤보 세트 198B~ ● BTS 씨암(Siam)역 1번 출구와 연결되는 씨암 센터 4층에 위치 ● www.coca.com

푸드 리퍼블릭 Food Republic
MAP P.12

 강추

씨암 센터 4층에 위치한 푸드 코트. 싱가포르, 홍콩 등에도 지점이 있는 체인 푸드 코트로 방콕에도 2013년 새롭게 문을 열었다. 태국 음식은 물론 일식, 한식, 양식 등 다양한 먹거리들을 골라 먹을 수 있는 것이 특징이다. 음식을 주문하면 신선한 재료들로 바로 만들어준다. 씨암 파라곤 지하에 위치한 푸드 코트보다 좀더 여유롭고 복잡하지 않아서 좋다. 다른 푸드 코트보다 세련되고 고급스러운 인테리어와 넓은 공간이 장점이며, 가격은 비슷하거나 좀 더 합리적이다.

카운터에서 미리 선불카드에 원하는 금액만큼 충전을 한 후 매장에서 선불카드로 결제하는 방식이다. 남는 금액은 충전했던 카운터에서 환불받을 수 있다.

- 407, Siam Center, 989 Rama 1 Rd ☎ 0-2718-7481
- 10:00~22:00 ● 연중무휴 ● 예산 55B~, 쏨땀 55B
- BTS 씨암(Siam)역 1번 출구로 나와 바로 연결되는 씨암 센터 4층에 위치
- www.facebook.com/foodrepublicthailand

그레이하운드 카페 Greyhound Cafe
MAP P.12

1980년 남성복으로 시작한 그레이하운드 그룹에서 음식에 관심을 보이며 오픈한 카페. 독특한 스타일의 태국 패션 브랜드답게 스타일리시한 카페로, 흰색 벽의 그림이 차분한 분위기를 연출한다.

대부분의 메뉴는 이탈리안과 타이의 퓨전 음식으로 보기에도 좋고 맛도 있는 음식들이 주를 이룬다. 식사 외에 수제 케이크와 품질 좋은 차도 즐길 수 있다. 쇼핑몰 안에 있어서 쇼핑을 즐기다가 들를 수 있는 공간이지만, 분위기 있는 야외석을 원한다면 텅러에 위치한 J 애버뉴(J-Avenue)에 있는 지점을 추천한다. 씨암 센터에도 세련된 분위기의 지점이 있다.

- 3F, Siam Center, 989 Rama Rd ☎ 0-2658-1129
- 11:00~22:00 ● 연중무휴 ● BTS 씨암(Siam)역 1번 출구로 나오면 바로 연결, 씨암 센터 3층
- www.greyhoundcafe.co.th

톰슨 레스토랑 앤 와인 바
Thompson Restaurant and Wine Bar
MAP P.10-A

짐 톰슨 하우스 박물관 내에 자리 잡은 레스토랑이다. 주로 박물관을 방문한 이들이 들르는 곳이지만 일부러 찾아가도 좋은 곳이다. 단, 항상 많은 사람들로 북적거리는 것이 단점이다. 넓은 실내와 짐 톰슨 하우스를 바로 옆에 둔 실외 테이블 모두 인기 있다.

그린 커리로 만든 스파게티, 연어로 돌돌 말아 만든 스프링 롤 등 독특한 메뉴가 외국인의 입맛에 맞춰 요리되어 나온다. 음식들은 대체적으로 우리 입맛에도 잘 맞는다. 말레이시아, 싱가포르에도 지점을 오픈했다.

● Jim Thompson House, 6 Kasemsan Soi 2 ☎ 0-2614-3743 ● 11:00~22:00 ● 연중무휴 ● 예산 200B~. 그린 커리 스파게티 200B, 연어 스프링 롤 200B, 카푸치노 110B ● 영어 메뉴와 사진 메뉴 있음 ● BTS 내셔널 스타디움(National Stadium)역 1번 출구로 나와 짐 톰슨 하우스 박물관까지 도보 3~4분 거리. 짐 톰슨 하우스 박물관 내 ● www.jimthompson.com

갤러리 드립 커피
Gallery Drip Coffee
MAP P.10-E

마분콩 센터(MBK)와 씨암 디스커버리 센터 건너편인 방콕 아트 앤 컬쳐 센터 1층에 위치한 커피 숍. 2012년 오픈한 이후 항상 사람들로 가득한 곳이다. 방콕에서 보기 드문 핸드 드립 방식으로 커피를 내린다. 작은 카페 외에 로비에도 자리가 있다. 커피와 함께 카페에서 판매하는 케이크를 먹으면 좋다.

● Bangkok Art and Culture Centre, 939 Rama 1 Rd ☎ 081-989-5244 ● 화~일 11:00~21:00 ● 월 휴무 ● 예산 60B~. 드립 커피 70B ● 영어 메뉴 있음 ● 예약 불필요 ● BTS 내셔널 스타디움(National Stadium)역 3번 출구 ● www.facebook.com/gallerydripcoffee

MASSAGE

★ 씨암의 마사지 숍

트레저 스파 Treasure Spa
MAP P.12

태국 젊은이들이 많이 찾는 씨암 스퀘어에 자리잡고 있는 마사지 숍이다. 30여 명을 수용할 수 있는 규모로 내부는 싱글룸, 커플룸, 타이 마사지 룸으로 구성되어 있다. 손님이 적은 오전 10시부터 오후 1시까지는 무료 페이셜 프로모션을 운영하니 참고할 것.
이곳의 추천 마사지는 시암 솔트 포트 마사지(Siamese Salt Pot Massage 90분, 2300B)는 안에 소금을 넣은 도자기로 마사지 해 뭉친 근육을 풀어주는데, 다른 곳에서는 받을 수 없는 이곳만의 시그너처다. 핫 스톤 마사지와 비슷한 라바 쉘 아로마틱 보디 마사지(Lava Shell Aromatic Body Massage 60분, 2500B)는 혈액을 잘 돌게 하는 효과가 있다. 고급 오일을 따뜻하게 데워 마사지하는 아로마틱 웜 마사지(Aromatic Warm Massage)도 괜찮다. 1시간 이상 또는 2시간 이상의 마사지 프로그램을 받을 경우에는 오후 9시 전까지는 숍에 도착해야 한다. 규모가 크지 않으므로 예약하는 것이 좋다. 텅러에도 지점이 있다.

- 426 Siam Square Soi 2, Siam Square ☎ 0-2252-3470, 0-2252-3468 ● 10:00~23:00 ● 예산 600B~
- BTS 씨암(Siam)역 2 · 4번 출구로 나온다. 씨암 스퀘어 안에 위치 ● www.treasurespa.com/siam-square

NIGHT LIFE

★ 씨암의 클럽 & 바 ★

더 루프 The Roof
MAP P.5-G/P.10-E

방콕에서 가장 규모가 큰 디자인 호텔인 씨암 앳 씨암 디자인 호텔의 가장 높은 야외 옥상에 있는 레스토랑 겸 바. 아직 유명세를 덜 타서 북적이지 않아 좋다.
2개 층의 작은 공간을 잘 활용하여 분위기를 낼 수 있도록 젊은 감각으로 만들었는데 잘 차려입은 젊은이들의 모임 장소로 인기 있다. 탁 트인 야외 공간으로 확 트인 도시 전경을 내려다 볼 수도 있다. 디자인 호텔이어서인지 야외 레스토랑에 가기 위해 마련된 2~3명 정도 탈 수 있는 좁은 엘리베이터도 재미있게 꾸며놓았으며 작은 소품들과 독특한 인테리어의 화장실까지도 이곳의 재미를 더해준다.

- Siam@Siam Design Hotel, 865 Rama 1 Rd ☎ 0-2217-3070 ● 17:30~24:30 ● 연중무휴 ● 예산 300B~. 식사 1500B~, 칵테일 290B~ ● 영어 메뉴와 사진 메뉴 있음 ● BTS 내셔널 스타디움(National Stadium)역 1번 출구로 나와 도보 5분 거리, Siam@Siam Design Hotel에 위치
- www.siamatsiam.com

하드록 카페 Hard Rock Cafe
MAP P.12

세계 각국에 있는 유명한 하드록 카페가 방콕에도 있는데, 바로 젊은이들의 거리인 씨암 스퀘어에 자리 잡고 있다. 방콕에 방문한 외국인들이 흥겨운 음악과 더불어 뜨거운 밤을 보내는 곳이다. 1층에서는 음악에 맞춰 춤을 출 수 있으며 맥주나 칵테일을 주문해도 된다. 좁은 공간에서 몸을 부딪치며 춤추는 재미가 있다.

- 424/3-6 Siam Square Soi 4 ☎ 0-2251-0797 ● 11:00~밤 01:30 ● 연중무휴 ● 예산 200B~. 맥주 150B~, 칵테일 250B~ ● BTS 씨암(Siam)역 2, 4, 6번 출구 씨암 스퀘어 Soi 4에 위치 ● www.hardrock.com

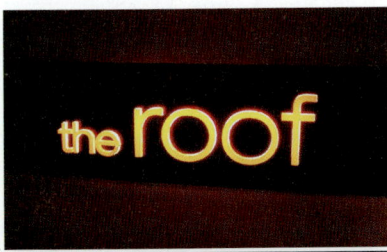

칫롬 & 펀칫 Chit Lom & Phloen Chit

BTS, 운하 보트, 버스가
가로지르는 교통의 요지로
센트럴 월드가 위치한 쇼핑 특구 지역

MAP P.10-11

BTS 칫롬과 펀칫 주변은 호텔과 복합 편의 시설을 갖추고 있는 데다가 교통의 요지이다 보니 교통 체증이 심해 몸살을 앓고 있기도 하다. 저렴한 물건들이 많아 현지 서민들이 즐겨 찾는 빠뚜남 지역도 걸어서 갈 수 있으며 씨암 파라곤이 있는 씨암 지역과도 도보 10분 거리다. 이 지역에는 소원을 빌면 잘 이루어진다고 해서 관광명소로 자리 잡은 에라완 사당이 있는데, 신도들과 관광객들이 간절하게 기도하는 모습을 볼 수 있다.
한 블록 떨어진 빠뚜남 지역은 복잡하지만 사람 냄새 나는 풍경을 만날 수 있는 곳이다. 센트럴 월드 앞 넓은 광장에서는 각종 전시가 열리며, 쏭끄란, 크리스마스, 연말 같은 특별한 날에는 전 세계에서 모여 든 인파로 축제의 장으로 변신한다.

> 관광 ★
> 쇼핑 ★★★
> 센트럴 월드, 게이손 플라자, 빠뚜남의 재래시장까지. 또 하나의 쇼핑 메카 지역.
> 음식 ★★★
> 백화점뿐 아니라 랑쑤언 로드에도 유명한 레스토랑이 넘쳐난다.
> 나이트라이프 ★★
> 마사지 ★
> 교통 ★★★

{ 추천 여행 코스 }
예상 소요시간 4~5시간

에라완 사당
p.198

도보 5분

센트럴 월드
p.199

도보 15분

피프티 파이브 & 레드 스카이 또는 젠세
p.213, 212

도보 10~15분

빠뚜남 시장
p.203

{ 가는 방법 }

{ 꼭 해보기! }

BTS를 이용하는 것이 가장 편리하다. 택시를 이용할 때는 교통 체증을 감수해야 한다.
● **BTS** BTS 칫롬(Chit Lom)역 또는 펀칫(Phloen Chit)역에서 하차.
BTS 아쏙(Asok)역에서 칫롬(Chit Lom)역까지 5분 소요. 요금 25B.
BTS 칫롬(Chit Lom)역에서 싸판딱씬(Saphan Taksin)역까지 11분 소요. 요금 37B.
● **택시** 쑤쿰윗에서 택시로 15분 소요. 요금 50B~.
● **운하보트** 타 빠뚜남(Tha Pratunam) 선착장에서 하차. 요금 15B~.

★ **낮 DAY** 소원을 이루어준다는 에라완 사당에 가 보고 외국인이 많이 거주하는 분위기 있는 랑쑤언 로드 또는 센트럴 월드를 둘러보자.
★ **밤 NIGHT** 확 트인 방콕의 야경을 한눈에 내려다볼 수 있는 피프티 파이브 & 레드 스카이(p.213) 또는 젠세(p.212)에서 칵테일을 마시며 로맨틱한 시간을 보내자.

SIGHTSEEING

[칫롬 & 펀칫의 관광]

에라완 사당
Erawan Shrine ★★
MAP P.11-G

'브라마'라는 머리가 4개 달린 창조의 신에게 바치기 위해 지은 사원으로 하얏트 에라완 호텔 바로 옆에 있다.
에라완 호텔을 건축할 당시에 많은 사람들이 죽고 다치는 사고가 빈번하게 일어나자 그들의 넋을 기리고 사고를 막아달라는 의미로 사당을 지었다고 한다. 지금은 이곳에서 기도한 후 소원을 이룬 이들이 많아 더 유명해졌다. 또 소원을 이룬 사람들이 신에게 바치는 무희들의 춤도 볼만하다. 사당 안에서 판매되고 있는 향과 꽃은 가격이 50B부터이니 신도들을 따라 함께 소원을 빌어 보는 것도 재미있을 것이다.

● Ratchadamri Rd & Phloen Chit Rd ● 08:00~22:00 ● 연중무휴 ● 입장 무료 ● BTS 칫롬(Chit Lom)역 1, 2번 출구 방향으로 나와 도보 1분

SHOPPING

★ 칫롬 & 펀칫의 쇼핑 ★

BTS 칫롬역 주변

센트럴 월드 Central World
MAP P.10-F

태국에서 가장 큰 체인인 센트럴 그룹에서 운영하는 대형 쇼핑센터. 세련된 인테리어의 매장 내부에는 세계적인 외국 브랜드와 태국 인기 브랜드들이 입점해 있다. 건물 양 끝에는 젠(Zen)과 이세탄(Isetan)백화점이 있으며 두 백화점을 잇는 몰에는 숍들이 즐비하다. 숍 종류도 다양하고 규모도 굉장히 크므로 없는 브랜드가 없을 정도. 다른 백화점을 전전할 필요 없이 센트럴 월드에서 원스톱 쇼핑이 가능하다.
입점 브랜드로는 망고(MANGO), 나인 웨스트(Nine West), 자라(Zara), 톱숍(Top Shop), 나프 나프(NAF NAF) 등 다양하다. 브랜드 맵을 인포메이션에서 미리 받아 둔다면 넓고 방대한 몰에서 헤매지 않고 원하는 브랜드를 찾아 쉽게 이동할 수 있다. 그 외에 미국의 장난감 숍인 토이저러스(Toy's"R"Us), 문구용품과 사무용품, 미술용품 등을 파는 비투에스(B2S), 태국 책과 영문 서적도 구입할 수 있는 아시아 북스(Asia Books)도 있다.

- Central World, Ratchadamri Rd ☎ 0-2640-7000
- 10:00~22:00 ● 연중무휴 ● BTS 칫롬(Chit Lom)역 1, 2번 출구 방향으로 나오면 보이는 스카이워크에서 센트럴 월드와 연결 ● www.centralworld.co.th

INSIDE

젠 Zen

센트럴 월드에 있는 백화점으로 일반적인 브랜드는 물론 다른 백화점에는 없는 태국 디자이너들의 매장이 있어 흥미롭다. 유행을 선도하는 젊은 감각으로 꾸며진 매장들과 확 트인 백화점 내부가 쇼핑하기에 편리하다.

- 4, 4/5 Ratchadamri Rd ☎ 0-2100-9999
- 10:00~22:00 ● 연중무휴 ● www.zen.co.th

INSIDE

이세탄 Isetan

센트럴 월드에 자리한 일본 백화점. 리노베이션을 하지 않아 다른 곳에 비해 시설이 좀 떨어진다.
1층에는 화장품, 액세서리, 2층에는 여성 의류, 3층에는 남성 의류와 스포츠용품, 4층에는 전자제품과 아동복, 5층에는 수퍼마켓, 6층에는 일본 체인 서점 등이 입점해 있다.

● Central World, Ratchadamri Rd ☎ 0-2255-9898 ● 10:00~22:00 ● 연중무휴

그레이하운드 Greyhound
MAP P.12

1980년 남성 의류를 시작으로 1990년에는 가방, 신발, 액세서리까지 취급하며 토털 패션 브랜드로 성장하였다. 현대적이고 쿨하며 심플하지만 지루하지 않은 스타일을 추구한다. 씨암 센터, 씨암 파라곤, 엠포리움 백화점에도 입점해 있다.

● 4/1-4/2 2F Central World ☎ 0-2255-6461 ● 10:00~21:00 ● 연중무휴 ● BTS 칫롬(Chit Lom)역 1, 2번 출구 방향 스카이워크로 연결되는 센트럴 월드 2층에 위치 ● www.greyhound.co.th

톱숍 Top Shop
MAP P.12

살인적인 물가의 영국에서 중저가 마케팅으로 성공한 영국 패션 브랜드. 세계적인 체인망을 구축하고 있으며, 동남아 지역인 방콕에도 상륙했다. 센트럴 월드에 입점해 있는 톱숍은 영국 런던 매장보다 규모는 크지 않지만 방콕의 멋쟁이들이 좋아할 아이템을 풍부하게 갖추고 있다.
1층에는 여성 토털 패션, 2층에는 남성 토털 패션이 전시 및 판매되고 있다. 케이스 모스와 같은 톱 모델이나 유명 스포츠 브랜드 아디다스와의 콜라보레이션 등으로 화제를 일으킨 바 있다. 최근에는 자매 모델인 칼리 제너, 칼리 켄달의 이름을 딴 패션 라인을 출시했다.

● 1F(Beacon) Central World ● 10:00~22:00 ● 연중무휴 ● BTS 칫롬(Chit Lom)역 1, 2번 출구 방향 스카이워크로 연결되는 센트럴 월드 1층에 위치

플라이 나우 III FlyNow III
MAP P.12

방콕뿐 아니라 런던, 파리, 밀라노, 뉴욕, 도쿄, 홍콩에도 진출해 있는 인기 디자이너 브랜드다. 고급스러운 옷, 가방, 액세서리 등을 판매한다.
1983년 태국 디자이너가 만든 브랜드숍으로 처음에는 여성복으로 시작했으나 현재는 플라이 나우(Fly Now), 플라이 나우 블랙(FlyNow Black), 플라이 나우 더 레더(FlyNow the Leather), 블러바드(Boulevard) 등의 라인이 있다.

● 1F Central World ☎ 0-2646-1047 ● 10:00~22:00 ● 연중무휴 ● BTS 칫롬(Chit Lom)역 1, 2번 출구 방향 스카이워크로 연결되는 센트럴 월드 1층에 위치 ● www.flynowbangkok.com

짐 톰슨 Jim Thomson
MAP P.12

타이 실크를 국제적으로 알린 짐 톰슨의 이름을 따서 만든 태국의 대표 브랜드. 태국 실크 제품이기에 싸다고 생각하면 오산. 고가의 제품으로 고급스러운 실크로 만든 넥타이, 스카프와 가방, 인테리어 제품을 만든다.

센트럴 월드점은 규모가 큰 편이므로 다른 지점보다 더 많은 제품들을 다양하게 구비하고 있다. 스카프, 실크 파우치는 여성들에게 베스트 아이템으로 손꼽히며, 남성들에게는 넥타이, 티셔츠가 인기 있다. 짐 톰슨 제품 중 코끼리 프린트 제품은 귀엽고 앙증맞다. 요즘은 더 많은 디자인을 내놓고 있는데, 아이들이 좋아하는 실크 인형뿐 아니라 면 제품까지 선보이는 등 질 좋은 제품들로 가득하다.

● E101, E102, 1F Central World ☎ 0-2613-1453~4 ● 10:00~22:00 ● 연중무휴 ● BTS 칫롬(Chit Lom)역 1, 2번 출구 방향 스카이워크로 연결되는 센트럴 월드 1층에 위치 ● http://www.jimthompson.com

찰스 앤 키스 Charles & Keith
MAP P.12

싱가포르 대표 슈즈 브랜드. 찰스 왕(Charles Wang)과 키스 왕(Keith Wang) 형제가 1996년 시작한 신발 가게로 현재 싱가포르를 대표하는 구두 브랜드로 성장했다. 지금은 방콕점을 비롯해 27개국에 230여 개의 매장을 가지고 있다. 한국에도 매장이 있다.

편안하면서도 유행을 선도하는 도시적인 스타일로, 스타일리시한 구두를 원하는 쇼핑객들에겐 필수 코스다. 가격 또한 합리적이다.

● C107 1F, Central World, Rajadamri Rd ☎ 0-2613-1170 ● 10:00~22:00 ● 연중무휴 ● BTS 칫롬(Chit Lom)역 1, 2번 출구 방향 스카이워크로 연결된 센트럴 월드 1층에 위치 ● http://www.charleskeith.com

게이손 플라자 Gaysorn Plaza
MAP P.11-G

고가 브랜드를 취급하는 쇼핑센터로, 붐비지 않기 때문에 언제나 쾌적하고 조용하게 쇼핑을 할 수 있다. 아이그너, 발리, 버버리, 셀린느, 크리스천 디오르, 클라우드 9, 닥스, 펜디, 지방시, 구찌, 휴고 보스, 롱샴, 루이비통, 막스 마라, 프라다, 살베토레 페레가모 등 세계적으로 유명한 브랜드숍이 입점해 있다.

- 999 Phloen Chit Rd ☎ 0-2656-1149 ● 10:00~20:00 ● 연중무휴 ● BTS 칫롬(Chit Lom)역 1, 2번 출구 방향 스카이워크와 연결
- www.gaysorn.com

센트럴 Central
MAP P.11-G

태국말로 '쎈탄'이라고 불리는 체인 백화점으로 1층에는 화장품과 명품 브랜드, 슈퍼마켓이 있다. 여성용, 남성용, 아동용 브랜드뿐 아니라 인테리어 용품도 있어 물건이 다양하다.

사람들에게 가장 인기 있는 곳은 7층에 있는 푸드 코트인데 깔끔한 공간에서 태국, 일본, 이탈리아 요리 등을 다양하게 골라 먹을 수 있다는 것이 장점이다.

- 1027 Phloen Chit Rd ☎ 0-2793-7777 ● 10:00~22:00 ● 연중무휴 ● BTS 칫롬(Chit Lom)역 5번 출구와 연결
- www.central.co.th

BTS 펀칫역 주변

센트럴 엠버시 Central Embassy
MAP P.11-H

2014년 오픈한 럭셔리 쇼핑몰. 샤넬, 구찌, 폴로 등 유명 브랜드는 물론 세포라, 딘 앤 델루카도 입점해 있다. 딘타이펑, 쏨분, 커피 빈 바이 다오 등 유명 레스토랑과 다양한 요리를 저렴하게 즐길 수 있는 푸드 코트 이타이(Eathai)는 들러볼 만하다.

- Central Embassy, 1031 Ploenchit Rd ☎ 0-2119-7777 ● 10:00~22:00 ● 연중무휴 ● BTS 펀칫(Ploenchit)역 5번 출구 ● www.centralembassy.com

오픈 하우스 Open House
MAP P.11-H

센트럴 엠버시 6층에 새롭게 오픈한 복합 시설로 일본 도쿄에서 활동중인 건축가 클레인 다이튼(Klein Dytham)이 디자인했다. 다양한 연령과 취향을 만족 시키기 위해 공간을 다목적으로 활용한 것이 돋보이는 곳이다. 큰 창으로 방콕의 시티 뷰가 180도로 보여 전망을 즐기기에도 안성맞춤이다. 넓고 확 트인 공간은 8개의 섹션으로 나누어져 있는데, 가장 매력적인 공간은 바로 아트 앤 디자인 섹션(Art & Design Section)의 하우스 북숍 바이 하드커버(Open House Bookshop by HARDCOVER)다. 2층으로 된 공간 벽면 가득하게 2만 여권의 희귀한 예술 도서가 진열, 판매된다. 서점 주변으로는 앉아서 편안하게 책을 볼 수 있도록 의자가 마련되어 있어 누구의 방해도 받지 않고 필요한 책을 탐독할 수 있다. 특히 예술을 공부하는 학생들이 다양한 책과 영화 필름을 구매하기 위해 많이 찾는다. 회의나 스터디 등 그룹이 활용할 수 있는 공간인 그린하우스(The Greenhouse)는 온실 같이 꾸며놓아 쾌적하다.

잇팅 데크(Eating Deck) 섹션에는 열정적인 셰프들의 요리하는 14개의 레스토랑과 아쏙역에

본점을 두고 있는 디저트 가게인 파리 미키(Paris Miki)도 있다. 또 디자인 숍(Design Shop)에서는 태국 디자이너들의 제품들도 만나볼 수 있다.

● Open House, 6/F, Central Embassy, Phloen Chit Rd. ● 0-2119-7777 ● 10:00~22:00 ● 예산 300B~
● BTS 펀칫(Phloenchit)역 5번 출구. 센트럴 엠버시 6층에 위치 ● www.centralembassy.com

빠뚜남 주변

빠뚜남 시장 Pratunam Market
MAP P.11-C

빠뚜남 지역에 있는 대형 시장. 서민들이 주로 찾는 시장으로 유명하다. 저렴한 옷과 액세서리 등이 많이 판매되고 있다.
외국에서 도매상인들이 많이 찾아오는 곳으로도 유명한데 외국인들이 많이 방문하는 탓에 가격을 충분히 흥정한 후 구입해야 한다. 재래시장을 좋아하는 사람이라면 둘러볼 만하지만 덥고 복잡한 걸 싫어하는 사람들은 불편할 수 있다.

● Petchaburi Rd ● 10:00~20:00 ● 연중무휴 ● BTS 칫롬(Chit Lom)역 1, 2번 출구로 나와 스카이워크로 연결된 센트럴 월드를 지나 바이욕 스카이 호텔이 정면으로 보이는 길로 직진하면 나오는 Petchaburi Rd에 위치

할 수 있어서 좋다. 소매로 구입을 한다고 해도 여러 개를 구입한다면 충분히 흥정 가능하다. 짜뚜짝 주말 시장만큼 다양한 종류의 물건이 구비되어 있지는 않지만 옷, 액세서리, 신발 등을 취급하는 가게가 많다. 최신 유행 스타일 옷부터 태국 전통 의상까지 다양하게 구비되어 있다.

● 222 Petchaburi Rd ☎ 0-2121-9999 ● 08:00~20:00 ● 연중무휴 ● BTS 칫롬(Chit Lom)역 1, 2번 출구로 나와 스카이워크로 연결된 센트럴 월드를 지나 바이욕 스카이 호텔이 정면으로 보이면 직진하다가 처음 나오는 사거리에서 좌회전해 5분 거리. Amari Watergate 호텔 바로 건너편에 위치

**복잡한 시장에서는
소매치기를 조심하자**

복잡하고 좁은 시장 길 사이로 관광객들의 주머니를 노리는 소매치기들이 있다. 덥고 워낙 복잡하기 때문에 가방을 신경 쓰지 않고 가는 길만 열심히 가다 보면 자기도 모르게 소매치기의 표적이 될 수 있다. 방심하지 말고 가방은 안전하게 앞쪽으로 매는 등 철저하게 단속하도록 하자. 또한 길에서 오토바이를 탄 치기배들도 있으니 길가 쪽으로 핸드백이나 가방을 매지 않는 게 좋다.

빠뚜남 플래티늄 패션 몰
Pratunam Platinum Fashion Mall
MAP P.10-B

우리나라 동대문 패션 상가와 비슷하게 느껴지는 곳으로 도매상을 주로 상대하지만 소매 고객에게도 판매는 한다. 그러나 도매가보다는 조금 비싼 가격으로 판매한다. 우선 층별로 1,300개의 다양한 숍들이 있어 시장보다는 쾌적하게 쇼핑

**저렴하게 식사를 하고 싶다면
서민들이 많이 이용하는 거리 노점에서**

도심의 회사원들은 멋진 레스토랑이나 식당을 이용하기보다는 노점에서 간단하게 식사를 한다. 그리고 노점에서는 웬만한 음식은 비닐에 포장해 준다. 태국 서민들의 경우 집에서 밥을 해먹지 않고 노점에서 포장해가는 경우가 많다.

EAT & DRINK

 ★ 칫롬 & 펀칫의 맛집 ★

BTS 칫롬역 주변

커피 빈 바이 다오
Coffee Beans By Dao ♥ 강추
MAP P.11-H

흔히 보이는 커피 전문점 커피 빈과는 전혀 상관없는 음식점. 이름만 커피 빈일뿐 커피가 아닌 태국 음식, 이탈리아 음식, 케이크 등이 주 메뉴인 곳으로 음식 맛과 분위기가 좋다고 알려지면서 지점이 계속 늘고 있다. 추천 메뉴는

팟타이(220B), 그린 티 초콜릿 크레이프(120B), 스패니시 그라탕(190B). 전체적으로 음식이 깔끔하고 맛도 무척 좋다. 칫롬역 외에 에까마이, 펀칫, 씰롬, 씨암 파라곤에도 지점이 있다.

- 2F Central World, Rajadamri Rd ☎ 0-2613-1530
- 10:00~22:00 ● 연중무휴 ● 예산 200B~ ● 영어 메뉴와 사진 메뉴 있음 ● BTS 칫롬(Chit Lom)역 1, 2번 출구 방향 스카이워크로 연결된 센트럴 월드 2층에 위치

딘타이펑 Din Tai Fung
MAP P.11-H

샤오롱바오로 유명한 딘타이펑을 센트럴 월드에서 만날 수 있다. 깔끔한 주방에서 바로 만든 딤섬은 대나무 바구니에 따끈하게 담겨 나온다. 한국 관광객을 위해 대표 메뉴인 샤오롱바오를 가장 맛있게 먹는 방법이 적힌 한글 안내서와 한글 메뉴도 있다.

탱글탱글 속이 꽉 찬 딤섬의 종류만 해도 무려 20여 가지. 다양하게 먹어보고 싶다면 종류별로 6개(160B), 10개(210B)가 나오는 두 가지 메뉴 중 하나를 골라보자. 한국인 입맛에 잘 맞는 단단면과 대만 스타일의 자장면도 있다. 서비스 차지와 택스가 따로 붙는다.

- 7F Central World, Rajadamri Rd ☎ 0-2646-1282
- 11:00~22:00 ● 연중무휴 ● 예산 300B ● 영어 메뉴 있음 ● 예약 불필요 ● BTS 칫롬(Chit Lom)역 1, 2번 출구 방향 스카이워크로 연결된 센트럴 월드 7층에 위치

온 더 테이블 On the Table
MAP P.11-G

강추

● 540 Mercury Ville, Ploenchit Rd ☎ 0-2658-5599
● 10:00~22:00 ● 연중무휴 ● 예산 300B~ ● 영어 메뉴 있음 ● 예약 불필요 ● BTS 칫롬(Chit Lom)역 4번 출구 ● www.onthetabletokyocafe.com

도쿄 스타일의 카페를 표방한 귀여운 인테리어의 레스토랑. 현재 방콕에만 6개 매장이 있다. 젊은 쇼핑족들이 많이 찾는 씨암 센터, 센트럴 월드점에는 줄을 서서 기다리는 것을 자주 볼 수 있는데, 랑쑤언 로드 입구에 새로 생긴 건물인 머큐리 빌(Mercury Ville) 1층은 아직 사람들에게 많이 알려지지 않아 다른 지점보다는 여유롭게 식사를 할 수 있어 좋다.

추천 메뉴로는 한 끼 식사로도 충분한 햄버그 커리 그라탱(Hamburg Curry Gratin, 270B), 연어와 참치를 곁들인 도쿄 샐러드(Tokyo Salad, 260B), 스파이시 시푸드 피자(Spicy Seafood Pizza, 310B) 등이 있다.

크레이프 & 코 Crepes & Co
MAP P.11-K 강추

브런치 메뉴와 아담한 정원으로 유명한 크레페 앤 코. 본점을 랑쑤언 로드로 이전하여 운영 중이다. 얇게 구워 슈거파우더로 마무리한 크레페와 브런치 메뉴가 맛있다. 이곳에서는 시간에 관계없이 여유롭게 브런치를 즐길 수 있다. 주문 방법은 식탁 위에 놓인 주문지에 원하는 추가 메뉴와 재료를 차근차근 체크하면 된다. 엠쿼티어, 센트럴 월드점이 있다.

● 59/4 Soi Langsuan(Langsuan Soi 1), Ploen Chit Rd ☎ 0-2652-0208 ● 월~금 09:00~11:00, 토, 일 09:00~20:00 ● 연중무휴 ● 예산 600B, 브런치 세트 518B ● 영어 메뉴 있음 ● 예약 불필요 ● BTS 칫롬(Chit Lom)역 4번 출구로 나와 랑쑤언 로드에 있는 스타벅스를 지나 도보 5분 거리 ● www.crepesnco.com

레몬 팜 Lemon Farm
MAP P.11-G

오가닉 제품을 판매하는 마켓 플레이스. 그 옆에는 작고 모던한 식당이 있다. 식당에서는 싱싱한 유기농 채소로 만든 샐러드, 커리, 면, 밥을 먹을 수 있다. 채식주의자들에게 안성맞춤인 메뉴를 제공하며 특히 외국인이 많이 방문한다. 음식은 모두 정갈하고 깔끔해 건강해지는 느낌을 받을 수 있다. 디저트로는 유기농 아이스크림, 유기농 채소와 과일로 만든 신선한 주스와 오가닉 차가 있다. 매장에서는 유기농 채소, 쌀, 보디용품 등도 판매한다. 쑤쿰윗 39, 에까마이 등에도 지점이 있다.

● The Portico Langsuan, 104/34, 31 Soi Langsuan ☎ 0-2652-1971 ● 09:00~20:00 ● 연중무휴 ● 예산 85B~ ● 영어 메뉴 있음 ● 예약 불필요 ● BTS 칫롬(Chit Lom)역 4번 출구로 나와 랑쑤언 로드로 들어가 도보 1~2분 거리 ● www.lemonfarm.com

탕롱 Thang Long
MAP P.11-K

랑쑤언 로드에 위치하며 아담한 건물에 작은 마당을 갖춘 세련된 레스토랑. 베트남 음식을 전문으로 하는 곳이지만 태국 음식도 있다. 한국에서 맛보기 힘든 베트남 음식을 신선한 채소와 함께 먹을 수 있고 가격도 합리적인 편이다. 점심 시간에는 한가한 편으로 가볍

게 먹을 수 있는 스프링 롤부터 스테이크를 분위기 있게 즐길 수 있다. 조금 특별한 재료로 만들어진 음식을 맛보고 싶다면 개구리 다리 요리(195B), 비위가 좋다면 돼지 간으로 만든 스테이크(275B) 등도 판매한다. 메뉴판은 음식 이름과 사진이 함께 있어 주문하기도 편하다.

● 82/5 Soi 7, Langsuan Rd ☎ 0-2251-3504 ● 화~일 11:00~14:00, 17:00~23:00 ● 월 휴무 ● 예산 200B~ ● 영어 메뉴 있음 ● 예약 불필요 ● BTS 칫롬(Chit Lom)역 4번 출구로 나와 랑쑤언 로드로 들어가 도보 10분

나인스 카페 The Ninth Cafe
MAP P.11-K

레지던스들이 들어서면서 아담한 레스토랑들이 서서히 사라지는 랑쑤언 거리에 가장 오랜 시간 동안 자리를 굳게 지키고 있는 세련된 레스토랑. 직장인과 외국인들이 많이 다니는 거리의 특성상 파스타 등의 이탈리아 음식과 자극적인 맛을 줄여 외국인 입맛에 맞춘 태국 음식이 주 메뉴이다. 직원들도 섬세하고 친절한 서비스를 제공한다. 해가 지는 저녁에 와인과 함께 분위기를 즐기기에도 좋은 장소다. 씨암 파라곤 지하에도 지점이 있다.

● 59/5 Soi Langsuan, Pleon Chit Rd ☎ 0-2255-7125~7 ● 11:00~23:00 ● 예산 300B~ ● 영어 메뉴 있음 ● 저녁 예약 권장 ● BTS 칫롬(Chit Lom)역 4번 출구로 나와 랑쑤언 로드에 있는 스타벅스를 지나 도보 5분 거리 ● www.theninthcafe.com

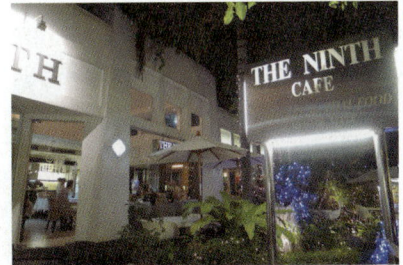

BTS 펀칫역 주변

샤부 시 바이 오이시
Shabu Shi By Oishi
MAP P.10-E

♥ 강추

태국에서 유명한 오이시 그룹에서 운영하는 음식점으로 방콕에만 49개 지점이 있다. 회전식으로 돌아가는 벨트 위에 채소, 고기, 생선, 어묵 등 수십 가지 식재료가 놓여있어 취향에 맞게 직접 골라 넣으면 된다. 처음에 제공되는 육수는 똠얌과 맑은 육수 두 가지 중 선택할 수 있다. 육수는 계속 리필해주므로 필요하면 직원에게 말하면 된다. 탄산음료와 시원한 차는 물론 기본 스시와 튀김, 디저트로 간단한 과일과 아이스크림까지 제공된다.

1시간 45분 동안 자유롭게 먹을 수 있다. 가격은 1인당 375B이고 10분 추가 시 20B씩 내야 한다. 혼자서도 먹을 수 있는 1인 좌석이 있어 나홀로 여행객도 문제없다. 저녁 시간에는 대기 줄이 항상 길다.

- 6F, B603, Central World Rajdamri Rd. ☎ 0-2646-1371 ● 10:00~22:00 ● 연중무휴 ● BTS 칫롬(Chit Lom)역 1, 2번 출구 방향 스카이 워크로 연결된 센트럴 월드 6층에 위치
- www.shabushibuffet.com

폴 PAUL
MAP P.11-H

1889년에 오픈해 약 120년의 전통을 이어온 프랑스 베이커리로, 프랑스 본토에만 100여 개의 매장을 두고 있으며 영국, 일본, 미국, 두바이, 싱가포르에도 지점이 있다. 방콕에는 2014년 고급 쇼핑몰 센트럴 엠버시에 입점한 것을 시작으로, 외국인이 많이 찾는 쇼핑몰이나 비즈니스 지역을 중심으로 체인점 수를 늘리고 있다.

가격은 비싼 편이지만 프랑스 정통 분위기를 느낄 수 있는 고급스러운 분위기에서 맛있는 빵을 맛볼 수 있으며 베이커리와 레스토랑을 함께 운영 중이다. 다양한 메인 메뉴와 클래식한 스타일의 빵, 디저트를 맛볼 수 있다. 현재 센트럴 엠버시 지점 외에도 엠쿼티어점, 센트럴 월드점이 운영 중이다.

- L1 Central Embassy, 1031 Ploenchit Rd ☎ 0-2001-5160 ● 베이커리 08:30~22:00, 레스토랑 10:00~22:00
- 연중무휴 ● BTS 펀칫(Ploenchit)역 5번 출구 방향으로 나오면 센트럴 엠버시 연결. L1층에 위치
- www.centralembassy.com

쏨분 시푸드 Somboon Seafood
MAP P.11-H

방콕의 시푸드 식당 중 가장 유명한 집으로 1969년 처음 문을 열었다. 신선한 해산물을 바로 요리해 내는 것이 이집의 자랑. 한국인에게도 매우 인기 있는 곳이다. 추천 메뉴는 새우, 게, 굴 등 해물로 만든 요리인데 한국인의 입맛에 잘 맞는다.

저녁부터 영업을 시작하고 현금만 받는다. 가장 유명한 메뉴는 신선한 굴, 꿍파오, 뿌 팟 퐁까리 등인데 매콤한 맛보다는 달달한 맛이 강하다. 가격도 적당하고, 맛도 만족스러운 곳이다. 방콕에만 7개 지점을 운영하고 있는데, 센트럴 엠버시 지점, 씨암 스퀘어 원 지점을 이용해도 좋다. 몰에 입점한 지점들은 낮부터 운영해 점심 식사가 가능하지만 다른 지점들은 지녁부터 영업을 시작한다. 참고로 센트럴 엠버시와 씨암 스퀘어 원 지점은 카드 사용이 되지만 다른 지점은 현금 사용만 가능하다는 점에 주의.

센트럴 엠버시(Central Embassy) 지점
● 5F, Central Embassy 1031 Ploenchit Rd ☎ 0-2160-5965~6 ● 11:00~22:00 ● BTS 펀칫(Ploenchit) 역 5번 출구

씨암 스퀘어 원(Siam Square One) 지점
● 4F, Siam Square One Building Rama 1 Rd ☎ 0-2115-1401~2 ● 11:00~22:00 ● BTS 씨암(Siam)역 4번 출구

신선한 굴

반탓통(Bantadthong) 지점
● 895/6-21 Soi Chula 8, Bantadthong Rd ☎ 0-2216-4203~5 ● 16:00~23:30 ● BTS 내셔널 스타디움(National Stadium)역 2번 출구

수라왕(Surawong) 지점
● 169,169/7-12 Surawong Rd ☎ 0-2233-3104 ● 16:00~23:30 ● BTS 총논씨(Chong Nonsi)역 3번 출구

라차다(Ratchada) 지점
● 1 167/9-12 Huay-Kwang Intersection, Ratchadapisek Rd ☎ 0-2692-6850~3 ● 16:00~23:30 ● MRT 후웨이 쾅(Huay Kwang)역 3번 출구

샘얀(Samyan) 지점
● GF, 315 Chamchuri Square Building, Phya Thai Rd. ☎ 0-2160-5100 ● 10:30~22:00 ● MRT 샘얀(SamYan)역 2번 출구

우돔쑥(Udomsuk) 지점
● 26 Udomsuk 60, Sukhumvit 103 Rd, NongBon, Pravet ☎ 0-2746-6850~3 ● 16:00~23:30 ● BTS 우돔쑥(Udomsuk)역 3번 출구

가짜 쏨분 시푸드에 주의
택시를 타고 갈 때 택시 기사가 가짜 쏨분 시푸드 레스토랑으로 안내해 터무니없는 음식 가격을 내게 하는 일들이 빈번히 발생하고 있다. 보통은 식사 값을 카드로 결제하게 하는데 진짜 쏨분 시푸드 레스토랑은 현금 사용만 가능하고 레스토랑 입구에서 택시 기사의 차량 번호도 적지 않는다는 점을 유념하자. 특히 호텔 앞에 서 있는 택시나 호객행위를 하는 택시가 가장 위험하다. 가짜 쏨 분 시푸드 레스토랑의 이름은 쏨 분디(Som Boondee)로 BTS 파야 타이역 바로 아래에 있다.

뿌 팟 퐁까리

NIGHT LIFE

★ 칫롬 & 펀칫의 클럽 & 바 ★

젠세 Zense
MAP P.12   강추

음식은 프랑스, 이탈리아, 일본, 태국 스타일의 다양한 메뉴를 제공한다. 그릴 시푸드(650B), 소프트 크랩을 살짝 튀겨 쏨땀에 올린 쏨툰푸님(Som Tum Poo Nim, 290B), 맥주(150B), 칵테일(295B), 논알코올인 목테일(Mocktail, 195B) 등 다양하게 맛볼 수 있다.

- 17F, 4, 4/5 Rajadamri Rd, ZEN World, Central World ☎ 0-2100-9898 ● 17:30~24:00 ● 연중무휴 ● 예산 300B~ ● 영어 메뉴 있음 ● 예약 권장 ● BTS 칫롬(Chit Lom)역 1, 2번 방향 스카이워크를 통해 센트럴 월드 방향으로 걸어서 젠(Zen) 백화점 17층에 위치
- www.zensebangkok.com

센트럴 월드의 젠 백화점 17층에 위치한 분위기 있는 레스토랑 겸 라운지 바. 고급스러운 인테리어의 실내 및 야외 테이블을 갖추고 있다. 오후 5시 30분부터 오픈하며, 오픈 시간에 맞추어 방문하면 일몰도 볼 수 있다. 야외 좌석은 금연석과 흡연석으로 구분되어 있어 비흡연자들에게도 좋다. 전망이 탁 트인 테이블 석을 원한다면 미리 예약해야 한다.

업 & 어버브 레스토랑 앤 바
Up & Above Restaurant & Bar
MAP P.11-H 강추

오쿠라 프레스티지 방콕 호텔에 위치한 바. 24층 로비와 같은 층에 위치한 이곳은 시크하고 스타일리시한 곳으로 6~7개의 야외 테라스에서 탁 트인 방콕의 경치를 보면서 조용하게 보낼 수 있다. 시원하고 쾌적한 공간을 원한다면 실내도 괜찮다. 월요일부터 토요일까지는 하루 네 번 재즈 연주를 들을 수 있다. 다른 라운지 바같이 화려하지는 않지만 조용하게 보내기 좋다. 와인 리스트를 준비하고 있고 칵테일이나 맥주를 마셔도 좋다. 해피아워(17:00~19:00)를 이용하면 한 잔 가격에 두 잔을 마실 수 있다.

● 24F, The Okura Prestige Bangkok Hotel, Park Ventures Ecoplex, 57 Wireless Rd ☎ 0-2687-9000 ● 바 17:00~밤 01:00, 레스토랑 06:00~23:00 ● 연중무휴 ● 예산 300B~ ● 영어 메뉴 있음 ● 야외 테이블은 예약 권장 ● BTS 펀칫(Phloen Chit)역 5번 출구 ● www.okurabangkok.com

피프티 파이브 & 레드 스카이
55 & Red Sky
MAP P.12 강추

센타라 그랜드 앳 센트럴 월드 호텔에 있는 곳으로 야경이 멋있으며 분위기는 차분하다. 레드 스카이는 야외 55층에 있어 방콕의 스카이라인이 눈앞에 펼쳐지고, 피프티 파이브는 실내 공간으로 식사와 함께 술 한잔을 기울이며 분위기를 낼 수 있는 곳이다.
간단하게 한잔하고 싶을 때는 레드 스카이의 바 나 도심을 바라볼 수 있는 스탠드 옆에 자리를 잡아도 좋다. 손님이 많지 않을 때는 편안하게 앉을 수 있는 테이블 석을 안내 받을 수 있다. 아치형의 커다란 조형물이 시시각각 다른 색으로 물들며 은은하게 분위기를 연출한다. 엘리베이터를 이용할 때 호텔 로비 층으로 올라간 후 다시 객실과 레스토랑으로 향하는 엘리베이터로 갈아타야 한다.

● 55F, Centara Grand at Central World, Ratchadamri Rd ☎ 0-2100-1234 ● 레드 스카이-17:30~23:00(와인 바 23:00~밤 01:00) ● 피프티 파이브-11:30~14:30, 18:30~23:30 ● 연중무휴 ● 식사 1500B~, 칵테일 등 주류 300B~ ● BTS 칫롬(Chit Lom)역 1, 2번 출구 방향 스카이워크로 연결된 센트럴 월드 내 센타라 그랜드 호텔 55층에 위치 ● www.centarahotelsresorts.com

피프티 파이브 & 레드 스카이

MASSAGE

스파 1930 Spa 1930
MAP P.11-H

태국에서 유서 깊은 건물 중 하나인 스파 1930 건물은 원래는 태국 공주 소유로 그녀의 친구가 렌트해 운영 중이다.
전통적인 건축 양식의 마사지 룸으로 아름답게 재단장했고 다락방은 우아하게 트리트먼트 룸으로 개조했다. 7개의 방은 마사지 트리트먼트와 발 마사지 목적으로 이용된다. 스파 패키지 가격은 3800~9000B로 다양한데 1000B에 이용할 수 있는 보디 트리트먼트도 있다. 대체적으로 부드러운 마사지가 진행된다. 마사지를 마친 방문객에게는 골목 끝까지 툭툭으로 배웅 서비스를 해준다.

- 42 Soi Tonson ☎ 0-2254-8606 ● 09:30~21:30(입장 마감 20:00) ● 연중무휴 ● 1930 럭셔리 페이셜 & 풋 마사지(1930 Luxury Facial & Foot Massage) 50분 2000B・타이 전통 마사지(Traditional Thai Massage) 60분 1200B, 90분 1600B・스웨디시 마사지(Swedish Massage) 60분 1600B, 90분 2200B・1930 4 핸드 마사지(1930 4-Hands Massage) 60분 1900B, 90분 2500B ● 예약 필수 ● BTS 칫롬(Chit Lom)역 4번 출구로 나와 1분 정도 직진해서 Soi Tonson로 5분 거리, 오른쪽에 위치
- www.spa1930.com

탄 생츄어리 Thann Sanctuary
MAP P.11-G

마사지, 보디용품 등 천연 아로마 제품을 만드는 브랜드에서 직접 운영하는 마사지 숍. 게이손 플라자 외에 씨암 디스커버리 센터 5층에도 지점이 있다. 향이 은은하고 건강에 좋은 재료들로 만들어진 제품을 사용하여 스파와 마사지를 진행한다.
고급스러움이 느껴지는 마사지 숍이며 바로 옆

매장에서는 품질 좋은 제품을 구입할 수도 있다

- 3F Gaysorn Plaza ☎ 0-2656-1423~4 ● 10:00~22:00 ● 연중무휴 ● Nano Shiso Therapy 130분 4300B・Swedish Massage 60분 2000B, 90분 2800B・스톤 보디 마사지(Healing Stone Body Massage) 100분 3500B・타이 아로마틱 마사지(Thai Aromatic Massage) 120분 2500B ● 예약 필수 ● BTS 칫롬(Chit Lom)역 1, 2번 출구 방향으로 나와 게이손 플라자 3층에 위치
- www.thann.info/thann_sanctuary.htm

디오라 Diora
MAP P.11-H

한국의 가로수 길로 불리는 랑쑤언 거리에 위치한 마사지 숍. 쑤쿰윗에 있는 라바나와 비슷한 분위기다. 36개의 마사지 룸이 있고 타이 마사지보다는 오일 마사지, 아로마 오일과 핫 스톤으로 마무리하는 마사지가 더 유명하다.
가격은 조금 비싼 편이지만 혈액 순환이나 근육 이완에 좋다고 알려진 핫 스톤 마사지를 추천한다. 아로마 오일 마사지는 60분(1200B), 90분(1500B), 120분(1850B) 코스가, 아로마 오일과 핫스톤은 90분(1850B), 120분(2350B) 코스가 있다.

- 36 Soi Langsuan ● 전화 0-2652-1112 ● 09:00~24:00(예약 마감 23:00) ● 1300B~ ● 예약 권장 ● BTS 칫롬(Chit Lom)역 4번 출구로 나와 랑쑤언 로드로 들어가 2~3분 거리
- www.dioralangsuan.com

바와 스파 Bhawa Spa
MAP P.11-L

6개의 커플 룸과 욕조가 있는 마사지 룸을 갖추고 있어 커플 마사지나 느긋한 마사지를 즐기기 좋은 마사지 숍. 규모는 크지 않기 때문에 예약은 필수. 바와 스파는 CCTV로 손님이 들어오는 길목을 확인해 손님을 맞으러 나온다. 마사지가 끝나는 순간까지 고객이 불편하지 않도록 배려하는 세심함이 돋보이는 곳이다. 강한 마사지보다는 부드러운 마사지를 선호하며 고급스러운 분위기에서 마사지를 받고 싶은 사람들에게 추천한다. 가장 짧게 받을 수 있는 마사지 프로그램이 1시간 30분으로, 간단한 마사지만을 받으려는 사람에게는 적당하지 않다. 바와 스파에서 직접 만드는 보디용품들은 1층 숍에서 판매한다. 한국 여행사에서 판매하는 바우처를 구입하면 현지에서 직접 지불하는 것보다 저렴하며 예약 대행도 가능하다.

- 83/27 Witthayu Soi 1(Wireless Rd) Lumpini ☎ 0-2252-7988, 0-2252-7989 ● 10:00~23:00(예약 마감 21:00) ● 연중무휴 ● BTS 펀칫(Ploenchit)역 1, 2, 5번 출구로 나와서 오쿠라 호텔을 지나 Wireless Rd를 5분 정도 걸으면 왼쪽으로 바와 스파 안내문이 보인다. 골목으로 50m 들어가면 바와 스파가 나온다.
- www.bhawaspa.com

싸톤 & 씰롬 **Sathorn & Silom**

금융, 글로벌 기업들이 모여 있는
비즈니스 중심지이면서
유명 유흥가가 밀집한 지역

MAP P.14~17

방콕의 상업 지역이면서 도시의 오아시스와 같은 룸피니 공원이 있는 곳이다. MRT와 BTS가 멋지게 도시를 가로질러 교통도 편리하다. 태국의 기업들과 외국계 다국적 기업들이 몰려 있어 빌딩은 화려하고 높으며 사람들은 바쁘게 거리를 활보한다. 세계적인 체인 호텔들과 백화점, 방콕에서 가장 유명한 환락 유흥가인 팟퐁이 있는 곳이기도 하다. 동쪽으로는 짜오프라야 강 주변에 짜런 끄룽 로드(Charoen Krung Rd)가 있다. 낮에는 비즈니스 지역으로 깔끔한 차림의 회사원들로 붐비고, 밤에는 전 세계에서 몰려드는 관광객들로 붐빈다. 이 지역에서는 팟퐁 거리와 아시아티크가 가장 큰 볼거리로 꼽히며, 방콕에서 가장 아름다운 야경을 즐길 수 있는 인기 레스토랑 씨로코도 있다.

관광 ★
쇼핑 ★★
음식 ★★★
나이트라이프 ★★★
방콕의 가장 핵심 유흥가 팟퐁 거리. 고급 호텔에 위치한 레스토랑 겸 바, 게이 클럽 등이 즐비하며 야경을 즐길 수 있는 멋진 곳들이 있다.
마사지 ★★
교통 ★★★

도심 속 오아시스인 룸피니 공원 입구

{ 가는 방법 }

BTS 또는 MRT를 이용해 가는 것이 가장 좋은데, 카오싼 로드나 차이나타운에서 이동할 때는 보트를 이용해 타 싸톤(Tha Sathorn) 선착장으로 간 후 BTS를 이용해도 좋다.
BTS 쌀라댕(Sala Daeng)역, 쑤라싹(Surasak)역, 총 논씨(Chong Nonsi)역, 싸판 딱씬(Saphan Taksin)역에서 하차.
MRT 씨롬(Si Lom)역 하차 또는 보트 선착장 타 싸톤(Tha Sathorn) 이용.

● **BTS** BTS 아쏙(Asok)역에서 쌀라댕(Sala Daeng)역까지 10분 소요. 요금 34B.
BTS 아쏙(Asok)역에서 싸판 딱씬(Saphan Taksin)역까지 16분 소요. 요금 42B.
BTS 씨암(Siam)역에서 쌀라댕(Sala Daeng)역까지 3분 소요. 요금 20B.
● **MRT** MRT 활람퐁역에서 씨롬(Silom)역까지 6분 소요. 요금 18B.
● **택시** 씨암(Siam)에서 쌀라댕(Sala Daeng)까지 15분 소요. 요금 50B~.
● **수상보트** 타 창(Tha Chang), 타 프라아팃(Tha Phra Athit) 선착장에서 타 싸톤(Tha Sathorn) 선착장까지 30~40분 소요. 요금 17B~.

{ 꼭 해보기! }

★ **낮 DAY** 가슴이 확 트이는 짜오프라야 강이 보이며, 역사와 전통까지 살아 숨 쉬는 만다린 오리엔탈 호텔에서 고급스러운 애프턴 티를 즐겨보자.
★ **밤 NIGHT** 태국 스타일의 선물을 고르기 좋은 아시아티크에서 간단하게 쇼핑을 즐기고, 방콕에서 가장 아름다운 야경을 볼 수 있는 씨로코로 가자.

{ 거리 가이드 }

쌀라댕~싸판 딱씬
Sala Daeng~Saphan Taksin

싸톤 대로변에는 특급 호텔이 몰려 있고, 밤이면 밤마다 많은 사람들이 몰리는 팟퐁 야시장과 유흥 지역이 몰려 있는 씨롬은 늘 북적인다. 교통 체증의 걱정을 덜어주는 BTS 쌀라댕(Sala Daeng)역부터 BTS 싸판 딱씬(Saphan Taksin)역까지는 걸어서 구경할만한 유명 관광지가 없다. 그러나 싸판 딱씬역 주변으로는 짜오프라야 강을 배경으로 휴식을 취할 수 있는 최고급 호텔들이 몰려 있다.
하루를 행복하게 마무리할 수 있는, 방콕의 가장 사랑스러운 야경을 볼 수 있는 스테이트 타워 꼭대기 층인 씨로코(p.234)는 꼭 가봐야 할 곳이다.

{ 추천 여행 코스 }
예상 소요시간 6~7시간

룸피니 공원
p.219

BTS 6분 & 셔틀보트 10분

아시아티크
p.54

도보 1분

씨로코
p.234

셔틀보트 10분 & 도보 5분

칼립소 쇼
p.78

Just go's Advice

방콕 제일의 환락가로 유명한 팟퐁 거리에는 호객 행위를 하는 업소들이 굉장히 많다. 과잉 친절 또는 터무니없이 싼 가격으로 고객을 현혹시킨 후 계산하고 나올 때 많은 바가지 금액을 요구하는 일이 빈번히 발생한다. 야시장 길 가에서 쇼 제목을 보여주면서 호객 행위를 하는데 미리 업소로 들어가서 실제 쇼와 술 가격을 보고 난 후 결정해도 좋다. 어 고 고 바(A Go Go Bar)에서 태국의 독특한 문화를 경험하는 정도로 맥주 한 병만 즐겨보고, 절대 성매매의 유혹에 빠져서는 안 된다.

SIGHTSEEING

[싸톤 & 씰롬의 관광]

룸피니 공원
Lumphini Park ★
MAP P.15-C~D

방콕 시민들의 휴식처로 사랑받는 룸피니 공원은 면적이 58만㎡로 무척이나 넓다. 방콕에서는 가장 큰 규모의 공원이다. 연못도 있고 푸르른 나무들도 울창해 공해로 몸살을 앓고 있는 방콕에서는 신선한 청량제 역할을 한다고 할 수 있다. 1925년 라마 6세가 개인 소유의 땅을 기증해 박람회장과 공원을 만들어 이용하려고 했으나 라마 6세의 죽음으로 더 이상 공사가 진행되지 않아 현재의 한가로운 공원의 모습으로 탄생했다.

룸피니 공원 입구에는 우뚝 서 있는 상이 하나 눈에 띄는데 그 동상에 꽃을 헌화, 묵념을 하는 태국 사람들의 모습을 볼 수 있다. 그 동상이 바로 라마 6세의 동상이다. 공원의 이름은 부처님이 태어난 지역 이름을 따서 '룸피니'라고 지었다고 한다.

● Rama IV Rd ☎ 0-2252-7006 ● 04:30~20:00 ● 연중무휴 ● 입장 무료 ● 보트 렌탈 40B(시간당) ● MRT 씰롬(Silom)역 1번 출구 바로 앞에 위치

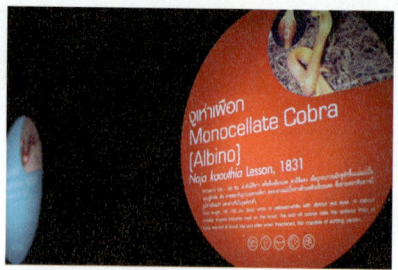

일 11:00(1회) ● 연중무휴 ● 어른 200B, 어린이 50B ●
BTS 쌀라댕(Sala Daeng)역 3번 출구로 나와 Thaniya
Rd로 걸어간 후 우회전한다. 대각선으로 길을 건너 Henri
Dunant Rd 방향으로 5분 정도 걸어가면 왼쪽에 위치
● www.redcross.or.th

뱀 농장
Snake Farm
(Queen Saovabha Memorial Institute) ★
MAP P.14-B

태국 최고의 독사 연구 기관으로 뱀의 독 성분과 해독제 등을 연구한다. 규모는 작지만 뱀에 대한 관심이 있는 사람이라면 연구소 직원으로부터 직접 뱀에게서 나오는 독을 추출하는 방법 등의 설명을 자세히 들을 수 있다.
설명을 듣기 위해서는 평일 11시와 2시 30분에 맞춰 방문하기를 바란다. 각 지방의 살아 있는 뱀들을 직접 관람할 수 있고 뱀에 대해 조금이나마 궁금증을 해소해준다. 어린이를 동반한 여행객은 방문해봐도 좋을 곳이다.

● Queen Saovabha Memorial Institute 1871 Rama IV Rd ☎ 0-2252-0161~4 ● 월~금 08:30~16:30, 토, 일 08:30~12:00 • 쇼 월~금 11:00, 14:30(총 2회), 토, 일, 공휴

고 푸미폰 아둔야뎃(라마 9세) 국왕을 향한 태국인들의 사랑

방콕 시내를 다니다 보면 노란색 유니폼을 입은 사람들을 많이 볼 수 있는데, 노란색 유니폼은 국왕에 대한 국민들의 사랑을 의미한다. 2016년 10월 13일 서거한 푸미폰 아둔야뎃 국왕은 세계 최장인 70년을 재위한 국왕이었다. 재위 기간 내내 국민에게 존경받으며 태국인의 정신적 지주와도 같았다. 분향소를 찾은 추모객이 하루 3만 명이나 될 정도로 국민들의 국왕에 대한 사랑은 대단했으며, 검은색 유니폼이 태국 전국을 물들였다.

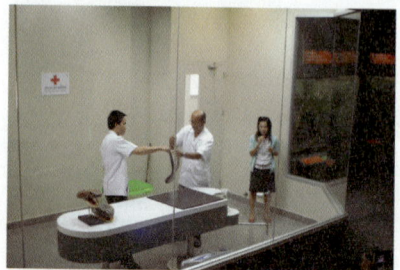

EAT & DRINK

BTS 총논씨역 주변

라틀리에 드 조엘 로브숑
L'Atelier de Joël Robuchon
MAP P.14-B

미슐랭 별점을 받은 고급 레스토랑 라틀리에 드 조엘 로브숑. 홍콩, 마카오, 싱가포르, 타이페이, 도쿄에 이어 방콕에도 지점을 오픈했다. 이곳의 메인 셰프는 올리버 리무쟁(Olivier Limousin)으로, 방콕점 오픈 전인 2006년부터 함께해온 12년차 베테랑 셰프다. 이곳은 실력 있는 셰프들이 다양한 아이디어로 새로운 메뉴를 만들어 내는 곳으로 유명하다. 분위기 있는 레스토랑에서 프랑스 요리를 즐길 수 있으며, 눈앞에서 요리가 만들어지는 과정을 보면서 즐길 수 있는 오픈 키친 주변의 바 좌석도 있다.

추천은 세트 메뉴. 유명 메뉴를 몇 가지 선택할 수 있고 코스별로 가격이 다르다. 저녁 시간에는 단품 메뉴가 1500B 정도, 코스 메뉴가 기본 1인당 5000B 이상이지만 점심 시간에는 세 가지 코스를 런치 스페셜 메뉴(950B)로 먹을 수 있다. 점심 메뉴는 이외에도 1450B, 1850B 가격대 메뉴가 있다.

- 5F, Mahanakorn Cube, 96 Narathiwat Ratchanakarin Rd ☎ 0-2001-0698 ● 11:30~14:30, 18:30~22:30 ● 연중무휴 ● 예산 2000B~ ● BTS 총논씨(Chong Nonsi)역 3번 출구
- www.robuchon-bangkok.com

딘 앤 델루카 Dean & Deluca
MAP P.14-E

뉴욕의 고급 식료품점 딘 앤 델루카의 방콕 1호점. 1970년대 뉴욕의 소호 지역에서 출발한 딘 앤 델루카는 뉴요커들의 사랑을 받으며 전 세계 각지로 영역을 넓히고 있다. 뉴욕을 배경으로 한 미국 드라마 <섹스 앤 더 시티>에도 자주 등장해 한국 사람들에게도 꽤 알려져 있으며, 한국에도 고급 백화점에 입점해 있다.

고객의 대부분은 외국인과 잘 차려 입은 방콕인들이다. 메뉴는 뉴요커들이 즐겨 먹는 샐러드, 샌드위치, 수프가 있다. 가볍지만 든든한 한 끼 식사를 원하는 사람들에게는 올데이 브렉퍼스트를 추천한다. 주문을 하고 번호표를 받으면 자리로 음식을 가져다준다. BTS 펀칫역 앞 오쿠라 호텔 건물 1층에 2호점이 있다.

- 92 Mahanakorn Bd, Naratiwas Rd ☎ 0-2234-1434
- 월~목, 일 07:00~23:00, 금, 토 07:00~23:00 • 연중무휴 • 예산 200B~ • 영어 메뉴 있음 • 예약 불필요
- BTS 총논씨(Chong Nonsi)역 3번 출구 바로 앞
- www.deandeluca.co.th

로켓 커피바 Rocket Coffeebar
MAP P.17-H

싸톤에 자리한 식당으로 커피와 브런치를 즐길 수 있는 곳. 방콕 매거진 〈BK 매거진(BK Magazine)〉에서 베스트 레스토랑으로 선정되기도 했다. 싸톤의 W 호텔에서 걸어서 갈 수 있는 위치로 헬스 랜드가 있는 골목으로 2분 정도 들어가면 된다. 스웨덴인 주인의 느낌을 살린 깔끔하고 세련된 인테리어가 돋보이는 곳이다. 야외 좌석과 중앙의 커다란 오픈 주방 앞으로 앉을 수 있는 바 자리와 2개의 테이블 밖에 없는 작은 곳이지만 방콕의 핫 플레이스로 이미 유명세를 타고 있으며, 센트럴 앰버시, 텅러에는 '로켓X'라는 이름으로 지점을 운영하고 있다.

커피 맛이 꽤 좋은데, 그 비밀은 갓 볶은 원두다. 커피는 콜드 브루 커피(Cold Brew Coffee, 가장 작은 사이즈 75B), 에스프레소(80B), 아메리카노(90B), 카페라테(100B)가 있으며, 커피와 함께 먹기 좋은 쿠키(45B)도 있다. 파인애플 당근 머핀(75B), 와플(180B) 등도 맛있다. 올데이 스웨디시 브렉퍼스트를 먹을 수 있는데, 추천 메뉴로는 간단한 샐러드인 스위트 포테이토 & 펌프킨(Sweet potato & Pumpkin, 240B), 브런치 메뉴로 즐겨 찾는 로켓 베네딕트(Rocket Benedict, 290B), 데일리 수프(195B)가 있다.

● 149 Sathorn Tai Soi 12 ☎ 0-2635-0404 ● 07:00~22:00 ● 월요일 휴무 ● 예산 100B~, 파스타 330B~, 샐러드 210B~, 샌드위치 290B~ ● 영어 메뉴 있음 ● 예약 불필요 ● BTS 총논씨(Chong Nonsi)역 1번 출구로 나와 사거리에서 우회전 후 W호텔을 지나 헬스 랜드가 나오면 우회전해 1~2분 거리
● www.rocketcoffeebar.com

BTS 쑤라싹역 주변

씰롬 빌리지 Silom Village
MAP P.17-G

바닷가재 회

씰롬 로드에 위치한, 티크 나무로 만든 전통 가옥으로 1981년 상점가로 개조했다. 기념품, 앤티크 제품들을 파는 상점뿐 아니라 호텔까지 있어 관광객이 많이 찾아온다.

특히 해산물 레스토랑이 유명한데, 이곳에서는 평일 낮에는 점심 식사를 위해 몰려드는 직장인들을 위해 태국 음식들을 저렴하게 제공한다. 맛도 훌륭하므로 넓은 식당이 꽉 찰 정도로 늘 인기 있다. 저녁 시간에는 살아 있는 바닷가재, 게, 새우 등을 요리한 음식이 손님들의 입을 만족시키며 매일 저녁 7시에는 작은 무대에서 태국 전통 공연도 펼쳐진다. 가재가 살아 있을 때만 요리가 가능한 바닷가재 회와 저렴한 팟타이도 한국인 여행자들이 좋아하는 메뉴 중 하나다.

● 286 Silom Rd ☎ 0-2234-4448 ● 11:30~23:30 ● 연중무휴 ● 예산 500B~, 바닷가재 100g당 320B, 새우 100g당 200B~(시세에 따라 달라짐) ● 영어 메뉴와 사진 메뉴 있음 ● BTS 쑤라싹(Surasak)역 1번 출구에서 3분 정도 직진하면 Pramuan Rd가 나오는데 이곳을 지나 두 번째 나오는 Pan Rd의 이정표가 보이면 좌회전해서 길 끝까지 걸어간다. 가다 보면 Silom Rd가 나오는데 거기서 길 건너로 간판이 보인다.
● www.silomvillage.co.th

따링 쁘링 Taling Pling
MAP P.17-G 강추

얌 탈레

태국 음식과 디저트까지 즐길 수 있는 레스토랑으로 점심시간에는 주변 직장인들로 북적거린다. 여러 사람들이 음식을 다양하게 주문해 푸짐하게 먹는 모습을 볼 수 있다. 비프 그린 커리와 로티는 이곳의 추천 메뉴인데 매콤한 해물 샐러드인 얌 탈레도 신선한 해산물이 들어가 상큼하며 대체적으로 음식들이 자극적이지 않고 음식 맛이 훌륭하다. 센트럴 월드, 씨암 파라곤, 쑤쿰윗, 쏘이 34에도 지점이 있다.

● 653 Rd 7, Baan Silom Arcade ☎ 0-2236-4829~30 ● 11:00~22:00 연중무휴 ● 예산 300B~, 비프 그린 커리 165B, 팟타이 150B ● 영어 메뉴와 사진 메뉴 있음 ● BTS 쑤라싹(Surasak)역 1번 또는 3번 출구로 나와서 바로 앞 Pramuan Rd로 직진해 길 끝까지 가면 Silom Rd가 나온다. 여기서 좌회전해 Soi 19 방향으로 직진하면 나오는 고풍스러운 Baan Silom Arcade에 위치(나라야 매장 옆. 더 헤리티지 반 씰롬 옆)

비프 그린 커리와 로티

탄잉 Thanying
MAP P.17-G

평범한 골목에 위치한 평범한 레스토랑 같아 보이지만 방콕에서 몇 안 되는 태국 궁중음식 전문점이다. 분위기도 조용하고 편안하며 직원들의 섬세한 서비스가 돋보인다. 메뉴판에는 빨간 고추를 그려 놓아 음식의 매운 정도를 알려준다. 20년 전통의 품위 있는 식사를 할 수 있는 곳이다.

● 10 Pramuan Rd ☎ 0-2235-0371 ● 11:30~22:00 ● 1월 1일 휴무 ● 예산 300B~. 똠얌꿍 100B(1인당), Sea Bass(농어 요리) 420B, Khao Pode Tod(옥수수 튀김) 5조각 100B ● 영어 메뉴와 사진 메뉴 있음 ● 저녁 예약 필수 ● BTS 쑤라싹(Surasak)역 1번 출구에서 3분 정도 직진하면 Pramuan Rd가 나오는데 여기에서 좌회전해 5분 정도 가면 왼쪽에 위치 ● www.thanying.com

블루 엘리펀트 Blue Elephant
MAP P.17-G ♥ 강추

다년간 명성을 쌓아온 클래식한 분위기의 음식점으로 태국의 전통 맛도 살리면서 새로운 음식을 개발해 외국인들에게 큰 인기를 누리고 있는 레스토랑이다. 메인 요리는 태국 음식이지만 요리사들이 새롭게 만든 퓨전 요리도 선보인다. 고급스러움이 물씬 풍기는 100년 넘은 3층 건물에서는 태국 요리를 배우고 싶은 사람들을 대상으로 쿠킹 클래스도 운영하고 있다. 벨기에, 런던, 파리, 코펜하겐, 두바이 등 해외에도 12개 곳의 지점이 있다.

여러 가지 음식을 한 번에 접해보고 싶다면 매일 조금씩 메뉴가 달라지는 세트 메뉴(월~금)를 추천한다. 프랑스 요리에 태국 스타일을 접목한 푸아그라 요리(Foie Gras with Tamarind, 580B), 일명 모닝글로리라고 불리우는 채소볶음인 팍뿡 화이댕도 밥 반찬으로 좋다. 밥은 흰쌀밥과 흑미밥으로 준비된다. 한국 영화 〈스파이〉의 촬영 장소로도 유명하다.

● 233 South Sathorn Rd ☎ 0-2673-9353 ● 11:30 ~14:30, 18:30~22:30 ● 연중무휴 ● 예산 500B~. 월~금 런치 세트 680B, 디너 세트 1300B~, Bamboo Fish 390B ● 영어 메뉴와 사진 메뉴 있음 ● 예약 필수 ● BTS 쑤라싹(Surasak)역 4번 출구 바로 앞
● www.blueelephant.com

BTS 쌀라댕역 주변

하이 쏨땀 컨벤트 Hai Som Tam Convent
MAP P.14-B

태국 일반인들이 즐겨 찾는 서민적인 식당으로 주변 회사에 근무하는 직장인들로 가게 안은 늘 북적거린다. 가장 잘 하는 음식은 즉석에서 만들어주는 쏨땀으로 쏨땀 타이, 쏨땀 뿌, 쏨땀 꿍 등이 있다. 태국의 가장 기본적인 메뉴들이면서 태국 사람들이 가장 좋아하는 음식이기도 하다.

- 2/4-5 Convent Rd ☎ 0-2631-0216 ● 10:30~21:00
- 일요일 휴무 ● 예산 100B~. 쏨땀 타이 70B, 쏨땀 뿌 80B, 코코넛 아이스크림 20B ● 영어 메뉴 있음 ● BTS 쌀라댕(Sala Daeng)역 2번 출구에서 나와 BTS 총논씨(Chong Nonsi)역 방향으로 조금 걸어가다 Convent Rd로 좌회전해 2분 정도 걸어가다 길 건너 오른쪽에 위치

에브리데이 카르마카멧 Everyday Karmakamet
MAP P.14-B

카르마카멧에서 운영하는 라이프 스타일 숍. 아기자기한 소품과 간단한 음료들을 판매한다. 여러 지점이 있지만 쌀라댕점은 복잡하지 않은 골목에 자리 잡고 있어 매우 한가한 편이다. 매장에서 판매하는 메뉴는 커피, 스무디 등의 드링크 메뉴와 간단하게 먹을 수 있는 베이커리 정도만 구입할 수 있다. 10명 정도 앉을 수 있는 테이블이 갖춰진 작은 매장에서는 카르마카멧의 아로마 제품은 물론 에코백, 머그컵, 인테리어 소품들을 판매한다. 카르마카멧의 은은한 아로마 향기와 아이디어로 똘똘 뭉친 소품을 우연히 마주칠 수도 있다.

규모가 크지는 않지만 한 번쯤 들어 갈 봐도 좋은 곳이다. 프롬퐁에 위치한 카르마카멧 다이너는 고급스럽고 분위기가 중후하다면, 이곳은 좀 더 캐주얼한 분위기로 가볍게 들려 음료 한잔하기에 적당한 장소다.

- 361/1, Silom Soi 7 ☎ 0-2237-1148 ● 10:00~22:00
- 예산 150B~ ● BTS 쌀라댕(SalaDaeng)역 3번 출구 나온 후 Soi 7로 들어간다. 도보 1~2분 ● www.everydaykmkm.com

르안 우라이 Ruen Urai
MAP P.14-A

야시장으로 유명한 팟퐁 거리의 즐비한 술집 사이에 오아시스 같은 레스토랑이 하나 숨겨져 있다. 고급스러운 타이 레스토랑으로, 특별한 날 찾아가면 좋다. 조용하고 아늑한 태국 스타일 건물은 시간을 돌려 놓은 듯 고풍스럽다. 저녁에는 은은한 조명과 함께 한층 우아한 분위기를 자아낸다.
방콕 매거진에서 매년 선정하는 '톱 테이블'에서 맛집으로 선정되어 더욱 유명해졌다. 저녁 시간에는 예약 필수. 특히 서양인들에게 인기가 높다.

● 72 Ruen Urai, Rose Hotel, 118 Surawong Rd ☎ 0-2266-8268 ● 12:00~23:00 ● 연중무휴 ● 예산 200B~ ● 영어 메뉴 있음 ● 예약 불필요 ● BTS 쌀라댕(Sala Daeng)역 1번 출구로 나와 팟퐁 거리 끝까지 걸어서 길을 건넌 다음 왼쪽으로 조금 걸으면 로즈 호텔과 Ruen Urai 간판이 나온다. 간판이 보이면 골목으로 우회전해 호텔 입구를 지나면 주차장 옆 레스토랑 입구가 보인다 ● www.ruen-urai.com

망고 트리 Mango Tree
MAP P.14-A ♥ 강추

수끼 전문으로 알려진 코카에서 운영하는 타이 레스토랑으로 80년 된 2층 건물에 위치해 있다. 1, 2층은 물론이고 야외 테이블에서도 편안하게 맛있는 음식을 먹을 수 있다. 유명 식당들은 점심, 저녁 시간으로 나누어 영업을 하지만 이곳은 중간 휴식 시간이 없다는 것이 장점이다.
요리 또한 자극적이지 않다. 참고로, 매운맛을 선호하는 사람은 주문할 때 미리 이야기해두면 원하는 스타일로 요리되어 나온다. 주문하기 편리하게 메뉴판에 사진도 곁들여 있어 외국인을 배려하는 마음도 느낄 수 있다. 방콕 쑤완나품 국제공항에도 지점이 있으며, 런던, 도쿄, 부산, 쿠칭에도 진출해 있다.

- Soi Tantawan 37 Surawong Rd ☎ 0-2236-2820
- 11:30~24:00 ● 연중무휴 ● 예산 500B~. 텃만 꿍 270B, 골든 버켓 580B, 카오팟 꿍 230B ● 예약 권장
- BTS 쌀라댕(Sala Daeng)역 1번 출구에서 팟퐁 거리 끝 나라야 매장을 지나 골목 끝에서 좌회전해서 100m 정도 걷다 보면 세븐일레븐이 보이고 길 건너에는 Surawong Tantawan 호텔이 있는데 이 호텔이 보일 때쯤 좌회전을 하면 골목 1~2분 거리에 위치
- www.coca.com/mangotree

잇 미 레스토랑
Eat Me Restaurant
MAP P.14-F

한국에서 접하기 힘든 호주 음식을 맛볼 수 있는 레스토랑. 1998년에 문을 열었으며 호주인이 운영하고 있다. '나를 먹어라'라고 쓰여 있는 식당의 간판이 호기심을 불러일으킨다. 안으로 들어가면 레스토랑과 아트 갤러리가 함께 어우러져 있다. 해산물, 육류로 만든 잇 미의 시그니처 메뉴는 방콕은 물론 아시아에서도 손꼽히는 맛이다.

● Soi Phiphat 2 Convent Rd ☎ 0-2238-0931 ● 15:00~밤 01:00 ● 연중무휴 ● 예산 1000B~, 피시(Fish)+셸피시(Shellfish) 475B~ ● 영어 메뉴 있음 ● BTS 쌀라댕(Sala Daeng)역 2번 출구에서 나와 BTS 총논씨(Chong Nonsi)역 방향으로 조금 걸어가다가 Convent Rd로 좌회전한다. Soi Phiphat으로 우회전해 1분 거리에 위치 ● www.eatmerestaurant.com

BTS 싸판 딱씬역 주변

브리즈 Breeze
MAP P.16-F

스타일리시하고 화려한 레스토랑으로, 아시아 요리를 다양하게 선보인다. USA 투데이(USA Today)지에서 선정한 '2014년 세계의 가장 트렌디한 레스토랑' 중 하나로 꼽히기도 했다.
같은 스테이트 타워에 있는 씨로코의 명성으로 인기가 조금 떨어졌지만 복잡한 것을 싫어하는 사람들은 52층에 위치한 브리즈를 방문하는 편이다. 조용한 분위기를 즐기는 동시에 멋있는 야경까지 볼 수 있는 공간으로, 이곳에서는 고급 해산물 요리를 추천한다. 아시아풍으로 요리된 싱싱한 해산물이 여러 가지 스타일로 제공된다.

● 52F State Tower Bd ☎ 0-2624-9555 ● 18:00~밤 01:00 ● 연중무휴 ● 예산 2000B~, 칵테일 360B~, 저녁 세트 3800B~ ● 영어 메뉴 있음 ● 예약 필수 ● BTS 싸판 딱씬(Saphan Taksin)역 3번 출구로 나와서 좌회전 후 직진. 로빈슨 백화점을 지나 5분 거리에 위치 ● www.lebua.com/breeze

스테이트 타워 52층의 브리즈

코 당 탈레 Ko Dang Talay
MAP P.16-E

아시아티크에 위치한 신선한 해산물 전문점. 짜오프라야 강을 바로 옆에 두고 있어 분위기가 좋다. 시원한 실내석과 야경을 보면서 식사를 즐길 수 있는 야외석이 있다. 한국인이 가장 많이 찾는 요리는 뿌 팟 퐁까리. 커다란 게는 당일 시세에 따라 가격이 달라진다.

요리 종류에 따라 머드 크랩(Mud Crab), 에그 크랩(Egg Crab) 등 다양한 게들이 준비되어 있다. 실내에 있는 수조에서 해산물을 바로 꺼내 요리하기 때문에 신선함을 보장한다. 비싼 해산물이 아니더라도 다양한 태국식 반찬을 시켜 식사할 수도 있다. 간장으로 조리한 생선찜(Whole Fish Steamed with Soy Sauce, 950B)은 주문 후 30분 정도 기다려야 한다. 그 외 생선튀김(550B), 게살 볶음밥(80~300B)은 사이즈가 다양하다. 한국에 없는 채소로, '쓴 참외'라 불리는 아시아 열대 조롱박의 줄기를 볶아 만든 비터 고드 볶음(Bitter Gourd Stir Fired with Oyster Sauce, 150B)은 태국에서 가장 많이 먹는 모닝 글로리보다 좀 더 부드럽다. 시림프 피시 케이크(Shrimp Fish Cake, 280B)도 맛있다.

● Warehouse 7, Asiatique, 2194 Charoenkrung Rd, Wat Prayakrai ☎ 092-284-5610 ● 17:00~24:00(마지막 주문 22:30) ● 연중무휴 ● 예산 700B~, 쉬림프 피시 케이크 280B, 게살 볶음밥 80B~ ● 영어 메뉴 있음 ● 예약 불필요 ● BTS 싸판 딱씬(Saphan Taksin)역에서 내려 타 싸톤(Tha Sathorn) 선착장에서 아시아티크행 무료 셔틀보트 탑승, 아시아티크 강변 Warehouse 7에 위치

MRT 룸피니역 주변

셀라돈 Celadon
MAP P.15-G

 강추

방콕의 최고급 호텔인 쑤코타이 호텔에 있는 고급 태국 요리 레스토랑. 빌딩 숲 사이에 서 있는 호텔 로비 앞에 단층 건물이 있는데, 이곳이 셀라돈이다. 고급스러운 인테리어는 비즈니스로 방문하는 외국인뿐 아니라 현지 부유층들에게도 인기가 많다. 레스토랑 주변을 둘러싼 야외의 작은 연못도 인상적이다. 시간대별로 태국 스타일의 음악을 연주해주는데 은은하게 전해오는 선율이 편안한 식사 시간을 연출한다.
우아한 식사와 낭만적인 시간이 필요할 때 꼭 가볼 만한 레스토랑이다. 추천 메뉴는 뿌 팟 퐁 까리(1600B)와 얌 쏨오(400B) 등. 무엇을 먹을지 고민된다면 가격은 비싸지만 세트 메뉴(1100B)도 괜찮다.

나오면 Sathorn Rd가 있는데 여기에서 직진해서 걷다 보면 쑤코타이 호텔 이정표가 보인다. 1~2분 정도 걸어 들어가면 오른쪽에 연못에 둘러싸인 건물이 셀라돈 레스토랑이다. ● www.sukhothaihotel.com

● Sukhothai Hotel 13/3 South Sathorn Rd ☎ 0-2287-0222 ● 11:30~14:30, 18:30~22:30 ● 연중무휴 ● 예산 1000B~, 세트 메뉴 1100B~ ● 영어 메뉴 있음 ● 저녁 예약 필수 ● MRT 룸피니(Lumphini)역 2번 출구로

시크릿 가든 Secret Garden
MAP P.14-F ♥ 강추

싸톤에 위치한 타이 레스토랑 겸 베이커리. 방콕에만 6개 지점이 있으며 태국인들 사이에도 인기가 높다. 흰색을 주로 사용한 건물 내부는 차분한 느낌이 든다. 카페를 지나면 레스토랑 공간이 나온다. 추천 메뉴는 얌 운쎈(120B), 팟타이(95B~), 카오팟(110B~), 농어 요리(420B). 메뉴판이 상세하지만 직원들에게 메뉴에 대한 안내도 받을 수 있다. 모든 음식은 깔끔하고 담백하게 요리된다.

- 117/1 South Sathorn Rd ☎ 0-2286-2464, 0-2286-2454 ● 11:00~22:00 ● 연중무휴 ● 예산 200B~ ● 영어 메뉴와 사진 메뉴 있음 ● 예약 불필요 ● MRT 룸피니(Limphini)역 2번 출구로 나와서 직진하다 보면 쑤코타이 호텔이 나온다. 호텔을 지나서 3~4분 거리에 위치
- www.secretgarden-cuisine.com

NIGHT LIFE

 ★ 싸톤~씰롬의 클럽 & 바 ★

씨로코 Sirocco
MAP P.16-F

 강추

스테이트 타워 빌딩의 61층에 위치한 고급 레스토랑. 야외 테이블에서 한가로운 저녁 식사를 즐기면서 짜오프라야 강과 방콕의 야경을 낭만적으로 즐길 수 있는 방콕 최고의 공간이다. 오픈 후 분위기가 무르익을 무렵 아름다운 재즈가 연주된다. 야외에 마련된 테이블은 식사를 하기 위한 곳이며, 조명이 화려하게 가지각색으로 바뀌는 바는 간단하게 음료나 칵테일을 즐길 수 있는 곳이다. 바는 지정 좌석은 없고 스탠딩만 가능하다.

식사를 즐기기 위한 사람들은 대부분 한껏 분위기에 맞는 우아하고 화려한 복장으로 오지만 11시경에 방문하여 간단한 음료나 주류를 마시러 사람들은 깔끔한 스마트 캐주얼 차림으로도 방문한다. 너무 무거운 분위기는 아니지만 멋지고 세련되게 차려입고 방문해야 하는 곳이다. 식사를 위해서는 반드시 예약해야 한다. 입장 시 63층 레스토랑 입구부터 복장을 확인하니 차림새에 유의한다.

● 63F State Tower Bd ☎ 0-2624-9555 ● 17:00~24:30 ● 연중무휴 ● 예산 500B~, 음료 및 주류 360B~, 저녁 세트 메뉴 3300B~ ● 영어 메뉴 있음 ● 예약 필수 ● BTS 싸판 딱씬(Saphan Taksin)역 3번 출구로 나와 좌회전해서 로빈슨 백화점을 지나 5~7분 거리
● www.thedomebkk.com

파크 소사이어티 앤 하이소 바
Park Society & HI-SO BAR
MAP P.15-D

소피텔 소 호텔 29층에 위치하고 있어 방콕의 새로운 야경 명소로 떠오른 곳. 룸피니 공원을 내려다보며 칵테일 한잔으로 하루를 마무리하고 싶은 곳이다. 심플한 인테리어로 쾌적하게 즐길 수 있는 실내 좌석과 야외 좌석이 있다. 날씨가 좋다면 야외 테이블을 추천한다. 일몰을 감상하기 좋은 자리에 앉으려면 문을 여는 시간에 맞춰 서둘러 방문하는 것이 좋다. 음료는 250B~. 택스와 서비스 차지는 별도다. 복장에 대한 제재는 없지만 스마트 캐주얼 정도로 기본적인 예의를 갖출 것.

● 29F, Sofitel So Bangkok, 2 North Sathorn Rd. ☎ 0-2624-0000 ● 디너 18:00~22:30, 바 17:00~00:30 ● 연중무휴 ● MTR 룸피니(Lumphini)역 2번 출구로 나와 3분 거리

버티고 그릴 앤 문 바
Vertigo Grill & Moon Bar
MAP P.15-G

 강추

반얀 트리의 가장 높은 층인 59층까지 엘리베이터를 이용한 후 계단을 빙글빙글 돌아 61층에 도착하면 야경이 아름답기로 소문난 버티고가 있다. 저녁 식사를 위한 테이블은 반드시 예약을 해야만 안내받을 수 있으니 알아두자. 간단한 칵테일이나 주류 등을 마시면서 야경을 즐기려면 바를 이용하면 된다. 주위의 조명을 최소화해 어두운 곳에서 낭만을 즐기는 곳으로 연인들과 외국인 관광객들이 한 번쯤은 들러보고 싶어하는 곳이다. 단점이 있다면 사람이 많은 날은 너무 시끄럽다는 것이다.

너무 짧거나 허름한 복장, 슬리퍼 등은 입장 불가이니 주의한다. 남자의 경우는 반바지 차림으로도 입장이 불가하다. 특히 저녁 식사를 할 예정이라면 복장에 신경 쓰는 편이 좋다.

● 61F, Banyan Tree Hotel Bangkok, 21/100 South Sathorn Rd ☎ 0-2679-1200 ● 18:00~밤 01:00 ● 예산 400B~, 저녁 2000B~, 칵테일·음료 주문 시 400B~
● MRT 룸피니(Lumphini)역 2번 출구로 나와 Sathorn Rd로 직진해 걷다 보면 쑤코타이 호텔이 나오는데 이 호텔을 지나 바로 나오는 반얀 트리 호텔 61층에 위치
● www.banyantree.com

씨로코와
버티고 입장 시 주의할 점

남자는 반바지와 슬리퍼 차림으로 입장할 수 없으며, 민소매 티셔츠도 안 된다. 남자는 발을 전부 가리는 신발을 신어야 하며, 여자는 슬리퍼 같은 품위에 어긋난 신발로는 입장할 수 없다. 너무 짧거나, 품위가 떨어진다고 판단되는, 찢어진 청바지 등의 옷차림도 입장 불가다. 드레스 코드는 스마트 캐주얼이니 저녁에 방문하려면 숙소를 나설 때부터 미리 복장을 체크해보도록 하자.

쓰리 식스티 라운지
Three Sixty Lounge
MAP P.16-A

밀레니엄 힐튼 호텔 32층에 위치한 쓰리 식스티 라운지에서는 짜오프라야 강을 가장 아름다운 방향에서 바라볼 수 있는데 은은하게 들려오는 라이브 음악을 감상하며 분위기를 만끽할 수 있다. 호텔 꼭대기에 둥근 아치형을 그리는 라운지는 통유리창을 달아 실내에서도 야경을 즐길 수 있도록 해놓았다. 창밖으로 보이는 짜오프라야 강과 스테이트 타워의 씨로코까지 어우러져 무엇하나 버릴 것 없는 아름다운 야경을 선사한다. 실내에만 테이블이 있어 시원한 공간에서 조용한 시간을 보낼 수 있다. 드레스 코드는 스마트 캐주얼이다.

● 32F, Millennium Hilton, 123 Charoennakrung Rd ☎ 0-2442-2000 ● 17:00~밤 01:00 ● 연중무휴 ● 예산 400B~, 칵테일 350B~ ● 영어 메뉴 있음 ● BTS 싸판 딱씬(Saphan Taksin)역 2번 출구 타 싸톤 옆 호텔 보트 선착장에서 밀레니엄 힐튼이 운영하는 셔틀보트 이용

스칼렛 와인 바 앤 레스토랑
Scarlett Wine Bar & Restaurant
MAP P.17-D

37층의 전망 좋은 와인 바 겸 레스토랑. 풀만 방콕 호텔 G로 바뀌기 전인 씰롬 소피텔 호텔 때부터 분위기 좋기로 유명했던 V9이 새로운 이름으로 바꾸고 새로운 메뉴를 선보인다. 고급스러운 분위기에서 세계 각국의 다양한 와인을 만날 수 있고 파리의 유명 레스토랑 셰프의 요리를 맛볼 수 있다. 프랑스인 셰프 마누엘 마르티네즈(Manuel Martinez)는 미슐랭 가이드의 별 2개를 받은 루이 13세 레스토랑(Louis XIII Restaurant)의 오너이기도 하다. 좌석은 테이블과 카운터 바로 나뉜다.

● 37F, Pullman Bangkok Hotel G, 188 Silom Rd ☎ 0-2238-1591 ● 18:00~밤 01:00 ● 연중무휴 ● 예산 400B~ ● 영어 메뉴 있음 ● BTS 총논씨(Chong Nonsi)역 3번 출구로 나와 쌀라댕 로드로 직진하다가 사거리에서 좌회전해서 보이는 Pullman Bangkok Hotel G 37층에 위치
● www.pullmanbangkokhotelg.com

쓰리 식스티 라운지 주변의 야경

멧 바 Met Bar
MAP P.15-G

메트로폴리탄 호텔에 있는, 한번쯤 들러보고 싶은 바. 1998년 오픈한 런던점 이후 두 번째로 문을 연 곳이다. 부드럽고 세련된 조명과 개성 있는 DJ들이 틀어주는 음악도 좋다. 회원제로 운영 중이라고 하지만 메트로폴리탄 호텔의 투숙객과 외국인이라면 입장이 가능하다.

● COM Metropolitan Hotel, 27 South Sathorn Rd ☎ 0-2625-3333 ● 19:00~밤 01:00 ● 연중무휴 ● 예산 350B~ ● MRT 룸피니(Lumphini)역 2번 출구로 나와 Sathorn Rd로 직진해서 걷다 보면 쑤코타이 호텔이 나온다. 이 호텔을 지나 메트로폴리탄 호텔 이정표가 보이는데 여기에서 좌회전해서 1분 정도 가면 메트로폴리탄 호텔이 있다. 이 호텔 1층에 위치

● www.metropolitan.bangkok.como.bz

뱀부 바 Bamboo Bar
MAP P.16-E

고급스러움의 대명사인 만다린 오리엔탈 호텔에서 부드러운 재즈를 즐길 수 있는 곳으로, 실력 있는 뮤지션들의 품위 있는 무대에 빠져들 수 있다. 분위기에 취해 칵테일과 간단한 술 한잔으로 하루의 피로를 풀며 뿌듯하게 하루를 마무리할 수 있는 편안한 장소이다.
방문하는 손님들도 깔끔하고 품위 있게 차려입고 나타나 음악을 조용하게 느낄 줄 아는 마니아층이다. 음악을 사랑한다면 무대 쪽으로 향한 테이블로 안내받아 은은하게 들려오는 연주에 심취해도 좋다.

뱀부 바의 재즈 공연

- The Mandarin Oriental Hotel Bangkok, 48 Oriental Ave ☎ 0-2659-9000 ● 일~목 11:00~밤 01:00, 금, 토 11:00~밤 02:00 ● 연중무휴 ● 예산 300B~, 맥주 220B~, 칵테일 420B~ ● 영어 메뉴 있음 ● BTS 싸판 딱씬(Saphan Taksin)역 2번 출구로 나와 타 싸톤 옆 호텔 보트 선착장에서 만다린 오리엔탈 호텔이 운영하는 셔틀보트 이용 ● www.mandarinoriental.com

몰리 말론 Molly Malone's
MAP P.14-B 강추

퇴근 시간인 6시부터 주변 직장인들로 북적거리는 곳으로 외국인뿐 아니라 현지인들과도 친구가 될 수 있는, 분위기 있는 아이리시 퍼브이다. 특히 2층에는 당구대가 있으며 금연을 원칙으로 하는 방콕에서 주인장의 든든한 백으로 유일하게(?) 담배를 피우는 곳이기도 하다.
해피아워에는 좀 더 저렴한 값으로 마실 수도 있고 한 잔 주문 시 한 잔 더 공짜로 마실 수 있는 행사도 자주 열린다. 기네스 생맥주가 1파인트(약 0.5리터)에 220B로 다른 곳에 비해 저렴한 편이다.

- 1/5-6 Soi Convent Rd ☎ 0-2266-7160~1 ● 09:00~밤 02:00 ● 연중무휴 ● 예산 100B~, 맥주 75B~ ● 영어 메뉴 있음 ● BTS 쌀라댕(Sala Daeng)역 2번 출구에서 나와 BTS 총논씨(Chong Nonsi)역 방향으로 조금 걷다가 Convent Rd로 좌회전하면 2분 거리에 위치
- mollymalonesbangkok.com

 TIP

방콕에서 만나는 환락의 밤거리

팟퐁 Patpong
한 번쯤은 가보고 싶은 곳 중 하나로, 밤이면 식을 줄 모르는 성인 나이트가 즐비한 곳이다. 어 고 고 바(A Go Go Bar)가 즐비하며 팟퐁 야시장을 걷다 보면 호객꾼들이 누구의 시선도 의식하지 않고 작은 쪽지를 보여준다. 1층에는 일명 여자들이 봉을 잡고 춤추는 어 고 고 바(A Go Go Bar)가 있고 2층으로 올라가면 성인용 쇼가 다양하게 펼쳐진다.
맥주 한 잔 가격으로 쇼를 볼 수 있지만 바가지를 쓸 염려가 있으니 팟퐁 거리에서 너무 벗어나지 않는 게 좋고 혼자 입장할 때는 특히 주의해야 한다. 맥주 한 잔을 시켜 마시면 된다지만 업소 측에서는 종업원이나 쇼걸들에게 술이나 음료를 사주게 해 매상을 올리므로 주의한다. 팟퐁 중앙에 있는 야시장에서는 일명 짝퉁 물건들이 판을 치고 있으며 관광객들과 상인들이 짧고 좁은 거리를 가득 메운다.

씰롬 쏘이 2 Silom Soi 2
태국과 외국인 게이들의 집합 장소로 클럽이 즐비하다. 주말 밤이면 발 디딜 틈 없이 게이들이 몰려든다. 골목으로 들어가기 전 신분증과 가방을 맡기고 들어가야 하며 입장료 200B 정도를 내면 음료수 두 잔을 무료로 제공받을 수 있다. 유명한 DJ 스테이션이 있어 1, 2층에서 신나는 음악에 맞춰 열정적인 시간을 보낼 수 있는데, 게이가 아니어도 입장이 가능하다.

씰롬 쏘이 4 Silom Soi 4
게이 바가 즐비한 골목으로 게이뿐 아니라 흥겹고 새로운 분위기를 찾아다니는 일반인들도 꽤 많이 찾는다. 짧은 골목 안에 있는 몇몇 바, 클럽들은 현란한 음악과 어우러져 흥겨운 시간을 보내려고 방문하는 사람들로 불야성을 이룬다.

씰롬 쏘이 4에 있는 타파스

네버 엔딩 섬머 The Never Ending Summer
MAP P.16-A

짜오프라야 강가에 위치한 분위기 있는 레스토랑. 창고를 개조해 만든 커다란 내부는 화려한 인테리어로 치장을 하지 않고, 원래의 벽과 천장을 그대로 유지하면서 채광이 가득 들어 올 수 있는 커다란 창과 식물, 소품들을 이용하여 세련된 분위기를 연출했다. 강가에 마련된 실외 좌석은 짜오프라야 강의 뷰를 즐기며 가볍게 한잔하기에 적합하다. 레스토랑 중앙에 위치한 오픈 주방에서는 신선한 식재료를 사용해 요리하는 셰프들의 모습을 볼 수 있다. 추천 요리로는 태국 왕궁에서 먹었다는 요리인, 말린 생선 가루와 곁들여 먹는 작은 수박 조각인 플라 행 땡모(Plahaengtangmo)가 있다. 또 흑돼지 그릴 요리인 꼬무양(Ko Moo Yang)은 식사 메뉴로 적당하다.

네버 엔딩 섬머 옆으로는 10개의 오래된 창고들을 개조한 건물들이 자리 잡고 있다. 디자인 사무실, 갤러리 전시, 더 잼 팩토리(The Jam Factory)라는 편집숍, 쑤쿰윗에 위치한 카페 라이브러리와, 서점 등이 있다.

● 41/5 The Never Ending Summer, Charoennakorn Rd. ☎ 0-2861-0953 ● 11:00~23:00 ● 예산 500B~, 똠양꿍 750B ● BTS 싸판 딱신(Saphan Taksin)역에서 밀레니엄 힐튼으로 가는 셔틀보트 탑승 후 내려서 도보 3분 ● www.facebook.com/TheNeverEndingSummer

MASSAGE

★ 싸톤~씰롬의 마사지 숍 & 스파

인피니티 스파 Infinity Spa
MAP P.11-H

체인점을 제외하면 규모가 큰 마사지 숍이 별로 없는 싸톤 지역에서 대형 마사지 숍으로 유명한 곳이다. 보디, 페이스 관리는 물론 네일케어까지 가능하다. 네일케어는 미국 유명제품인 OPI 제품을 사용한다. 인피니티 아로마 마사지는 90분(1300B), 120분(1800B) 코스가, 인피니티 타이 마사지는 60분(800B), 90분(1000B), 120분(1500B) 코스가 있는데 일반 마사지 숍보다는 가격이 비싼 편.

비싼 가격에도 인기를 누리는 데는 타이 마사지 숍의 전통적인 분위기를 깬 깔끔하고 현대적인 인테리어와 파스텔 톤의 세련된 카페 분위기도 한몫한다. 2015년 리노베이션을 마쳐 쾌적하다. 손님이 적은 시간이나 패키지 상품을 이용하면 프로모션 요금이 나오니 방문 전 홈페이지를 통해 미리 정보를 찾아보자.

- 1037/1 Silom Rd, Sun Square, Silom Soi 21 ☎ 0-2237-8588 ● 10:00~22:00 ● 예약 권장 ● BTS 싸판 딱신(Saphan Taksin)역 3번 출구로 나와서 호텔이 있는 방향으로 직진 후 우회전한다. 씨로코가 있는 건물을 지나서 길을 건너 우회전하면 나오는 Sun Square에 위치
- www.infinityspa.com

퍼셉션 블라인드 마사지 Perception Blind Massage
MAP P.11-H

2014년 오픈한 방콕의 유일한 시각장애인 마사지 숍. 방콕은 마사지사가 시각장애인인 경우가 드물지만 퍼셉션 블라인드 마사지 숍의 마사지사들은 모두 손의 감각이 뛰어난 시각장애인이다.

숍의 규모는 크지 않지만 수천 년간 내려온 전통 타이 마사지 서비스를 받을 수 있다. 숙련된 테라피스트들이 생리학과 전통 동양 의학에 기반한 타이 마사지 이론에 맞춰 어느 부위에 어떤 기술과 강도로 마사지를 할지 상담 후 마사지를 해준다. 이동이 자유롭지 않은 마사지사들에게 조금의 이해가 있다면 편안한 마사지를 받을 수 있다. 1층 레스토랑의 큰 간판에 가려 입구가 잘 보이지 않으므로 지나치지 않도록 유의하자.

- 58 Soi Sathorn 8(Pipat) ☎ 0-2222-5936 ● 10:00~22:00 ● BTS 총논씨(Chong Nonsi)역 2번 출구로 나와 직진하다가 스탠다드차타드 은행을 끼고 좌회전해 싸톤 로드로 들어서면 1분 정도 거리에 Soi Sathorn 8 골목이 나온다. 바로 2층 위치
- www.perceptionblindmassage.com

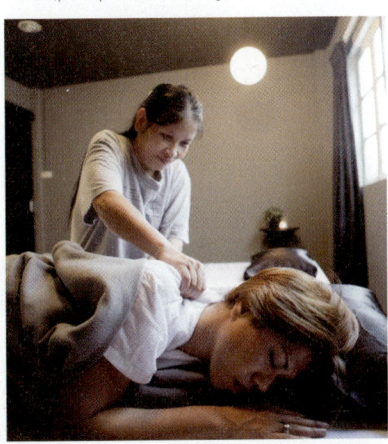

랏따나꼬씬 Rattanakosin

왕궁과 사원 등
태국의 역사와 문화를 느낄 수 있는 볼거리가 집중되어 있어
관광객들이 놓쳐서는 안 될 지역

MAP P.21

'올드 시티'라고 불리는 방콕에서 가장 볼거리가 집중되어 있는 지역은 바로 랏따나꼬씬이다. 랏따나꼬씬은 짜오프라야 강과 운하로 둘러싸인 작은 섬인데, 1782년 라마 1세 짜끄리 시대에 이곳에 도시가 세워졌다. 태국의 전성기였던 아유타야 왕조 시기의 도시를 본따 만들었으며, 성벽을 쌓아 외부의 침입을 막을 수 있도록 설계되었다.
랏따나꼬씬은 방콕 최고의 명소인 왕궁이 있는 곳이어서, 여행자들이 반드시 방문하게 되는 지역이다. 왓 프라깨우, 왓 포 등 역사적 가치가 높은 태국의 유명 사원들이 한곳에 모여 있으므로 태국의 역사와 문화를 한눈에 볼 수 있는 좋은 기회가 될 것이다.

관광 ★★★
마사지 ★
교통 ★

왕궁 주변은 항상 교통 체증이 일어난다.

{ 가는 방법 }

도심 지역처럼 BTS나 MRT 같은 대중교통 수단이 연결되는 것이 아니므로 항상 교통 체증이 일어나는 곳이다. 택시를 이용하기도 하지만, 수상 보트를 이용해서 타 창 선착장으로 간 후 가까운 주변 명소는 툭툭이나 택시를 이용해서 이동해도 좋다.

● **택시** 씨암에서 택시로 30~40분 소요. 요금 80B~.
공항에서 택시로 50분~1시간 소요. 요금 300B~.

● **수상 보트** 왕궁, 왓 포, 국립 박물관에 가려면 타 창(Tha Chang) 선착장에서 하차.
타마 대학, 왓 마하탓에 가려면 타 프라 짠(Tha Phra Chan) 선착장에서 하차.
왓 포에 가려면 타 띠앤(Tha Tien) 선착장에서 하차.

{ 꼭 해보기! }

★**낮 DAY** 방콕에서 꼭 가봐야 하는 주요 관광지인 왕궁, 왓 프라깨우, 왓 포 및 많은 유명 사원들이 몰려 있는 이 지역을 돌아보면 태국의 역사를 느낄 수 있다.

왕궁은 휴일?

왕궁 앞에 도착했을 때 일 년에 한 번 있는 휴일이라는 낯선 사람의 이야기를 들을 수도 있다. 방콕에서 꼭 가봐야 하는 왕궁이 휴일이라니 자포자기 하는 심정으로 친절한 그 사람과 함께 다른 관광지로 이동하게 될지 모른다.
이것은 보석 사기를 치기 위한 사기꾼들의 유인 작전이다. 게다가 터무니없이 저렴한 요금으로 방콕 관광을 시켜준다고 하면서 툭툭이나 택시로 유인을 하는 것도 그들의 수법이다. 처음에는 몇 개의 사원이나 방콕 시내를 살짝 구경 시켜준 후 보석 상점으로 향하고 보석에 대해 잘 모르는 사람들에게 질 나쁜 보석을 바가지를 씌워 비싸게 판다. 특히 왕궁 앞은 그들의 집합소이니 속지 말고 거침없이 왕궁으로 향하도록 하자.

랏따나꼬씬 **243**

{ 추천 여행 코스 }
예상 소요시간 6~7시간

START

왓 포
p.249

▶▶▶ 도보 5분

왕궁 & 왓 프라깨우
p.245

▶▶▶ 도보 10분

락 무앙
p.251

도보 15분

FINISH

국립미술관
p.253

◀◀◀ 도보 10분

국립박물관
p.250

◀◀◀ 도보 10분

왓 마하탓
p.251

Just go's Advice

태국에서 하지 말아야 할 몇 가지

랏따나꼬씬 지역을 걷거나 사원 안으로 들어가게 된다면 주황색 승복을 입은 스님들을 마주치게 된다. 이때 어린 스님이나 연로하신 스님일지라도 절대 여자의 몸이 닿아서는 안 되며 스님에게 직접 시주해서는 안 된다. 또한 국왕을 사랑하고 존경하는 태국에서는 외국인일지라도 국왕을 모독하는 경우 구속 될 수 있으니 손가락으로 가리키거나 비방하는 일은 없어야 한다. 이것은 왕궁을 들어갈 때 민소매, 짧은 반바지 등의 차림이 안 되는 이유이기도 하다. 이뿐만이 아니다. 태국에서는 머리를 신성한 부분으로 여기므로 지나가는 아이가 귀엽다고 해서 머리를 쓰다듬어서는 안 된다. 영혼을 빼앗아 간다고 하여 태국에서는 굉장히 실례되는 일이다.

SIGHTSEEING

[랏따나꼬씬의 관광]

왕궁 & 왓 프라깨우 ★★★
Grand Palace & Wat Phra Kaew
MAP P.21-B

왕궁을 지키는 경비병들

왓 프라깨우, 즉 에메랄드 사원이 있으니 이곳은 절대 놓치지 말아야 한다.

- Na Phra Lan Rd ☎ 0-2222-0094 ● 08:30~15:30
- 왕실 행사 시 왕궁 또는 왓 프라깨우 부분적 비공개
- 입장료 500B(왕궁, 왓 프라깨우, 위만멕 궁전, 동전 박물관 포함) ● 수상 보트 이용 시 타 창(Tha Chang) 선착장에 하차하면 Na Phra Lan Rd로 직진하면 5분 거리에 위치
- www.palaces.thai.net

톤부리 왕조가 막을 내리고 짜끄리 왕조인 라마 1세 때 랏따나꼬씬으로 수도를 옮기면서 민심을 수습하고 왕의 권력과 나라의 번영을 기원하는 의미로 지어진 왕궁으로 궁전뿐 아니라 왕과 신하가 정치를 하는 데 필요한 집무실, 왕궁 사원 등을 지었다. 총 면적은 21만 8,000㎡나 된다. 라마 1세 때부터 왕이 거처하던 이곳은 새로운 왕이 즉위할 때마다 새로운 건물을 짓고 증개축을 통해 규모가 더 커지게 되었다. 왕궁 안에는 태국에서 가장 신성시하고 있는 최고의 사원인

왓 프라깨우 자세히 보기

❶ 프라씨 랏따나 쩨디 Phra Sri Rattana Chedi

입구에 들어서면 왼쪽에 제일 먼저 보이는 화려한 황금빛 둥근 탑으로 부처님의 가슴뼈를 보존하고 있다. 스리랑카 양식으로 라마 4세 때 만들어졌다.

❷ 프라 몬돕 Phra Mondop

안에 불교 성전이 보존되어 있는 도서관이라고 할 수 있다. 정교한 자개 장식이 화려하다. 라마 1세 때 지어진 곳으로 내부는 일반인에게 공개되지 않는다.

랏따나꼬씬 **245**

❸ 쁘라쌋 프라 텝 비돈
Prasart Phra Thep Bidorn

이곳에는 짜끄리 왕조의 역대 왕들의 모습을 실물 크기로 만들어 보존하고 있다. 1년에 단 한 번, 짜끄리 왕조 창건 기념일인 4월 6일에만 내부가 공개된다. 옥수수 모양으로 생긴 탑은 크메르 양식으로 만들어졌으며 입구에서는 힌두 신화에 나오는 가루다 등의 조각상을 볼 수 있다.

❹ 앙코르 와트 모형

태국과 전혀 상관없어 보이는, 캄보디아 북서부에 위치한 도시 씨엠립에 있는 크메르 건축의 앙코르 와트의 모형은 라마 4세 시절 앙코르 와트까지 영토를 지배하고 있었던 영광의 역사를 기억하고자 만들었다고 한다. 작지만 정교하게 만들어 백성들에게 보여주고 싶어했던 왕의 마음이 전해진다.

❺ 회랑 The Murals

에메랄드 사원 앞 회랑 벽면에는 인도의 서사시인 라마야나(Ramayana)를 태국식으로 전개한 라마끼안 벽화가 그려져 있다. 라마 3세 때 그려졌으며, 현재까지 보수하고 복원 중이다. 자세히 살펴보면 다양한 이야기 전개를 볼 수 있는 총 178개의 벽화가 그려져 있다.

❻ 왓 프라깨우 법당(에메랄드 사원)
Wat Phra Kaew

에메랄드 사원은 태국 왕실의 전용 사원이면서 최고의 사원으로 일컬어진다. 일반 사원과는 달리 승려가 경내에 머무르지 않는다는 특징이 있다. 또한 이곳에는 가장 신성시되고 있는 에메랄드 불상이 모셔져 있다. 에메랄드 불상은 이름과는 달리 에메랄드가 아닌 녹색 옥으로 만들어졌는데 높이 66cm, 폭 48.3cm 크기로 가부좌 형태를 하고 있다. 이 불상은 1434년 태국 북부 지방인 치앙라이에 있는 사원의 탑에 번개가 떨어져 부서진 탑 안에서 발견되었다. 그 후 치앙마이와 지금의 라오스에 보존되다가 1778년 라마 1세 때 라오스 비엔티안을 정복하면서 불상을 방콕으로 가지고 오게 된다. 라마 1세가 왕이 되면서 지금의 위치로 옮겨와 현재까지 신성하게 안치되어 있다.
1년에 세 번(3, 7, 11월) 계절에 맞게 옷을 갈아입는데, 태국 국왕이 직접 불상의 승복을 갈아입히는 의식을 경건하게 진행한다.

경내 주의사항

에메랄드 사원 안의 에메랄드 불상은 촬영이 금지되어 있으며 경내에서도 예의를 지켜야 한다. 왕실과 태국 국민이 가장 신성시하는 귀한 불상에 대해 경건한 자세로 임하길 바란다.

촬영 금지 표지판

왕궁 자세히 보기

❶ 프라 마하 몬티안 Phra Maha Monthian

1785년 라마 1세 때 지어진 궁전으로 국왕의 즉위 행사, 국왕의 생일을 치르던 곳이기도 하다. 아마린 위닛차이, 파이산 딱씬, 짜끄리 피만 등 3개의 건물로 이루어져 있는데 아마린 위닛차이에 있는 9단 흰색 차양이 눈에 띈다.

❷ 짜끄리 마하 쁘라쌋 Chakri Maha Prasat

라마 5세인 쭐라롱껀 왕 때 영국인 건축가 존 치니츠가 건축했다. 짜끄리 왕조 100주년을 기념하기 위해 만들어졌는데 지금도 외국에서 방문하는 귀한 손님들을 맞이하는 귀빈 접견실로, 때로는 연회장으로도 이용되고 있다. 태국 양식의 지붕과 유럽 스타일을 조화시켜 지었다. 방 안에는 빅토리아 여왕이 라마 4세의 사절단을 맞이하는 그림 등 유럽을 방문한 사절단을 묘사한 그림들도 걸려 있다.

❸ 두씻 마하 쁘라쌋 Dusit Maha Prasat

라마 1세 때 자신의 시신을 안치하기 위해 지은 곳으로 왕, 왕비 등 왕족들의 시신을 화장하기 전 안치하여 일반 조문객들이 줄을 지어 참배할 수 있도록 하였다. 중앙 내부는 흰색 9단으로, 자개로 장식된 왕좌가 있으며 건물은 뾰족한 7층의 탑이다.

짜끄리 마하 프라쌋

반은 여자 반은 사자인 상상의 존재가 문 앞을 지키고 있다.

한 번쯤 타보고 싶은 툭툭

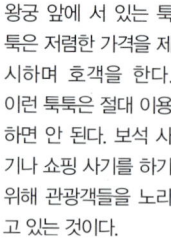

왕궁 앞에 서 있는 툭툭은 저렴한 가격을 제시하며 호객을 한다. 이런 툭툭은 절대 이용하면 안 된다. 보석 사기나 쇼핑 사기를 하기 위해 관광객들을 노리고 있는 것이다.
서 있는 툭툭보다는 달리고 있는 툭툭을 잡아 이용하는 것이 좋다. 툭툭은 왕궁에서 카오싼 로드로 갈 때나 짧은 거리를 이동하기 좋은 교통수단이며, 방콕의 명물인 만큼 한 번쯤 이용해봐도 좋다. 매연과 더운 공기를 맞으며 이색적인 방콕의 분위기를 느끼기에는 안성맞춤이다.

왕궁 입장 시 주의사항

짧은 반바지와 민소매 등 노출이 심한 옷차림이나 슬리퍼 착용 시에는 입장이 불가하다. 태국에서 가장 경건한 장소인 만큼 예의를 갖춰야 한다. 만약 짧은 치마 또는 반바지를 입었다면 왕궁 입구로 들어가자마자 오른쪽에서 보증금 100B와 신분증 또는 여권을 맡기고 옷을 빌려 입는다. 왕궁을 다 돌고 나온 후 옷을 반납하면 보증금과 신분증을 되돌려준다.

왓 포
Wat Pho ★★★
MAP P.21-C

16세기에 건립된, 방콕에서 가장 오래된 사원으로 방콕에 왔다면 꼭 들러야 하는 곳 중 하나다. 왓 포의 정식 명칭은 왓 프라 체투폰 위몬 망크라람 랏차와라마하위한(Wat Phra Chettuphon Wimon Mangkhlaram Ratchaworamahawihan). 본당은 짜끄리 왕조 라마 1세 때 지었으며 가장 중요하게 여겨지는 왕실 최고 사원이다. 이곳은 라마 3세 때 만든 와불로 유명한데, 16년 7개월이라는 엄청난 시간 동안 복원 작업을 통해 더욱 완벽해질 수 있었다.

사람들의 방문이 가장 많은 본당의 와불상은 길이 46m, 높이 15m로 크고 웅장하다. 불상의 신비하고 온화한 미소를 비롯해 자개로 정교하게 조각된, 불상의 발바닥은 다른 어느 사원에서도 볼 수 없는 것이다. 이 자개 조각은 백팔 번뇌를 상징하는 것이라고. 신도들은 와불상 뒤에 있는 둥근 놋쇠 항아리에 준비해 온 동전을 하나하나 넣으며 간절히 소원을 빈다. 왓 포의 본당은 사람들이 별로 머무르지 않고 지나치지만 현재 라마 1세 유골의 일부는 본전 내 프라 붓다 데바 파티마콘으로 알려진 본존불의 받침대 아래 안치되어 있다. 본당 주위에는 라마 1세 때 아유타야에서 옮겨온 불상들이 보존되어 있다.

● 2 Sanamchai Rd ☎ 0-2226-0369 ● 08:00~17:00
● 연중무휴 ● 입장료 100B ● 타 띠안(Tha Tien) 선착장에서 하차하여 Thai Wang Rd로 직진해 5분 거리. 왕궁에서 5분 거리에 위치
● www.watpho.com

왓 포 타이 마사지 스쿨
Wat Pho Thai Traditional Medical School

왓 포에서 운영하는 왓 포 타이 마사지 스쿨은 왓 포 앞의 별도 건물에 있다. 태국 전통 마사지를 배우려는 외국인도 많이 볼 수 있다. 교육은 5일 코스와 10일 코스가 있다. 왓 포 경내에서는 왓 포 마사지(30분 260B, 1시간 420B), 발 마사지(30분 280B, 1시간 420B)도 받을 수 있다. 시간적 여유가 있다면 태국 원조 마사지를 받아보는 것도 좋다.

☎ 0-2221-2874, 0-2225-4771 ● 교육시간 08:00~17:00 ● 연중무휴 ● www.watpomassage.com

국립박물관
National Museum ★★★
MAP P.21-A

1874년 라마 5세 때 선왕인 라마 4세의 유품들과 애장품들을 전시하기 위해 박물관 건립을 시작해 1933년 방콕 국립박물관으로 발전하게 되었다. 국립박물관에는 선사시대부터 현재까지의 예술, 건축, 역사적으로 중요한 문화유산들이 전시, 보관되어 있다. 쾌적하고 깔끔하게 전시되어 있어 관람이 무척 편리하다.

매표소를 기준으로 오른쪽에 위치한 태국 역사관에는 현존하는 가장 오래된 13세기 타이 문자가 새겨진 비문이 있고, 중앙에 위치한 중앙 전시실에는 가장 많은 소장품들이 전시되어 있다. 소장품들은 란나, 쑤코타이, 아유타야, 랏따나꼬씬 때의 귀중한 물품이다. 중앙 전시실 양쪽에 있는 2개의 전시실과 왕실 전례 마차 전시실까지 꽤 방대한 규모의 전시실을 차분하게 하나하나 둘러 보려면 꽤 많은 시간이 소요된다.

● 5 Chao Fa Rd ☎ 0-2224-1333 ● 09:00~16:00 ● 월・화, 공휴일 휴무 ● 입장료 200B ● 타 창(Tha Chang) 선착장에서 Na Phralan Rd로 직진하다가 Na Phra That Rd로 좌회전해 5~7분 거리에 위치

싸남 루앙
Sanam Luang ★
MAP P.21-A

왕궁 북쪽 앞에 있는 커다란 광장으로 왕궁의 공식적인 주요 행사들이 진행되는 곳이다. 늘 개방되어 있는 광장은 시민들의 휴식처이기도 하다. 방콕에서 꼭 가봐야 하는 유명한 시장인 짜뚜짝 주말 시장이 이곳에서 처음 터를 닦았다. 주변에 왕궁, 왓 프라깨우, 왓 포, 락 무앙 등 주요 관광명소가 몰려있어 한 번쯤은 지나치게 되는 광장이다. 일부러 볼거리를 위해 찾는 곳은 아니다.

● Na Phra That & Rajadamnoen Nai Rd ● 연중무휴 ● 입장 무료 ● 왕궁 길 건너편 광장

락 무앙
Lak Muang (The City Pillar Shrine) ★
MAP P.21-B

● Sanam Chai Rd ☎ 0-2222-9876 ● 05:30~19:30 ● 연중무휴 ● 입장 무료 ● 타 창(Tha Chang) 선착장에서 Na Phralan Rd로 직진해 끝까지 가면 왼쪽 길 건너에 위치. 국방부 옆 또는 왕궁 길 건너편에 위치

락 무앙은 왕궁과 국회의사당 근처에 있다. 락 무앙은 도시를 건설할 때 도시의 발전과 성장을 기원하면서 도시를 지키는 도시의 기둥(락 무앙)을 먼저 세우는 의식으로 세워졌다. 그래서 태국의 도시마다 락 무앙이 하나씩 존재한다.
1782년 라마 1세가 왕으로 등극하면서 수도를 톤부리에서 방콕으로 이전했으며, 1782년 4월 21일 일요일 6시 45분에 도시의 기둥을 세우는 의식을 거행했다. 그 후 라마 4세가 왕위에 오르게 되면서 기둥의 힘이 약해진 것을 느끼고는 기둥을 복원하게 된다. 많은 시민들이 찾아와 락 무앙뿐 아니라 그 옆의 사원과 신들에게도 경건하게 기도하고 있다. 락 무앙 옆에 마련된 작은 무대에서는 태국 전통 무용을 무료로 볼 수 있는 기회도 주어진다.

왓 마하탓
Wat Mahathat ★★
MAP P.21-A

아유타야 시대에 지어진 사원으로 라마 1세 때부터 라마 5세 때까지 복원되었는데 원래 이름은 왓 사락(Wat Salak)이었다. 사원의 본당인 우보솟(Ubosot)은 1,000명의 승려들이 들어갈 수 있을 만큼 규모가 크며 안에 있는 본존불상인 대형 불상은 금으로 덮여 있는데 가장 뛰어난 조각가

인 프라야 데와랑산(Phraya Devarangsan)이 작업했다고 한다.

사원 안에 있는, 라마 5세 때 지어진 마하 쭐라룽껀 라차위타야라이(Maha Chulalongkorn Rajavidyalaya)라는 불교대학은 태국에서 두 번째로 규모가 크다고 하는데 미얀마와 인도의 명상법인 위파사나 명상법을 시행하는 위파사나 명상센터도 이곳에 있다. 외국인도 신청할 수 있다.

- 3 Maharat Rd ☎ 0-2221-5999(명상센터 ☎ 0-2623-5613, 0-2623-6326) ● 09:00~17:00, 사원 08:00~17:00
- 연중무휴 ● 입장 무료 ● 타 창(Tha Chang) 선착장에서 Maharat Rd로 도보 5분 거리

왓 라차보핏
Wat Ratchabophit ★★
MAP P.21-B

라마 5세가 왕위에 오르면서 1869년에 첫 번째로 건설된 왕실 사원이다. 외부는 태국 전통 스타일, 내부는 유럽 스타일로 되어 있는 것이 특징이다. 본당 안에 있는 불상은 라마 7세의 유골을 유치하기 위해 금으로 전체를 덧칠하는 방식으로 만들어졌고 위한(Viharn)의 창틀은 왕실 장식으로 꾸몄으며, 우보솟(Ubosot)은 랏따나꼬씬 양식으로 만들었다.

쩨디 꼭대기에는 부처님의 사리가 담겨 있는데 태국 양식인 벤짜롱 문양으로 장식했다. 사원 안에는 라마 5세와 왕비, 왕자, 공주와 후궁들의 유골을 모신 왕실 무덤이 있다. 사원 입구 문에는 앙증맞은 유럽풍의 호위병도 눈에 들어온다.

왓 라차보핏의 입구

- Fuang Nakhon Rd ☎ 0-2222-3930, 0-2221-0904 ● 08:00~17:00 ● 입장 무료 ● 락 무앙에서 국방부를 지나 Sanam Chai로 직진하다가 좌측으로 Saranrom Park 앞

국립극장
National Theatre ★
MAP P.21-A

극장 건물은 소극장, 무대 장치 작업장과 야외 음악 공연장으로 이용되는 중앙 건물인 대극장으로 나누어져 있다. 극장에서 가장 주목해서 봐야 할 작품은 라마끼안 서사극인 '콘'이다. 또 왕실에서 공연되던 라콘 전통극 등도 상연된다.

- 2 Rachini Rd ☎ 0-2221-0174 ● 국립박물관 바로 옆에 위치

국립극장 입구

국립미술관
National Gallery
MAP P.21-A

라마 4세 때 서양과의 교류가 확대되면서 동전을 만들어내는 왕립 조폐소로 이용되던 건물이다. 라마 5세 때 새 건물로 이전을 하면서 국립미술관으로 사용되기 시작했다.

국립미술관의 건물은 태국과 서구의 건축을 조화시켜 고풍스러운 느낌을 준다. 미술관의 전시품으로는 라마 6세와 전 국왕인 고 푸미폰 왕의 작품과 현대미술 초기 작품, 현재까지의 모든 장르의 작품과 전통 벽화가 있다. 태국 미술가와 외국 미술가들의 작품은 기획 전시되고 있다. 회화, 조각, 판화 등 다양한 작품들을 감상할 수 있다.

● Chaofa Rd Chanasongkhram ☎ 0-2282-2639~40, 0-2281-2224 ● 수~일 09:00~16:00 ● 월·화, 공휴일 휴무 ● 입장료 200B ● 타 프라아팃(Tha Phra Athit) 선착장에서 길을 건넌 후 오른쪽 방향으로 5~10분 정도 걷다가 좌회전하면 2~3분 거리에 위치

타마쌋 대학교
Thammasat University
MAP P.21-A

1934년 6월 27일 헌법을 선포한 날에 법학과 정치학 대학으로 설립되었다. 설립 초기부터 정부가 예산을 지원해 낮은 등록금으로 우수한 인재를 발굴하는데 힘썼으며 정치적인 이유로 타마쌋 대학이라는 이름을 가지게 된다. 현재 방콕 쭐라롱껀 대학과 함께 명문 대학으로 유명하다. 타마쌋 대학의 돔이 있는 빌딩은 타마쌋의 상징인데 옛 군대 건물의 잔재이기도 하다. 타마쌋

대학 캠퍼스 안으로 들어가면 태국 대학생들을 많이 볼 수 있다. 배낭여행객들은 대학 구내식당을 많이 이용하는데, 이곳의 학생들은 한국 드라마의 인기로 한국인들에게 좋은 인상을 가지고 있으니 자연스럽게 태국 친구를 사귀어보는 것도 여행의 즐거움이 된다.

● Na Phrathat Rd ☎ 0-2221-6111~20 ● 입장 무료 ● 타 프라짠(Tha Phra Chan) 선착장에서 도보 1분 거리

부적 거리
Amulet Rd.
MAP P.21-A

타마쌋 대학과 왓 마하탓 주변에는 다른 노점들과 달리 자리를 펴고 작은 돌덩이를 파는 상인들을 볼 수 있다. 유심히 살펴보면 부적의 의미로 돌 안에 불상이나 스님상이 새겨 있는데 모양에 따라 의미가 다르기 때문에 돋보기를 쓰고 원하는 모양을 찾는 이들을 볼 수 있다. 모양에 따라 가격이 천차만별이다.

● Phra Chan Rd ● 타 프라짠(Tha Phra Chan) 선착장에서 도보 1~2분 거리, 타마쌋 대학교 앞

방람푸 Banglamphu

여행자들의 거리인 카오싼 로드와
유서 깊은 사원들이 있는 관광 지역

MAP P.18-20

역사가 깊은 랏따나꼬씬과 함께 발전한 올드 시티다. 현재는 전 세계에서 몰려든 배낭여행자들로 유명해진 카오싼 로드가 방송에 많이 소개되어 현지인들도 일부러 찾아오는 또 하나의 관광지로 자리 잡았다. 사람 냄새나는 서민적인 시장과 외국인들이 어우러져 복잡하지만 다양한 재미가 있는 카오싼 로드는 방람푸 지역에서 가장 활기찬 지역이다. 장기 여행자와 젊은 여행자들이 모여 여행 정보를 공유할 수 있는 곳이며 저렴한 숙소, 음식점, 마사지 숍, 여행사들이 밀집해 있다. 위치상으로 두씻 지역과 랏따나꼬씬으로 가기에 편리하니 함께 연결해 여행 코스를 짜면 좋다. 왓 쑤탓과 확 트인 방콕의 전경을 볼 수 있는 푸 카오 텅(황금의 산) 등은 방람푸에서 놓칠 수 없는 관광명소이다.

> 관광 ★★
> 쇼핑 ★★
> 음식 ★★
> 카오싼 로드 주변에 저렴한 식당과 노점이 즐비하다.
> 나이트라이프 ★★
> 카오싼 로드 주변의 바와 클럽은 태국인과 외국인들이 즐겨 찾는다.
> 마사지 ★★
> 교통 ★

{ 추천 여행 코스 }
예상 소요시간 4~5시간

카오싼 로드
p.256

▶▶▶ 도보 5분

방람푸 시장
p.259

▶▶▶ 도보 10분

민주 기념탑
p.257

▼▼▼ 도보 15분

푸 카오 텅
(황금의 산) & 왓 싸켓
p.258

◀◀◀  ◀◀◀
도보 15분

싸오 칭 차 & 왓 쑤탓
p.257

{ 가는 방법 }

이 지역은 대중교통이 운행하지 않아 택시나 수상 보트, 버스 등을 이용해야 한다.
● **택시** 씨암에서 택시로 30~40분 소요, 요금 80B~.
쑤쿰윗에서 30~40분 소요, 요금 80B~(이 지역은 교통 체증이 심한 곳이다).
공항에서 택시로 50분~1시간 소요, 요금 250~300B(톨게이트 요금 25~50B 예상).
● **수상보트** 타 프라아팃(Tha Phra Athit) 선착장에서 하차. 요금 17B~.
● **운하보트** 타 판타(Tha Phan Fa) 선착장에서 하차.

{ 꼭 해보기! }

★ **낮 DAY** 카오싼 로드 노점에서 길거리 음식을 먹어보고, 세계 각국에서 모여든 여행자들과 친구되어 보기.
★ **밤 NIGHT** 여행자들로 북적이는 저렴한 가격의 바에서 시원한 맥주 마시기.

SIGHTSEEING

[방람푸의 관광]

카오싼 로드
Khaosan Rd ★★
MAP P.18

배낭여행을 준비하는 여행자들이라면 한 번쯤은 들어보았을 카오싼 로드. 카오싼 로드는 방람푸 지역에 속한 작은 거리로, 숙소와 식사를 경제적으로 해결하기 위해 들른 장기 배낭여행자들이 정보를 나누면서 형성된 배낭여행자들의 천국이라고 할 수 있다. 주변에 저렴하게 이용할 수 있는 게스트하우스와 식당이 많고, 노점에서 판매하는 길거리 음식을 저렴한 가격에 즐길 수 있다. 한인 여행사와 한식당(p.265)도 있어 한국인 여행자들도 여행 중 한 번은 찾게 된다.

길가에는 마사지 숍, 술집, 패션 숍, 액세서리 숍, 노점 등이 늘어서 있고, 세계 각국에서 모인 여행자들로 늘 북적댄다. 하루 종일 왁자지껄하며 오가는 사람들을 구경하는 것만으로도 재미있는 곳이다. 특별한 목적 없이 길거리 음식을 먹으며 풍경을 구경하거나 야외 테라스에 앉아 편안하게 휴식을 취하는 여행자들도 많다. 낮에는 길거리 음식점 등에서, 밤에는 바나 게스트하우스에서 마주치는 여행자들과 여행 정보를 나누며 친구가 되어보자.

카오싼 로드를 찾는 사람이 많아지면서 카오싼 로드 주변인 왓차나 쏭크람, 쏘이 람푸 트리와 타논 파아팃에서도 배낭여행자들의 모습을 흔하게 볼 수 있다.

● Khaosan Rd   ● 연중무휴   ● 수상 보트 이용 시 타 프라아팃(Tha Phra Athit) 선착장 하차 후 걸어서 10분 정도, 또는 택시 이용 시 타논 카오싼(카오싼 로드) 하차

사기 호객 행위에 주의

카오싼 로드 주변을 다니다 보면 호객 행위를 하는 툭툭을 많이 보게 된다. 툭툭으로 주요 관광지를 돌아보는 요금이 단돈 50B. 공짜와 같은 가격이기에 잠시 흔들릴 수 있지만 절대 따라가서는 안 된다.

관광지는 가볍게 들르고 국가 공인을 받지 못한 사설 보석 상점으로 안내하기 때문. 보석으로 유명한 태국은 보석 사기로도 악명이 높은데, 이곳에서는 질 낮은 보석을 비싸게 속여 팔거나 안 살 수 없게 분위기를 만들어 곤란한 상황에 처하게 된다. 싼 데는 이유가 있다는 것을 명심하자.

민주 기념탑
Democracy Monument ★
MAP P.19-H

태국의 민주주의와 자유를 상징하고 기념하는 탑으로, 1932년 입헌군주제의 민주주의 혁명을 기념해 세웠다. 이탈리아 출신의 건축가가 설계했는데 1932년 6월 24일 혁명일을 기념하여 4개의 측면 탑은 각각 24m로 만들었다. 중앙 탑 안에는 1932년 제정된 헌법 사본이 보관되어 있다. 민주 기념탑 앞은 1973년, 1976년, 1992년 민주화 운동 시위대의 집회장소로 이용되면서 민주주의를 갈망하던 수많은 희생자들이 생겨나기도 한 역사적으로 의미를 지니는 곳이기도 하다.
교통의 요충지라 관광객에게는 왕궁과 두씻 지역 등 주변의 관광지를 가는 데 이정표 역할을 해주기도 한다.

● Ratchadamnoen Klang Rd ● 연중무휴 ● 타 판파 (Tha Phan Fa) 선착장에서 도보 5분. 또는 카오싼 로드 끝 경찰서에서 반대편 끝까지 걸은 다음 길을 건너면 버거킹이 나온다. 버거킹에서 우회전해 50m 정도 걷다가 좌회전하면 바로 민주 기념탑이 보인다.

왓 쑤탓
Wat Suthat ★★
MAP P.19-L

라마 1세 때인 1807년에 짓기 시작해 27년 후 완성된 사원으로 태국에서 가장 중요한 6개 사원 중 하나다. 건축 계획에 따라 충실히 지은 곳으로 격찬받는 사원 중 하나로 쑤코타이에서 만들어진 불상인 Phra Sisakayamuni Buddha는 아유타야에 있는 왓 마하탓(Wat Mahathat)에서 옮겨왔는데 높이가 8m나 된다. 특히 본당 입구의 문이 아름답기로 유명하다. 라마 2세가 직접 디자인하고 조각한 것으로 그의 신앙심이 그대로 드러난다. 우보솟 안에 있는 벽화는 라마 3세 때 장인들이 그린 것이라고. 사원 주변을 둘러싸고 156개의 불상이 모셔져 있다.

● Bamrung Muang Rd ● 연중무휴 ● 입장료 20B ● 왕궁에서 직진하여 길 건너 국방부 건물을 끼고 좌회전해서 직진하면 불상을 파는 거리인 Bamrung Muang Rd다. 직진하면 대형 그네 싸오 칭 차가 보인다. 그 앞에 있다.

싸오 칭 차
Sao Ching Cha (The Giant Swing) ★
MAP P.19-L

하늘을 찌를 듯 우뚝 서 있는 붉은 문처럼 보이는 대형 그네. 현재는 아름다운 사원인 왓 쑤탓과 어우러져 있지만, 라마 5세 때 데바사탄 (Devasathan) 지역에서 이전해온 것이다. 이 그네는 브라만교의 행사를 위한 것으로 라마 1세 때 만들었다.
브라만교의 시바 신이 매년 10일 동안 지상에 내려오는 것을 환영하기 위하여 매년 음력 2월, 4~5명의 남자가 한 조가 되어 21m 높이의 그네를 타고 올라 동전을 넣은 주머니를 잡는 행사가 진행되었다. 그러나 부상자와 사망자들이 속출하자 1932년 이후 국가적인 행사에서 제외되고 행사도 금지시켰다. 현재는 왕실의 후원으로 행사가 진행되기도 한다.

● Bamrung Muang Rd ● 연중무휴 ● 왓 쑤탓(Wat Suthat) 바로 앞에 위치

푸 카오 텅(황금의 산) & 왓 싸켓
The Golden Mount & Wat Sa Ket ★★
MAP P.20

마하깐 요새
Mahakan Fort ★
MAP P.20

라마 1세 때 건설된 왓 싸켓 사원은 방콕 도시 성벽 바깥에 세워진 18세기 후반의 사원으로 화장터의 역할을 하던 곳이다. 이후로도 100년 동안 6만 명 정도의 흑사병 희생자들의 시체를 처리했던 곳이기도 하다.

현재는 왓 싸켓 사원보다는 사원 부지에 있는 푸 카오 텅(황금의 산)에 방문객이 더 많다. 멀리서 반짝이는 황금빛 사원이 매우 아름다운데, 사원 꼭대기로 올라가면 방콕의 화려한 전경을 한눈에 볼 수 있다. 254m의 인공 언덕에 있는 318개의 계단을 차곡차곡 밟아야 닿을 수 있는 황금색 쩨디(Chedi)에는 부처의 유골이 보관되어 있다.

● Chakkraphatdi Phong Rd & Boriphat Rd ☎ 0-2233-4561 ● 푸 카오 텅 07:30~17:30, 왓 싸켓 08:00~21:00 ● 연중무휴 ● 푸카오 텅 입장료 20B ● 민주 기념탑에서 Ratchadamnoen Klang Rd로 가서 마하깐 요새까지 직진한 다음 Boriphat Rd가 나오면 우회전해서 5분 거리

마하깐 요새는 방콕에 유일하게 현존하는 2개의 요새 중 하나로 왕궁이 있는 랏따나꼬씬 지역을 보호하기 위한 요새이다. 왕궁 주변 세 군데에 운하를 파고 운하 주변에 16개의 문과 14개의 요새를 전략적으로 만들었는데 그때 지어진 것이다. 마하깐 요새는 넓이 38m, 높이 4.9m의 8각형 모양이며 모두 3층으로 되어 있는데 2층까지는 계단으로 연결되어 있고 꼭대기 층은 입구가 있는 8각형의 탑 모양으로 되어 있다.

요새와 더불어 도시 성벽의 일부가 마하차이 로드를 따라 200m가량 남아 있다. 마하깐 요새는 1949년 예술부에 의해 태국 국립 고대 유적으로 지정되었다.

● Chakkraphatdi phong Rd ● 내부 입장 불가 ● 타 판파(Tha Phan Fa) 선착장에서 도보 2분 거리, 또는 민주 기념탑에서 도보 5분 거리

황금의 산에 올라가려면
푸 카오 텅(황금의 산)은 야경을 보는 곳이 아니다. 오후 5시 반에 문을 닫으므로 남은 시간이 별로 없다면 아쉽지만 다음 기회에 올라가도록 하자. 올라가는 데 시간이 10~20분 정도 소요되니, 아무리 늦어도 4시 30분 정도에는 도착해야 한다.

왓 보원니웻
Wat Bowon Niwet ★★
MAP P.19-G

라마 3세의 아들 (Maha Sakdipolsep)에 의해 건설된 사원으로 아름다운 우보솟의 지붕은 중국 양식의 타일을 이용했고 끝부분은 반짝이는 도자기를 사용해 만들었다.

사원 안의 파냐 팰리스는 라마 3세의 명령으로 지은 건물로 성직을 임명받은 왕과 왕자들의 거처로 쓰인 궁궐이었다. 본존불인 프라붓다치나사라는 쑤코타이 시대에 만들어진 귀중한 불상이다. 배낭여행자들이 많이 찾는 카오싼 로드와 무척 가깝다. 이전 국왕인 라마 9세가 출가했던 절이기도 하다.

● 248 Phrasumen Rd ☎ 0-2281-28313 ● 08:00~17:00 ● 연중무휴 ● 입장 무료 ● 타 프라아팃(Tha Phra Athit) 선착장에서 길을 건넌 후 좌회전으로 가다 보면 로티 마타바(Roti Mataba) 식당이 나오는데 이곳을 지나 직진하면 사거리가 나온다. 여기에서 2분 정도 직진

프라 쑤멘 요새
Phra Sumen Fort ★
MAP P.18-B

프라 쑤멘 요새는 마하깐 요새와 함께 방콕에 현존하는 요새 중 하나로 라마 1세 때 짜오프라야 강으로 흐르는 운하를 따라 세워진 도시의 바깥 성벽에 건설되었다. 처음엔 총 14곳의 요새가 있었지만, 다른 요새들은 세월이 흐르면서 파손되고 지금은 프라 쑤멘 요새와 마하깐 요새만 남아있다. 내부는 공개하지 않는다.

● Phra Athit Rd ● 연중무휴 ● 타 프라아팃(Tha Phra Athit) 선착장에서 좌회전해 도보 2분 거리에 위치

방람푸 시장
Banglampoo Talaat ★
MAP P.18-F

주변 주민들이 이용하는 방람푸 지역의 서민적인 시장으로 저렴한 가격의 옷, 식료품을 판매한다. 카오싼 로드와 가까워서 외국인들도 많이 이용하며 노점상들이 즐비해 군것질을 하는 것도 매우 즐겁다.

● Krai Si Rd & Chakraphong Rd ● 타 프라아팃(Tha Phra Athit) 선착장에서 길을 건넌 후 좌회전으로 가다 보면 로티 마타바(Roti Mataba) 식당이 나오는데 이곳을 지나 직진하면 사거리가 나온다. 바로 우회전해 1분 거리

EAT & DRINK

★ 방람푸의 맛집

리키스 커피숍 Ricky's Coffee Shop
MAP P.18-F ♥ 강추

입소문으로 인기 절정인 곳이다. 게스트하우스의 1층에 위치하고 있는데, 에어컨도 나오지 않는 실내외 좌석에는 아침 시간부터 손님들이 자리를 메우기 시작한다.

상하이 스타일의 붉은 등과 나무로 인테리어를 해서 독특한 느낌을 준다. 타이 스타일이나 아메리칸 스타일의 식사도 가능하며 커피가 인기 메뉴 중 하나다. 아침 일찍 문을 열기 때문에 아침 식사가 포함되지 않은 숙소에 투숙하고 있는 여행객들이 많이 방문한다.

● 22 Phra Athit Rd ☎ 0-2629-0509 ● 08:00~22:00 ● 연중무휴 ● 예산 50B~ ● 타 프라아팃(Tha Phra Athit) 선착장에서 길 건너 오른쪽으로 4분 정도 걸어가면 New Merry V Guest House 1층에 위치

로티 마타바 Roti Mataba
MAP P.18-B ♥ 강추

방람푸 지역에서 오랫동안 영업해 온 이슬람식 로티 집으로, 프라아팃(Phra Athit) 로드의 프라 쑤멘 요새(Phra Sumen Fort) 길 건너편에 있는 터줏대감 같은 집

이다. 배낭여행자뿐 아니라 서민들도 저렴한 가격으로 한 끼 식사를 해결할 수 있어 인기가 높다. 입구에서 달군 기름에 바로 구워 내는 로티가 군침을 돌게 만든다. 로티에 커리까지 곁들여 먹으면 더 좋다.

● 136 Phra Athit Rd ☎ 0-2282-2119, 0-2629-3353 ● 09:00~22:00 ● 월 휴무 ● 예산 35B~, 로티 17B~, 커리 50B~ ● 영어 메뉴와 사진 메뉴 있음 ● 타 프라아팃(Tha Phra Athit) 선착장에서 길 건너 좌회전 후 2분 거리에 위치

헴록 Hemlock
MAP P.18-F

저렴한 가격과 분위기 있는 장소로 늘 자리가 꽉 차는 곳이다. 대부분 서양 관광객들이 자리를 차지하고 있지만 태국 대학생들의 모임 장소로도 인기가 높다.

는 보통(80B)과, 피쎗(곱빼기, 100B)이 있다.

● Phra Athit Rd ☎ 08:00~16:00 ● 연중무휴 ● 예산 50B~, 쌀국수 50B~, 커피 20B~ ● 타 프라아팃(Tha Phra Athit) 선착장에서 길 건너 오른쪽으로 2분 거리

조이럭 클럽 Joy Luck Club
MAP P.18-F

아기자기한 소품들과 파스텔 톤으로 꾸며진 작은 공간이다. 종류는 많지 않지만 태국 음식과 음료들이 주 메뉴이다. 작은 공간이지만 은은하게 흘러나오는 음악과 친절한 서비스가 굉장히 만족할 만하다.

● 8 Phra Sumen Rd ☎ 0-2280-3307 ● 11:00~밤 02:00 ● 연중무휴 ● 예산 140B~ ● 타 프라아팃(Tha Phra Athit) 선착장에서 길 건너 좌회전 후 2분 거리. 프라 쑤멘 요새 앞에 위치

흘러나오는 차분한 음악도 이 집에서 빼놓을 수 없는 매력이며 음식 가격도 굉장히 합리적이다. 태국 음식이 주 메뉴이지만 와인과 함께 식사를 해도 좋을 만한 낭만적인 장소이다. 대부분 음식이 맛있어서 매력 만점인 곳이다.

● 56 Phra Athit Rd ☎ 0-2282-7507 ● 17:30~23:30 ● 연중무휴 ● 예산 60B~ ● 타 프라아팃(Tha Phra Athit) 선착장에서 길 건너 오른쪽으로 3분 거리에 위치

나이 쏘이 Nai Soi
MAP P.18-F

 강추

이미 한국인 배낭여행자들에게 입소문이 난 소갈비 국수집으로 간판까지 한국어로 달았다. 진한 육수 국물로 낸 짭짤한 맛이 일품이다. 푸근한 인심 때문에 고기 양은 다른 집에 비해 많이 나오지만 오히려 국수는 한 젓가락 뜨면 없을 정도로 양이 적다. 보통 한국 사람 양으로 치면 피쎗(곱빼기)을 주문하는 것도 좋다. 양이 적다면 밥과 함께 먹는 것도 좋다. 국수 사이즈

쿤댕 꾸어이짭 유안
Khun Dang Kuay Jub Yuan
MAP P.18-F

강추

후발주자로 시작했지만 카오싼 로드의 국수집 넘버 1으로 인정받을 만큼 맛으로 승부를 건 베트남 스타일 국수집. 끈적끈적한 면과 진한 국물 맛으로 유명해진 곳이다.

현지인들이 가장 많이 먹는 메뉴는 베트너미즈 누들(Vietnamese Noodle). 보통 사이즈가 45B로 가격도 착하다. 양이 작다면 곱빼기인 피쎗(55B)으로 시키자. 면에 달걀(7B)을 추가할 수도 있다. 가게 앞의 문, 테이블 보와 의자 모두 초록색이어서 멀리서도 눈에 확 들어와 찾기도 쉽다.

● 68 Phra Athit Rd ☎ 085-246-0111 ● 월~토 11:00~21:00 ● 일 휴무 ● 예산 45B~ ● 영어 메뉴 있음 ● 예약 불필요 ● 타 프라아팃(Tha Phra Athit) 선착장에서 길 건너 오른쪽으로 3~4분 거리

붕 스타 커피
Bung Star Coffee (Bung's Tears Coffee)
MAP P.18-F

원래 이름은 스타 붕 커피로 스타벅스와 비슷한 로고가 재미있는 커피집. 비슷한 로고 때문에 스타벅스로부터 소송을 당한 후 로고와 이름을 바꾸며 더 유명세를 탄 곳이기도 하다.

한화로 1천만 원의 소송을 당한 스타 붕 커피는 언제든지 문을 닫을 수 있는 노점이라는 점이 특이하다. 방콕 포스트에서는 '글로벌 기업의 지나친 횡포, 다윗과 골리앗'이라는 기사로 스타벅스를 비난하고 스타 붕의 주인장인 담롱 마슬래 씨를 응원했다. 스타 붕에 쓰인 붕의 뜻은 형제. 처음에 사용하던 로고는 무슬림 남성이 한 손으로는 브이(V)를 만들고 한손에는 커피를 든 것이었다. 현재는 스타 붕에서 붕 스타로 이름을 바꾸었다. 커피값은 스타벅스 커피보다 저렴한 20B. 커피 양도 푸짐하다. 가격표에는 'Bung's Tears'라는 주인장의 속마음을 그려놓았다.

● Phra Athit Rd ● 10:00~(노점이므로 주인 개인 사정에 따라 달라짐) ● 일, 쏭크란 휴무, 주인 개인 사정에 따라 다름 ● 예산 15B~ ● 영어 메뉴 있음 ● 예약 불필요 ● 타 프라아팃(Tha Phra Athit) 선착장에서 길을 건너면 바로 앞

낀롬 촘 싸판 Khin Lom Chom Saphan
MAP P.18-B

짜오프라야 강을 벗 삼아 식사를 하고 싶은 해산물 음식점이다. 우선 방람푸 주변에서는 깨끗하고 신선한 해물을 먹기 어려우므로 저렴하게 여행하는 외국인들에게도 이 집은 인기 만점이다.

특히 저녁에 방문하면 은은하게 들려오는 라이브 음악과 강가의 낭만적인 야경, 음식이 어우러져 더욱 분위기가 좋다.

● 11/6 Samsen Soi 3 ☎ 0-2628-8382 ● 11:00~밤 01:20 ● 연중무휴 ● 예산 300B~ ● 타 프라아팃(Tha Phra Athit) 선착장에서 왼쪽으로 프라 쑤멘 요새를 지나 끝까지 걸으면 사거리가 나오는데 좌회전해 거기서 5분 정도 직진하면 쌈쎈 Soi 3이 나온다. Soi 3 골목 끝에 위치
● www.khinlomchomsaphan.com

팁 싸마이 Thip Samai
MAP P.20

강추

1966년부터 운영되고 있는 전통 있는 팟타이 집으로 가게와 이름이 동일한 팁 싸마이라는 분이 이 가게의 주인이다. 가장 많이 알려진 태국 음식 중 하나이자 여행 중 꼭 한 번은 먹어봐야 할 팟타이는 쉽게 말하면 태국식 볶음국수이다. 태국 사람들뿐 아니라 외국인들에게까지도 잘 알려져 있는 이 집의 명성은 가게 안에 빼곡히 붙어 있는 기사만으로도 이미 짐작할 수 있다.

에어컨 없는 식당 안에는 오고가는 사람들이 많은데 이들은 포장해가는 이들이다. 거리 옆으로 보이는 조리대에서 쉴 새 없이 팟타이를 볶아내는 광경도 볼거리 중 하나다.

● 313 Mahachai Rd ☎ 0-2221-6280 ● 17:00~밤 02:00 ● 수 휴무 ● 예산 60B~, 팟타이 60B ● 영어 메뉴와 사진 메뉴 있음 ● 민주 기념탑에서 마하깐 요새까지 직진 Mahachai Rd에서 우회전해 3~4분 거리

무까타 Mookata
MAP P.18-E

정확하게 말하면 방람푸에 있다고 할 수는 없다. 그렇지만 방람푸 지역에서 삔까우 다리를 건너 바로 강가에 위치한 고기 뷔페로 가격도 저렴하고 분위기도 흥겨워 맘 놓고 식사를 할 수 있다. 태국에서 유명한 무양 까올리(한국식 불고기) 스타일로 요리를 한다고 하는데 우리 나라의 불고기판에 돼지, 닭고기를 구우면서 바로 밑에 고인 육수로는 채소, 어묵 등을 끓여 먹을 수 있어 좋다. 찾아가는 것이 조금 어려울 수 있다.

● Tha Phra Pinklao ☎ 0-2424-1112, 089-457-1234 ● 18:00~24:00 ● 연중무휴 ● 뷔페 199B(음식을 남기면 벌금 100B) ● 삔까우 다리 바로 밑. 타 프라 삔까우(Tha Phra Pin Klao) 선착장 바로 앞에 위치

NIGHT LIFE

★ 방람푸의 클럽 & 바 ★

더 루프 바　The Roof Bar
MAP P.19-G

카오싼 로드에 위치한 라이브 바로, 저녁 9시부터 통기타 라이브 연주와 음악을 들을 수 있다. 옥상을 개조해 만들었기 때문에 분위기가 좀 더 자유롭고 카오싼 로드를 내려다볼 수 있다는 것이 가장 큰 장점이다. 카오싼에 머무르는 외국인들이 주 고객이다.

● 3F Center Point Plaza Hotel, Khaosan Rd ☎ 0-2629-2301 ● 09:00~밤 02:00 ● 연중무휴 ● 맥주 100B~ ● 경찰서에서 도보 5분 거리. 카오싼 로드에 위치

더 클럽　The Club
MAP P.18-F

카오싼 로드에서 잘 나가는 클럽 중 하나로 배낭여행 중인 외국 친구들을 사귀기 위해 찾아온 태국 젊은이들이 이 클럽의 주 고객이다. 특히 금요일과 토요일에는 손님의 70% 이상이 태국 현지 젊은이들이며, 발 디딜 틈 없을 정도로 혼잡하다. 춤을 출 수 있는 신나는 댄스 음악이 다양하게 준비되어 있어 카오싼 로드에서는 아직 인기 있는 곳이다.

● 123 Khaosan Rd ☎ 0-2629-1010 ● 21:00~밤 01:30 ● 연중무휴 ● 맥주 100B~, 칵테일 200B~, 양주 1500B~ ● 경찰서에서 도보 5분 거리에 위치
● www.theclubkhaosan.com

브릭 바　Brick Bar
MAP P.18-F

여행자들의 천국 카오싼 로드에서 20년 째 자리잡고 있는 터줏대감인 유명 숙박업소 버디 롯지(Buddy Lodge). 그 안에 위치한 브릭 바는 오픈 당시부터 현재까지 꾸준한 인기를 유지하고 있다. 카오싼 로드의 자유로운 분위기상 복장 제한이 없고 전 세계에서 온 배낭 여행자들과 친구가 될 수 있는 곳이다.
라이브 공연을 좋아한다면 오후 8시쯤 방문하자. 레게, 타이 인디밴드의 공연은 태국에서만 느낄 수 있는 특별함이다. 카오싼 로드의 배낭여행자들보다 라이브 공연을 좋아하는 태국 현지인들이 더 많이 찾는 곳이다. 입장 시 신분증 확인을 하니 여권을 꼭 챙겨가도록 한다.

● 265 Khao San Rd. ☎ 0-2629-4556 ● 19:00~01:30 ● 예산 150B~ ● 방람푸 경찰서에서 직진해서. 카오싼 로드 끝 편 버디 롯지 안에 위치. ● www.brickbarkhaosan.com

카오싼 로드에 있는 한국인 업소

배낭여행자들이 많이 이용하는 카오싼 로드에는 여행사, 식당, 숙소 등 한국인이 운영하는 곳들이 있다. 가까운 근교를 여행하기 위해 정보를 얻거나 한국 음식이 그리울 때 찾으면 좋다. 이곳의 장점은 한국인 주인들과 한국어로 이야기할 수 있다는 것이다.

홍익여행사 (HIT 여행사)   MAP P.18-F

카오싼 로드의 터줏대감인 홍익여행사는 여행사 업무만을 취급한다. 항공권, 아유타야, 깐짜나부리 등의 일일투어, 버스표, 기차표, 비자 서비스, 디너 크루즈, 호텔 예약, 헬스 랜드 마사지표 등을 구입할 수 있고 시내 여행사보다 저렴하다. 장기 여행 시 짐을 장기간 유료로 보관할 수도 있다. 한국인이 운영하고 있어 예약, 구입 시 자세한 설명을 들을 수 있다는 것이 장점이다. 한국인이 항상 상주하고 있어 자세하게 문의할 수 있다. 홈페이지에서도 예약 가능하다.

● 49/4 Soi Rongmai ☎ 0-2282-4114   09:30~19:30
● 일, 쏭크란 휴무 ● www.hongiktravel.com

홍익인간 Hongik   MAP P.18-F

카오싼 로드에서 가장 오래되고 전통 있는 숙소로 2009년에 대대적인 리뉴얼 공사를 했다. 도미토리, 한국 식당을 운영한다. 한국인들끼리 여행 정보를 공유할 수 있는 곳이다.

● Soi Rambutri ☎ 0-2282-4361 ● 연중무휴
● www.thaihong.co.kr

디디엠 DDM   MAP P.18-F

식당, 숙소, 바까지 겸하는 곳으로 한국인 배낭여행자들에게 인기 있는 숙소이며 맛있는 한식을 판매한다. 도미토리 방도 준비되어 있어서 여행 친구를 찾거나 저렴한 숙소를 원하는 한국인 여행자들에게 인기 있다.

● Chao Fa Rd ☎ 0-2281-1321 ● 연중무휴

동대문 Dong Dae Moon   MAP P.18-F

식당과 도미토리를 운영하는 곳으로 한국인뿐 아니라 외국인들도 찾아온다. 김치말이국수는 이미 여행자들에게 입소문이 자자하다. 여행사 업무와 주변 게스트하우스 예약도 대행한다.

● Soi Rambutri ☎ 084-768-8372   08:00~밤 01:00
● 연중무휴 ● 게스트하우스 에라완 하우스 앞에 위치

두씻 Dusit

두씻 정원 안에 있는 궁전과
궁전 박물관으로 유명한
유럽 스타일의 아름다운 지역

MAP P.22-23

푸른 수목이 우거져 있고 반듯하게 정리된 도로가 보이는 한적한 도심을 만날 수 있는 지역이다. 정원과 궁전이 어우러져 마치 유럽 같은 이곳은 라마 5세가 유럽을 순방한 후 깊은 인상을 받아 유럽 스타일로 조성한 것이라고 한다. 현재는 라마 10세가 거처하는 찟라다 궁(Chitlada Palace)과 그 외의 아름다운 궁전들도 만날 수 있다.
한적한 두씻 정원(Suan Dusit) 안에 있는 위만멕 궁전(Vimanmek Mansion Palace)은 방콕의 심각한 매연에서 조금이나마 해방감을 느낄 수 있는 곳이기도 하다. 주변 도로에는 국회 등 주요 관공서, 자세한 태국 여행 정보를 얻을 수 있는 태국 관광청(TAT), 태국 전통 복싱 무에타이 경기가 열리는 라차담넌 경기장도 있다.

> **관광** ★★★
> 두씻 공원 안에 많은 박물관이 있는데 시간이 된다면 천천히 둘러봐도 좋다.
>
> **교통** ★
> 카오싼 로드에서 도보로 이동하 수도 있지만 택시 또는 툭툭을 이용하는 것도 시간을 절약하는 방법이다.

두씻 정원 안에 있는 위만멕 궁전

두씻의 화려한 거리 모습

{ 가는 방법 }

BTS, MRT 등의 대중교통이 다니지 않으므로 카오 쌘 로드에서 출발할 때는 걸어서 주변 관광지를 돌아볼 수 있고, 시간을 절약하려면 툭툭이나 택시를 이용하는 것도 좋다. 하지만 그 외의 시내 도심에서 갈 때는 택시를 이용하는 것이 가장 편리하다.

● **도보** 카오쌘 로드에서 도보 20분 이상 소요.
● **택시** 카오쌘 로드에서 택시 또는 툭툭 이용 시 10~15분 소요, 요금 50B~.
쑤쿰윗에서 택시 이용 시 요금 80B~.
● **BTS** 가장 가까운 BTS역인 파야타이(Phayathai)역이나 빅토리 모뉴먼트(Victory Monument)역에서 택시 또는 툭툭을 타고 15~20분 소요, 요금 50B~.
● **수상 보트** 타 테웻(Tha Thewet) 선착장에서 도보 20분 이상 소요. 하차 후 택시 또는 툭툭을 타고 약 10분 소요, 요금 40B~.

{ 꼭 해보기! }

★ **낮 DAY** 두씻 정원 안의 아름다운 궁전과 박물관을 둘러보자.
★ **밤 NIGHT** 박진감 넘치는 무에타이를 볼 수 있는 라차담넌 경기장에서 선수들의 멋진 경기를 관람해보자.

Just go's Advice

두씻 지역까지 도착했다면 주변 명소는 여유롭게 천천히 걸으며 관광할 수 있다. 다른 도심의 거리는 매연과 소음으로 인해 걷기 힘들었을 수도 있지만 이곳에서는 수풀이 우거진 공원 같은 거리를 걸으며 두씻 정원 안에 있는 여러 박물관 등을 골라서 볼 수 있다. 방콕 안에서 만나는 유럽 건축 양식의 건물과 가장 방문객이 많은 위만멕 궁전은 꼭 둘러봐야 한다.

{ 추천 여행 코스 }
예상 소요시간 4~5시간

딸랏 테웻
p.269

도보 15분
또는 툭툭
5분 ▶▶▶

왓 인트라위한
p.269

택시나
툭툭 10분
또는 도보
25분 ▶▶▶

왓 벤짜마버핏
p.270

도보 5분 ▼

위만멕 궁전
p.273

◀◀◀ 도보 10분

아난따 싸마콤 궁전
p.273

◀◀◀ 도보 5분

라마 5세 동상
p.271

Just go's
Advice

위만멕 궁전에서 즐기는 태국 전통 무용

위만멕 궁전 안에서는 태국 전통 무용을 관람할 수 있다. 입장료에 관람료도 포함되어 있으니 시간 여유가 있는 사람이라면 구경해봐도 좋을 듯하다. 10:30과 14:00 하루에 두 번 공연이 열린다.

두씻 정원의 입장료

두씻을 방문하기 전 왕궁과 왓 프라깨우도 들어갈 예정이라면 왕궁부터 둘러보는 것이 좋다. 왕궁 입장권을 구입할 때 두씻 입장권도 함께 주며 유효기간은 일주일이다.
왕궁 입장 시 받았던 표를 버리지 말고 꼭 보관하도록 하자. 만약 왕궁을 다녀오지 않았다면 두씻 정원 입구에서 입장권(100B)을 구입하면 된다.

SIGHTSEEING   [두씻의 관광]

딸랏 테웻(테웻 시장)
Thewet Talaat ★
MAP P.22-A

쌈쎈 로드와 타 테웻(Tha Thewet) 선착장에 바로 연결되는 시장으로 가장 많이 거래되는 품목은 화훼용 식물들이다. 그리고 주변은 채소, 생선, 과일 등 신선한 먹거리를 파는 평범한 시장이다. 수상 보트를 타고 내리면 가장 가깝고 편리하다.

● Samsen Rd ● 09:00~19:00 ● 연중무휴 ● 타 테웻(Tha Thewet) 선착장에서 도보 2~3분 소요

왓 인트라위한
Wat Indravihan ★★
MAP P.22-C

1869년 라마 4세 때 만들어진 32m 높이의 거대한 입불상으로 19세기 스리랑카에서 가져온 부처님의 유골이 보관되어 있어 신도들에게는 더욱 의미가 크다. 높은 곳을 우러러보는 불상의 선한 인상은 보는 신도들에게 자비로운 부처님을 느끼게 만든다.
불상 발밑에서 신도들은 꽃을 바치면서 간절히 기도한다. 바로 옆 사원에서는 물을 마시면 소원이 이루어진다 하여 기도 후 물을 마시며 몸에 살짝 뿌리는 의식을 행하기도 한다.

● Wisut Kasat Rd ● 09:00~18:00 ● 연중무휴 ● 입장무료 ● 타 테웻(Tha Thewet) 선착장에서 택시나 툭툭 이용 5분 소요, 요금 35~40B. 또는 타 테웻(Tha Thewet) 선착장에서 2~3분 걸어서 쌈쎈 로드가 나오면 우회전한다. 위쑷 까쌋 로드(Wisut Kasat Rd)가 나오면 바로 좌회전 후 1~2분 거리

라차담넌 경기장
Ratchadamneon Stadium

태국에는 킥복싱과 비슷한 격투기인 무에타이라는 전통 무술이 있다. 사각 링 안에서 두 선수가 팔과 다리로 다양한 기술을 사용하여 경기의 박진감과 스릴을 느낄 수 있는데 우리나라에서도 태국 영화인 <옹박>이 상영되면서 더 많은 사람들에게 알려지게 되었다.
경기장은 두 곳이 있다. 두씻 정원 앞 라차담넌 녹 로드에 위치한 라차담넌 경기장에서는 월·수·목·일요일에 경기가 있으며, MRT 룸피니역 부근의 룸피니 경기장에서는 화·금·토요일에 경기가 있다. 입장권은 방콕 소재의 한인 여행사에서 구입 가능하다.

왓 벤짜마버핏
Wat Benchamabophit ★★★
MAP P.23-D

쎈 로드(Samsen Rd)가 나오면 좌회전한 후 씨 아유타야 로드가 나오면 우회전 후 직진해 15분 거리. 카오싼 로드에서 도보 20~30분 또는 택시나 툭툭 이용 10~15분 소요, 요금 40B~. 라마 5세 동상에서 도보 5분 소요

일명 대리석 사원으로, 사원 안은 무척 한적하고 평화로운 작은 공원을 연상케 한다. 라마 5세 때 지은 이 사원은 이탈리아 건축가가 이탈리아에서 수입한 고급 대리석을 사용해 설계했다. 사원 내의 창은 유럽에서 쉽게 볼 수 있는 스테인드글라스로 장식했지만 전체적인 건축 양식은 태국 양식으로 동서양의 아름다운 조화를 이루었다는 호평을 받고 있다.

본당 안에 모셔진 불상 아래에는 라마 5세의 유골이 안치되어 있고 사원 내 회랑에는 태국 전 지역과 아시아 각국에서 모아 온 53개의 진귀한 불상들이 모셔져 있다. 특이하고 아름다운 기와도 눈여겨보도록 하자. 사원 안에는 작은 수로가 있으며, 스님들이 머무는 숙소까지 갖추어져 있다.

● 96 Rama V Rd ☎ 0-2628-7947 ● 08:00~18:00 ● 연중무휴 ● 입장료 20B ● 타 테웻(Tha Thewet) 선착장에서 택시나 툭툭 이용 10~15분 소요, 요금 40B~. 또는 끄룽 까쎔 로드(Krung Kasem Rd)로 직진하다가 쌈

두씻 동물원
Dusit Zoo
MAP P.23-B

방콕 시내 한복판에 있는 동물원으로 어린이를 동반한 가족들이 즐겨 찾는 곳이지만 평일 낮 시간에는 젊은이들의 데이트 장소로도 많이 이용된다. 코끼리, 호랑이, 개미핥기, 곰 등의 동물을 볼 수 있으며 식물원도 있다.
조용한 호수에서는 연인들과 학생들이 즐겁게 배를 타고 있다. 국회의사당과 찟라다 궁전 사이에 있다. 녹음이 우거진, 도심 속 공원 같은 곳이다.

- Ratchawith Rd & Rama V Rd ☎ 0-2281-2000
- 08:00~18:00 ● 연중무휴 ● 입장료 150B ● 타 테웻(Tha Thewet) 선착장에서 택시나 툭툭 이용 10~15분 소요. 요금 40B~. 카오싼 로드에서 도보 20~30분 거리 또는 택시나 툭툭 이용 10~15분 소요. 요금 40B~

고 있으며 왕궁 주변은 총으로 무장한 군인들이 경비를 철저하게 하고 있다. 왕실의 안전 등을 이유로 사진 촬영도 금지되어 있다. 국왕이 거주하는 곳으로 태국인들에게 큰 의미가 있는 장소이다.

- Ratchawith Rd & Rama V Rd ● 타 테웻(Tha Thewet) 선착장에서 택시나 툭툭 이용 10~15분 소요. 요금 40B~. 카오싼 로드에서 도보 20~30분 거리 또는 택시나 툭툭 이용, 10~15분 소요. 요금 40B~

라마 5세 동상
Rama V Memorial
MAP P.23-B

태국에서 가장 존경을 받고 업적을 남긴 왕으로 칭송받는 라마 5세 쭐라롱껀 대왕의 동상으로 두씻 입구에 위풍당당하게 서 있다.
서구의 문화를 적절하게 받아들인 왕으로도 유명한 라마 5세는 영화 〈왕과 나〉에 등장하는 인물이기도 하다. 아난따 싸마콤 궁전 입구와 두씻으로 들어가는 초입에 있으며 10월 23일 라마 5세 서거일에는 추도 행사가 열린다.

- Rama V Rd ● 타 테웻(Tha Thewet) 선착장에서 택시나 툭툭 이용 10~15분 소요. 요금 40B~. 또는 끄룽 까쎔 로드(Krung Kasem Rd)로 직진하다가 쌈쎈 로드(Samsen Rd)가 나오면 좌회전한 후 씨 아유타야 로드가 나오면 우회전 후 직진해 15분 거리. 카오싼 로드에서 도보 20~30분 거리 또는 택시나 툭툭 이용 10~15분 소요. 요금 40B~

찟라다 궁전
Chitlada Palace
MAP P.23-B

전 국왕인 고 푸미폰 아둔야뎃(라마 9세)이 거주하던 곳으로 내부는 일반인에게 공개하지 않는다. 궁전 안에서는 농업과 산업연구소가 운영되

두씻 정원
Dusit Garden ★★★
MAP P.23-B

왕실 차량 박물관

두씻 정원은 '천국의 공원'이라는 뜻으로, 공원 안에는 유럽풍으로 지은 아름다운 건물들과 티크 목재로 지은 유명한 위만멕 궁전이 있다. 라마 6세가 유럽 순방 때 깊은 인상을 받아 그 후 조성했는데 현재까지도 잘 보존되어 있다. 두씻 궁전 안에는 많은 박물관들이 있으니 시간적 여유가 있다면 돌아봐도 좋다. 시간적 여유가 없어도 위만멕 궁전만은 꼭 둘러보자.

정원 내의 건물

위만멕 궁전 Vimanmek Mansion Palace
아피씻 두씻 궁전 Abhisek Dusit Throne Hall
쑤언 부아 궁전 박물관 Suan Bua Residential Hall
쑤언 씨 르두 궁전 박물관 Suan Si Rue Du Residential Hall
창 똔 왕실 코끼리 박물관 Chang Ton Royal Elephant Hall (Chang-Ton Museum)
라마 9세 사진 박물관 King Bhumibol's Photographic Museum
왕실 의례 사진 박물관 Royal Ceremonial Photographic Museum
왕실 차량 박물관 Royal Carriage Museum
왕실 의전품 & 초상화 박물관 Paraphernalias of Rank & Portraits Museum
고대 의상 & 실크 박물관 Ancient Cloth & Silk From the Support Museum
옛 시계 박물관 Old Clock Museum

창똔 왕실 코끼리 박물관

위만멕 궁전 Vimanmek Mansion Palace

1902년 라마 5세가 별장으로 만든 궁전으로 3층 건물이다. 티크 목재를 이용해 만든 아름다운 궁전으로 건축 당시 못 하나 사용하지 않았다고 한다. 원래 꼬 시창이라는 해변에 건설되었으나 프랑스의 침략으로 1901년 현재의 위치로 자리를 옮기면서 라마 5세와 가족들이 실제로 거주했다. 궁전은 3층으로 되어 있지만 팔각형 모양의 건물은 4층으로 이루어져 있으며 81개의 방 중 30개의 방만 관람객들에게 개방된다. 국보급의 전시품들과 왕과 그의 가족이 사용한 가구 및 왕실 사진들이 눈길을 끈다. 궁전은 개인적으로 돌아볼 수 없으며 시간별로 안내원의 영어, 태국어 투어와 함께 관람할 수 있다.

투어 비용은 입장료에 포함되어 있다. 친절한 안내와 자세한 설명을 들으며 차근차근 돌아볼 수 있는데 30~40분 정도 소요된다. 짧은 반바지, 민소매 등의 차림으로는 입장이 불가하므로 복장에 신경 써야 한다. 내부로 들어가기 전에는 카메라와 가방을 맡기고 신발을 벗고 입장한다. 투어는 매시간 15분, 45분에 진행된다.

● 139/2 Ratchawithi Rd ☎ 0-2281-5454 ● 09:00~15:30 ● 월요일, 1/1, 4/13~15, 10/23, 12/10, 12/28~31 휴무 (홈페이지 참조) ● 입장료 100B(왕궁 입장 시 함께 받은 추가 입장권으로 일주일 동안 무료 입장 가능). 15:15에 매표 종료 ● 라마 5세 동상에서 도보 10분 소요 ● www.vimanmek.com

아피씻 두씻 궁전
Abhisek Dusit Throne Hall

위만멕 궁전 옆에 자리한 아담하고 예쁜 궁전으로 라마 5세 때인 1903년에 완성되었다. 또 다른 이름으로는 기관명을 따서 서포트 뮤지엄 (Support Museum)이라고도 한다.

이곳은 왕비인 퀸 씨리낏(Queen Sirikit)이 설립하였는데 현재 전시된 물품들은 전통 공예품이 대부분이다. 들어가기 전에 짐과 카메라는 보관함에 넣고 입장해야 한다.

● Ratchawithi Rd ☎ 0-2280-5928~9 ● 09:00~15:30 ● 입장료 100B(왕궁 입장 시 함께 받은 추가 입장권으로 일주일 동안 무료 입장 가능) ● 라마 5세 동상에서 도보 10~15분 소요

아난따 싸마콤 궁전
Ananta Samakhom Palace

라마 5세 동상 뒤에 있는 유럽풍 궁전으로 라마 5세 때 건립하기 시작하여 라마 6세 때 완공되었다. 이 아름다운 대리석의 궁전은 외국 국빈을 위한 영빈관으로 사용되다가 1932년 입헌군주제 국가가 되면서 용도를 변경하여 국회의사당으로 이용되기도 했다.

● Throne Hall, Uthong Nai Rd ☎ 0-281-2000 ● 08:30~15:30 ● 입장료 100B ● 라마 5세 동상에서 도보 10분 거리

톤부리 Thonburi

짜오프라야 강이 흐르고 있는
톤부리의 유적 왓 아룬에서 한가로이
도시 전경을 감상할 수 있다

MAP P.21

아유타야 왕조가 미얀마의 침략으로 인해 멸망하면서 수도를 톤부리로 이전했다. 톤부리는 그때부터 15년 동안 수도 역할을 했던 역사를 간직하고 있다. 톤부리에 있는 왓 아룬은 예전의 화려했던 명성을 잃지 않고 우뚝 솟아 있다. '아룬'은 태국어로 새벽을 뜻하기 때문에 새벽 사원이라 불리기도 한다. 특히 아침에는 형형색색 도자기 조각으로 장식된 탑이 햇빛에 반사되어 더욱 아름답다. 톤부리는 1970년까지는 방콕이 아니었으나 1971년부터 방콕으로 편입되었다. 톤부리로 갈 때는 육로로도 이동이 가능하나 보트를 이용해서 이동하는 경우가 더 많다. 관광객들이 주로 왓 아룬을 보기 위해 들르기 때문에 북적이지도 않는다. 그래서 좀 더 친근하게 서민적인 풍경을 느낄 수 있는 지역이기도 하다.

> 관광 ★★★
> 짜오프라야 강과 아름답게 어우러진 왓 아룬을 놓치지 말자.
> 교통 ★

왓 아룬을 지키는 조각상    빛깔 고운 도자기 장식이 매우 아름답다.

{ 가는 방법 }

BTS, MRT, 택시 등을 전혀 이용할 수 없다. 수상 보트를 이용해서 타 띠안 선착장에 내린 후 왓 아룬이 있는 강 건너편으로 가기 위해서는 크로스 리버 보트(요금 3B)를 타야 한다.
- **수상 보트·크로스 리버 보트** 타 띠안(Tha Tien) 선착장 하차 후 크로스 리버 보트(요금 3B)로 환승.
- **택시·크로스 리버 보트** 쑤쿰윗에서 타 띠안(Tha Tien) 선착장까지 택시로 30~40분 소요, 요금 80B~. 크로스 리버 보트(요금 3B)로 환승.

씨암에서 타 띠안(Tha Tien) 선착장까지 택시로 20~30분 소요, 요금 70B~. 크로스 리버 보트(요금 3B)로 환승.
- **대여 보트(롱 테일 보트)** 정해진 노선은 없고 원하는 곳으로 가고자 할 때 이용할 수 있다. 시간당 요금 400~500B(흥정 가능).

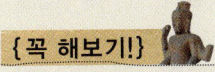

{ 꼭 해보기! }

★**낮 DAY** 새벽 사원이라고 불리는 조용한 왓 아룬의 꼭대기에 올라가보자.

왓 아룬 주변

방콕의 아름다운 사원으로 사람들이 가장 먼저 떠올리는 곳인 왓 아룬은 왕궁 건너편에 있다. 크로스 리버 보트(르아 캄팍)를 타고 타 왓 아룬 선착장에 내리면 된다.
톤부리의 볼거리들은 중간 중간 떨어져 있으므로 걷고 보트도 여러 번 갈아타야 하는 불편함이 있어 시간이 없는 여행자들은 보통 왓 아룬만 둘러보게 된다. 시간적 여유가 있는 여행자라면 랏따나꼬씬 지역의 볼거리들과 함께 루트를 짜거나 톤부리 지역의 볼거리들을 찾아다니는 것도 좋다.

{ 추천 여행 코스 }
예상 소요시간 6~7시간

왓 아룬
p.277

씨라랏 의학 박물관
p.278

크로스 리버 보트 5분
& 수상 보트 10분 & 도보 10분

왕실 선박 박물관
p.279

택시나 툭툭 10분
또는 도보 25분

Just go's Advice

짜오프라야 강의 교통수단
방콕에서는 우리나라에서 이용하지 않는 독특한 교통수단이 많다. 짜오프라야 강을 시원하게 달리는 수상 보트가 그중 하나인데 서민들의 중요한 발이 되고 있다.
타 싸톤에서부터 타 띠안, 타 창 등의 선착장이 주요 관광지를 연결하지만 왓 아룬으로 가는 작은 선착장은 수상 보트가 따로 서지 않고 강 건너편만 왕복 운행하는 크로스 리버 보트가 연결한다. 가격도 3B로 저렴하며 아름다운 왓 아룬을 가기 위해서는 꼭 이용해야 하는 편리한 교통수단이다.

식사는 어떻게 할까?
톤부리 지역에 있는 왓 아룬 주변에는 딱히 식사를 할 만한 곳이 없다. 대신 길거리 노점에서 파는 음료수나 과일은 어디에나 있다. 갈증이 날 때 편하게 사서 마시자. 씨리랏 의학 박물관으로 향할 때는 번잡한 시장을 만날 수 있어 한 끼 식사를 할 수 있고 군것질거리도 다양하다.

SIGHTSEEING　　　　　　　　　　[톤부리의 관광]

왓 아룬
Wat Arun ★★★
MAP P.21-C

짜오프라야 강 옆에 있으며 왕궁 건너편에 있다. 톤부리 시대의 주요 사원으로 현재 왕궁에 모셔져 있는 에메랄드 불상이 왓 아룬에 보관되어 있었을 정도로 위세를 떨쳤던 사원이다.
1842년 처음 공사를 시작하여 라마 5세 통치 말 1909년 완성되었는데, 높이는 79m이며 경사가 급해 조심해서 내려와야 한다. 높은 탑은 중국 상인들이 버리고 간 자기들을 이용해서 만들었다고 한다. 중앙 탑 정상에는 힌두교 시바 신의 상징인 린가가 우뚝 서 있고, 탑 주위에는 〈라마끼얀〉 이야기에 등장하는 신 조각상들이 햇빛을 받아 찬란하게 빛나기 때문에 방콕의 아름다운 사원이라는 뜻으로 '새벽 사원'이라는 이름이 붙여졌다.

짜오프라야 강에서 바라보는 왓 아룬의 모습은 방콕에서 보는 가장 인상적인 사원 풍경 중 하나다. 밤에는 아름다운 조명을 비추어 더욱 아름답다.

● 34 Arun Amarin Rd ☎ 0-2465-5640 ● 07:00~18:00 ● 연중무휴 ● 입장료 50B ● 타 띠안(Tha Tien) 선착장에서 크로스 리버 보트(요금 3B) 이용. 10~15분 간격으로 운행 ● www.watarun.org

Museum), 태국 의학 역사박물관(Ketusingh Museum of History of Thai Medicine)이 있다. 의학과 관련된 여러 가지 표본들을 보고 배우기 위해 학생들이 많이 방문하지만 비위가 약하거나 겁이 많은 사람들이 보기에는 역겹고 무서울 수도 있으니 단단히 마음먹고 방문하자.

● Siriraj Medical Museum, 2 Prannok Rd, Bangkok Noi ☎ 0-2419-2600 ● 월, 수~일 08:30~17:00 ● 화 휴무 ● 입장료 200B ● 타 왕랑(Tha Wanglang) 선착장에서 내려 우회전하면 Prannok Rd가 나오고 길 건너편에 병원이 보인다. 병원 안으로 바로 들어가지 말고 G1 입구가 나올 때까지 큰길로 직진한다. G1 게이트를 통해 병원 안으로 들어가 3~4분 정도 직진하면 우측에 건물이 있는데 이곳에 위치한다. 아주 작은 표지판이 있다.
● www.simahidol.ac.th/museums/en/

씨리랏 의학 박물관
Siriraj Medical Museum
MAP P.21-A ★

왓 라캉
Wat Rakhang
MAP P.21-B ★

톤부리 씨리랏 병원(Siriraj Hospital) 안에 있는 6개의 박물관으로 최초의 법의학 박물관이다. 법의학 박물관(Forensic Medicine Museum)에서는 태국의 악명 높은 살인마 씨우이의 박제도 볼 수 있으며, 기생충학 박물관(Parasitology Museum)에는 다양한 기생충들이 전시되어 있는데 기생충으로 인한 사례들을 사진과 모형으로 만들어 놓아 쉽게 이해할 수 있도록 했다.
해부학 박물관(Congdon Anatomical Museum)에는 해부된 신경계통, 심장 등 1,000여 개가 넘는 표본이 전시되어 있는데 몸 하나에 머리가 둘인 샴쌍둥이의 표본도 전시되고 있다. 그 외에도 선사 시대 박물관과 연구소(Sood Sangvichien Prehistoric Museum & Laboratory), 병리학 박물관(Ellis Pathological

19세기 아유타야 시대에 건설된 오래된 사원으로 처음에는 '왓 방와 야이(Wat Bang Wa Yai)'라고 불렸다. 라마 1세가 수행하던 곳이기도 하다. 왓 라캉을 '종의 사원'이라 부르기도 하는데, 그 이유는 사원 마당에서 발견된 종 때문이다.
그러나 현재 종은 왓 라캉에 없다. 라마 1세 왕정 시절에 다른 곳(Wat Phrasrirattana Sassadaram)으로 이전했기 때문이다. 이 사원 안에서 유심히 봐야 할 부분은 1892~1923년에 법당에 그려진 아름다운 벽화이다.

● Soi Wat Rakhang Khositaram, Arun Amarin Rd ☎ 0-2412-7287 ● 06:00~18:00 ● 연중무휴 ● 입장 무료 ● 타 창(Tha Chang) 선착장에서 크로스 리버 보트 이용 타 라캉(Tha La Kang) 선착장에 도착(요금 3B) 후 걸어서 1~2분 거리에 위치

왕실 선박 박물관
National Museum of Royal Barges ★
MAP P.4-A, 21-A

태국 왕실에서 사용하던 왕실 선박을 전시하고 있는 박물관으로, 수로인 끌롱 방콕 노이 (Khlong Bangkok Noi)에 있다. 이곳에서 전시되고 있는 선박들은 아유타야 왕조 시대의 라마 1세 때 만들어진 화려한 배들과 똑같이 만들어진 복제품. 지금은 대부분 보수되어 보존되고 있다. 박물관의 화려한 선박들이 외부에 공개되는 것은 국가적인 큰 행사 때인 1982년 방콕 200주년 기념식과 1987년 라마 6세 60세 생일 기념식, 1996년 왕 즉위 50주년 등 중요한 행사 때뿐이다.

박물관 안에서 가장 아름답다는 쑤판 나홍 (Suphannahong)은 일명 황금 백조라 불리는 선박으로 50명의 선원과 항해사 등 60명 이상의 인원이 필요한 배다. 배의 길이는 50m인데 나무 한 그루만을 이용해 만들었다고 한다. 또 최근에 만들어진 나라이 송쑤반(Narai Song Suban)은 길이 44m로 라마 9세 즉위 50주년을 기념하여 만들어졌다.

● Khlong Bangkok Noi ☎ 0-2424-0004 ● 09:00~17:00 ● 1/1, 4/12, 4/13, 4/14, 12/31 휴무 ● 입장료 100B(카메라 지참 시 100B, 비디오카메라 지참 시 200B 추가) ● 타 프라 삔까우(Tha Phra Pin Klao) 선착장에 내려서 오토바이 택시 이용. 요금 20B(타 프라 삔까우 선착장에서 20분 이상 걸으면 택시가 다닐 수 없는 좁은 길이다.)

차이나타운
China Town

복잡하지만 활기 넘치는 시장과
서민들의 생활을 엿볼 수 있는
중국인들의 생활 터전

MAP P.24

방콕의 중앙역인 활람퐁역에서 왕궁으로 진입하는 중간 지점에 형성되어 있는 차이나타운에서는 활기 넘치는 중국인들의 생활 모습을 엿볼 수 있다. 교통 혼잡이 극심하긴 하지만 여러 종류의 시장들이 밀집해 있는 것이 차이나타운의 매력이기도 하다. 차이나타운에는 메인 스트리트인 야왈랏 로드(Yaowarat Rd)를 중심으로 사방으로 다양한 시장들이 형성되어 있으며 식당뿐 아니라 거리에 정신없이 늘어선 노점들까지 모두가 흥미롭다. 서민들에게 필요한 물건들을 저렴하게 공급하는 여러 시장들도 둘러볼 만하다. 왓 트라이밋(Wat Traimit)이라는 세계에서 가장 큰 금불상이 모셔져 있는 사원이 차이나타운의 중심을 이루며 든든하게 버티고 서있다.

> **관광** ★★
> 유명한 사원은 물론 혼잡한 시장들이 볼거리이다.
> **쇼핑** ★★
> 저렴한 물건들을 선물용으로 구입해도 좋다.
> **음식** ★★
> 유명 해산물 레스토랑부터 길거리 음식까지 먹거리의 천국이다.
> **교통** ★

차이나타운을 상징하는 붉은색 문

{ 가는 방법 }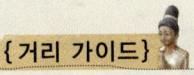

차이나타운의 중심가 야왈랏 로드(Yaowarat Rd)에 바로 가기를 원한다면 택시를 이용하는 것이 가장 편하다. 하지만 종종 택시들의 승차 거부와 바가지 요금을 경험하기도 한다. 수상 보트를 이용하여 타 라차웡(Tha Ratchawong), 타 싸판 풋(Tha Saphan Phut) 선착장에 내린 후 걸어가도 된다.
● MRT MRT 활람퐁(Hua Lamphong)역에서 하차. 도보 10분 거리에 야왈랏 로드가 있다.
● 수상보트 타 라차웡(Tha Ratchawong) 선착장에서 도보 5분 소요. 타 싸판 풋(Tha Saphan Phut) 선착장에서 도보 5~10분 소요.
● 택시 쑤쿰윗에서 차이나타운까지 택시로 30~40분 소요, 요금 80B~. 카오싼 로드에서 차이나타운까지 택시로 20~30분 소요, 요금 70B~.

{ 꼭 해보기! }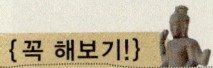

★ 낮 DAY 골목골목 이어진 아기자기한 시장에서 쇼핑을 한 후 역사적으로 가치 있는 사원을 둘러보자.

★ 밤 NIGHT 야왈랏 로드에 하나둘씩 문을 여는 신선하고 맛있는 해산물 레스토랑에서 저녁 식사를 한 후 싸판 풋 야시장을 가볍게 둘러보자.

{ 거리 가이드 }

MRT 활람퐁역~야왈랏 로드
Hua Lamphong Station~ Yaowarat Rd

MRT로 도착할 수 있는 활람퐁역에서부터 도보 관광을 시작할 수 있다. 방대한 차이나타운의 시장과 사원들을 다 둘러보려면 한나절로도 부족하다. 그래서 제대로 다 보려면 쉬지 않고 부지런히 걸어야 한다. 극심한 교통 체증과 많은 사람들로 인한 정신없는 풍경과 소음에도 불구하고 걸어볼 만하다. 다양한 시장의 매력과 소박한 서민들의 삶의 모습을 들여다 볼 수 있기 때문이다.
복잡한 거리에서 즐기는 군것질과 시장에서 마주칠 수 있는 갖가지 모습을 구경하는 것도 골목을 걷는 재미 중 하나다. 세계 각지에서 몰려든 도매 상인들이 찾는 시장을 걷다가 눈에 띄는 저렴한 물건이 있다면 친구와 가족에게 줄 선물용으로 구입해도 좋다.

{ 추천 여행 코스 }
예상 소요시간 6~7시간

START
활람퐁 기차역
p.283

도보 5분 ▶▶▶

왓 트라이밋
p.283

도보 20분 ▶▶▶

왓 망콘 까말라왓
p.284

도보 10분

올드 씨암 플라자
p.286

◀◀◀ 도보 20분

샴펭 거리
p.287

◀◀◀ 도보 5분

야왈랏 로드
p.281

 도보 5분

파후랏 시장
p.286

▶▶▶ 도보 10분

FINISH
싸판 풋 야시장 & 빡 콩 딸랏
p.287

Just go's Advice

점심 식사는 짜런 끄룽 로드(Charoen Krung Rd)와 야왈랏 로드(Yaowarat Rd) 사이에 있는 Soi Texas에 위치한 텍사스 수끼(p.289)에서 수끼 또는 딤섬으로 해결해도 좋다. 그러나 거리에 다양한 노점이 많으니 노점에서 한 끼 식사를 해결해보는 것도 좋을 것이다. 해물을 좋아한다면 저녁에 문을 여는 티케이 시푸드(p.289)에서 저렴한 가격에 신선하고 다양한 해산물 요리를 푸짐하게 먹을 수 있다.

SIGHTSEEING

[차이나타운의 관광]

활람퐁 기차역
Hua Lamphong Station ★
MAP P.24-C

태국에 기차라는 교통수단이 생기고 나서 14년 후 방콕에 생긴 활람퐁 기차역은 1910년 공사를 시작하여 1916년 완공되었다. 오랜 기간 동안 서민과 함께 해온 이 역사는 1998년 새롭게 재공사가 이루어지면서 현대적인 시설을 갖추게 되었다.
현재는 각 지방으로 오가는 많은 열차들이 24시간 운행 중이며 여행하는 시민들에게 불편함이 없도록 우체국, 환전소, 레스토랑 등 편의 시설이 들어서 있다.

- Hua Lamphong Railway Station ● 연중무휴 ● MRT 활람퐁(Hua Lamphong)역 2번 출구로 나오면 바로 앞에 위치 ● 태국 기차 정보 www.railway.co.th/english

왓 트라이밋
Wat Traimit ★★★
MAP P.24-C

활람퐁역에서 걸어서 5분 거리에 있는 작은 사원. 안에는 놓쳐서는 안 되는 진귀한 황금 불상이 있다. 3m 높이에 5t 무게의 어마어마한 규모인데다 황금 60%의 순도로 만들어져 더욱 주목받는다.
이 불상은 쑤코타이 시대 때 만들어진 것으로, 석회 불상이었다. 1955년 3월, 불상을 이전하던 도중 무게를 견디지 못한 크레인이 부서지면서 불상이 땅으로 떨어지는 큰 사고가 발생했다. 그때 마침 비가 내렸는데 이 빗물에 씻겨 석회가 떨어져 나가면서 황금으로 만들어진 고귀한 불상이라는 것이 세상에 알려지게 되었다. 세계에서 가장 크다고 하는 황금 불상을 볼 수 있어 외국인 관광객들의 필수 코스가 되었다.

- 661 Traimit Rd ☎ 0-2623-1226 ● 08:00~17:00 ● 연중무휴 ● 입장료 40B(박물관 입장 시 100B) ● MRT 활람퐁(Hua Lamphong)역 2번 출구로 나와 길을 건너 도보 5분 거리에 위치

왓 망콘 까말라왓
Wat Mangkon Kamalawat
(Leng Nolyee Temple) ★
MAP P.24-B

1871년 대승불교를 전파하기 위해 건설된 중국식 사원으로, 라마 5세 때부터 왓 망콘 까말라왓이라는 이름으로 불리기 시작했다. 의미는 드래곤 로터스(Dragon Lotus), 즉 '용과 연꽃의 사원'이라는 뜻이다. 차이나타운의 짜런 끄룽 거리(Charoen Krung Rd)에 입구가 있는데, 겉에서만 보지 말고 안으로 들어가야만 좀 더 아름다운 사원의 모습을 볼 수 있다. 우보솟과 그 안에 모시고 있는 불상 역시 중국 스타일이며 사원 안으로 들어가면 뿌연 향 연기와 함께 공양을 하는 신도들의 모습이 무척이나 진지하다.

● Charoen Krung Rd ☎ 0-2222-3975 ● 06:00~18:00 ● 연중무휴 ● 입장 무료 ● 타 라차웡(Tha Ratchawong) 선착장에서 Ratchawong Rd를 직진하면 짜런 끄룽 거리(Charoen Krung Rd)가 나온다. 거기서 우회전하여 도보 2~3분 거리에 위치

왓 라차부라나
Wat Ratchaburana ★
MAP P.24-A

아유타야 시대 말기에 중국 상인에 의해 만들어진 사원으로 왓 라차보핏(Wat Ratcha bophit), 왓 마하탓(Wat Mahathat)과 함께 방콕의 3대 주요 사원 중 하나다.
처음에는 중국 상인의 이름을 따서 왓 리압(Wat Liap)이라고도 불렸지만, 라마 1세 때부터는 왓 라차부라나(Wat Ratchaburana)라고 불리기 시

왓 망콘 까말라왓

공중 화장실이 생겼다고 한다. 2차 세계대전 동안 많은 폭탄이 터져 다리가 잠시 폐쇄되었다가 보수 공사를 통해 1949년에 다시 개통되었다. 싸판 풋에는 보트 선착장이 있어 많은 사람들이 왕래한다. 꽃 시장인 빡 콩 딸랏(Pak Klong Talaat)이 바로 옆에 있는데 차이나타운과도 걸어갈 수 있을 만큼 가깝다.

● 타 싸판 풋(Tha Saphan Phut) 선착장에서 도보 2~3분

왓 짜끄라왓
Wat Chakrawat
MAP P.24-A

왓 프라깨우 다음으로 중요하게 여겨지던, 라마 3세 때 만들어진 불상인 프라 방(Phra Bang)이 안치되어 있던 사원이다. 프

라 방은 라오스 루앙 프라방으로 옮겨졌고, 이곳은 이제 시민들이 불공을 드리기 위해 찾는 평범한 사원이다.
전통 태국 스타일로 지어졌으며 입구로 들어가면 특이하게도 살아 있는 악어를 볼 수 있고 그냥 지나치기 쉬운 오른쪽 바위에서는 붓다의 그림자라고 하는 검은 형체와 뚱뚱하고 못생긴 불상 하나를 발견할 수 있다.

작했다. 2차 세계대전 때 폭탄 피해로 많이 훼손되었지만 그 후 복원되어 현재의 모습으로 남아있다.

● Chakkraphet Rd ☎ 0-2225-1595 ● 06:00~18:00
● 연중무휴 ● 입장 무료 ● 타 싸판 풋(Tha Saphan Phut) 선착장에서 Triphet Rd로 직진해 오른쪽에 위치. 도보 3~4분 거리. 빡 콩 딸랏(Pak Klong Talaat) 바로 앞에 위치

싸판 풋 다리
Saphan Phut (Memorial Bridge)
MAP P.24-A

라마 1세의 다리로 방콕 탄생 150주년을 기념해 1932년 만들어졌는데, 가로 폭이 60m나 되어 페리도 지나갈 수 있다. 이 다리 밑에 태국 최초의

● Soi 21 Charoen Krung Rd ● 08:00~16:00 ● 연중무휴 ● 입장 무료 ● 타 라차웡(Tha Ratchawong) 선착장에서 하차. 라차웡 로드(Ratchawong Rd)로 직진하다가 우회전해 도보 5분 거리에 위치

차이나타운 **285**

SHOPPING

★ 차이나타운의 쇼핑

올드 씨암 플라자 Old Siam Plaza
MAP P.24-A

차이나타운 안에 있는 가장 정돈된 쇼핑센터로 밖에서 보이는 모습부터 깔끔하다. 실제로 구입할 만한 물건은 별로 없지만 1층의 태국 음식을 파는 코너는 관광객들에게 매우 인기 있다. 태국 스타일의 각종 디저트와 음식을 즉석에서 만들어 파는데 백화점 안에 있는 푸드 코트와는 또 다른 분위기이다. 눈에 들어오는 음식을 맛보면서 돌아보는 것도 재미있다.

2, 3층에는 결혼예복이나 태국 귀부인들이 입는 태국풍 정장을 판매하는 상점들이 입점해 있다.

● 12 Tripetch Rd ☎ 0-2226-0156~8 ● 09:00~21:00
● 연중무휴 ● 타 싸판 풋(Tha Saphan Phut) 선착장에서 내려 Triphet Rd에서 직진, 파후랏 로드(Pahurat Rd)가 나오면 우회전해 도보 1분 거리에 위치

파후랏 시장 Pahurat Talaat
MAP P.24-A

방콕의 리틀 인디아로 불리는 시장으로, 다양한 힌두교 물품, 인도 상점들, 인도 냄새가 물씬 풍기는 인도 상점들이 즐비하다. 인도에서 직접 만든 액세서리, 가방, 옷, 신발, '볼리우드'라고 불릴 만큼 영화 산업이 발달한 인도의 영화 CD 등을 판매한다. 길 중간에는 시내보다 저렴한 인도 식당도 있어 여행자들이 차 한 잔하며 쉬어 갈 만하며, 주변에는 시크교 사원도 있다.

● Pahurat Rd ● 09:00~18:00 ● 연중무휴(상점마다 다름) ● 타 싸판 풋(Tha Saphan Phut) 선착장에서 Triphet Rd로 5분 정도 직진, 우측에 위치

삼펭 거리 Sampeng Lane
MAP P.24-B

야왈랏 로드 (Yaowarat Rd) 남쪽에 위치한 이 거리는 없는 물건이 없을 정도로 다양한 물건을 도소매하는 작은 상점들이 좁은 골목길을 빼곡히 메운다. 이곳은 삼펭 레인이라고 불리는데 쏘이 와닛 능(Soi Wanit 1)이라는 다른 명칭도 있다. 길이 많이 좁지만 거리가 1km 이상이나 되어 천천히 걸어 구경을 하다 보면 시간 가는 줄 모를 정도이다. 게다가 사람들이 매우 많아 줄을 서서 걸어야 할 정도로 복잡하지만 거리에는 활기가 넘친다.
유심히 물건을 살펴본다면 저렴하고 좋은 물건도 찾을 수 있다. 거의 대부분 도매상점이지만 조금 비싼 가격에 소매로 판매하기도 한다. 액세서리, 문구용품, 신발, 가방, 화장품, 옷 등 쇼핑 아이템이 다양하다.

● Soi Wanit 1 ● 09:00~18:00 ● 연중무휴(상점마다 다름) ● 타 라차웡(Tha Ratchawong) 선착장에서 라차웡 로드(Ratchawong Rd)로 직진해 도보 5~7분 거리에 위치

나컨 까셈 Nakhorn Kasem
MAP P.24-B

전자제품을 주로 파는 시장으로 안으로 들어가면 시계, 농업용품, 악기, 공기구 등 다양한 종류를 판매하는 상점들이 즐비하다. 실생활에 필요한 제품들이 많아 주로 태국 시민들이 방문하는데 전자제품을 구입하고자 하는 관광객들도 간간히 눈에 띈다. 예전에는 장물을 취급하는 시장으로 중고 물품 등을 판매하던 곳이었지만 현재는 차이나타운의 가장 활기 넘치는 시장 중 하나이다.

● Yaowarat Rd & Chakrawat Rd ● 09:00~20:00 ● 연중무휴(상점마다 다름) ● 타 싸판 풋(Tha Saphan Phut) 선착장에서 짜끄라왓 로드(Chakrawat Rd)로 직진해 도보 10~15분. 타 라차웡(Tha Ratchawong) 선착장에서 라차웡 로드(Ratchawong Rd)로 직진하다 야왈랏 로드(Yaowarat Rd)로 좌회전해 도보 15분 거리에 위치

삼펭 거리의 캐릭터 상품들

빡 콩 딸랏 Pak Klong Talaat
MAP P.24-A

싸판 풋 야시장 Saphan Phut Night Market
MAP P.24-A

라마 5세 시절 빡 콩 딸랏은 이 도시에서 가장 분주한 시장 중 하나로, 생선을 하역하는 부두로 사용되었다. 생선 부두가 다른 곳으로 옮기면서 한산해졌지만 2차 세계대전 기간 중 사원과 왕궁으로 전달되는 과일, 꽃 교역으로 다시 분주해지기 시작했다고 한다. 그 후 각 지역에 시장이 많이 생기면서 이곳은 꽃을 전문으로 하는 시장으로 발전해 아직도 채소, 꽃 도매시장으로 방콕 최대 규모를 자랑하고 있다. 식탁 위에 올라가는 싱싱한 각종 채소는 물론 방콕 내에서 여러 용도로 쓰이는 예쁜 꽃들이 24시간 분주하게 거래되고 있다. 연꽃, 난꽃 등은 태국에서 생산되어 저렴하게 구입할 수 있고 어딜 가나 북적여 사람 사는 냄새가 물씬 풍긴다.

꽃시장은 새벽 1시부터 4시 사이가 가장 활발하다고 하는데, 타 싸판 풋(Tha Saphan Phut) 선착장에 내리면 차이나타운의 왼쪽에 있다. 저녁시간에는 싸판 풋 야시장을 구경한 후 이곳에 들러 슬슬 돌아봐도 좋을 듯하다

● Chakraphet Rd ● 24시간 영업 ● 연중무휴 ● 타 싸판 풋(Tha Saphan Phut) 선착장에서 도보 2분

현지인들에게는 유명한 야시장이지만 막상 방문하면 조금 실망스러울지도 모른다. 굉장히 다양한 물건을 팔고 있는데 특히 중고품, 중고 옷을 많이 판매하는 시장으로 유명하다.
월요일에는 문을 닫으며, 저녁 7시부터 밤 12시까지 오픈한다. 바로 옆에는 빡 콩 딸랏(Pak Klong Talaat)이 있어 북적이는 사람들을 구경하는 것이 더 재미있는 곳이다. 노점이 많아 야참을 즐기기에도 좋다.

● Saphan Phut Rd ● 09:00~24:00 ● 월 휴무 ● 타 싸판 풋(Tha Saphan Phut) 선착장에서 도보 2~3분 거리에 위치

차이나타운의 시장 유람

차이나타운을 걷다 보면 이름도 모르는 시장을 많이 보게 된다. 골목골목 활기가 넘치는 거리에는 200년이나 된 전통 시장, 카오 딸랏(Kao Talaat), 차이나타운의 또 하나의 채소 시장인 마이 딸랏(Mai Talaat), 남자들이 좋아할만한 게임 용품들과 게임 캐릭터 장난감, 전자 제품, 시계, CD/DVD, 전화 등을 판매하는 상점이 있는 몰려 있는 콩 옹 앙 마켓(Klong Ong Ang Market)이 있다.
무심코 지나치게 되는 차이나타운 안에 밀집해 있어 복잡하고 정신은 없지만 서민들의 생활과 삶의 방식을 들여다볼 수 있다.

EAT & DRINK

 ★ 차이나타운의 맛집 ★

티케이 시푸드 TK Seafood
MAP P.24-C

노점상들이 즐비한 야왈랏 로드에 위치한 해산물 식당으로, 저녁이면 손님들이 몰려들어 실내외 좌석은 항상 북적인다. 처음에는 길거리의 작은 노점으로 시작했으나 지금은 차이나타운의 어엿한 유명 식당으로 자리 잡았다. 초록색 유니폼을 입은 직원들이 분주하게 움직이는 모습이 이 식당의 인기를 말해준다.

식당 밖에서 바로바로 요리되는 새우, 게 구이 등이 손님들의 입맛을 돋군다. 추천 메뉴는 역시 해산물 요리. 3층 식당 안은 늘 만원이지만 에어컨이 가동되고 있어 시원하다. 더운 음식에 이열치열을 외치고 싶다면 사람 구경도 할 수 있는 야외 좌석도 나쁘지 않다.

● 49~51 Soi Phadung Dao ☎ 0-2223-4519 ● 16:00~02:00 ● 1월 1일 휴무 ● 예산 300B~. 뿌 팟 퐁까리 S 300B, L 500~600B, 새우튀김 200B, 게 구이 250B~, 생굴 1개 35B~ ● 영어 메뉴와 사진 메뉴 있음 ● 타 라차웡(Tha Ratchawong) 선착장에서 라차웡 로드 (Ratchawong Rd)로 직진하다가 야왈랏 로드(Yaowarat Rd)가 나오면 우회전해 도보로 10분 이상 소요

텍사스 수끼 Texas Suki
MAP P.24-C

차이나타운과 걸맞지 않은 다소 생뚱맞은 이름의 텍사스 거리는 '텍사스'라는 극장이 생기면서 붙게 된 것이다. 이곳에 위치한 텍사스 수끼의 인기 비결은 진하고 깔끔한 육수와 신선한 채소다. 가격이 합리적이고 메뉴도 꽤 다양하며 식당 내부도 크고 깨끗하다. 수끼에 넣는 재료는 메뉴판에 그림으로 잘 나와 있으니 필요할 때 즉시 주문해도 좋다.

점심 시간에 방문하면 갓 쪄 낸 딤섬을 수레에 끌고 다니는 모습을 볼 수 있다. 방콕에 6개의 체인점이 있다.

● 17 Texas Soi Phadung Dao ☎ 0-2223-9807 ● 11:00~23:00 ● 연중무휴 ● 예산 200B~. 채소 세트 190B, 재료 30B~, 딤섬 30B~ ● 영어 메뉴와 사진 메뉴 있음 ● 타 라차웡(Tha Ratchawong) 선착장에서 라차웡 로드(Ratchawong Rd)로 직진하다가 야왈랏 로드 (Yaowarat Rd)가 나오면 우회전해 도보로 10분 이상 소요

방콕 근교투어

여행사의 일일 투어를 신청해 근교 여행을 떠나보자

방콕에만 머무르기 아깝다고 생각되는 여행자는 가까운 근교로 떠나보자. 근교로 여행하고 싶다면 여행사를 통해 일일 투어 또는 반일 투어를 신청하는 것이 좋다. 대부분의 투어에는 영어 가이드와 왕복 차량 등이 포함되어 있어 편하고 안전하게 여행할 수 있다. 투어 가격에 따라 식사, 입장료 등이 포함되어 있기도 하고 그렇지 않은 경우도 있다.

여행사마다 투어 내용, 가격 등이 조금씩 다르니 신청하기 전 꼼꼼하게 이를 따져봐야 한다. 대체로 카오싼 로드에 있는 한국 여행사가 가격이 가장 저렴하다. 2인 이상일 경우 시내 호텔로 픽업도 가능하다. 만약 여행 날짜 등 일정이 정확히 잡혀 있다면 미리 투어를 신청한 후 예약 확인서를 받아둔다. 투어 당일 예약확인서를 지참해 지정된 만남의 장소인 호텔이나 여행사 앞으로 가면 투어 픽업 직원을 만날 수 있다.

투어 문의
홍익여행사 ☎ 0-2282-4114 ● www.hongiktravel.com
몽키 트래블 ☎ 0-2730-5690
● www.thai.monkeytravel.com

담넌 싸두악 수상 시장 + 로즈 가든 + 쌈프란 동물원(악어 농장& 코끼리 쇼) 투어

세 곳의 관광명소를 도는 하루 투어로, 가장 인기가 많은 투어 상품이다. 아침 일찍 출발해 오전에 수상 시장을 돌아본 후 점심 식사를 하고, 오후에 로즈 가든과 쌈프란 동물원을 관광하는 일정이다. 개인적으로 방문할 경우 입장료만 해도 투어 요금보다 비싸기 때문에, 여행사 투어로 방문하는 것이 경제적이고 편리하다.
담넌 싸두악 수상 시장과 로즈 가든 두 곳만 둘러보는 투어도 있고, 수상 시장만 둘러보는 반일 투어도 있다.

담넌 싸두악 수상 시장
Damnoen Saduak Floating Market
MAP P.25

도시에서 느낄 수 없는 이국적인 풍경을 볼 수 있는 태국의 수상 시장으로, 방콕에서 80Km 정도 떨어진 곳에 위치하고 있다. 좁은 운하에 배를 아슬아슬하게 띄워놓고 배 위에서 과일, 음식, 기념품 등을 판매하는 모습이 꽤 재미있다. 수상 시장은 관광객을 위해 운영되는 것이기도 하지만, 여행자들이 투어 중에서도 가장 선호하는 곳이기도 하다. 그래서 방콕 외곽 투어 상품 중 가장 인기 있다. 수상 시장에 도착하면 여러 명이 탈 수 있는 배를 빌려 타고 1시간 정도 도는데, 이때 쇼핑이나 식사도 할 수 있다.
오전 8시부터 10시까지가 관광객들이 가장 붐

비는 시간이다. 여행사 투어 요금 250B~(담넌 싸두악 수상 시장만 방문 시).

로즈 가든
Rose Garden
MAP P.25

로즈 가든은 작은 정원과 레스토랑, 동물원, 골프 코스 등이 갖춰져 있는 예쁜 리조트이지만, 대부분의 관광객들은 로즈 가든에서 열리는 태국 전통 무용, 타이 복싱, 코끼리 쇼 같은 민속 공연을 관람하기 위해 찾아온다.
여행사 투어 요금 550B~(담넌 싸두악 수상 시장 + 로즈 가든 방문 시).

● KM 32, Pet Kasem Rd, Samphran, Nakon Pathom  0-3432-2544 ● 08:00~18:00(Thai Village Cultural Show는 14:45부터) ● 연중무휴 ● 입장료 450B(개별 방문 시) ● 방콕 시내에서 차로 1시간 소요

쌈프란 동물원
Samphran Elephant Ground & Zoo
MAP P.25

동물원 안에 있는 악어 농장은 태국에서 꼭 봐야하는 곳 중에 하나로 꼽히는데, 위험하지만 스릴 넘치는 악어 쇼가 펼쳐지며 정말 많은 악어들을 가까운 곳에서 볼 수 있다. 동물원 한편에서는 코끼리들의 축구 경기와 코끼리 전투를 재현하고 있다. 잘 훈련된 거대하지만 귀여운 코끼리들을 아주 가까이서 볼 수 있다.
여행사 투어 요금 550B~(담넌 싸두악 수상 시장 + 쌈프란 동물원 방문 시).

● KM 30, Pet Kasem Rd, Samphran, Nakon Pathom ☎ 02-284-1873 ● 08:30~17:30(쇼는 12:45, 14:20부터, 일요일과 공휴일에만 있는 추가 공연은 10:30부터) ● 연중무휴 ● 입장료 600B(개별 방문 시)

예상 투어 일정

07:00 방콕 출발
09:30 담넌 싸두악 수상 시장으로 이동 및 구경 (옵션으로 배를 이용해 수상 시장을 구경 시 1인당 150B 추가). 점심 식사 후 로즈 가든 또는 쌈프란 동물원의 악어 쇼와 코끼리 쇼 관람
17:00 방콕 도착

매끌렁 기차 시장 + 암파와 수상 시장과 반딧불 투어

세 곳을 둘러보는 여행사 투어 요금 500B~(카오싼 로드 출발 시).

매끌렁 기차 시장
Maeklong Railway Market
MAP P.25

태국 말로 '딸랏 롬훕(Talaat Rom Hub)'이라고 불리는 이곳은 기차역인 매끌렁역을 지나는 기찻길 양 옆으로 늘어선 시장이다. 세상에서 가장 아슬아슬하고 위험한 시장으로 방송에 소개되면서 유명세를 탔다. 실은 현지인들이 이용하는 태국의 평범한 시장으로 생선, 과일, 채소 등을 파는데, 기차가 오는 시간이 되면 특별해지기 시작한다. 기차가 출발하는 경적이 울리면 주변 상인들은 순식간에 물건과 천막을 정리하고 구경 나온 관광객들은 안전선 밖으로 이동한다. 시장 골목은 금세 다시 기찻길로 변한다.

기차는 천천히 가기 때문에 특별히 안전에 대한 걱정은 하지 않아도 된다. 개인적으로 가는 것보다 일일투어로 신청해서 가는 편이 좋고, 요일, 시간대별로 기차가 지나가지 않을 수도 있다.

암파와 수상 시장과 반딧불 투어
Amphawa Floating Market
MAP P.25

금, 토, 일요일에만 운영하는 수상 시장. 최근 태국에서 가장 유명한 담넌 싸두악 수상 시장을 능가하는 인기를 얻고 있는 중이다. 암파와 수상 시장에서는 큰 수로 양쪽으로 늘어선 상점, 레스토랑, 기념품 숍, 마사지 숍 등을 둘러볼 수 있다. 보트를 타고 수상 시장의 수로를 둘러보는 담넌 싸두악과는 달리 암파와 수상 시장에서는 수로 양쪽의 상점들을 걸어서 구경할 수 있고, 일일 투어 시 자유 시간에 좀 더 여유가 있다.

오후 5시 30분~6시쯤 투어 인원들이 다시 약속 장소로 모이면 반딧불 투어가 시작된다. 해가 질 무렵 보트를 타고 20~30분 정도 들어가면 강가 옆의 울창한 나무들 사이로 반딧불이가 하나 둘씩 빛나는 진귀한 광경을 볼 수 있다. 1시간 정도의 투어가 끝나면 다시 방콕으로 돌아오는 코스다.

예상 투어 일정(금, 토, 일만 출발 가능)
13:00 여행사 출발
15:00 매끌렁 기차 시장
16:00 암파와 수상 시장으로 출발
16:30 암파와 수상 시장 도착(자유 일정)
18:30 보트 타고 반딧불 투어 시작
21:30 카오싼 로드 도착

깐짜나부리 투어
Kanchanaburi

미얀마로부터 흘러들어오는 콰이 강을 따라 대자연의 풍경이 펼쳐지는 깐짜나부리는 방콕에서 북서쪽으로 약 130km 떨어진 곳에 위치하고 있다. 방콕에서 기차로 2시간 45분 걸리므로 하루 코스로 여행이 가능하다. 깐짜나부리역에 내리면 부근에 버스터미널과 관광안내소가 있고, 여기서 200m 정도 걸으면 게스트하우스와 호텔들이 줄지어 서있다. 아슬아슬한 콰이 강의 다리를 걸어서 건너는 것도 재미있으며, 기차를 타고 건너는 것도 또다른 재미를 느낄 수 있다. 이 기차는 천천히 달려가는 완행열차이지만 달리는 기차 안에서 아름다운 협곡 코스를 보는 것이 투어의 하이라이트로 손꼽힌다.

투어 종류에 따라 죽음의 철도 타기, 코끼리 트레킹, 뗏목 타기 등 포함 내역이 다르고 가격도 달라지니 예약 시 내용을 반드시 확인하자. 호텔 픽업 시 여행사 투어 요금 600B~.

● **개별 방문 시 : 버스** 방콕 남부터미널에서 에어컨 버스가 04:00~20:20 운행. 20분 간격으로 출발하며 깐짜나부리 버스터미널에 하차. 2시간 소요. 요금 110B~ **기차** 방콕 톤부리역에서 출발해 약 3시간 소요. 깐짜나부리역 또는 콰이 강의 다리역 하차. 요금 100B~ (하루 2회 운행)
● **관광안내소** ☎ 034-511-200 ● Saeng Chuto Rd ● 08:30~16:30 ● 연중무휴

콰이 강의 다리
River Kwai Bridge
MAP P.26

깐짜나부리는 영화 〈콰이 강의 다리〉의 배경이 된 곳으로, 전 세계에서 찾아오는 관광객들에게 가장 인기 있는 관광지이다. 2차 세계대전 당시 일본군들이 태국, 미얀마를 잇는 철도를 놓던 참혹한 상황을 1957년 영화화해 아카데미상 7개 부문을 수상했다. 콰이 강의 다리는 현재 77km 정도만 남아 있다.

콰이 강의 다리는 '죽음의 철도'라고 불리우는데, 건설 당시 만여 명의 일꾼들과 연합군 포로들의 목숨을 빼앗아가 붙여진 이름이라고 한다.

● 깐짜나부리역에서 도보 30분

제스 전쟁박물관
JEATH War Museum
MAP P.26

매콩 강 연안의 왓 차이춘폰 부지 내에 있는 포로 수용소를 재현한 건물로, 참혹했던 전쟁의 역사를 말해준다. 박물관에는 당시 포로였던 연합군 병사의 유품이 전시되어 있으며, 일본군이 참혹하게 고문하는 장면을 묘사한 스케치도 있다.

예상 투어 일정
07:00 방콕 출발
09:00~17:00 깐짜나부리 도착 후 제스 전쟁박물관 관람, 죽음의 철도 타기, 점심 식사, 코끼리 트레킹, 뗏목 타기
19:00 방콕 도착

우기에는 일정이 달라진다
비가 많이 오는 우기에는 콰이 강의 물이 많이 불어난다. 그래서 여행객의 안전을 위해 뗏목 타기는 취소되는 경우가 있으니 예약 전에 확인해보는 것이 좋다.

아유타야 투어
Ayuthaya

태국 두 번째 왕국의 수도였던 아유타야는 방콕에서 80km 정도 떨어진 곳으로, 이곳에 오면 과거 찬란했던 역사가 그대로 남아 있는 사원과 유적지를 볼 수 있다. 400년을 지켜온 아유타야 시대의 화려한 역사를 하나하나 직접 보기 위해서는 하루 코스로 보는 것이 가장 좋다.
이 코스는 놓쳐서는 안 되는 중요한 유적들만 골라보기 때문에 시간적 여유가 없는 여행자들에게는 가장 적합한 실속 투어이다.
보통 12인승 버스로 이동하는 투어가 대부분이며, 아유타야까지 편도로 크루즈를 이용해서 갈 수 있는 투어 프로그램도 운영된다. 일정에 따라 여름 궁전인 방파인이 추가되는 프로그램도 있다. 여행사 투어 요금 450B~(호텔 픽업 시).

● **개별 방문 시 : 버스** 방콕 북부터미널에서 에어컨 버스 05:40~20:45 운행, 약 1시간 45분 소요, 요금 70B~ **기차** 활람퐁역에서 06:20~22:00 운행, 약 2시간 이상 소요(하루 21편 운행), 요금 20B~(3등석 비지정석) **여행사 버스** 07:00에 출발, 요금 320B
● **관광안내소** ☎ 035-246-076 ● Si Sanphet Rd. ● 08:30~16:30 ● 연중무휴

왓 쁘라씨산펫 & 왕궁 터
Wat Phra Si Sanphet & Grand Palace
MAP P.27

왓 쁘라씨산펫은 아유타야 시대의 가장 중요한 역할을 하던 왕궁 사원으로 왕의 유골을 고이 모신 쩨디가 있는 곳이기도 하다. 웅장한 중앙 위한에는 황금 불상이 모셔져 있었으며 1767년 미얀마 침략 때 많은 부분이 소실되고 파괴되었다. 현재는 부분적으로 복원 중이다. 3개의 쩨디 중 하나만 유일하게 보존된 것이며 2개는 복원된 것이다.
아유타야 왕조 초기의 궁전은 왓 쁘라씨산펫에 세워졌으나 1426년 일어난 화재 때문에 소실되었다. 그 후 트라이로카낫 왕에 의해 궁전이 다시 건설되었지만, 1767년 미얀마의 침공으로 왕궁의 대부분이 파괴되고 지금도 터가 남아 있다.

● 아유타야역에서 차로 10분 ● 07:30~18:30 ● 입장료 30B(두 곳 공통, 개별 방문 시)

여행사 투어와
개별 여행, 어느 것이 좋을까?
방콕 근교는 개별적으로 기차를 타거나 시외 버스를 이용해 가려면 갈아타는 과정이 복잡한 코스들이다. 그래서 혼자 찾아가는 것보다는 투어를 이용해 가는 것이 시간과 비용을 절약할 수 있다. 카오싼 로드의 여행사나 시내 여행사의 투어를 이용하면 매일 출발이 가능하므로 쉽고 편리하며 호텔 픽업도 가능하다.

왓 랏차부라나
Wat Ratchaburana
MAP P.27

1424년 보롬 마라차 2세 때 왕위 자리를 놓고 싸우던 중 죽은 두 형을 위해 만든 사원이다. 사원 중앙에 있는 탑 지하실에서 많은 불상과 금으로 만든 정교한 공예품들이 도굴 당하기도 했는데 되찾은 일부 귀중한 유적은 현재 박물관에 보관 중이다. 사원 탑 계단을 따라 내려가면 희미하게 남겨진 벽화도 감상할 수 있다.

● 아유타야역에서 차로 7분 ● 07:30~18:30 ● 연중무휴 ● 입장료 30B(개별 방문 시)

위한 프라몽콘보핏
Wiharn Phra Mongkhon Bophit
MAP P.27

15세기에 만들어진 태국에서 가장 큰 청동 불상이 모셔져 있는 곳. 사원은 1767년 소실되었다가 1956년 재건했다. 재건 당시 거대한 불상 안에서 수백 개의 작은 불상들이 발견되었다고 한다.

● 아유타야역에서 차로 10분 ● 08:30~16:30 ● 연중무휴 ● 입장 무료

왓 쁘라마하탓
Wat Phra Mahathat
MAP P.27

14세기 보롬 마라차 1세가 만들기 시작하여 라메쑤언이 증축한 곳. 아유타야의 슬픈 역사와 함께 목이 잘려진 불상들과 무너져 내린 유적들이 있다. 실제 가보면 무너진 유적지가 아닌 어느 나무 주위에 사람들이 모여 무언가를 눈여겨 보고 있는 것을 알 수 있다. 이것은 나무 뿌리에 휘감겨 있는, 미얀마군에 처참하게 목이 잘린 불상의 얼굴이다.

● 아유타야역에서 차로 7분 ● 07:30~18:30 ● 연중무휴 ● 입장료 30B(개별 방문 시)

왓 로카야쑤타람
Wat Lokayasutharam
MAP P.27

42m의 거대한 와불을 만날 수 있는 곳. 사원은 미얀마군에 의해 파괴되고 지금은 흔적만 남아 있다. 야외에 편안하게 누워 있는 하얀 불상은 주황색 승복을 입은 모습이 멀리서도 눈에 잘 들어온다. 소원을 빌러 오는 불자들이 얇은 금박지를 붙이는 모습도 볼 수 있다.

● 아유타야역에서 차로 15분 ● 입장 무료

거대한 와불 왓 로카야쑤타람

방파인 여름 궁전
Bang Pa-in Summer Palace
MAP P.27

- 아유타야에서 차로 20분 거리 ● 08:00~16:00 ● 연중무휴 ● 입장료 100B(개별 방문 시)

예상 투어 일정
07:00 방콕 출발
09:00 아유타야 유적 관광
15:00 방파인 여름 궁전
18:30 방콕 도착

아유타야에서 20km 떨어진 곳에 위치한 왕궁으로 전성기 때의 찬란함은 1767년 왕조의 멸망 후 황폐한 폐허가 되었다. 그 후 라마 4세와 5세가 재건하여 화려한 옛 모습을 되찾고 왕실의 별장으로 이용했다.

지금은 왕실이 소유하고 있지만 공식 행사 등 특별한 경우 외에는 사용하지 않고 일반에게 공개하고 있다. 호수 중앙에 지어진 아이싸완 티파얏은 '수상 궁전'으로도 불리우며 가장 눈에 띄는 태국식 건축물로 무척 아름답다. 그 밖의 중국식으로 지어진 왕의 집무실, 전망대인 허 위툰 탓싸나도 올라가봐야 하는 곳 중 하나다. 궁전 안은 그리 넓지 않아 걸어서 천천히 둘러봐도 좋다. 여행사 투어 요금 650B~(아유타야 + 방파인 여름 궁전 방문 시).

개별 여행을 원한다면

아유타야의 유적지는 군데군데 떨어져 있어 다 돌아보려면 시간이 많이 걸리므로 투어를 이용할 경우 유명 유적지들만을 둘러본다. 만약 역사에 관심이 있거나 곳곳에 흩어져 있는 더 많은 유적지를 보고 싶다면 개인적으로 도착하여 자전거나 툭툭을 빌려서 돌아 보는 것이 좋다.

간혹 기차역 등에서 자가용 승용차가 호객행위를 하는데 요금을 흥정해서 이용해도 좋다. 툭툭에 비해서 조금 비싸지만 에어컨이 나오는 것이 장점이다. 특히 툭툭과 자가용 승용차는 대개 기사가 요구하는 조건보다 낮은 가격에 흥정이 가능하니 꼭 흥정을 하도록 하고 요금은 반드시 투어가 다 끝난 다음에 지불하도록 한다.

무앙 보란 투어
Muang Boran
MAP P.25

무앙 보란은 '고대 도시'라는 뜻으로, 말 그대로 무앙은 도시, 보란은 고대라는 뜻이다. 이곳은 방콕에서 100km 정도 떨어져 있는데, 태국의 역사적인 고대 사원과 문물들을 모형으로 만들어 테마파크처럼 만들어 놓았다.

실물 크기로 재현하기는 했지만 모형이므로 똑같은 감흥을 기대하기는 힘들다. 태국 전국의 유명 사원을 한곳에서 본다는 데 의의가 있다고 할 수 있다. 투어 요금은 여행사마다 차이가 있으나 대략 850B 정도다.

- 296/1 Sukhumvit Rd, Samut Prakan ☎ 0–2709–1644~5 ● 08:00~17:00 ● 입장료 300B(개별 방문 시)

예상 투어 일정
07:00 방콕 출발
09:00 무앙 보란 도착
12:00 방콕 도착

개별 여행도 가능할까?
개인적으로 버스를 이용해서 가기에는 조금 어려운 부분이 있기 때문에 일행이 많다면 왕복으로 택시를 대절하거나 여행사의 투어를 이용해서 가는 것이 제일 바람직하다.
무앙 보란은 규모가 매우 크므로 걸어서 구경하기 어렵다. 따라서 일단 무앙 보란에 도착을 하면 전동차 또는 자전거를 빌려 개인적으로 둘러보는 것이 일반적이다.

파타야 투어
Pattaya
MAP P.28

방콕에서 차로 2시간 30분 정도 거리여서 관광객이 가장 많이 찾는 해변이기도 하다. 휴식을 목적으로 오는 사람들이 대부분이므로 투어 일정으로 와서 며칠 더 머무르거나 개인적으로 파타야로 이동한 후 원하는 해양 스포츠를 이용하는 사람들도 많다.

여행사의 일일 투어에 따라 왕복 교통이 포함되거나 해양 스포츠인 스노쿨링, 낚시 투어, 산호섬 방문 등이 포함되는 등 다양한 프로그램을 선택할 수 있다. 왕복 교통이 포함되지 않은 경우 투어가 종료된 후 좀 더 머물면서 파타야의 화려한 나이트라이프를 즐겨보는 것도 좋다. 파타야로의 왕복 교통은 인원에 따라 시외 버스나 택시를 이용할 수 있다. 여행사 투어 요금 1200B~(카오싼, 쑤쿰윗 출발 시).

〈예약 및 투어 문의〉
홍익여행사
☎ 0–2282–4114 ● www.hongiktravel.com
몽키트래블
☎ 0–2730–5690 ● thai.monkeytravel.com

예상 투어 일정
06:15 카오싼 경찰서 앞 출발 또는 오전 6시 쑤쿰윗 플라자 앞 출발
09:00 파타야 도착
09:30 스피드 보트로 산호섬 이동
10:00~10:30 산호섬 도착 후 자유시간
12:30 점심 식사
13:30 스피드 보트로 산호섬 출발
14:00 파타야 비치(자유 시간)
15:00 방콕으로 출발
18:00 카오싼 도착

Pattaya
파타야

파타야 가는 법 300
파타야 302
파타야 관광 304
파타야 맛집 307
파타야 마사지 & 스파 312
파타야 클럽 & 바 313

Access
파타야 가는 법

태국은 시외버스, 투어버스 등이 발달해 있어 다른 지방으로 가는 것은 무척 수월하다. 유명 관광지인 파타야는 방콕의 버스터미널은 물론 쑤완나품 국제공항에서도 한 번에 갈 수 있는 직항 버스들이 있어 2시간 남짓이면 도착할 수 있다.

벨 트래블 Bell Travel

일반 시외버스를 이용할 경우는 터미널에 내려서 직접 호텔로 찾아가야 하지만 벨 트래블 버스는 대형 버스로 파타야까지 이동한 후 방향이 같은 호텔 투숙자들을 모아 다시 밴으로 투숙 호텔까지 데려다준다. 방콕 호텔에서도 픽업이 가능하고 파타야에서 돌아올 때나 공항으로 갈 때 이용해도 편리하다. 혼자 갈 경우는 벨 트래블을 이용하는 것이 가장 경제적이다. 예약은 벨 트래블 웹사이트나 전화로 할 수 있다. 승차는 공항 1층 8번 게이트 앞에서 한다.

쑤완나품 국제공항 출발 → 파타야 도착
- ☎ 08-4427-4606 ● 운행 08:00, 10:00, 12:00, 14:00, 16:00, 18:00 ● 요금 1인 250B

방콕 호텔 출발 → 파타야 호텔 도착
밴으로 방콕 호텔에서 픽업하여 대형버스로 갈아타고 파타야까지 이동한 후 다시 밴으로 파타야 호텔에 도착한다.
- 호텔 픽업 시간 08:30, 12:30, 16:30
- 요금 1인 400B

벨 트래블 파타야 오피스
- 6/14 Moo 6 North Pattaya Rd, Naklua, Banglamung ☎ 0-3837-0055
- 영업 시간 06:00~19:30
- www.belltravelservice.com

시외버스 Bus

방콕에는 동부 터미널인 콘쏭 에까마이, 북부 터미널인 콘쏭 머칫마이, 남부 터미널인 콘쏭 싸이따이마이 이렇게 세 곳의 시외버스 터미널이 있다. 체류하는 곳에서 가장 가까운 터미널을 이용하면 된다. 만일 택시를 이용해서 터미널에 도착하는 경우라면 남부 터미널만 피하면 된다. 남부 터미널은 시내에서도 거리가 먼 데다 파타야행 버스는 다른 터미널에 비해 운행 간격이 길다.

콘쏭 에까마이, 콘쏭 머칫마이는 30분~1시간 간격으로 버스가 출발한다. BTS를 이용해 터미널에 갈 수 있는데, 방콕 시내에 있다면 콘쏭 에까마이를 이용하는 것이 편리하다. 시외버스는 버스 회사에 따라 차이는 있지만 요금이 120B 정도로 저렴하다는 장점이 있다. 단, 파타야 버스터미널에 내린 후 호텔까지 갈 때 다시 썽태우 등을 이용해야 하는 불편함이 따른다. 따라서 2인 이상이라면 시외버스보다 택시를 이용하는 것이 낫다.

택시 Taxi

방콕에서 파타야까지는 택시로도 이동 가능한 거리다. 요금은 1000~1500B 정도 잡으면 된다. 2인 이상일 경우 택시를 이용하는 것이 편리하다. 미터제로 가기도 하고 가격을 흥정해서 갈 수도 있는데, 가격을 흥정할 때는 톨게이트비가 포함되어 있는지 여부를 반드시 확인해야 한다. 쑤완나품 국제공항에서 바로 택시를 타거나, 호텔 앞에서 대기하고 있는 택시를 이용해도 좋다.

파타야의 시내 교통

썽태우 Local Bus

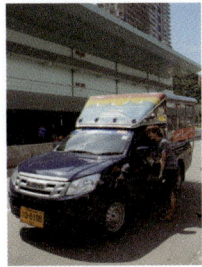

트럭을 개조한 교통수단으로 파타야에서 가장 많이 이용된다. 비치 로드는 워킹 스트리트 방향으로 일방 통행, 파타야 싸이 썽 돌고래상 방향으로 일방 통행으로 운행된다.

썽태우는 자주 운행되므로 불편함 없이 이용할 수 있다. 하지만 좀티엔 비치로 갈 계획이라면 한 번에 가는 썽태우가 없으므로 갈아타야 한다. 빈 썽태우보다는 사람들이 많이 타고 있는 썽태우를 세워서 타는 게 안전하다. 만일 택시처럼 썽태우를 이용하고 싶다면 전세를 내는 것도 방법이다.

택시 Taxi

파타야에서도 택시를 이용할 수 있다. 하지만 파타야는 미터제가 아니므로 흥정을 해야 한다. 택시는 쇼핑몰 앞이나 호텔에 대기하고 있다.

오토바이 택시 Motorbike Taxi

좁은 골목 사이나 썽태우로 가기 애매한 위치로 갈 경우 이용할 수 있다. 가격이 싼 편은 아니며 거리에 따라 다르니, 출발 전에 미리 가격을 확인해야 한다.

쑤완나품 국제공항에서 파타야 바로 가기

쑤완나품 국제공항에서 출국 심사를 마치고 짐을 찾아 공항 밖으로 나오면 1층 8번 게이트 앞에서 파타야행 버스를 탈 수 있다. 1~2시간 간격으로 운행하며 2시간 정도 소요된다.

● **요금** 120B~(버스 회사마다 가격이 다름)

파타야 Pattaya

**태국 현지인들은 물론
전 세계 사람들이
사랑하는 휴양지**

MAP P.28

태국의 대표 휴양지 파타야. 방콕에서 147km 거리밖에 되지 않아 차로 2시간이면 갈 수 있어 해변에서 휴양하고 싶을 때 가볍게 떠날 수 있다는 장점이 있다. 하지만 수많은 관광객들이 모여들면서 파타야는 수질이 나빠지는 등 몸살을 겪게 되었으며, 깨끗하고 아름다운 휴양지라는 이미지가 하락한 것도 사실이다. 이를 고심하고 있던 파타야는 '클린 파타야'를 외치며 대대적으로 정화 정책을 폈고, 그 결과 수질이 깨끗해지고 도로 정비도 진행되어 예전의 명성을 찾아가고 있다.
전통 휴양지인 만큼 저렴하게 묵을 수 있는 게스트하우스부터 여유롭고 품위 있는 휴양을 즐길 수 있는 최고급 호텔까지 숙소 선택의 폭도 다양하다.

> **관광 ★★★**
> 태국의 유명 휴양지로 볼거리와 해양 스포츠 등을 즐길 수 있다.
> **쇼핑 ★★**
> **음식 ★★**
> **나이트라이프 ★★★**
> 태국에서 유흥가로 손꼽히는 곳. 건전한 곳도 많지만 퇴폐 영업소가 많으니 주의!
> **교통 ★★**

{ 추천 여행 코스 }
예상 소요시간 6~7시간

START

파타야 비치
p.304

도보 5분

센트럴 페스티벌
p.311

페리 보트 40~45분

FINISH

알카자 쇼
p.313

썽태우 5분

워킹 스트리트
p.313

페리 보트 40~45분 이용 후 도보 2~3분

꼬 란
p.306

Just go's Advice

파타야에서 즐기는 해양 스포츠
파타야는 해양 스포츠를 즐기기 좋은 장소다. 파타야 비치와 좀티엔 비치는 물론 가까이 위치한 산호섬 꼬 란도 인기 있는 휴양지다. 관광객들은 물론 현지인들도 다양한 해양 스포츠를 즐기기 위해서 꼬 란을 찾는다. 맑은 바다 위를 힘차게 날아 오르는 패러세일링(Parasailing, 550B~), 일부러 급커브해 물에 빠지는 스릴을 느낄 수 있는 바나나보트(Bananaboat, 300B~), 바다 안을 볼 수 있는 시 워킹(1200B~)이 특히 인기 있으며, 제트 스키(600B~)나 초보자도 쉽게 할 수 있는 스노클링(Snorkeling)도 빼놓을 수 없다. 액티비티는 꼬 란 섬에서 개인이 직접 신청할 수도 있다.

파타야 당일치기로 가기
짧은 방콕 여행 중에 파타야를 방문하고 싶다면 방콕에서 출발하는 일일 투어를 이용해보자. 아침 일찍 출발해 저녁에 돌아가는 투어로 일정에 대부분 해양 스포츠가 포함되어 있다.
만약, 해양 스포츠가 포함되어 있지 않다면 비용을 추가로 지불하고 이용하면 된다.

SIGHTSEEING   [파타야의 관광]

파타야 비치
Pattaya Beach ★★
MAP P.28-A, 휴대지도 ●-P

파타야를 대표하는 해변. 두씻 타니 호텔 앞을 시작으로 3km가량 길게 이어져 있다. 비치 로드 옆으로 펼쳐진 해변에서 다양한 해양 스포츠를 즐길 수 있다. 해변은 선베드에 누워 일광욕을 만끽하거나 해수욕을 즐기는 관광객들로 붐비는 편. 수질이 완전히 정상화된 것은 아니지만 얼마 전부터 진행된 정화 작업으로 주변 환경이 많이 개선되었다.
예전부터 휴양 명소였던 파타야 해변 주변은 유명 체인 호텔부터 레스토랑, 바, 쇼핑몰까지 없는 것이 없을 만큼 편의 시설을 잘 갖추고 있다. 저녁에는 해변에서 술을 마시는 사람이나 호객 행위를 하는 사람들이 많다. 이곳에서 파타야와 가장 가까운 섬인 산호섬 꼬 란으로 갈 수 있다.

● 파타야 비치 로드 앞

좀티엔 비치
Jomtien Beach ★★
MAP P.28-C, 휴대지도 ●-W

파타야 비치에서 5km가량 떨어진 해변. 파타야 하면 깨끗하지 못한 바다를 연상하기도 하지만 그런 오해를 풀려면 좀티엔 비치로 가보자. 6km나 되는 아름다운 해안선이 펼쳐지는 곳으로 맑은 바다를 즐길 수 있는 한가로운 곳이다.
휴양지로 유명한 파타야 비치는 번잡한 편이므

로 조용한 해변을 즐기고 싶다면 좀티엔 비치에 숙소를 정하는 것도 좋다. 근처에 전망 좋고 분위기 좋은 레스토랑이 많다.

● 파타야 비치 로드 끝 워킹 스트리트를 지나 파타야 따이 로드에서 오른쪽 큰길인 탑 프라야 로드 초입에서 썽태우 이용

파타야 수상 시장
Pattaya Floating Market ★
MAP P.28-C, 휴대지도 ●-X

단체 관광객들의 필수 코스 중 하나인 파타야의 수상 시장은 관광을 목적으로 조성된 인공 수상 시장이다. 10만 평의 부지에는 태국 전통 스타일의 티크우드 수상 가옥이 들어서 있다. 이곳에 입점한 100여 개의 상점과 식당에서는 기념품, 공예품, 태국 음식 등을 판매한다.
시장에 마련된 작은 공연장에서 시연되는 태국의 전통 무예 무에타이나, 물 위를 가로지르는 아슬아슬한 줄 위에서 펼쳐지는 줄타기 복싱도 볼거리 중 하나다.

● 451/304 Moo 12, Sukhumvit–Pattaya Rd, Nongprue, Banglamung ☎ 0-3870-6340, 08-5282-6443 ● 10:00~21:00 ● 입장료 여행사에서 구입 시 150B~ ● 파타야 비치 로드에서 썽태우 또는 택시로 30분

농눅 빌리지
Nong Nooch Village ★★★
MAP P.28-C, 휴대지도 ●-W

파타야에서 남쪽으로 15km 떨어진 곳에 자리한 농눅 빌리지는 1954년 농눅 부부가 과일나무를 심으면서 시작되었다고 한다. 현재 하루 3천 명 이상이 방문하는 파타야 최고의 관광지 중 하나로 성장했다. 단체 관광객은 물론 개인 관광객도 많이 찾는 곳이다. 다양한 테마의 정원과 미니 동물원 등이 있어 둘러보는 재미가 있다. 걸어서 둘러보기에는 방대한 규모이기에 셔틀을 이용해야 한다. 요금은 100B로 넓은 곳을 편하게 둘러볼 수 있다.
이곳에서 놓쳐서는 안될 볼거리는 타이 민속 공연과 코끼리 쇼. 타이 민속 공연은 코끼리 전투를 재현하고 민속 무용은 물론 무에타이까지 지루하지 않게 펼쳐진다. 공연장은 매우 크기 때문에 자리가 없다거나 하는 걱정은 하지 않아도 된다. 민속 쇼가 끝나면 바로 옆 코끼리 쇼 공연장으로 가면 된다.

● Pattaya, Sattahip District, Chon Buri ☎ 0-3870-9358~62 ● 07:00~18:00(민속 공연 · 코끼리 쇼 09:45, 10:45, 13:45, 14:45, 15:45, 16:30, 17:00. 스케줄은 현지 사정에 따라 바뀔 수 있음) ● 요금 500B(여행사 구입 시 250B~) ● 파타야 비치에서 썽태우 또는 택시로 30분
● www.nongnoochgardenpattaya.com

꼬 란
Ko Larn
★★★

MAP P.28-B, 휴대지도 ●-S

방콕·파타야의 패키지 여행 일정에서 빠지지 않고 항상 등장하는 산호섬 꼬 란. 오랜 기간 관광지로 사랑 받아온 꼬 란은 이름 그대로 산호빛 아름다운 바다를 즐길 수 있는 파라다이스다. 하지만 너무 많은 관광객들이 모여들어 호젓하게 보낼 수 없는 것이 흠. 개인적으로 방문한다면 관광객이 드문 비치를 찾아가 봐도 좋다.

썽태우와 오토바이 택시를 이용하면 편하게 비치 간의 이동이 가능하다. 오토바이를 직접 운전할 수 있다면 일일 렌트도 가능하다. 오토바이 택시는 정해진 가격이 있으니 안심해도 좋다.

꼬 란으로 가는 법

파타야 발리 하이 선착장을 출발하는 페리 보트를 타고 나반 포트(Naban Port)나 따웬 비치(Tawaen Beach)로 가려면 40~45분가량 소요되며, 스피드 보트를 대여하면 15분 정도 소요된다.

페리 보트 Ferry Boat
● 40~45분 소요 ● 요금 30B~ ● 파타야 발리 하이 선착장→나반 포트 07:00, 10:00, 12:00, 14:00, 15:30, 17:00, 18:30 ● 나반 포트→파타야 발리 하이 선착장 06:30, 07:30, 09:30, 12:00, 14:00, 15:00, 16:00, 17:00, 18:00 ● 파타야 발리 하이 선착장→따웬 비치 08:00, 09:00, 11:00, 13:00 ● 따웬 비치→파타야 발리 하이 선착장 13:00, 14:00, 15:00, 16:00, 17:00

꼬 란의 시내 교통

썽태우 Local Bus

여러 명이 탈 수 있는 꼬 란의 교통수단. 페리 보트가 도착하는 시간에 맞춰 같은 방향의 탑승자들과 동승하면 된다(30B~).

오토바이 택시 Motorbike Taxi
섬 내에는 썽태우 외에 다른 교통수단이 많지 않아 숙련된 오토바이 기사 뒤에 타고 섬 내를 이동할 때 이용한다(40B~). 오토바이를 대여해 혼자 자유롭게 돌아보고 싶다면 국제운전면허증을 미리 발급받아야 한다. 오토바이 렌트 때는 보증금과 여권을 맡기면 된다(250B~).

EAT & DRINK

★ 파타야의 맛집 ★

낭누알 Nang Nual
MAP P.28-B, 휴대지도 ●-S

파타야 워킹 스트리트에 위치한 시푸드 레스토랑. 수조에서 막 건져 낸 신선한 해산물로 요리한다. 시푸드 외에 세계 각지에서 모여든 관광객들의 다양한 입맛을 위한 메뉴들도 준비되어 있다. 파타야 비치에서 멀지 않고 다른 시푸드 레스토랑보다 쉽게 찾을 수 있어 방문하기 좋다. 주머니가 넉넉하지 않은 여행객이라면 시푸드 요리 대신 저렴한 태국 요리를 시켜보자. 한국인들이 가장 좋아하는 게 커리나 볶음밥 등을 주문하면 무난하다.

● 214/10 MU 10, Pattaya Walking Street, Pattaya ☎ 0-3842-8708 ● 12:00~24:00 ● 예산 500B~ ● 워킹 스트리트 끝에 위치 ● www.nangnualpattaya.com

닌자 BBQ Ninja BBQ
MAP P.28-A, 휴대지도 ●-O 강추

태국에서 흔하게 볼 수 있는 뷔페 체인점인 닌자 BBQ. 하지만 파타야의 닌자 BBQ에서는 신선하고 다양한 해산물을 맛볼 수 있다는 것이 특징이다. 소고기, 돼지고기, 닭고기는 기본으로 갖추고 있다. 뷔페 가격은 199B이지만 더 높은 가격대인 299B 코스를 선택하면 크기가 더 크고 신선한 해산물을 맛볼 수 있다.

기본 뷔페는 육수에 샤부샤부 및 구이를 할 수 있고, 숯불로 구워 먹으려면 한 접시당 20B가 추가된다. 직접 게, 새우 등을 굽는 장소에 가져다 놓은 후 다 구워질 때쯤 찾으러 가면 된다. 굽는 시간이 좀 걸리니 구이를 원한다면 들어가자마자 바비큐 장소에 해산물을 가져다 놓는 것이 좋다. 딤섬, 소시지 등 다양한 재료들이 준비되어 있고, 과일, 아이스크림 같은 디저트는 뷔페에 포함되어 있다. 단, 음료, 주류, 얼음은 뷔페 가격에 포함되어 있지 않으므로 추가 주문해야 한다. 참고로 에어컨이 나오지 않는 야외 식당이며 현금 결제만 가능하다.

● 3/246 Chaloemphrajiet, Naklau, Banglamung, Chonburi ☎ 0-3848-8360~1 ● 17:00~밤 01:00 ● 예산 290B~ ● 바로 가는 썽태우는 없다. 타논 파타야 느아와 파타야 싸이 삼 로드 교차점에서 하차 후 도보 5분

라 바게트 La Baguette
MAP P.28-A, 휴대지도 ●-N

파타야에서 손꼽히는 고급 베이커리. 돌고래상이 있는 로터리 돌핀 라운드 어바웃(Dolphin Roundabout)과 가까운 우드 랜드 입구에 있다. 작지만 꽉 찬 느낌의 베이커리로, 추천하는 빵은 아몬드 크루아상. 쇼 케이스에 가득한 화려한 케이크들도 인기가 많다. 디저트나 음료뿐 아니라 식사도 가능하다.
아침 8시부터 영업을 시작하므로 간단한 아침 식사 겸 들러도 좋다. 좀티엔에도 지점이 있으며 방콕에는 고급 쇼핑몰 엠쿼티어에 입점해 있다.

● In front of Woodland Hotel, Naklua Rd, Pattaya ☎ 0-3842-1707 ● 08:00~24:00 ● 예산 200B~ ● 썽태우를 타고 돌고래상 앞 하차. 우드 랜드 호텔 입구 ● www.labaguettepattaya.com

아이스 몬스터 Ice monster
MAP P.28-B, 휴대지도 ●-P

TV 프로그램 〈꽃보다 할배〉에 소개된 대만의 유명 빙수 전문점 아이스 몬스터. 방콕에서도 선풍적인 인기인 아이스 몬스터가 센트럴 페스티벌 파타야에 지점을 오픈했다. 토핑과 사이즈를 골라 먹을 수 있는 것이 특징. 가장 인기 있는 메뉴는 잘 익은 망고를 수북하게 올린 망고 빙수. 더운 여름 태국에서 꼭 한번 맛봐야 하는 디저트로, 단맛이 강하지 않아 한국인 입맛에도 잘 맞는다. 대만과 같은 푸짐한 비주얼은 아니지만 시원하고 잘 익은 망고 빙수는 가격도 만족스럽고 맛 또한 훌륭하다.

● 5F, Central Festival Pattaya Beach, GF, Pattaya Sai 2 Rd, Pattaya ☎ 0-2961-7760 ● 11:00~21:00 ● 연중무휴 ● 예산 60B~ ● 썽태우 이용 센트럴 페스티벌 파타야 앞 하차 ● www.icemonsterthailand.com

림파라핀 Rimpa-Lapin
MAP P.28-C, 휴대지도 ●-W ♥ 강추

파타야 주변에서 손꼽히는 로맨틱한 레스토랑 중 하나. 절벽에 층층이 3단계로 되어 있는 야외 좌석들은 석양이 질 무렵이면 어느새 만석이 되어 버린다. 확 트인 바다 전망은 파타야의 또 다른 분위기를 느낄 수 있다. 타이 음식뿐 아니라 유러피언 스타일의 음식도 있어서 분위기를 즐길 수 있다. 평화롭고 로맨틱한 시간을 보내기에 가장 좋은 장소로 연인, 가족 단위로 찾으면 좋은 곳이다.

조금 늦게 가면 자리가 없는 경우가 많고 바다를 가까이에서 볼 수 있는 좌석은 더더욱 않기 어려우므로 예약은 필수. 좀티엔 비치와 가까운 곳에 있으며, 차로만 갈 수 있다.

● Na ChomThian 36, Km.160, Baan, Amphoe Sattahip, Pattaya ☎ 0-3823-5515, 08-4451-5686 ● 월~금 16:00~24:00, 토, 일 14:00~24:00 ● 예산 600B~ ● 파타야 비치에서 택시 또는 썽태우 이용 30~40분 소요
● www.rimpa-lapin.com

푸드 로프트 Food Loft
MAP P.28-B, 휴대지도 ●-P

센트럴 페스티벌 백화점에 있는 푸드 코트. 뭘 먹을지 어디로 가야 할지 고민이 될 때, 가볍게 골고루 먹고 싶을 때 방문해보자. 푸드 로프트는 기본적으로 청결하고 메뉴가 다양해 태국 사람들에게도 인기 있는 곳이다. 가격은 저렴한 편은 아니지만 골고루 다양하게 먹고 싶다면 들러봐도 좋다.

● 3F, Central Festival Pattaya Beach, GF, Pattaya Sai 2 Rd, PattayaKlang, Pattaya ☎ 0-3893-0988 ● 11:00~23:00 ● 예산 100B~ ● 썽태우 이용 센트럴 페스티벌 파타야 앞 하차

글래스 하우스 파타야
The Glass House Pattaya
MAP P.28-C, 휴대지도●-W 강추

비치프런트에 위치한 분위기 있는 레스토랑. 파타야의 인기 식당 중 하나로, 우아한 실내 좌석과 모래사장 위에 마련된 낭만적인 야외 좌석까지 갖춘 규모 있는 레스토랑이다. 타이 요리는 물론 서양 요리, 디저트, 가볍게 마실 수 있는 드링크까지 다양한 메뉴를 갖추고 있으며, 가격도 합리적인 편이라 아이들을 동반하기에도 적합하다. 파타야 해변의 석양을 감상할 수 있는 최고의 명소이기도 하다. 좀티엔 쪽에 위치하고 있기 때문에 접근성은 조금 떨어지지만 복잡한 파타야 시내를 벗어나 분위기 있는 저녁을 즐기고 싶다면 추천하고 싶은 장소다. 좀티엔의 앰버서더 호텔과 가깝다.

● 5/22 moo 2, NaJomtien, Sattahip, Pattaya ☎ 0-3825-5922, 08-1266-6110 ● 11:00∼24:00(마지막 주문 22:00) ● 예산 300B∼ ● 파타야 비치에서 택시 또는 썽태우 이용 30∼40분 소요
● www.glasshouse-pattaya.com

뭄아로이 Mumaroi
MAP P.28-A, 휴대지도●-N 강추

파타야에서 가장 유명한 시푸드 레스토랑. 현지인들이 즐겨 찾는 레스토랑이며 한국인 입맛에도 잘 맞는다. 파타야 시내와 가까운 지점(3rd Pattaya Rd)과 파타야 시내와는 조금 떨어져 있는 본점(Naklua)이 있다. 특히 본점은 100여 개의 실내 테이블과 확 트인 바다를 감상할 수 있는 야외 좌석을 갖추고 있어 일부러 찾는 사람이 많다.
해산물로 만들어낸 다양한 타이 스타일의 요리는 흠잡을 데 없는 맛이다. 수조 안에 있는 신선한 해산물을 바로 요리해주며, 가볍게 주문할 수 있는 일반 요리도 수십 가지나 된다. 야외 테이블 석과 다양한 요리를 즐기려면 본점을 이용하는 것을 추천하지만 조용하게 즐기고 싶다면 파타야 시내 지점을 이용해도 좋다.

● Soi Naklua 4, behind Banglamung police station, Naklua, Pattaya ☎ 0-3822-3252 ● 11:00∼23:00 ● 예산 500B∼ ● 파타야 비치에서 택시 또는 썽태우 이용 20∼30분 소요. Banglamung Police Station과 가깝다.

캐비지 & 콘돔 파타야
Cabbages & Condoms Pattaya
MAP P.28-C, 휴대지도●-V

● 366/11 Moo 12, Phra Tam Nak 4 Rd, Nongprue, Banglamung, Pattaya ☎ 0-3825-0556 ● 11:00~22:00 ● 예산 500B ● 파타야 비치에서 택시 또는 썽태우 이용 10~20분 소요
● www.cabbagesandcondoms.co.th

방콕에도 지점이 있는 레스토랑. 파타야 지점은 레스토랑 주인이 운영하는 버드 & 비(Birds & Bee) 리조트 안에 위치한다. 레스토랑 바로 옆으로 바다가 펼쳐지는 풍광을 즐기면서 식사하기 좋은 장소로 소문나면서 현지인뿐 아니라 관광객들도 많이 찾는다.

콘돔으로 만든 인형들과 다양한 소품들이 처음 방문한 손님들을 놀라게 하지만, 이것은 에이즈 퇴치 운동 및 NGO 활동 중인 레스토랑 주인의 작품이다. 레스토랑의 메뉴는 평범한 타이 요리로, 가격도 합리적이다.

파타야에서 가장 현대적인 대형 쇼핑몰

센트럴 페스티벌 파타야
Central Festival Pattaya
MAP P.28-B

파타야에서 가장 현대적인 대형 쇼핑몰. 태국 전역에 있는 센트럴 백화점 계열로, 파타야의 중심지인 파타야 비치 로드 중간에 위치한다. 하층부에는 센트럴 백화점이, 상층부에는 파타야에서 전망이 좋기로 손꼽히는 힐튼 호텔이 있어 더 유명하다. 파타야 지점도 방콕 지점에 있는 대부분의 브랜드를 갖추고 있다. 백화점의 꽃인 지하 수퍼마켓과 푸드 코트, 3층 푸드 로프트, 5층 식당가도 인기다. 관광객들을 위한 택스 리펀드가 가능하다(여권 지참 필수).

● Central Festival Pattaya Beach, Pattaya Sai 2 Rd ☎ 0-3300-3999 ● 110:00~23:00(상점마다 다름) ● 연중무휴 ● 썽태우 이용 비치 로드 또는 센트럴 페스티벌 파타야 앞 하차. 파타야 비치 중간 위치
● www.centralfestival.co.th

MASSAGE

★ 파타야의 마사지 숍 & 스파 ★

헬스 랜드 Health Land
MAP P.28-A, 휴대지도 ●-O

♥ 강추

방콕에도 여러 개의 지점을 두고 있는 마사지 숍. 합리적인 가격과 깔끔한 시설, 숙련된 마사지사들로 유명한 곳이다. 관광객들이 많은 파타야 지점도 손님이 가득하다. 타이 마사지는 기본 2시간, 오일 마사지는 1시간 30분으로 프라이빗 룸에서 일행과 함께 또는 혼자 받을 수 있다.
가격은 방콕 지점과 동일하며 미리 예약을 하면 좋다. 여행사에서 10장 묶음으로 파는 헬스 랜드 쿠폰을 구입해 사용할 수 있다. 저녁 시간에는 예약 필수.

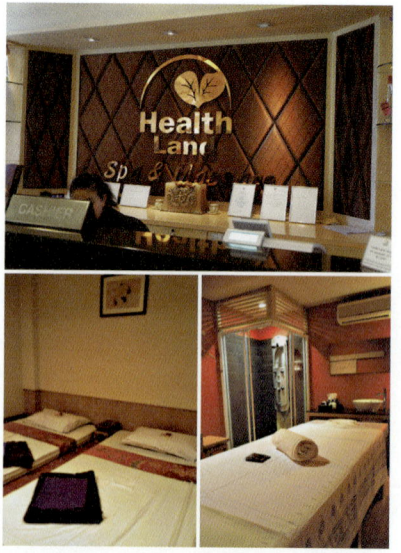

● 159/555 Moo 5, PattayaNua Rd., Naklua, Banglamung ☎ 0-3837-1473~7 ● 10:00~24:00 ● 타이 마사지 2시간 550B ● 오일 마사지 1시간 30분 950B ● 예약 권장 ● 파타야 비치 로드와 파타야 싸이 썽의 교차점인 돌고래상 앞 수퍼마켓에서 썽태우 이용 5분 거리. 또는 돌고래상 앞에서 도보로 15분 소요.
● www.healthlandspa.com

렛츠 릴렉스 Let's Relax
MAP P.28-A, 휴대지도 ●-N

방콕에서 1998년 오픈한 역사 깊은 마사지 숍. 방콕과 파타야, 치앙마이, 푸켓, 끄라비, 사무이, 후아힌 등 태국 방방곡곡에 지점을 두고 있다. 파타야에서도 가장 찾기 좋은 위치인 두씻 타니 호텔 돌고래상 앞에 위치하고 있다.
홈페이지에 프로모션 상품이 올라와 있으니 방문 전 미리 체크해두자. 원하는 시간에 마사지를 받으려면 예약은 필수.

● 240/9 Moon 5 Nakluar, Banglamung, Pattaya ☎ 0-3848-8591 ● 10:00~24:00 ● 발 마사지 45분 450B · 타이 마사지 2시간 900B · 패키지 상품 2300B~ ● 예약 권장 ● 파타야 비치 로드와 파타야 싸이 썽의 교차점인 돌고래상 앞
● www.letsrelaxspa.com

NIGHT LIFE

★ 파타야의 클럽 & 바 ★

알카자 쇼 Alcazar Show
MAP P.28-A, 휴대지도 ●-N

 강추

1981년 350명을 수용할 수 있는 작은 공연장에서 시작한 쇼는 현재 1200여 명의 관객이 입장할 수 있는 대형 공연장에서 펼쳐지는 화려한 쇼로 성장했다. 남자로 태어나 여자로 살아가는 트랜스젠더들이 지루할 틈 없이 에너지 넘치는 최고의 쇼를 선보인다. 방콕에서는 칼립소 쇼가 단연 최고지만 파타야라면 알카자 쇼가 최고로 꼽힌다. 세계 각국에서 온 관광객들을 위해 방문객이 많은 나라를 주제로 한 공연도 있다.
공연이 끝나면 함께 사진도 찍을 수 있는데, 팁을 줘야 한다. 좌석은 일반석과 VIP석 두 종류가 있으며, 티켓은 공연장에서 직접 구입하는 것보다 한인 여행사나 태국 여행사 등을 통하여 구입하는 것이 훨씬 저렴하다.

● 78/14 Pattaya 2nd Rd, Pattaya ☎ 08-1781-1703 ● 17:00, 18:30, 20:00, 21:30(하루 4회 70분) ● 연중무휴 ● 입장료 600B(여행사 구입 300B~) ● 썽태우 이용 파타야 싸이 썽 알카자 쇼장 앞 하차
● www.alcazarthailand.com

워킹 스트리트 Walking Street
MAP P.28-B, 휴대지도 ●-T

파타야의 환락가. 낮에는 비교적 한산하지만 밤만 되면 각국에서 몰려든 관광객들이 인산인해를 이룬다. 술집들이 즐비해 불야성을 이룬다.

● Walking Street, Pattaya ● 파타야 비치 로드 끝

하드록 폼 파티 Hard Rock Foam Party
MAP P.28-A, 휴대지도 ●-P

세계적인 체인 호텔인 하드록 카페는 레스토랑 체인을 겸비한 곳으로도 유명하다. 하드록 호텔은 가족 단위 방문객이 많지만 하드록 폼 파티를 시작하면서 일부러 파타야를 찾는 젊은이들이 많아졌다. 폼 파티는 이름 그대로 하얀 거품으로 가득한 수영장에서 열리는 파티로, 신나는 음악과 춤, 그리고 술이 어우러져 신나는 토요일 밤을 즐길 수 있다.

● 429 Moo 9, Pattaya Beach Road, Bang Lamung, Pattaya ☎ 0-8428-755 ● 토 21:30~밤 01:00 ● 입장료 음료(20세 이상) 1잔 포함 380B(투숙객 200B) ● 썽태우 이용 파타야 비치 로드의 하드록 호텔 앞 하차
● www.hardrock.com/cafes/pattaya

Hotel Guide

방콕의 숙소

숙소 선택하기 **316**
게스트하우스 · 유스호스텔 **319**
호텔 **322**
파타야의 숙소 **341**

accommodation

숙소 선택하기

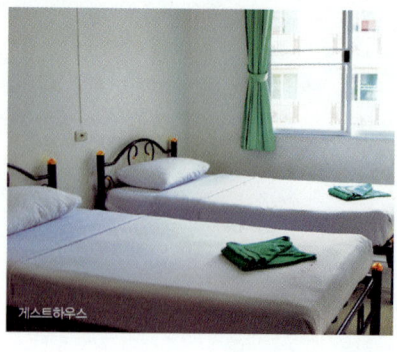

게스트하우스

여행에 있어서 가장 중요한 선택 중 하나는 어떤 숙소를 정하는가 하는 것이다. 무엇보다 잠을 편하게 자는 것이 가장 큰 목적이지만, 편안한 공간에서의 휴식과 집 같은 안락함까지 꼼꼼히 따져봐야 한다. 날짜가 확정되고 항공권 예약을 마치면 가장 먼저 원하는 스타일의 숙소를 정한다. 숙소를 선택할 때는 가격, 부대시설, 서비스, 위치 등 여러 가지를 고려해야 한다.

방콕에는 숙소 타입이 다양해 취향대로 골라 이용할 수 있다. 가격이 저렴한 게스트하우스의 도미토리부터 세계적인 최고급 체인 호텔, 트렌디한 부티크 호텔에 이르기까지 선택의 폭은 너무나도 넓다.

숙소의 종류

게스트하우스

장기여행을 하거나 저렴한 비용으로 여행을 하기 위한 여행자들에게 안성맞춤인 숙소이다. 방 형태도 다양한데 도미토리는 여러 명이 함께 이용하는 방으로 사생활 보호를 받을 수 없는 것이 단점이긴 하지만, 가격은 300B 정도로 매우 저렴해 매력적이다. 도미토리 외에 싱글, 더블룸 형태의 방도 있는데 가격은 대략 700B부터다.

게스트하우스는 카오싼 로드 주변에 밀집해있는데, 예약이 안 되는 곳도 많다. 체크아웃 시간에 맞춰 방문해 직접 방을 보고 나서 선택하는 것이 좋다. 위치나 시설 등에 따라 가격 차이가 난다.

유스호스텔

방콕에서는 저렴한 방을 많이 찾을 수 있어서 일부러 유스호스텔을 찾을 필요가 없다. 유스호스텔은 방값이 비싼 유럽 등지에서 더 많이 이용되고 있다. 이용 시 유스호스텔증을 가지고 있으면 가격면에서 좀더 유리하다.

부티크 호텔

최근 전 세계적으로 유행하는 형태의 호텔 스타일로 다른 호텔과의 차별을 두고 자신들만의 특별한 인테리어와 새로운 스타일을 추구한다. 아기자기하고 규모가 작은 곳이 많으므로 화려한 대형 호텔에 비해 부대시설이 없거나 미비할 수 있지만 많은 사람들이 북적이지 않는 것이 매력일 수 있겠다. 컬러풀한 색감을 쓰면서 스타일리시한 분위기와 색채로 꾸며져 특히 젊은 층에게 인기 있는 스타일의 호텔이다.

레지던스

집 같은 편안함을 추구하는 호텔 형식의 서비스 아파트먼트로, 방뿐만 아니라 간단한 취사가 가능하도록 주방까지 갖추어져 있는 숙소다. 장기 투숙 여행자들이나 주재원들이 많이 이용했지만 요즘에는 단기 여행자들도 많이 이용하는 추세

다. 내부는 화려함보다는 편안함이 강조된다. 서비스와 편의 시설 모두 호텔과 동일하게 이용할 수 있어서 친구, 연인, 가족 단위의 여행객들이 많이 이용한다.

호텔

중저가 호텔부터 특급호텔까지 여행 경비에 따라 원하는 호텔을 고를 수 있다. 방콕은 국제적인 도시답게 세계적인 체인호텔을 비롯해 다양한 등급의 호텔이 위치, 가격에 따라 방콕 전역에 위치한다.

숙소 예약 방법

저렴한 게스트하우스라면 직접 가서 방을 보고 구해야 하지만, 호텔은 여행사 또는 인터넷 사이트에서 편리하게 예약할 수 있다. 예약 시 꼼꼼하게 따져보고 비교해 선택한다면 좀 더 저렴한 가격으로 예약할 수 있을 것이다. 특히 성수기와 비수기 가격의 차이가 많이 나며 방 종류에 따라서도 가격차가 많이 난다. 예를 들어 강가 전망의 방이나 도시 전망을 볼 수 있는 높은 층의 방은 가격이 비싸며, 방의 크기와 스타일에 따라서도 가격이 달라진다.

직접 호텔에 예약하는 것보다는 여행사나 호텔 예약 사이트가 더욱 저렴하다. 여러 사이트를 비교할 때 일부 사이트에서는 조식이나 부대시설의 할인 쿠폰이 주어지는 경우가 있으니 같은 가격이라도 자세하게 알아보고 비교해보자.

호텔 예약 사이트

호텔 패스 www.hotelpass.com
아고다 www.agoda.com
익스피디아 www.expedia.co.kr
호텔 엔조이 www.hotelnjoy.com
호텔스닷컴 kr.hotels.com

호텔 이용 방법

체크인 Check-in

호텔 예약 시 여행사나 예약대행사에서 받아 미리 프린트해 온 호텔 예약 바우처를 체크인 카운터에 제출한다. 예약이 확인되면 여권 확인 후 체크인을 할 수 있다. 이때 호텔에서 신용카드 제출을 요구하는 경우도 있는데 걱정할 필요는 없다. 디포짓(Deposit) 즉 보증금 개념에서 미리 어느 정도의 금액을 승인받아 놓을 뿐 결제 처리는 하지 않는다.

대부분의 호텔 체크인 시간은 14시이지만 청소가 완료된 빈 방이 있는 경우 그전에 방을 주기도 한다. 단, 방이 아직 준비되지 않은 경우 프런트에서 짐을 맡아주니 가벼운 몸으로 관광을 즐길 수 있다.

프런트

체크아웃 Check-Out

대부분의 호텔은 12시 정도에 방을 비워야 한다. 프런트로 가서 방 번호를 이야기하면 미니바에서 사용한 것이 있는지, 손상된 물품이 없는지 하우스 키핑에서 확인 후 체크아웃할 수 있다. 이때 체크인 시 받았던 신용카드의 디포짓용 승인은 폐기 처리된다.

미니바 & 냉장고

호텔에 비치되어 있는 술, 안주, 과자, 음료 등을 이용했을 경우 요금을 지불해야 한다. 냉장고 칸 칸마다 빼곡히 놓여있지만 밖에서 구입할 때보다 비싸다는 점을 유의하자. 호텔마다 무료로 제공하는 한두 병의 물과 일회용 커피, 차는 매일 다시 놓아주는 곳이 대부분이다.

야외 수영장

피트니스

미니바

인터넷 사용

대부분의 호텔에서는 와이파이를 무료로 사용할 수 있다. 단, 객실에서는 와이파이가 되지 않는 호텔도 있다.

개인금고

방마다 비치되어 있는 개인 금고는 본인이 직접 비밀번호를 입력해서 사용하기 때문에 귀중품을 보관하기 편리하다. 비밀번호는 자신에게 친숙한 번호가 가장 좋다. 돈, 귀중품 등은 꼭 개인금고에 보관하도록 하자.

부대시설

호텔을 이용할 경우 수영장, 피트니스 등을 무료로 이용할 수 있다. 호텔의 규모가 클수록 레스토랑, 바, 스파, 비즈니스 센터 등 부대시설을 많이 갖추고 있어서 호텔 투숙객들이 편리하게 이용할 수 있다.

팁은 어떻게 줘야 할까?

호텔 이용 시 짐을 들어 주는 포터나 방을 청소해주는 메이드에게 감사의 표시로 팁을 주는데, 보통 20B 정도면 된다. 방을 청소하는 메이드에게 주는 팁은 침대의 베개 위에 살짝 올려놓도록 하자. 호텔 방의 청소를 원하지 않을 경우는 'Do Not Disturb' 표시를 걸어 놓으면 된다.

accommodation

게스트하우스 · 유스호스텔

쑤쿰윗

쑥 일레븐 Suk 11
MAP P.6-B

가장 복잡한 쑤쿰윗 거리 대형 고급 호텔 사이에 위치한 곳. 가격이 저렴한 데다가 태국 전통 가옥을 숙소로 만들어 인기 만점인 곳이라 예약을 하지 않으면 투숙이 거의 어렵다. 이미 TV에도 소개된 바 있는 이곳은 싱글, 트윈, 패밀리 룸으로 구성되어 있고 특히 서양인들에게 인기가 높다.

● 1/33 Sukhumvit Soi 11 ☎ 0–2253–5927 ● 싱글 500B~ ● BTS 나나(Nana)역 하차 ● www.suk11.com

프리메 방콕 시티 호스텔
Preme Bangkok City Hostel
MAP P.7-C

쑤쿰윗의 가장 중심인 아쏙 사거리에 위치한 유스호스텔로 MRT 쑤쿰윗역과 BTS 아쏙역에서 도보 5분 거리이다. 가장 저렴하게 묵을 수 있는 도미토리 룸은 남자방, 여자방이 구분되어 있다. 객실은 싱글, 더블, 트리플, 캡슐, 도미토리로 구분된다. 온수 사용이 가능하며 아침은 아메리칸 스타일로 나오는데 무료이다. 체크인은 13시부터이고 체크아웃은 11시까지 해야 한다.

● 2 Sukhumvit soi 25 ☎ 0–2259–6909 ● 도미토리 550B~ ● BTS 아쏙(Asok)역 하차
● www.premehostel.com

호스텔링 인터내셔널 쑤쿰윗
HI(Hostelling International) Sukhumvit
MAP P.9-G

저렴하게 묵고자 하는 여행객들이 많이 찾아온다. BTS 텅러역에서 도보 5분 거리로 도심과 접근성이 좋다. 길 건너편은 텅러 거리이다.

● 23 Sukhumvit Soi 38 ☎ 0–2391–9338~9 ● 도미토리 350B, 더블 1190B~ ● BTS 텅러(Thong Lo)역 하차
● www.hisukhumvit.com

카오싼 로드 · 방람푸

웰컴 싸왓디 인 Welcome Sawasdee Inn
MAP P.18-J

태국 싸왓디 체인의 저렴한 숙소로 중저 가격과 최상의 입지로 많은 사람들이 찾아온다. 쑤쿰윗에도 지점이 있고 배낭 여행자들이 많이 찾는 카오싼 지역에만 스마일 인(Smile Inn), 웰컴 인(Welcome Inn), 크룽텝 인(Krungthep Inn)의 이름으로 3개의 지점이 있다. 깔끔한 방과 좋은 위치로 인기가 높다. 보라색 간판이 눈에 금방 찾을 수 있다.

● 5–7 Soi Rongmai, Chao Fa Rd ☎ 0–2629–2321 ● 싱글 400B~, 더블 450B~ ● 타 프라아팃(Tha Phra Athit) 선착장 하차 ● www.sawasdee-hotels.com

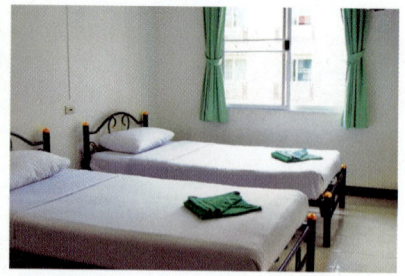

람부뜨리 빌리지 인 Rambutri Village Inn
MAP P.18-F

배낭 여행자들이 많이 드나드는 게스트하우스. 청결함을 유지하기 위해 바닥은 타일로 되어 있다. 평범한 게스트하우스지만 규모가 꽤 크고 옥상에는 작은 야외 수영장이 있다. 입실 시 1000B를 보증금으로 미리 내야 하지만 퇴실시 키를 반납하면 돌려받을 수 있으니 걱정하지 않아도 된다. 신관과 구관에 따라 요금이 달라진다.

● 95 Soi Rambutri Kwang Chanasongkram Pranakorn ☎ 0–2282–9162~3 ● 싱글 450B~, 트윈 800B~ ● 타 프라아팃(Tha Phra Athit) 선착장 하차

람푸 하우스 Lamphu House
MAP P.18-F

카오싼 로드에 위치한 왓차나 쏭크람 바로 옆길인 쏘이 람부뜨리(Soi Rambutri)에 위치한 게스트하우스. 60여 개의 방이 있으며 선풍기·에어컨 설치 여부, 화장실 공용 여부에 따라 가격대가 달라진다. 골목 안에 있어서 번화가의 소음에서 벗어날 수 있으며 입구의 작은 정원도 분위기가 있다.

● 75 Soi Rambutri Kwang Chanasongkram ☎ 0–2629–5861~2 ● 더블 390B~(화장실 공동 사용), 트윈/더블 500B~, 에어컨 룸 610B~ ● 타 프라아팃(Tha Phra Athit) 선착장 하차 ● http://www.lamphuhouse.com

다이아몬드 하우스 Diamond House
MAP P.19-C

카오싼 로드에 가까운 방람푸 지역에 위치해 있다. 알록달록한 건물이 멀리서부터 눈에 확 띈다. 작은 건물 안을 최대한 넓고 편안하게 구성했는데 태국 스타일의 방에 나무 바닥의 매트리스를 깔고 그 위에 침대를 놓아 분위기가 있다. 일부 객실은 남는 공간을 이용해 펴서 사용할 수 있는 이층 침대를 놓아 여럿이 이용하기에도 불편하지 않다. 수영장은 없지만 옥상에 자쿠지를 설치하고 선탠 공간을 마련했다.

● Samsen Rd ☎ 0–2629–4008 ● 1000B~ ● 타 프라아팃(Tha Phra Athit) 선착장 하차 ● www.thaidiamondhouse.com

뉴 씨암 게스트하우스 Ⅱ New Siam Guest House Ⅱ
MAP P.18-E

카오싼 로드의 숙소 중에서는 숙박비가 비싼 편이지만, 수영장이 있는 등 다른 게스트하우스보다는 좀 더 쾌적한 환경과 시설을 갖추고 있다. 엘리베이터가 있고, 방이 작지만 아늑해 커플·가족 단위의 여행자들도 많이 이용한다. 성수기 때는 항상 만실이므로 예약하고 가는 것이 좋다.

● 50 Trok Rong Mai ☎ 0–2282–2795 ● 선풍기가 있고 온수 안 나오는 방 720B~, 에어컨이 있고 온수 나오는 방 840B~ ● 타 프라아팃(Tha Phra Athit) 선착장 하차 ● www.newsiam.net

반 싸바이 게스트하우스
Baan Sabai Guest House

MAP P.18-F

왓차나 쏭크람 뒤에 위치한 게스트하우스. 예전부터 외국인 배낭여행객들에게 인기 있는 곳으로 다른 곳에 비해 방이 많은 편이다. 1층에는 여행사와 레스토랑이 있으며, 객실은 싱글부터 도미토리까지 종류별로 있다. 화장실이 공동 사용인지 개별 사용인지, 선풍기가 있는 방인지 에어컨이 있는 방인지에 따라 가격이 달라진다. 카오싼 로드에서 흔히 볼 수 있는 방 스타일이지만 복도에 있는 방은 소음으로 인해 잠을 이루지 못하는 경우도 있으며 창이 있는 방은 가격이 조금 더 비싸지만 아늑하다.

● 12 Soi Rongmai ☎ 0-2629-1599 ● 400B~ ● 타 프라아팃(Tha Phra Athit) 선착장 하차

뉴 씨암 리버사이드   New Siam Riverside
MAP P.18-E

카오싼 주변에서 시간을 보내는 여행자들이 많이 찾는 전망 좋은 게스트하우스. 일반적인 게스트하우스에 없는 수영장이 있으며 조식도 제공된다. 짜오프라야 강 옆에 위치하고 있어 강이 보이는 방과 거리가 보이는 방은 가격 차이가 난다. 방의 종류는 스탠더드 더블, 디럭스 더블, 스위트룸이 있다. 모든 방은 에어컨, TV가 있고 쾌적함을 유지하기 위해 금연이 원칙이다.

● 21 Phra Arhit Rd ☎ 0-2629-3535 ● 1500B~ ● 타 프라아팃(Tha Phra Athit) 선착장 하차
● www.newsiam.net

씨암

에이 원 인   A One Inn
MAP P.10-E

배낭 여행자들이 모이는 작은 골목에 위치한 게스트하우스로 항상 만실이다. 카쌤싼 골목에서 가장 유명한 이 게스트하우스는 1998년에 오픈했는데, 군더더기 없이 침대로만 이루어진 방으로 씨암까지 걸어서 갈 수 있어 위치가 가장 좋고 친절한 직원들 덕분에 기분도 좋아진다. 미리 예약을 하고 가야 한다.

● 25/13-15 Kasamsan Soi 1 ☎ 0-2215-3029, 0-2216-4770 ● 2인실 700B~ ● BTS 내셔널 스타디움(National Stadium)역 하차 ● www.aoneinn.com

베드 앤 브렉퍼스트   The Bed & Breakfast
MAP P.10-E

카쌤싼 골목에 위치한 저렴한 숙소. 최상의 위치로 항상 만실인 이곳은 저렴한 방임에도 매일 청소를 해주기 때문에 항상 청결함을 유지하며 간단한 아침 식사까지 포함되어 있어 인기 있다.

● 36/42-43 Kasamsan Soi 1 ☎ 0-2215-3004 ● 2인실 500B~ ● BTS 내셔널 스타디움(National Stadium)역 하차

accommodation

호텔

여행사와 예약대행사이트에 따라, 성수기와 비성수기에 따라 가격은 달라진다. 만약 호텔에 직접 예약하면 정상 가격이어서 더 비싸다.

쑤쿰윗

씨티췩 부티크 스위츠
CitiChic Boutique Suites
MAP P.6-B

2007년 오픈한 부티크 호텔로 규모는 작지만 저렴한 가격과 아기자기하게 꾸며진 밝은 분위기로 인기 있는 곳이다. 호텔 입구로 들어가면 바로 조식을 서비스하는 식당과 프런트가 나온다.
호텔은 전체적으로 규모는 작지만 밝은 파스텔톤을 사용했기 때문에 환한 느낌이다. 방마다 대형 평면 TV가 있으며, 침대도 편안하다. 방은 다른 호텔에 비해 좀 작은 사이즈이지만 깔끔하다. 수영장과 피트니스는 옥상에 있는데 규모는 작다. 아침 식사는 뷔페가 아닌 아메리칸 스타일 식사로 제공된다. 호텔에서 운영하는 노란색 툭툭 셔틀이 나나역까지 운행한다.

- 34 Sukhumvit Soi 13 ☎ 0-2342-3868 ● 1500B~
- BTS 나나(Nana)역 하차
- www.citichichotel.com

드림 호텔 Dream Hotel
MAP P.6-B

방콕과 뉴욕 두 군데에 지점을 두고 있는 부티크 호텔로 2006년 10월에 오픈했다. 방콕에 유행하는 트렌디한 호텔 스타일로 로비 입구부터 웅장하게 꾸며 놓은 인테리어가 독특하다. 모던하면서도 세련된 분위기는 여성 여행자들에게 사랑받는 요인이다. 날씨가 더운 방콕에서 화이트와 인디고 블루의 조화가 시원하게 느껴지며, 편안한 수면을 취할 수 있도록 푸른색 조명을 사용하고 있다.
2개의 건물에는 195개의 방이 있는데 가장 많은 클래식 룸은 30㎡로 보통 크기이다. 수영장은 작지만 아담하게 꾸며져 있으며 무료 인터넷도 사용 가능하다.

- 10 Sukhumvit Soi 15 ☎ 0-2254-8500 ● 2000B~
- BTS 나나(Nana)역 하차
- www.dreambkk.com

르 피닉스 쑤쿰윗 Le Fenix Sukhumvit
MAP P.6-A

호텔 아코르 그룹 체인의 호텔로 147개의 스타일리시한 멋진 객실은 물론 2층에 위치한 작은 로비조차도 감각적으로 구성했다. 객실은 더블과 트윈 베드룸 타입의 두 종류뿐이다.

방의 크기는 23㎡로 작은 편이지만, 침대와 붙박이 책상을 군더더기 없이 배치해 작은 공간을 최대한 활용한 덕에 불편한 느낌은 들지 않는다. 욕실 역시 작은 편이며 욕조는 없고 샤워 부스만 설치되어 있다. 객실층은 흡연층과 금연층으로 분리하고 있다. 가장 윗층에 위치한 실내 수영장은 Q바를 마주보고 있는데 상당히 작다. 나나역까지는 툭툭 셔틀이 운행 중이다. 아침 식사는 3층에서 뷔페 스타일로 즐길 수 있다.

- 33-33 Sukhumvit Soi 11 ☎ 0-2305-4000 • 1500B~
- BTS 나나(Nana)역 하차
- www.lefenix-sukhumvit.com

아델피 스위츠 방콕
Adelphi Suites Bangkok
MAP P.6-F

2007년 개장했으며, 93개의 스튜디오와 스위트 형태의 방으로 이루어진 레지던스 호텔이다. 바닥을 원목으로 처리해서 안정감을 주고, 객실은 흰색으로 처리되어 깔끔하다. 32인치 LCD 모니터 TV가 있다.

방의 종류는 스튜디오, 디럭스, 이그제큐티브 룸으로 구성되어 있다. 스튜디오 룸에는 샤워 부스가 설치되어 있고 간단한 부엌 시설을 갖추고 있다. 15층에 위치한 작은 야외 수영장은 방콕의 스카이라인을 감상하기에 꽤 좋다. 요즘 유행하는 대규모의 레지던스 스타일의 숙소는 아니지만 조용하고 편안하게 머무르기에 좋다.

- 6 Sukhumvit Soi 8 ☎ 0-2617-5100 • 2000B~
- BTS 나나(Nana)역 하차 • www.adelphisuites.com

맥 부티크 호텔 Mac Boutique Hotel
MAP P.6-A

2008년 오픈한 작은 부티크 호텔로 객실은 총 63개다. 방마다 32인치 파노라마 TV가 있고 전 객실이 스위트여서 방은 다른 호텔에 비해 넓다. 부대시설은 미비하나 도심 번화가에 위치하고 있는 것이 장점이다. 아랍계와 유럽인들이 주고객층이다.

● 23/8-10 Sukhumvit Soi 7 ☎ 0-2677-6240 ●
1500B~ ● BTS 나나(Nana)역 하차 ●
www.macboutiquesuites.com

갤러리아 10 Galleria 10
MAP P.6-F

조용한 길인 쑤쿰윗 쏘이 10에 위치한 트렌디한 호텔. 라마다 호텔에서 리노베이션을 한 후 갤러리아 10 호텔로 이름을 바꾸고 영업 중이다. 객실은 모두 188개로, 객실의 화사한 분위기 때문에 커플이나 여성 투숙객들에게 만족도가 높으며, 무료 셔틀이 운행 중이다.
객실의 종류는 디럭스 칠, 클럽 칠, 프리미어 히프, 프리미어 데크, 갤러리아 스위트, 커넥팅 룸이 있는데, 디럭스 칠은 다른 호텔에 비해 작은 편이고 프리미어 히프나 데크가 디럭스 룸 정도의 사이즈다.

● 21, Sukhumvit Soi 10, Sukhumvit Rd ☎ 02-615-0999 ● 2000B~ ● BTS 아쏙(Asok)역 하차 ●
www.galleriatenbangkok.com

그랜드 쑤쿰윗 호텔
Grand Sukhumvit Hotel
MAP P.6-F

현대적인 건물에 자리한 서비스 아파트먼트 개념의 세련된 레지던스로, 2006년 오픈했다. 고급스러운 분위기이며, 방의 크기는 36㎡로 다른 곳에 비해 조금 크다.
방안에는 파노라마 TV, 커피 메이커가 구비되어 있으며, 태국 스타일로 꾸며놓은 수영장과 사우나, 피트니스 센터 등 부대시설도 잘 갖추어져 있다.

● 99 Sukhumvit Soi 6 ☎ 0-2207-9999 ● 2000B~
● BTS 나나(Nana)역 하차 ● www.sofitel.com

로열 프레지던트 Royal President
MAP P.6-B

10년이 넘게 운영되어 온, 호텔이 부럽지 않은 레지던스. 관광객보다는 비즈니스로 장기간 머무르는 외국인들이 많이 이용한다. 2개의 동을 사용하고 있는데 파크 윙과 가든 윙으로 구성되어 있고, 각층으로 올라갈 때는 엘리베이터에서 카드 키를 사용하도록 해 고객의 안전에 신경 썼다.
파크 윙에는 레스토랑이 있고 1층에는 자그마한 야외 수영장과 피트니스가 있는데 조용하고 아늑하다. 객실의 주방에는 전자레인지, 냉장고, 가스레인지 등 요리를 할 수 있는 모든 비품도 마련되어 있다. 직원들도 항상 친절해 기분 좋다. 단기 여행자도 이용이 가능하다. 같은 체인인 그랜드 프레지던트는 좀 더 저렴하다.

● 43 Sukhumvit Soi 15 ☎ 0-2253-9451 ● 1500B~
● BTS 나나(Nana)역 하차 ●
www.royalpresident.com

프레이저 스위츠 쑤쿰윗
Fraser Suites Sukhumvit

MAP P.6-A

장기 출장 온 비즈니스맨이나 여행자들이 많이 이용하는 럭셔리한 레지던스이다. 전체적으로 모던한 분위기로 제일 작은 스튜디오도 다른 호텔에 비해 꽤 넓은 편이며 원 베드룸은 방과 거실이 분리되어 있다. 주변의 레지던스보다 가격은 좀 비싼 편이지만 인원이 많다면 이용해 봐도 좋을 만한 곳이다.

이곳 역시 주방이 딸려 있어서 편리하게 이용할 수 있다. 특급 호텔이 부럽지 않은 고급스러운 분위기를 느낄 수 있다. 부대시설로 수영장, 피트니스, 사우나 등도 이용 가능하다.

- 38/8 Sukhumvit Soi 11 ☎ 0-2207-9300 ● 4,000B~ ● BTS 나나(Nana)역 하차
- http://bangkok-sukhumvit.frasershospitality.com

랜드마크 The Landmark Bangkok

MAP P.6-F

위치면으로나 시설면으로나 최고급 호텔인 이곳은 슈피리어, 디럭스, 디럭스 스위트 등 414개의 객실이 있다. 객실은 전체적으로 차분한 분위기이며, 특히 비교적 새롭게 꾸며진 21~22층 라이프 스타일 플로어의 객실은 현대적인 감각에 맞게 심플하면서도 고급스러운 분위기다.

욕조 안에서 TV를 시청할 수 있도록 했고 통유리창을 내어 환하게 꾸며놓았는데, 원하면 블라인드를 내려 가릴 수 있다. 부대시설로는 피트니스 센터와 아담한 수영장 등이 있다.

- 138 Sukhumvit ☎ 0-2254-0404 ● 5000B~ ● BTS 나나(Nana)역 하차
- www.landmarkbangkok.com

아마리 블러바드 호텔
Amari Boulevard Hotel

MAP P.6-E

새롭게 리노베이션해서 객실이 환하고 밝아진 호텔로, 세련된 분위기를 조성해 놓았다. 2개의 빌딩에 슈피리어 룸, 디럭스, 디럭스 테라스, 스위트 룸이 있다. 6층에는 수영장이 있다. 주변에 아랍계 식당과 병원이 있어 아랍계 여행자들이 많이 선호하는 곳이기도 하다.

- 2 Sukhumvit Soi 5 ☎ 0-2255-2930 ● 2000B~ ● BTS 나나(Nana)역 하차 ● www.amari.com/boulevard

재스민 시티 호텔 Jasmin City Hotel
MAP P.7-G

화장실 안에서도 탁 트인 전망을 볼 수 있도록 창을 통유리로 만들었고, 대부분의 소재를 나무로 만들어서 집과 같은 편안함을 추구한다. 가장 많이 방문하는 외국인은 비즈니스로 오는 일본인이라고 한다.
슈피리어 룸은 34㎡로 보통 크기이다. 룸 타입은 슈피리어, 디럭스, 슈피리어 스위트, 디럭스 스위트로 나뉘는데 원 베드룸 구조와 투 베드룸 구조로 이루어져 있다. 메인 로비층에 수영장이 있는데 규모가 작고 사람들이 드나드는 곳에 위치해 안정감이 없어 보이는 것이 단점이다.

- 2 Sukhumvit Soi 23 ☎ 0-2204-5888, 0-2204-5885
- 2500B~ • BTS 아쏙(Asok)역 하차
- www.jasminecity.com

서 안이 보이지 않도록 블라인드가 설치되어 있으니 민망할 일은 없다. 부대시설인 스파 및 피트니스 센터, 사우나는 손색이 없지만 수영장은 호텔 규모에 비해 굉장히 작은 편이다.

- 30 Sukhumvit Soi 21 ☎ 0-2204-4000 • 4000B~
- BTS 아쏙(Asok)역 하차
- www.millenniumhotel.com

서머셋 레이크 포인트 방콕
Somerset Lake Point Bangkok
MAP P.7-G

1999년에 오픈한 두 개의 고층 빌딩으로 이루어진 곳이다. 타워 A, B동 모두 호텔로 사용 중이다. 쏘이 16에 위치한 이곳은 주변 환경도 조용하고 방은 40㎡로 크기도 적당하다. 객실에서 방콕 시내를 내려다 볼 수 있으며 A동보다 B동의 가격이 조금 저렴하다. 각 동은 모두 수영장을 갖추고 있는데 B동의 수영장은 야외이며 꽤 넓은 편이다. 셔틀로 운행되는 툭툭을 타고 골목 끝까지 이동할 수 있다.

- 41 Sukhumvit Soi 16 ☎ 0-2663-1234 • 2500B~
- BTS 아쏙(Asok)역 하차
- www.somersetlakepoint.com

그랜드 밀레니엄 쑤쿰윗
Grand Millennium Sukhumvit
MAP P.7-C

2007년 오픈한, 325개의 객실을 소유한 대형 호텔로 대로변의 독특한 모양의 빌딩은 멀리서도 눈에 확 띈다. 로비도 현대적이면서 세련되고 여유 있는 공간으로 고급스럽다. 객실은 디럭스 룸과 이그제큐티브 클럽, 이그제큐티브 스위트 등으로 나뉘는데, 킹 사이즈의 넓은 침대에서 편안한 휴식과 숙면을 취할 수 있다.
객실과 욕실 한면을 통유리로 처리했지만 밖에

쉐라톤 그랑데 쑤쿰윗
Sheraton Grande Sukhumvit
MAP P.7-G

방콕을 대표하는 호텔 중 하나로, 쑤쿰윗에 위치한 럭셔리한 특급 호텔. 아쏙역에서 도보 2분 거리에 위치한다. 스탠더드 룸은 다른 곳에 비해 여유 있는 크기로, 관광 후 휴식을 취하기 좋다. 고급스러운 소재를 사용하여 객실의 분위기는 쾌적하고 럭셔리하다. 부대시설인 수영장, 피트니스, 레스토랑 등 어디 하나 흠 잡을 곳 없는 공간이다.

- 250 Sukhumvit Rd ☎ 0-2653-0333 • 6000B~
- BTS 아쏙(Asok)역 하차
- www.sheratongrandesukhumvit.com

JW 메리어트　JW Marriott
MAP P.6-E

방콕 시내에 위치한 JW 메리어트 호텔은 최상의 위치로 비즈니스맨과 관광객들이 많이 찾는다. 441개의 객실이 있으며 방의 스타일은 디럭스룸과 원 베드룸 스위트로 구성되어 있다. 방

은 33㎡로 다른 호텔의 객실과 비슷한 크기이며, 태국, 일본, 중국 스타일의 다양한 레스토랑과 피트니스, 수영장, 비즈니스 센터 등의 부대시설을 갖추고 있다.

- 4 Sukhumvit Soi 2 ☎ 0-2656-7700 • 5000B~
- BTS 아쏙(Asok)역 하차 • www.marriott.com

그랑데 센터 포인트 터미널 21
Grande Centre Point Terminal 21
MAP P.7-G

BTS 아쏙역, MRT 쑤쿰윗역에 위치. 터미널 21과 연결되어 편리한 교통은 물론 다양한 편의시설까지 갖추고 있다.
498개의 객실은 슈피리어, 디럭스, 그랜드 디럭스, 그랜드 스위트룸으로 이루어져 있다. 환하고 깔끔한 방의 바닥은 타일이 깔려있으며 간편하게 사용할 수 있는 주방 시설도 있다. 5층에는 야외 수영장, 사우나 시설도 있는데 쑤쿰윗의 스카이라인을 느낄 수 있어 만족스럽다. 다른 편의 시설로는 테니스장, 스파 등이 있다.

- Sukhumvit Soi 19, Sukhumvit Rd ☎ 0-2681-9000
- 4000B~ • BTS 아쏙(Asok)역에서 바로 연결, MRT 쑤쿰윗(Sukhumvit)역에서 도보 2분 거리
- www.centrepoint.com

웨스틴 그랑데 쑤쿰윗
Westin Grande Sukhumvit

MAP P.7-C

세계적인 웨스틴 호텔 체인 중에 하나로 교통의 중심 BTS 아쏙역 바로 앞에 위치하며 옆에는 로빈슨 백화점이 있는 최고의 위치이다. 객실도 다른 곳에 비해 조금 널찍하여 여유 있는 편안한 호텔이다. 7층으로 올라가면 넓은 로비와 레스토랑이 있으며 세계 각국에서 찾아오는 비즈니스맨들에게 인기 있는 곳이다.
화려하지 않지만 차분하고 고급스러움이 느껴지는 객실은 최근 새롭게 단장하여 실용적이다. 대부분의 방은 디럭스 킹 룸이며 스위트룸에 묵는 숙박객들은 조식, 애프터눈 티, 인터넷 등을 할 수 있는 별도의 라운지를 이용할 수 있다.

- 259 Sukhumvit Rd ☎ 0-2651-1000 • 3000B~
- BTS 아쏙(Asok)역 하차
- www.westingrandesukhumvit.com

시타딘 방콕 쑤쿰윗
Citadines Bangkok Sukhumvit 16

MAP P.7-G

총 79개의 객실이 있다. 유럽 스타일의 로비와 방 구조로 군더더기 없이 깔끔하고 심플하다. 객실에는 작은 거실과 방을 분리할 수 있는 여닫이 문이 있으며 벽걸이형 TV는 거실에서 방으로 이동할 수 있도록 도르레를 설치해놓았다.
방은 스튜디오 룸과 원 베드룸으로 단촐하게 구성되어 있다. 가족 단위보다는 비즈니스 여행객이나 혼자 여행하는 이들, 서양인들이 더 좋아할 만한 구조이다. 8의 수영장은 아주 작은 크기이다. 쑤쿰윗 쏘이 8, 11에도 지점이 있다.

- 38 Sukhumvit Soi 16 ☎ 0-2634-3346 • 1500B~
- BTS 아쏙(Asok)역 하차 • www.citadines.com

소피텔 방콕 쑤쿰윗
Sofitel Bangkok Sukhumvit

MAP P.6-B

2012년 오픈한 호텔로 교통이 편한 쑤쿰윗 대로변에 위치한 5성급 호텔. 345개의 모던하고 유니크한 방을 갖추었으며 욕실은 샤워실과 욕조를 따로 분리하여 투숙객들의 편의를 좀 더 고려한 인테리어다.
방도 다른 호텔에 비해 큰 편으로 럭셔리 룸이 기본이고, 파크 뷰 룸이 조금 더 비싸다. 욕실에 놓인 샴푸와 린스 같은 세면용품은 프랑스의 자연주의 화장품인 록씨땅 제품을 사용한다. 야외 수영장, 스파, 헬스 클럽, 분위기 있는 레스토랑, 바 등의 편의 시설을 갖추고 있다.

- 189 Sukhumvit Soi 13-15,Sukhumvit Rd ☎ 0-2126-9999 • 4000B~ • BTS 아쏙(Asok)역 하차
- www.sofitel.com

윈저 스위츠 Windsor Suites
MAP P.7-H

다른 호텔에 비해 객실이 큰 편으로 쑤쿰윗에 위치한 호텔 중 특히 가격이 저렴하고 가격 대비 시설이 괜찮아서 한국인뿐 아니라 외국인 관광객들에게 매우 인기 있다.

객실에 들어서면 거실과 방이 분리되어 있어 편안하게 휴식을 취할 수 있을 뿐만 아니라 취향이 다른 두 사람일지라도 편하게 이용할 수 있다. 지어진 지 오래되어서 환한 분위기는 아니다. 객실의 개수가 469개나 되지만 성수기에는 꼭 예약을 해야한다. 인터넷이나 여행사에서 예약하면 더 저렴하게 묵을 수 있다.

- 10 Sukhumvit Soi 20 ☎ 0-2262-1234 • 1500B~
- BTS 프롬퐁(Phrom Phong)역 하차
- www.windsorsuiteshotel.com

디럭스 룸의 일반적인 룸 타입이 있다. 좀 더 업그레이드 된 스위트 타입의 룸들은 가족, 연인들이 이용하면 좋은 곳으로 인기가 높다. 특히 코너 윙에 위치한 디플로맷 스위트, 앰버서더 스위트는 개인 자쿠지가 방안에 있고, 반 데이비스라는 전통 태국 스타일의 빌라형 룸에는 개인 수영장이 있다. 이 방은 1명에서 6명까지 묵을 수 있다. BTS역까지는 무료 셔틀이 아침 8시부터 저녁 8시까지 30분 간격으로 운영된다.

- 88 Sukhumvit Soi 24 ☎ 0-2260-8000 • 1500B~
- BTS 프롬퐁(Phrom Phong)역 하차
- www.davisbangkok.net

데이비스 호텔 The Davis Hotel
MAP P.8-F

2003년에 오픈한 인기 높은 부티크 호텔 중 하나로 247개의 다양한 객실로 이루어져 있다. 위치도 엠포리움 백화점과 가장 가까운 쏘이 24에 위치하고 있어 접근성이 좋다. 이 호텔의 인기 요인은 편안함이 느껴지면서도 모던하고 독특한 디자인의 방이다. 호텔 건물은 2개로 메인 윙(Main Wing)과 코너 윙(Corner Wing)으로 구성되어 있는데 메인 윙에는 스튜디오와 프리미어 룸이 있고, 코너 윙에는 슈피리어 룸, 디자인 룸,

엠포리움 스위츠 Emporium Suites
MAP P.8-E

엠포리움 백화점 바로 옆에 위치한 럭셔리 호텔 중 하나로 여유 있는 공간으로 편안함을 제공한다. 현대식 고층 건물에 위치한 378개의 객실은 전체적인 분위기가 베이지 톤으로 인테리어되어 있다. 방에는 냉장고, 전자레인지가 완비된 작은 주방이 있고, 문을 닫으면 방에서 부엌이 보이지 않는 인테리어가 고급스럽고 깔끔하다. 편안함을 추구하는 비즈니스맨, 고급스러움을 추구하는 젊은 층에게도 인기가 높다.

- 622 Sukhumvit Soi 24 ☎ 0-2664-9999 ● 4000B~
- BTS 프롬퐁(Phrom Phong)역 하차
- www.emporiumsuites.com

마블 호텔 방콕 Marvel Hotel Bangkok
MAP P.8-E

일본 관광객이 가장 많은 호텔. 로비에는 인포메이션 데스크와 레스토랑이 있다. 객실은 사람에게 가장 편안한 소재인 나무로 자연적인 느낌을 살리려고 노력하였고, 욕실과 방 사이의 여닫이 문을 열면 투명 유리로 욕실 안을 들여다 볼 수 있도록 설계되어 있다.
수영장은 작지만 주변 선베드에서 편하게 쉴 수 있으며 마사지도 야외 베드에서 받을 수 있다. 2012년 머큐어 호텔에서 마블 호텔로 이름을 바꾸었다.

- 30 Sukhuvit Soi 22 ☎ 0-2262-0000 ● 2500B~
- BTS 프롬퐁(Phrom Phong)역 하차
- www.mercure.com

방콕 호텔 로터스 쑤쿰윗 Bangkok Hotel Lotus Sukhumvit
MAP P.8-A

쑤쿰윗에 위치하고 있어 인기 있는 곳이다. 1993년에 오픈한 24층의 건물로 224개의 객실을 보유하고 있으며 길 건너편에는 엠포리움 백화점이 있다. 방 타입은 스탠더드 룸, 슈피리어 룸이 있는데 지극히 평범하여 세련된 스타일은 아니다. 아직 2개뿐인 스위트 룸은 복층으로 되어 있어 멋진 전망까지 책임진다. 수영장은 작은 편인데 레스토랑 앞에 위치하고 있다.

- Sukhumvit Soi 33 ☎ 0-2610-0111 ● 2000B~ ● BTS 프롬퐁(Phrom Phong)역 하차

센터 포인트 쑤쿰윗 10
Centre Point Sukhumvit 10
MAP P.7-G

집 같은 편안함과 호텔의 장점을 갖춘 레지던스. 30층에 디럭스, 원베드룸, 투베드룸 등 190여 개 룸이 있다. 쑤쿰윗 쏘이 10 끝에 위치하고 있고 아쏙역, 나나역과도 가깝다. 야외 수영장, 사우나, 피트니스 클럽을 갖추었고, 주방에 세탁기도 있어 장기 여행자에게 편리하다. 1층에 미니 수퍼마켓이 있으며, 무료 툭툭을 아침부터 자정까지 운행하므로 불편함을 느낄 수 없다. 2006년 리노베이션을 하여 룸 상태는 양호한 편이다. 로비에는 저녁 7시까지 간단하게 마실 수 있는 커피 머신과 주스가 놓여있다.

- 39 Soi Sukhumvit 10 Rd ☎ 02-653-1783 ● 2500B
- BTS 아쏙(Asok)역 하차 ● www.centrepoint.com

임피리얼 퀸스 파크 호텔
Imperial Queen's Park Hotel
MAP P.8-E

호텔 입구에 들어서면 커다란 샹들리에와 넓은 로비가 멋지다. 방콕에서 가장 많은 인원을 수용할 수 있는 특급 호텔이다. 2개의 빌딩에는 1,200여 개의 객실을 갖추고 있으며 슈피리어, 디럭스, 스위트 등 다양한 타입으로 나뉜다. 부대시설로는 수영장, 사우나, 피트니스 센터, 스쿼시 코트 등이 있다.

- 199 Sukhumvit Soi 22 ☎ 0-2261-9000
- 3500B~ ● BTS 프롬퐁(Phrom Phong)역 하차
- www.imperialhotels.com

더블 트리 힐튼 호텔
Double Tree Hilton Hotel
MAP P.8-F

2013년 오픈한 힐튼 계열의 호텔. 24층에 177개 객실이 있다. 방은 힐튼 계열의 콘래드나 힐튼처럼 군더더기 없는 모던한 분위기다.
게스트 룸, 스위트, 억세서블 룸 세 가지 종류의 객실이 있다. 각 방에는 캡슐 커피 머신이 있고, 욕실의 세면 용품은 크랩트리 앤 이블린 제품이 제공된다. 7층에 아담한 수영장과 피트니스 센터가 있고, 로비에는 컴퓨터 등의 편의 시설을 갖추고 있다.

- 18/1 Soi Sukhumvit26, Sukhumvit Rd ☎ 0-2649-6666 ● 4000B~ ● BTS 프롬퐁(Phrom Phong)역 하차
- doubletree3.hilton.com

싸톤 · 씰롬

메트로폴리탄 방콕
The Metropolitan Bangkok
MAP P.15-G

런던에 이어 방콕에 2003년 오픈한 고급 호텔. 인테리어도 편안하고 안정감 있으면서 고급스러운 나무 소재를 이용했고 커다란 침대까지 깔끔하다. 침실의 책상 안에 가지런히 놓여있는 사무용품은 비즈니스맨들을 세심하게 배려한 흔적이 보인다.
욕실에 구비되어 있는 제품들은 호텔 스파에서 사용하는 오가닉 제품인 코모 샴발라 제품이다. 넓은 침대와 넓은 욕실로 많은 이들이 선호하는 호텔이다.

- 27 South Sathorn Rd ☎ 0-2625-3333 ● 4000B~
- MRT 룸피니(Lumphini)역 하차
- www.metropolitan.como.bz

쑤코타이 호텔   The Sukhothai Hotel
MAP P.15-G

태국적인 인테리어로 인기 있는 호텔. 마치 태국 유적지에 와있는 듯한 분위기가 느껴져 특히 서양인들을 매료시킨다. 객실도 품위가 느껴지는 특별한 공간이다. 높지 않은 9층 건물이어서 멋진 전망을 기대할 수는 없지만 높고 복잡한 고층 호텔을 싫어하는 사람들이 선호하며 지상에 위치한 큰 수영장은 인기가 높다.

- 13/3 South Sathorn Rd ☎ 0-2344-8888 ● 4500B
- MRT 룸피니(Lumphini)역 하차 ● www.sukhothai.com

반얀 트리 방콕   Banyan Tree Bangkok
MAP P.15-G

멀리서도 시선을 압도하는 60층의 고급 호텔로, 모든 객실은 스위트룸으로 꾸며졌다. 고층에 위치한 방들은 확 트인 전망이 훌륭하다. 21층의 수영장은 조금 작게 느껴지지만 고층에서 느껴지는 짜릿함을 선사한다.
61층에 위치한 버티고 그릴 앤 문 바는 숙박객이 아니어도 많이 찾아오는 인기 스폿이며, 특히 휴식을 목적으로 반얀 트리 스파 패키지를 이용하기 위해 방문하는 고객들도 많다. 모든 객실은 방과 거실이 분리형이다.

- 21/100 South Sathorn Rd ☎ 0-2679-1200 ● 4500B~ ● MRT 룸피니(Lumphini)역 하차
- www.banyantree.com

두씻 타니 방콕 Dusit Thani Bangkok
MAP P.15-C

금융과 상업지구인 룸피니 공원 건너편에 위치한 태국 스타일의 호텔 중 하나로, 〈미디어 매거진〉에서 아시아 10대 호텔에 선정되기도 했다. 1970년에 오픈한 이래 세계 각국에서 방문하는 VIP들이 이용하는 최고급 호텔로 다양한 부대시설을 갖추었다. 2005년 새롭게 단장을 했으며 517개의 객실은 타이실크와 티크 우드의 가구를 사용하고 있다. 하지만 최근 새로 지어진 호텔에 비해 방은 작은 편이며 일반 룸은 평범하다.

● 946 Rama IV Rd ☎ 0-2200-9000 ● 3000B~ ● MRT 씰롬(Si Lom)역 하차 ● www.dusit.com

풀만 방콕 호텔 G
Pullman Bangkok Hotel G
MAP P.17-D

씰롬의 소피텔이 2011년 세련되고 현대적인 스타일로 새단장하면서 풀만 방콕 호텔 G로 이름을 바꾸었다. 호텔 그룹 풀만이 운영하는 고급스러운 서비스를 받을 수 있고 쾌적하고 깔끔한 객실에서는 확 트인 방콕 시내를 조망할 수 있다.

● 188 Silom Rd ☎ 0-2238-1991 ● 3000B~ ● BTS 총논씨(Chong Nonsi)역 하차
● www.pullmanbangkokhotelg.com

팬 퍼시픽 호텔 Pan Pacific Hotel
MAP P.14-B

전 세계 곳곳에 체인이 있는 유명 체인 호텔로 비즈니스 지역에 위치한 만큼 출장 온 외국인들이 주고객층이다. 23층이 로비이고, 25층에 위치한 수영장은 태국적인 분위기가 물씬 난다. BTS 역과 가까워 교통이 편리하다는 것이 장점이다.

● 952 Rama IV Rd ☎ 0-2632-9000 ● 5500B~ ● BTS 쌀라댕(Sala Daeng)역 하차 ● www.panpacific.com

소 소피텔 방콕 호텔
SO Sofitel Bangkok Hotel
MAP P.17-D

소피텔의 체인 호텔로 238개의 룸을 갖추고 있다. 디자인과 건축 등 예술적 감각을 중시한 호텔로 인기가 높다. 다섯 가지 요소(Water, Earth, Wood, Metal, Fire)를 테마로 다양한 룸 타입을 구성해 원하는 타입의 방을 선택 할 수 있다. 예를 들어, 소 코지(So Cosy)는 Metal, Wood, Earth 세 가지 테마로, 소 콤피(So Compy)는 이 세 가지 테마에 Water까지 더한 네 가지 테마로 구성되어 있다. 이외에도 소 클럽(So Club), 소 스튜디오(So Studio), 소 스위트(So Suite) 등 테마·가격대별로 방 타입이 다양하다. 확 트인 도시 전망을 즐길 수 있는 인피니티 풀은 20~30대 여성, 커플 여행자들이 선호한다.

● 2 North Sathorn Rd ☎ 0-2624-0000 ● 5500B~
● MRT 룸피니(Lumpini)역 하차
● www.accorhotels.com

씨암 · 빠뚜남

후어 창 헤리티지 호텔
Hua Chang Heritage Hotel
MAP P.10-E

2011년 오픈한 화사한 분위기의 호텔. 옛 건물을 리노베이션하여 백색의 고풍스러운 로비부터 방까지 세련된 인테리어를 갖춰 부티크 호텔에 가깝다.

디럭스 룸, 프리미엄 디럭스, 스위트 세 가지 타입의 객실이 있고 방 내부는 분홍색, 보라색으로 화사한 분위기이면서 다른 호텔보다 확 트이고 넓은 편이다. 단, 야외 수영장은 다른 호텔에 비해 작은 편. 걸어서 씨암 센터, 씨암 파라곤까지 5분 거리로 가장 가까운 BTS 역은 내셔널 스타디움역이지만 씨암역도 비슷한 거리다.

- 400 Phayathai Rd. ☎ 0-2217-0777 ● 3000B~
- BTS 내셔널 스타디움(National Stadium)역 하차
- www.huachangheritagehotel.com

- 865 Rama I Rd ☎ 0-2217-3000 ● 3000B~ ● BTS 내셔널 스타디움(National Stadium)역 하차
- www.siamatsiam.com

빠뚜남 프린세스 호텔
Pathumwan Princess Hotel
MAP P.10-E

방콕에서 가장 큰 수영장, 스쿼시 코트, 테니스 코트가 있는 호텔. 바로 옆에는 마분콩 센터(MBK)가 있으며, 길 건너편으로는 씨암 스퀘어, 영화관, 다양한 식당가 등으로 걸어서 갈 수 있는 최상의 위치이다. 객실은 가장 기본적인 슈피리어 룸을 비롯해서 모던한 스타일이며 주로 가족 단위로 방문한다.

- 444 Mahboonkrong Shopping Centre, Phayathai Rd ☎ 0-2216-3700 ● 3000B~ ● BTS 내셔널 스타디움(National Stadium)역 하차
- www.pprincess.com

씨암 앳 씨암 디자인 호텔 & 스파
Siam @ Siam Design Hotel & Spa
MAP P.5-G, 10-E

디자인을 우선해 설계한 호텔로 건물 외관부터 로비, 객실까지 독특한 인테리어 디자인을 자랑하는 곳이다. 객실 안의 소파를 비롯한 여러 가지 소품들을 선택한 감각부터 다른 호텔과는 확연하게 다르다. 젊고 색다른 감각의 스타일리시한 호텔을 원한다면 로비부터 개성이 넘치는 이곳을 추천한다. 특히 여성들이 선호하는 곳으로, 레저 클래스, 비즈 클래스, 유스 클래스 등의 객실이 있다.

코트야드 메리어트 방콕
Courtyard By Marriott Bangkok
MAP P.11-K

2007년에 오픈한 메리어트 그룹의 호텔. 부티크 분위기가 나는 세련되고 발랄한 느낌의 호텔이다. 로비를 들어서면서부터 화려하고 세련된 도서관에 들어온 기분이 나는 인테리어가 돋보이며, 객실은 보통 크기이지만 침대는 안정감 있고 오렌지 색의 화사한 분위기를 연출한다.
디럭스 룸에는 욕조가 없고 샤워 부스만 있다. 호텔 우측 작은 골목을 들어가면 랑쑤언 로드에 도달하며 큰길로 나가면 센트럴 월드, 게이손 플라자가 10분 거리에 위치한다. 부대시설인 아담한 수영장과 피트니스 센터도 꽤 괜찮다.

● 155/1 Soi Mahadlekluang 1, Rajdamri Rd ☎ 0-2690-1888 ● 2500B~ ● BTS 라차담리(Ratchadamri)역 하차 ● www.marriott.com

풀만 방콕 킹 파워 호텔
Pullman Bangkok King Power Hotel
MAP P.5-D, 10-A

세계적인 호텔 체인 아코르 그룹의 새로운 호텔 체인으로 유럽 도시에서 이미 오픈하였고 아시아에서는 처음으로 방콕에 오픈하였다. 비즈니스 호텔로서 시설은 깔끔하고 심플한 디자인으로 안락하고 방 분위기는 무척 화사하다.
바로 옆에는 킹 파워 면세점이 있다. 툭툭 서비스를 이용하면 BTS역까지 쉽고 편하게 갈 수 있다.

● 8-2 Soi Rangnam Phayathai Rd ☎ 0-2680-9999 ● 3200B~ ● BTS 빅토리 모뉴먼트(Victory Monument)역 하차 ● www.pullmanhotels.com

풀만 방콕 킹 파워 호텔

칫롬 · 펀칫

센타라 그랜드 앳 센트럴 월드
Centara Grand at Central World
MAP P.12

최대 쇼핑몰인 센트럴 월드, 컨벤션과 함께 생긴 호텔로 총 505개의 방이 있고, 최상의 위치를 자랑한다. 9개의 레스토랑, 피트니스 센터, 수영장, 테니스 코트 등 부대시설에도 손색이 없다. 새로 지어져 방안에는 LCD 모니터 등 최신형 제품과 현대적인 컨셉이 돋보이며 밤에는 방콕의 스카이라인을 확실하게 감상할 수 있는 것이 최대 장점이다.

- 99/99 Rama 1 Rd ☎ 0-2100-1234 ● 4000B~
- BTS 칫롬(Chit Lom)역 하차
- www.centralhotelsresorts.com

홀리데이 인 Holiday Inn
MAP P.11-G

방콕에는 씨암과 씰롬 두 곳에 위치하는데, 초록색의 선명한 로고가 홀리데이 인 호텔인지 금방 알 수 있다. 내부는 깔끔하고 세련되었다. 최신시설의 377개 객실을 갖추었으며, 1층에는 실외 수영장이 있고 최상의 위치를 자랑한다.

- 971 Ploen Chit Rd ☎ 0-2656-1555 ● 4000B~
- BTS 칫롬(Chit Lom)역 하차
- www.holidayinn.com

인터콘티넨탈 호텔
InterContinental Hotel
MAP P.11-G

1998년 오픈한 특급 호텔로 길 건너 센트럴 월드 등에 걸어서 쉽게 갈 수 있는 장점이 있다. 총 381개의 방은 고급스럽고 방의 넓이도 다른 호텔에 비해 크다는 것이 장점이다. 부대시설로는 피트니스 센터, 사우나, 스파, 야외 수영장 등이 있다.

- 973 Ploen Chit Rd ☎ 0-2656-0444 ● 5000B~
- BTS 칫롬(Chit Lom)역 하차
- www.intercontinental.com

아난타라 반 랏프라쏭 서비스드 아파트먼트
Anantara Baan Rajprasong Serviced Apartment
MAP P.11-K

2009년 오픈. 97개의 객실을 갖추고 있는 아난타라 호텔 그룹의 서비스드 아파트먼트. 집과 같은 편안함을 느낄 수 있도록 거실과 주방이 분리되어 있으며 원 베드룸 슈피리어, 원 베드룸 디럭스, 원 베드룸 프리미엄, 투 베드룸 슈피리어, 투 베드룸 디럭스 타입의 방이 있다.

작은 수영장과 레스토랑, 피트니스 센터, 사우나 등 편의 시설을 갖추고 있다. BTS 라차담리역에서 걸어서 2~3분 거리이고 센트럴 월드에서도 10여 분 거리에 위치하고 있다.

- Soi Mahatlek Luang 3, Baan Rajprasong ☎ 0-2264-6464 ● 4000B~ ● BTS 라차담리(Ratchadamri)역 하차
- rajprasong-bangkok.anantara.com

세인트 레지스 방콕
The St. Regis Bangkok
MAP P.11-K

세계적인 호텔 체인 스타우드에서 운영하는 고급 호텔이다. 방콕 도심에 위치한 현대적인 분위기의 50층 건물에 227개의 방을 갖추고 있다. 룸은 디럭스, 그랜드 디럭스, 메트로폴리탄 스위트 등 12개 타입으로 나뉘어 선택의 폭이 다양하다. 특히 천 만원대의 펜트하우스에서는 세인트 레지스의 명성다운 호화로운 서비스를 받을 수 있다.

- 159 Rajadamri Rd ☎ 0-2207-7777 ● 6000B~ ● BTS 라차담리(Ratchadamri)역 하차
- www.stregisbangkok.com

플라자 아테네 방콕 로열 메르디앙
Plaza Athenee Bangkok A Royal Meridien
MAP P.11-H

메르디앙 체인의 호텔로 28층의 5성급 호텔이다. 최신 시설을 갖춘 378개의 객실이 있다. 호텔 내부와 객실 디자인은 시크와 모던이 잘 어우러진 세련된 분위기를 띤다. 호텔 내 스파가 호평을 얻고 있으며, 전 객실에서 인터넷이 가능하다.

- 10 Wireless Rd ☎ 0-2650-8800 ● 5500B~ ● BTS 펀칫(Phloen Chit)역 하차 ● www.starwoodhotels.com

콘래드 호텔 Conrad Hotel
MAP P.11-L

시내 중심에 위치하고 있는 최고급 호텔로 레지던스와 호텔이 함께 운영되지만, 호텔은 객실이 390여 개로 레지던스보다 규모가 훨씬 크다. 천장 높은 로비와 방 모두 고급스럽다.
바로 옆에는 올 시즌 플레이스(All Seasons Place) 쇼핑몰이 바로 연결된다. BTS 펀칫역까지 쇼핑몰 셔틀버스를 이용해도 좋다.

- All Season Place, 87 Wireless Rd ☎ 0-2690-9999
- 4000B~ ● BTS 펀칫(Phloen Chit)역 하차
- www.conradhotels.com

- 2 Wireless Rd ☎ 0-2253-0123 ● 2000B~ ● BTS 펀칫(Phloen Chit)역 하차 ● www.swissotel.com

오쿠라 프레스티지 방콕
The Okura Prestige Bangkok
MAP P.11-H

2012년 오픈한 일본 고급 체인 호텔. 34층 건물의 240개의 방은 디럭스, 그랜드 디럭스, 디럭스 코너, 오쿠라 클럽, 프레스티지 클럽, 디럭스 스위트가 있다. 객실은 다른 호텔보다 큰 편이며 깔끔하고 단정하다. 24층 로비에 위치한 레스토랑, 25층에 위치한 수영장은 방콕 도심을 즐기기에 적당하다.

- Park Ventures Ecoplex, 57 Wireless Road, Lumpini, Pathum Wan ☎ 0-2687-9200 ● 5000B~ ● BTS 펀칫(Phlone Chit)역 하차 ● www.okurabangkok.com

스위소텔 나이럿 파크 호텔
Swissotel Nailert Park Hotel
MAP P.11-H

휴식을 취하기 위한 손님들에게 인기 높은 리조트형 호텔. 울창한 숲이 있는 정원과 어우러진 수영장이 이 호텔에서 가장 인기 있는 곳이다. 넓은 로비와 확 트인 천장이 답답함을 느끼지 않도록 편안한 설계되어 있고 5층 건물로 복잡하지 않다.

짜오프라야 강변

아난타라 방콕 리버사이드 리조트 앤 스파
Anantara Bangkok Riverside Resort and Spa

MAP P.16-E

메리어트 리조트 앤 스파를 아난타라 호텔 그룹에서 운영하면서 이름이 바뀌었다. 짜오프라야 강변에 위치하고 있는 리조트형 호텔로 넓은 수영장이 있다. 가족, 연인들이 많이 이용하는 호텔이다. 세련되고 깔끔한 룸도 만족스럽지만 한껏 분위기를 내고 싶다면 강이 보이는 방을 선택해도 좋다.

객실은 특별히 크지는 않지만 강변이 보이는 방이 가장 인기 있다.

● 257 Charoennakorn Road, Samrae Thonburi, Bangkok Riverside ☎ 0-2476-0022 ● 4000B~ ● BTS 싸판딱신역에서 호텔 셔틀보트 이용
● bangkok-riverside.anantara.com

샹그릴라 호텔 Shangri-La Hotel

MAP P.16-E

7개의 레스토랑, 2개의 수영장, 칵테일 바, 피트니스 센터, 사우나, 마사지 숍, 쇼핑 아케이드를 갖추고 있는 세계적인 샹그릴라 체인 호텔이다.

● 89 Soi Wat Suan Plu, Charoenkrung Rd ☎ 0-2236-7777 ● 5000B~ ● BTS 싸판 딱씬(Saphan Taksin)역 하차. 호텔 셔틀보트 이용 ● www.shangri-la.com

페닌슐라 방콕
The Peninsula Bangkok

MAP P.16-E

세계적인 체인 호텔로 유명한 곳으로 밤에 보는 짜오프라야 강을 더욱 더 매혹적으로 만드는 최고급 호텔이다. 객실도 다른 호텔에 비해 크고 37층 높이를 자랑한다. 투숙객들을 위한 셔틀 페리도 운행 중이며 작고 아담한 수영장도 있다. 슈피리어 룸부터 스위트 룸까지 370여 개의 객실이 있다.

● 333 Charoenkrung Rd ☎ 0-2861-2888 ● 6000B~
● BTS 싸판 딱씬(Saphan Taksin)역 하차. 호텔 셔틀보트 이용 ● www.peninsula.com

만다린 오리엔탈 Mandarin Oriental
MAP P.16-E

오랜 전통과 역사를 가지고 있는 방콕의 호텔 중 하나로 꼭 한번은 묵어보고 싶은 현대적이지만 고풍스러움을 함께 갖춘 최고급 호텔이다. 전망이 좋은 방과 철저한 서비스로 명성이 자자하며 세계적인 호텔 베스트 10위 안에 언제나 손꼽힌다. 한번 머물렀던 손님의 취향까지 파악하여 좀 더 나은 서비스를 제공하기 위해 배려하는 호텔이다.

특히 유명 작가들이 머물렀다는 작가의 방(The Author's Residence)도 다른 호텔이 가지지 않은 특별함 중 하나다.

- 48 Oriental Avenue ☎ 0-2659-9000 ● 12000B~
- BTS 싸판 딱씬(Saphan Taksin)역 하차, 호텔 셔틀보트 이용 ● www.mandarinoriental.com

르 부아 앳 스테이트 호텔
Le Bua at State Tower
MAP P.16-F

짜오프라야 강변에 위치한 특급 럭셔리 호텔로, 2006년 오픈했다. 객실의 수는 358개. 모두 커다란 스위트 객실이며 씨티뷰, 리버뷰 등으로 나뉜다. 호텔의 고급스러움에 어울리게 욕실 제품도 프랑스 고급 브랜드인 불가리 제품을 사용한다. 전망이 좋기로 유명한 황금색 돔 모양의 씨로코 바도 유명하다.

- 1055/111 Silom Rd ☎ 0-2624-9999 ● 4000B~
- BTS 싸판 딱씬(Saphan Taksin)역 하차
- www.lebua.com

로얄 오키드 쉐라톤 호텔
Royal Orchid Sheraton
MAP P.16-A

방콕에서 리버뷰가 좋은 최고급 호텔 중 하나로 짜오프라야 강에 위치하고 있어 무료 셔틀보트를 이용할 수 있다. 2007년 리노베이션을 하였고 모든 방이 리버뷰이지만, 그중 전망 좋은 디럭스 리버뷰

와 프리미엄 리버뷰 룸은 18층부터 24층까지인데 고층일수록 가격이 높다. 8종류의 방이 있고 크기는 보통이다.

- 2 CharoenKrung Soi 30 ☎ 0-2266-0123 ● 4000B~ ● BTS 싸판 딱씬(Saphan Taksin)역 하차
- www.royalorchidsheraton.com

밀레니엄 힐튼 Millennium Hilton
MAP P.16-A

짜오프라야 강변에 위치한 현대적인 느낌이 물씬 나는 호텔. 2006년 오픈했고, 깨끗하고 편안하며 세련되었다. 짜오프라야 강변은 교통편이 다른 도심보다는 불편할 수 있지만 강가 주변에서 조용

하게 머물고자 하는 손님들에게 인기 있는 곳이기도 하다. 무료 셔틀 페리가 싸톤 선착장까지 운행 중이다. 전 객실이 리버뷰이므로 전망은 확실하다.

- 123 Charoenkrung Rd ☎ 0-2442-2000 ● 4500B~
- BTS 싸판 딱씬(Saphan Taksin)역 하차, 호텔 셔틀보트 이용 ● www.bangkok.hilton.com

accommodation
파타야의 숙소

위치에 따라 분위기가 많이 달라지므로 리조트를 선택할 때는 주변 여건을 잘 따져보자. 성수기, 비수기에 따라 가격이 달라진다.

파타야 비치 주변

파타야 힐튼　Pattaya Hilton
MAP P.28-B, 휴대지도●-P

파타야에서 가장 핫한 호텔 중 하나. 19층부터 시작되는 오션뷰의 객실은 파타야 해변이 한눈에 들어오는 명당. 파타야 최대 쇼핑몰인 센트럴 페스티벌과 같은 건물에 있어 파타야 최고의 입지를 자랑하며 백화점과는 로비로 연결되어 있다. 로비와 같은 층에 위치한 투숙객 전용 수영장은 작고 아담한 인피니티 풀. 모던하면서 세련된 300여 개의 객실은 성수기에는 예약이 어려우므로 일찍부터 서둘러야 한다.

● 333/101 Moo 9, Nong Prue, Banglamung, Pattaya ☎ 0-3825-3000 ● 5000B~ ● 파타야 비치 중간 위치 ● www3.hilton.com/en/hotels/thailand/hilton-pattaya-BKKHPHI/index.html

케이프 다라 리조트　Cape Dara Resort
MAP P.28-A, 휴대지도●-N

26층의 세련된 호텔로 2012년 오픈했다. 260여 개의 객실은 그리 크지 않지만 전부 오션뷰이며, 현대적인 분위기로 꾸며져 있다. 휴대폰 광고에 등장한 수영장도 인기다. 호텔 돌고래상 앞까지 무료 툭툭 서비스를 이용할 수 있다.

● 256 Dara Beach, Soi 20, Pattaya-Naklua Rd. Pattaya ☎ 0-3893-3888 ● 3500B~ ● 파타야 돌고래상 앞에서 파타야 나끄르아 로드 위치 ● www.capedarapattaya.com

하드록 호텔 파타야
Hard Rock Hotel Pattaya
MAP P.28 -A, 휴대지도●-D

세계적인 체인 호텔. 320여 개의 객실이 있는 호텔로 2011년 리노베이션했다. 시티 뷰, 오션뷰 객실이 있으며 수영장도 여러 개 있어 가족 여행객들이 많이 찾는다. 아이들과 동반한다면 록스타 패밀리 스위트 등을 추천한다. 음악과 식사를 할 수 있는 하드록 카페, 하드록 기념품을 구입할 수 있는 록 숍도 갖추고 있다.

● 429 Moo 9, Pattaya Beach Resort, Pattaya ☎ 0-3842-8755 ● 2500B~ ● 파타야 비치 로드에 위치 ● pattaya.hardrockhotels.net

홀리데이 인 파타야 Holiday Inn Pattaya
MAP P.28-A, 휴대지도 ●-N

2009년에 지어진 26층 호텔로, 베이 타워와 이그제큐티브 타워 2개의 건물로 구성되어 있다. 360여 개 객실은 대부분 오션뷰로 이루어져 있다. 객실은 슈피리어, 디럭스, 이그제큐티브 오션뷰 등이 있다. 큰 차이는 아니지만 이그제큐티브 타워의 객실이 베이 타워보다 조금 넓다.

● 463/68, 463/99 Pattaya Sai 1 Rd, Nongprue, Banglamung, Pattaya ☎ 0-3872-5555 ● 3500B~
● 파타야 비치 주변. 돌고래상에서 비치 로드 방향으로 200~300m 거리
● www.holidayinn-pattaya.com

씨암 앳 씨암 디자인 호텔 앤 스파
Siam @ Siam Design Hotel & Spa
MAP P.28-A, 휴대지도 ●-N

방콕에 있는 씨암 앳 씨암 디자인 호텔의 자매 호텔. 파타야에는 2013년에 오픈했으며 방콕점의 분위기를 이어 독특한 개성을 뽐내고 있다. 객실은 260여 개이며 작은 편이지만, 24층에 있는 수영장에서는 파타야의 확 트인 전망을 볼 수 있고 세련된 바도 평이 좋다.

● 390 Moo 9, Pattaya Sai 2 Rd, Nongprue, Banglamung, Pattaya ☎ 0-3893-0600 ● 3500B~
● 파타야 비치 주변으로 파타야 싸이 썽 로드 위치
● www.siamatpattaya.com

우드 랜드
Woodlands Hotel And Resort Pattaya
MAP P.28-A, 휴대지도 ●-N

파타야 비치 로드에서 걸어서 갈 수 있는 합리적인 가격의 호텔. 교통이 편리한 입지에 있어 관광하기 좋다. 호텔은 조용한 분위기이며 나무들이 풍성하게 조성되어 있다. 지어진 지 오래되었지만 2011년 리노베이션으로 이용에 불편함이 없으며 수영장은 2개 있다.

● 164/1 Rd Pattaya-Naklua, Naklua, Banglamung, Pattaya ☎ 0-371-41-1707 ● 1700B~ ● 파타야 주변 돌고래상 앞 위치
● www.woodland-resort.com/contact.php

머큐어 파타야 오션 리조트
Mercure Pattaya Ocean Resort
MAP P.28-A, 휴대지도 ●-N

2014년에 오픈한 리조트 호텔. 합리적인 가격과 위치로 파타야에서 인기가 급상승 중이며, 가족 단위 여행객들도 많이 찾는다. 2개의 수영장과 200여 개의 객실을 갖추고 있다. 일반 객실 넓이는 26㎡로 다른 호텔에 비해 작은 편이지만, 스위트 오션뷰 객실의 넓이는 35㎡다. 이그제큐티브 패밀리 스위트 (Executive Family Suite)는 60㎡로 2베드룸과 1개의 거실, 발코니가 있어 가족 단위 여행자들에게 인기다. 단, 모든 객실에 욕조가 없으므로 참고하자.

● 463/100 Moo 9, Pattaya 2nd Rd, Nongprue, Pattaya ☎ 0-2659-2888 ● 2000B~ ● 파타야 비치 주변. 택시 및 썽태우 이용 ● www.mercure.com/gb/hotel-8889-mercure-pattaya-ocean-resort/room.shtml

센터라 그랜드 미라지 비치 리조트
Centara Grand Mirage Beach Resort
MAP P. 휴대지도 ●-N

550여 개의 방과 5개의 수영장, 키즈 클럽 등 다양한 시설을 갖추고 있는 파타야 최고 인기 호텔이다. 모든 방은 오션뷰로 전망이 좋다. 워터파크 스타일로 특히 가족 여행에 적합한 곳이다.

● 277 Moo 5, Naklua, Banglamung, Pattaya ☎ 0-3830-1234 ● 4500B~ ● 돌고래상 주변 나끄르아 로드 Soi 18 주변. 택시 및 썽태우 이용
● www.centarahotelsresorts.com/centaragrand

Basic
Information

태국 여행 기초 정보

태국의 기초 지식　346
태국의 관습과 예절　350
세계 유산으로 알아보는 태국의 역사　352

태국의
기초 지식

◎ **국명** 타이 왕국 (Kingdom of Thailand)

◎ **인구** 약 68,414만 명 (2017년 기준)

◎ **수도** 방콕

◎ **면적** 513,120km² (한반도의 2.3배)

◎ **기후와 날씨** 태국은 1년 365일 평균 기온이 33~34도로 무더운 여름 날씨다. 건기와 우기 그리고 3절기로 나뉜다. 3~5월은 건조한 날씨로 비가 오지 않는 가장 덥고 가장 후덥지근한 날씨가 계속된다. 6~10월은 평균 기온이 29도 정도로 무더위를 조금은 벗어난다. 매일 비가 오는 것은 아니고 하루 1~2번 스콜성 비가 내린다. 하지만 이상 기온의 영향으로 하루 종일 내릴 때도 가끔 있다. 11~2월은 아침, 저녁 20~21도의 온도로 화창하다. 그러나 한낮에는 32도까지 올라가는 무더위가 계속된다. 여행하기 제일 좋은 시기는 한국의 겨울인 11~2월까지다. 비도 내리지 않는 건기이고 아침, 저녁 선선한 날씨로, 걸어 다녀도 더위에 지치지 않는다. 태국의 가장 화창하고 좋은 날씨가 계속되는 시기다.
3~10월에도 가장 강렬한 한낮의 햇빛과 비를 피해 일정을 짠다면 여행에 지장 없이 보낼 수 있고 에어컨 등 냉방 시설은 한국보다 잘되어 있으므로 큰 불편 없이 다닐 수 있다.

◎ **민족** 타이족 85%, 화교 12%, 기타 3%

◎ **정치** 입헌군주제(1932년 6월 혁명 이래). 태국의 국가 원수는 국왕으로 짜끄리 왕조 제 10대 왕인 라마 10세 마하 와치랄롱꼰(Maha Vajiralongkorn) 왕이 2016년 12월 즉위했다.

◎ **언어** 타이어(공용어)

◎ **종교** 불교 94.6%, 이슬람교 4.6%, 기독교 0.7%, 기타 0.1%

◎ **비행시간** 인천 국제공항에서 방콕 쑤완나품 국제 공항까지 약 5시간~5시간 30분 소요

◎ **한국과의 시차** 2시간. 방콕은 한국보다 2시간이 느리다.

◎ **화폐** 태국에서 사용되는 화폐는 바트(Baht, B로 표시)라고 불린다. 지폐 단위로는 20B, 50B, 100B, 500B, 1000B가 사용된다. 동전으로는 1B, 2B, 5B, 10B의 네 종류가 이용된다. 더 작은 단위로는 25사탕과 50사탕이 있다.

◎ **영업시간** 은행 09:30~15:30(토~일, 공휴일 휴무), 우체국 08:00~20:00, 백화점 및 상점 10:00~21:00

◎ **화장실** 현대적인 시설을 갖춘 대형빌딩이나 건물에서는 우리와 같은 양변기를 사용하므로 화

태국의 화폐

1000B
500B
100B
50B
20B
(신)25사탕 / (구)25사탕
(신)50사탕 / (구)50사탕
(신)1B / (구)1B
5B / 10B

★바트(Baht, B로 표시). 1B=약 34.17원(2018년 4월 기준)

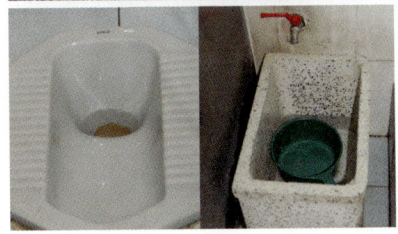

장실 이용은 편리하다. 위 사진에서 변기 옆에 달린 물총 모양 물체는 태국식 비데. 익숙하지 않은 우리나라 사람들은 굳이 이용할 필요는 없다.
아래 사진의 좌변기는 짜뚜짝 주말 시장, 버스터미널, 소규모 식당 등에서 자주 볼 수 있는 화장실 스타일로 우리나라에서 예전에 사용했던 재래식을 생각하면 된다. 옛날 방식이라 불편함은 있지만 사람이 많이 이용하는 곳에서는 위생면에서 나을 수 있다. 물을 내릴 수 있는 곳도 있지만 옆에 물동이가 있어 직접 바가지에 물을 부어 이용해야 하는 곳도 있다.
화장실에서 사용할 휴대용 휴지는 가지고 다니는 것이 좋다. 일반적으로 백화점이나 고급 레스토랑 등 큰 건물 안에는 비치되어 있지만 일반 식당이나 사람이 빈번하게 많이 이용하는 곳 등에서는 휴지가 떨어지거나 비치되지 않은 곳이 많다. 세븐일레븐 등 편의점에서 구입 가능하다.

◎ **음료 및 물** 대부분의 사람들은 미네랄 워터를 사서 마신다. 식당에서 공짜로 공급되는 물은 정수된 물인데 안심이 안 된다면 미네랄 워터를 따로 주문해야 하며 가까운 편의점에서 쉽게 구입할 수 있다. 호텔 이용 시 하루 1~2병 정도의 물이 무료로 제공된다.

◎ **전압** 220V. 우리나라의 전자제품은 대부분 그대로 이용할 수 있다. 콘센트의 모양은 우리나라와 모양이 다르지만, 대부분의 호텔은 콘센트 모양에 상관없이 이용할 수 있다.

◎ **전화** 공중전화 부스는 길거리나 쇼핑몰에서 흔히 볼 수 있는데 동전을 넣을 수 있는 전화기와 카드를 사용하는 전화기의 두 종류가 있다. 동전 전화기를 사용할 경우는 1~10B짜리 동전을 사용하며 전화카드는 가까운 편의점에서 구입할 수 있다. 국제전화가 가능한 전화기나 전화기 부스에는 인터내셔널(International)이라고 쓰여 있다. 전화카드는 가까운 편의점에서 쉽게 구입할 수 있다.

태국에서 한국으로 전화 거는 방법
한국의 02-123-4567에 거는 경우
001(국제전화 식별번호)-82(한국 국가번호)-2(0을 뺀 지역번호)-123-4567(상대 전화번호)

한국에서 태국으로 전화 거는 방법
방콕의 0-2123-4567에 거는 경우
001 등(국제전화 식별번호)-66(태국 국가번호)-(0을 빼고)2123-4567(상대방 전화번호)

방콕에서 시내, 시외 전화 거는 방법
지역번호를 포함한 전화번호를 모두 누르면 된다.

※이 책에서는 편의를 위해 전화번호를 0-2234-4567식으로 표기했다. 태국 내에서 걸 때는 표시된 전화번호를 모두 누르면 되고, 한국에서 걸 때는 맨 앞의 0을 빼야 한다.

◎ **해외 로밍 서비스** 국내에서 사용 중인 휴대폰을 그대로 해외에서 사용할 수 있는 서비스이다. 스마트폰 등 자동 로밍이 되는 핸드폰은 해외에 도착 후 전원을 껐다 켜기만 하면 되고, 자동 로밍 서비스가 되지 않는 구형 핸드폰은 로밍 센터에 문의하여 임대 로밍 휴대폰을 빌려 가면 된다. 비성수기에는 공항 통신사에 직접 방문하면 바로 임대 할 수 있지만 성수기인 경우는 미리 임대를 문의하는 것이 바람직하다. 출발 전 해당 통신사로 문의해보면 더 자세한 사항을 안내받을 수 있다.

◎ **ATM** 백화점, 번화가, 편의점, BTS역 등 많은 곳에 있어 이용이 편리하다. ATM 기기는 24시간 이용할 수 있다. 단, 비밀번호가 노출되지 않도록 조심해야 한다. ATM에서는 신용카드로 현금 서비스 또는 국제현금카드의 인출 서비스를 이용할 수 있으니 여행 출발 전 자신의 카드가 해외에서 사용 가능한 것인지 해당 은행에서 확인하고 가도록 하자.

◎ **인터넷과 와이파이** 시내에는 인터넷, 와이파이를 사용할 수 있는 카페가 많다. 장기간 여행할 경우는 태국 공항에서 태국 통신사의 유심카드를 구입해 사용하는 방법도 있다. 요즘은 대부분 호텔에서 와이파이를 제공하고 있다. 무료로 사용할 수 있는 경우가 많지만 일일 사용료를 내는 곳도 있다. 스마트폰을 자유롭게 사용하고 싶은 경우 한국 통신사별로 데이터 로밍 1일 정액 상품들을 출시하고 있으니 참고할 것.

◎ **주요 연락처**
한국대사관 ☎ 0-2247-7537~39
관광경찰 ☎ 1155, 0-2281-5051
화재신고 ☎ 199
긴급의료기관 요청전화 ☎ 0-2252-2171/5(경찰병원, 구급차 요청도 가능)
앰블런스 요청 ☎ 0-2252-2171
대한항공 ☎ 0-2635-0465~69
아시아나항공 ☎ 0-2263-8333/8335(한국인 직통)
타이항공 ☎ 0-2280-0060
범룽랏병원(쑤쿰윗 쏘이 3 위치) ☎ 0-2667-1319(한국인 직통), 0-2667-2999(24시간 응급서비스)

ATM 조작방법

첫 화면에서 영어 ENGLISH를 선택하면 다음과 같은 표시가 나온다. 표시되는 순서와 단어에 주의해 조작하자 (괄호 안은 신용카드로 현금서비스를 받을 경우)

순서	화면에 나오는 영어	조작방법
1	Insert Your Card 또는 Enter Card	카드 삽입 그후 표시 언어를 선택하는 경우도 있는데 한국어는 없다.
2	Enter PIN	비밀번호 입력 숫자 키를 눌러 입력한다.
3	WITHDRAWAL (CASH ADVANCE)	거래 선택 국제현금카드는 WITHDRAWAL(예금계좌에서 인출)을, 신용카드는 CASH ADVANCE(현금서비스)를 선택한다.
4	SAVINGS ACCOUNT (CASH CARD)	계좌 선택 국제현금카드는 SAVINGS ACCOUNT(보통예금)를, 신용카드는 CASH CARD를 선택한다.
5	AMOUNT	금액 금액의 선택 항목이 6종류 정도 나오므로 선택한다(숫자 키로 입력하는 경우도 있으며 OTHERS를 선택하고 나서 직접 입력하는 형태도 있다).
6	TAKE CASH	현금이 나온다.
7	Another Transaction?	계속/종료 계속해서 다른 거래를 할 것인지를 묻는 질문이다. 거래를 마칠 경우는 NO를 누른다.
8	Take your card and receipt	카드와 명세서가 나온다. 잊지 말고 가져가도록 한다.

◎ 방콕 여행 정보 수집

태사랑 www.thailove.net
네이버 카페 태초의 태국 정보
http://cafe.naver.com/thaiinfo/
태국관광청 www.visitthailand.or.kr

◎ 태국의 공휴일 및 축제

1월 1일 설날(NEW YEAR'S DAY)
2월 21일경 마카푸차
(MAKHA BUCHA DAY, 만불절)
4월 6일경 짜끄리 왕조 기념일
(CHAKRI DAY, 왕조 창건일)
4월 13~15일경 쏭끄란
(SONGKRAN FESTIVAL DAY, 태국의 설날)
5월 1일 노동절
5월 5일 국왕 즉위 기념일
(CORONATION DAY)
5월 8일경 위싸카부차(석가탄신일)
7월 17일경 아싼하부차(삼보절)
7월 18일경 카오판싸(입안거)
8월 12일 왕비 생일
(HER MAJESTY THE QUEEN'S BIRTHDAY)
10월 23일 쭐라롱껀 대왕 기념일
(CHULALONGKORN DAY, 라마 5세 서거일, 태국 현충일)
11월~중순 러이끄라통(LOIKRATHONG)
12월 5일 고 푸미폰 국왕 생일
(SUBSTITUTION FOR HIS MAJESTY THE KING'S BIRTHDAY AND NATIONAL DAY)
12월 10일 헌법 기념일(CONSTITUTION DAY)
12월 31일 섣달 그믐(NEW YEAR'S EVE)

★ 날짜를 ~일경이라고 표시한 불교 행사, 쏭끄란, 러이끄라통은 음력 행사로 매년 일자가 달라진다.

◎ 태국에서 술 판매가 제한되는 날

태국의 공휴일 중 국왕 생일, 왕비 생일, 중요한 선거일에는 편의점, 슈퍼마켓 및 술집에서 술을 판매하지 않는다.

◎ 태국의 2대 축제

쏭끄란 축제
태국에서는 4월에 새해맞이 의식이자 축제가 열린다. 이 시기는 날씨가 매우 더우므로 사람들끼리 물을 뿌리는 의식을 함으로써 더위도 잊고 새해를 축하한다는 의미를 가진다. 방콕 카오싼 지

쏭끄란

러이 끄라통

역에서는 외국인들과 현지인들이 함께 물을 뿌리며 노는 쏭끄란 축제를 즐길 수 있다.
지방에서는 치앙마이에서 가장 크고 성대한 쏭끄란 축제를 볼 수 있다. 다양한 볼거리를 원한다면 역사적인 도시 쑤코타이를 방문해도 좋다.

러이 끄라통 축제
태국력 12월 보름에 열리는 축제. 끄라통은 바나나 잎으로 만든 연꽃 모양의 작은 배를 말한다. 이 작은 배 안에 불붙인 초나 꽃, 동전 등을 넣어 강에 띄운다. 끄라통 안의 촛불이 꺼지지 않고 멀리 가면 소원이 이루어진다고 한다. 방콕에서는 짜오프라야 강에서 여러 모양의 초를 띄우는 행사를 매년 진행한다.

◎ 강화된 태국 세관

태국 공항이 담배와 주류 반입 단속을 강화하고 있다. 담배의 경우 반입 기준은 일반 담배는 200개비(1보루), 시가는 250g을 넘어서는 안 된다. 초과한 경우는 압수 당하거나 10~15배의 벌금을 물어야 한다.
주류의 경우는 1L까지 반입 가능하고 초과했을 경우 구매 가격의 2배 이상 벌금을 물어야 한다.

태국의 관습과 예절

해외여행을 할 때는 '로마에 가면 로마 법을 따르라'는 격언을 잊지 말아야 한다.
'미소의 나라'로 불리는 태국에도 외국인이 지켜야 할 불문율이 있다.

◎ 태국의 종교

국민의 95%가 불교 신도지만 불교가 국교는 아니며 종교의 자유가 있다. 전국 어디라도 사람이 사는 곳이라면 반드시 불교 사원이 있고 도심지 사원 부근에도 이른 새벽부터 황색 승려복을 입은 탁발승들의 행렬과 집집마다 문 앞에서 사람들이 무릎을 꿇고 공양하는(탐붕) 광경을 많이 볼 수 있다.

예로부터 전해오는 애니미즘도 태국 사회의 곳곳에 살아 있어 여행하면서 땅 신이나 집 신을 받드는 풍습 등을 자주 볼 수 있다. 불교와 애니미즘이 혼합되어 태국 사회의 도덕관과 가치관의 뿌리를 이루고 있다.

흔들릴 줄 모른다. 그러므로 여행자 또는 외국인이라고 해서 왕실에 대한 경의를 소홀히 해서는 안 된다. 왓 프라깨우 같은 왕실 수호 사원에서는 특히 복장에 신경 써야 한다. 영화를 상영할 때도 왕실 예찬 노래가 흘러나오는데 이때는 모두 자연스럽게 자리에서 일어난다. 여행자라도 함께 일어서는 것이 바람직하다. 운이 나쁘면 불경죄라는 중죄가 적용될 수도 있다.

◎ 왕실에 대한 예의

태국의 왕실은 국민들로부터 절대적인 존경을 받고 있다. 세계 어느 나라 왕실과도 비교할 수 없을 정도이다. 교묘히 조작된 이미지가 있는 것도 사실이지만, 지금의 왕실은 확실히 존경받을 만하다고 평가되고 있다. 왕실 내의 소문이 흘러오기도 하는 요즘에도 일반 서민들의 신뢰감은

◎ 머리에 손을 대지 말자

태국인의 머리에 손을 대서는 안 된다. 사람의 머리에는 혼이 깃들어 있다고 믿기 때문이다. 우리는 귀여운 아이를 보면 무심코 머리를 쓰다듬는 습관이 있으므로 특히 조심해야 한다.

물론 태국인들도 귀여운 아이를 보면 머리를 쓰다듬을 수도 있지만, 윗사람이나 자신보다 나이가 많은 사람의 머리에 손을 대거나 여성이 남성의 머리에 손을 대는 것은 금기해야 할 행동들이다. 머리와는 반대로 발바닥은 불교에서 부정하다고 여기므로 발 마사지 등을 받을 때 자칫 발이 상대방의 머리에 닿지 않도록 주의한다.

◎ 승려와 몸이 닿으면 안된다

여성은 승려와 몸이 닿지 않도록 주의해야 한다. 승려는 여성과 잠깐이라도 몸이 닿으면 그때까지의 수행이 물거품이 된다고 믿기 때문이다.

◎ 태국인의 국민성

태국인의 국민성을 상징하는 두 단어가 있다면, 몸과 마음 모두 쾌적한 상태라는 뜻의 '싸바이'와 우리말로 괜찮다, 상관없다는 뜻의 '마이 뺀 라이'일 것이다. 이 두 말이 상징하듯이 태국인에게는 괴로운 일이나 귀찮은 일을 싫어하는 성향이 있다. 또한 남의 일에 간섭하거나 간섭받는 것도 싫어하며 자연 그대로를 즐긴다.

그렇다고 게으르다는 뜻은 아니다. 역설적이지만 태국인들은 심신의 상태를 쾌적하게 지키기 위해 어떠한 고난도 달게 받는다. 여행자들의 눈에는 적당히 무책임한 모습으로 비칠지 모르겠지만 근본적인 삶의 방식이 다르다는 점을 염두에 두기 바란다. 경우에 따라 다르긴 하지만, 태국인들은 기본적으로는 상냥하고 다투기를 싫어하는 온화한 사람들이다.

◎ 태국의 인사

태국에서는 우리처럼 머리를 숙여 인사하지 않고 두 손을 공손히 모아 합장하는 모습으로 정중하게 인사를 하면 된다. "안녕하세요"라고 인사를 할 때는 여자는 '싸왓디 카', 남자는 '싸왓디 캅'이라고 말하면 된다. 물건을 사거나 헤어질 때에 두 손을 모아 인사하는 것도 좋다.

◎ 사원의 입장료와 시주

사원은 수행을 하고 신앙심을 높이기 위한 시설이므로 입장료에 해당하는 참배료를 시주하는 것은 당연한 일이라고 할 수 있다. 이 책에서는 입장할 때 별다른 요금이 정해져 있지 않은 사원은 무료라고 했지만, 엄밀히 말해 보시를 하는 것이 바람직하다. 물론 개인의 판단에 따를 뿐이며 강요하는 것은 아니다.

세계 유산으로 알아보는
태국의 역사

역사를 살펴보면 드러나는 왕조의 변천 과정. 거기에는 당시 사회의 영향을 받으면서 시대를 지배한 종교와 밀접하게 관련된 독자적인 예술, 문화가 살아 숨쉬고 있다.

쑤코타이
쑤코타이 왕조 (1238~1438년)

타이 민족에 의한 최초의 통일 왕조인 쑤코타이의 도시 유적으로, 1991년 세계문화유산으로 등록되었다. 약 70만㎡의 광대한 쑤코타이 역사공원에는 200곳이 넘는 유적들이 흩어져 있다.

치앙마이
란나타이 왕조(1287~1558년)

아유타야
아유타야 왕조 (1351~1767년)

치앙마이, 캄보디아, 말레이 반도까지 그 세력을 확장했던 강력한 중앙집권제 왕조이다. 1991년 세계문화유산에 등록되었다. 방콕 근교에서 옛 왕조의 향기를 느껴볼 수 있는 곳으로 인기가 높다.

방콕
짜끄리 왕조 (1782년~현재)

톤부리
톤부리 왕조 (1767~1782년)

퉁야이 · 화이카 켕
야생동물 보호구역

동남아시아 특유의 열대 우림지대의 생태계가 손상되지 않은 채 보존되어 있는 자연유산이다. 이곳에서는 멸종 위기종 21종을 포함한 아시아 주요 지역에 있는 약 3분의 1의 생명체가 서식하고 있다. 일반에게는 공개하지 않으며, 1991년 세계자연유산으로 등록되었다.

반치앙 유적

약 3,000~7,000년 전으로 추정되는 선사시대의 농경 문화 유적지로, 1992년 세계문화유산으로 등록되었다. 특색 있는 채색 문양 토기 등과 같은 출토품은 고도로 발달된 농경문화의 존재를 입증하고 있다. 현재도 발굴과 연구가 진행 중이다.

선주민 몽족의 국가
드바라바티 왕국

인도 문명, 특히 소승불교의 영향을 받아 7~8세기경 번영하였다. 수도가 나컨빠톰이었다는 설과 롭부리였다는 설 등이 있다.

드바라바티의 불교미술은 이곳에서
나컨빠톰
후의 크메르(롭부리) 미술 양식에도 영향을 미쳤던 불탑과 불상이 만들어졌다.

6세기 / 드바라바티 왕국 / 7세기 / 8세기 / 9세기 / 크메르(앙코르) 왕조 / 10세기 / 11세기 / 12세기

동남아시아 사상 최대의 제국
크메르(앙코르) 왕조

캄보디아, 베트남을 본거지로 한 크메르 왕조. 인도, 중국과의 교역도 활발했고, 롭부리를 비롯한 태국 각지에 거점을 두었으나 1431년 타이족 아유타야 군에 의해 멸망했다.

크메르의 불교미술은 이곳에서
피마이
크메르 제국은 신에게서 왕권을 부여받았던 역대의 왕들이 군림하는 힌두교를 믿었고, 이런 힌두교의 영향이 건축물에 강하게 남아있다. 크메르인들의 탁월한 건축술, 미술의 집대성이 바로 앙코르 왔다. 또한 태국 동북부 피마이에는 11~12세기 지어진 크메르 유적이 남아있는데, 힌두교 우주관에 토대를 둔 사원 구조에도 관심을 갖고 살펴보도록 한다. 12세기에는 대승불교의 영향으로 관세음보살상도 많이 제작되었다.

불교미술의 기초 지식

태국 전 지역에 3만 개나 있다는 불교 사원은 신앙의 장소이자 동시에 역사와 예술의 박물관이라고도 할 수 있다.

◎ **사원 건축** 사원 안에 있는 주요 건물은 우보솟(본당), 쩨디(불탑), 위한(예배당), 바이세마(본당의 네 구석에 놓여있는 결계석), 왕립사원에만 있는 몬돕(의식용 도구를 보관하는 건물)이다. 본당 지붕에 있는 파풍(破風) 장식은 사원의 격식을 나타내는 중요한 부분이다. 쩨디(불탑)의 형태는 대승불교와 브라만교 사원에서 유래된 옥수수 형태의 프랑과 스리랑카(구 실론)에서 전래된 범종 형태로 크게 나눌 수 있다.

◎ **불상** 소승불교를 믿는 태국의 불상은 대부분이 부처상이다. 열반의 경지를 나타내는 침석가, 입상, 좌상, 유행불(遊行佛, 걸어다니는 불상)이라는 기본 자세에 여러 종류의 수인(手印, 양손의 모습)을 조합해 불상의 의미를 이해할 수 있다. 대표적인 것은 항마인(降魔印)이다. 반연꽃 자세(반가부좌 자세)에서 왼손은 무릎 위에, 오른손은 무릎 앞에 놓고 손가락을 밑으로 뻗어 지면을 짚는다. 이는 사악한 신 마라(악마)를 굴복시키고 석가가 득도했음을 의미한다.

태국 문화의 토대를 닦은 황금시대
쑤코타이 왕조

타이족이 세운 최초의 통일 왕조. 쑤코타이 왕조의 전성기였던 제3대 람깜행 대왕 시대에 타이 문자가 창제되고 소승불교가 도입되었다. 도예 기술이 들어오고 크메르와 실론의 영향을 받으며 형성된 이 시대의 독자적인 불교 미술은 타이 문화의 정점을 보여준다.

★ **람깜행 대왕(1279~1298년)** 타이 문자를 고안. 국가의 황금시대를 구축했다.

1238년 쑤코타이 왕조 성립
1351년 아유타야 왕조 성립
1558년 치앙마이가 미얀마 군에 점령당함
1569년 아유타야가 일시적으로 미얀마 군에 점령당함

12세기 / 13세기 / 14세기 / 15세기 / 16세기 / 17세기

치앙마이가 수도인 북부 지방의 왕국
란나타이 왕국

대립하는 부족들을 통합하고 치앙쌘 출신의 왕인 멩라이가 세운 나라로, 태국 북부 지방 일대를 지배하였다. 1292년 치앙마이로 수도를 옮기고 그 뒤 260년간 번영을 누렸으나, 16세기 중엽 미얀마의 공격을 받고 200년간 속국 신세를 면치 못했다. 최근까지 독자성을 유지한 문화를 지니고 있었다.

란나타이의 불교미술을 이곳에서
치앙마이

란나타이 왕조와 그 전신인 치앙쌘 왕조의 불교미술 양식을 란나타이(치앙쌘) 양식이라고 한다. 연꽃 봉우리 모양을 본뜬 육계(부처님의 정수리에 있는 뼈가 솟아 저절로 상투 모양이 된 것), 둥근 얼굴의 초기 불상에는 인도의 영향을 볼 수 있고, 후기에는 쑤코타이 양식을 취하고 있다. 불탑도 실론 양식의 범종 형태가 많지만 미얀마 통치 시대의 영향을 받아 미얀마 양식의 불탑도 많이 남아있다.

아유타야 불교미술은 이곳에서
아유타야

국교는 소승불교이지만, 왕의 권위를 높이기 위해 힌두교 의식도 혼합했다. 현재 남아있는 다양한 사원 양식들은 바로 이 시대가 기원이라고 할 수 있다. 초기 불상은 네모난 얼굴과 낮은 코, 두꺼운 입술 등 우통 양식(드바라바티와 크메르 양식, 후기는 쑤코타이 불상을 답습, 13~15세기 태국 중부 짜오프라야 강 유역에 퍼진 불상 양식)을 본떴고, 후기에는 쑤코타이 양식을 도입한 불상들이 주류를 이룬다. 또한 중국의 영향을 받아 도기 조각을 이용한 화려한 장식과 보석관, 대좌 등 호화롭고 아름다운 장식이 발달했다.

400년간 번영 후 멸망
아유타야 왕조

아유타야 왕조는 쑤코타이 왕조를 흡수하고 16세기에 인도차이나 반도 최대의 세력 국가로 군림한다. 17세기에는 해외 무역도 활발하게 성행해 일본인 거리도 형성되었으나, 18세기에 들어서자 아유타야 왕조는 세력을 잃고 미얀마 군에 의해 멸망하고 만다. 수도 아유타야는 철저하게 파괴되었다.

★ **라마티보디 1세(1351~1369년)** 쑤코타이에서 독립해 아유타야에 아유타야 왕조를 열었다.

★ **나레수안 대왕(1590~1605년)** 미얀마로부터 영토를 탈환했다. 지금도 민족 해방의 영웅으로 추앙받고 있다.

쑤코타이의 불교미술은 이곳에서
쑤코타이 · 시사차날라이

초기에는 크메르 양식의 영향을 많이 받았으나, 독자적인 미술을 모색, 발전시킨 쑤코타이 양식은 태국 문화의 원점이라 할 수 있다. 특히 불상은 그후 시대의 모범이 되는 등 커다란 영향을 미쳤는데, 활 모양의 눈썹, 콧날이 오뚝한 달걀형의 얼굴과 온화한 미소, 유연한 신체의 곡선 등이 특징이다. 후기로 갈수록 둥근 얼굴과 통통한 몸집의 불상이 등장한다. 또한 스리랑카 양식의 영향을 받아 불꽃 모양의 육계, 강마인을 취하고 있는 불상도 특징적이다.

쑤코타이 시대에 탄생한 걷는 모습의 불상인 유행불은 태국에서만 볼 수 있는 독특한 것으로 태국 불교미술사의 걸작으로 꼽힌다. 불탑 중에서 독특한 쑤코타이 양식을 보이는 것은 끝이 연꽃 봉오리 모양을 한 불탑이다. 스리랑카에서 승려를 초청해 활발하게 세워진 범종 형태의 쩨디에는 기단을 코끼리 문양이 둘러싼 것도 있다.

왓 마하탓의 불상

국립박물관에 전시된 유행불

- 1767년 딱씬 왕이 미얀마 군을 물리치고 톤부리 왕조 개창
- 1782년 라마 1세가 방콕으로 천도, 방콕 왕조 성립
- 1855년 몽쿳 왕(라마 4세)이 영국과 우호통상조약을 체결
- 1868년 쭐라롱껀 왕(라마 5세) 즉위
- 1932년 절대군주제에서 입헌군주제로 이행
- 1939년 씨암(샴)에서 태국으로 국명을 바꿈. 란나타이국이 태국에 합병
- 1946년 푸미폰 왕 즉위(1950년에 정식 즉위)
- 2016년 마하 와치랄롱꼰 왕 즉위

19세기 20세기 21세기

독립 국가를 유지하며 시대와 함께 변모하는 왕조
방콕(짜끄리) 왕조

미얀마 군을 물리치고 톤부리 왕조를 열었던 딱씬 왕의 심복이었던 짜끄리 장군(라마 1세)은 수도를 방콕으로 옮기고 방콕 왕조를 열었는데, 이 왕조가 태국의 현 왕조이다. 20세기에 두 차례에 걸친 세계 대전에도 유연한 외교 자세로 동남아시아에서 유일하게 열강의 식민지가 되는 위기를 면할 수 있었다.

방콕 왕조의 불교미술은 이곳에서
왓 아룬

아유타야 왕조의 화려한 장식을 그대로 이어받았다. 왕궁이나 왓 아룬 등 방콕 시내의 유적에서 이 같은 특징을 쉽게 찾아볼 수 있다.

몽쿳 왕(라마 4세, 1851~1868년)
태국 근대화, 법 제도를 개혁하는데 착수했다. 왕자들의 교육을 위해 영국인 여교사를 초빙했던 에피소드는 영화 〈왕과 나〉 등을 통해 유명해졌다.

쭐라롱껀 왕(라마 5세, 1868~1910년)
라마 4세의 아들. 아버지의 사업을 이어받아 군사, 행정, 교육 등을 정비했다. 태국 근대화를 확립한 왕으로 이름이 높다. 열강들의 식민지 지배로부터 나라를 지켰다.

푸미폰 왕(라마 9세, 1950~2016년)
훌륭한 국왕으로 알려져 있으며 강력한 카리스마를 유지하면서 국민들로부터 존경을 받았다.

Prepare to Travel

방콕 여행 준비

여권과 비자 358
여행자 보험 360
각종 증명서 361
환전과 여행 경비 362
면세 쇼핑 364
짐싸기 365
공항 가는 법 368
출국 수속 370
위급한 상황에 대처하기 373
태국어 여행 회화 374

여권과 비자
PASSPORT & VISA

2008년부터 보안성을 극대화하고 위·변조와 도용을 억제하기 위해 전자 여권을 도입했다. 비접촉식 IC칩을 내장한 전자 여권은 신원과 바이오 인식 정보를 저장하고 있다. 바이오 인식 정보는 얼굴과 지문 등을 뜻한다.

여권 신청
여권 발급 신청은 자신의 본적이나 거주지와 상관없이 가까운 발행관청에서 신청할 수 있다. 서울 25개 구청과 광역시청, 지방도청의 여권과에서 접수를 받는다. 신분증을 소지하고 인근 지방자치단체를 직접 방문해야 한다. 대리 신청은 불가하다. 평일 오전 9시부터 오후 6시까지 접수가 가능하다. 그러나 직장인들을 위해 관청별로 특정일을 지정해 야간 업무를 보거나 토요일에 발급하기도 한다.

여권 종류
일반적으로 복수 여권과 단수 여권으로 나뉜다. 복수 여권은 특별한 사유가 없는 한 5년 내지 10년 동안 횟수에 제한 없이 외국에 나가는 것이 가능하다. 단수 여권은 단 한 번만 외국에 나갈 수 있으므로 유효기간이 1년이다.

> **전자여권 VS 종이여권**
> 전자여권이라고는 하지만 기존 여권과 겉모습은 크게 다르지 않은 종이 재질의 형태다. 대신 앞표지에는 국제민간항공기구(ICAO)의 표준을 준수하는 전자여권임을 나타내는 로고가 삽입되어 있고, 뒷표지에는 칩과 안테나가 내장되어 있다.

여권 발급에 필요한 서류
❶ 여권 발급 신청서
❷ 여권용 사진 1매, 긴급 여권 발급(여권 갱신을 하지 못한 여행자들에 대한 부가적인 서비스. 사건, 사고, 출장 등 긴급함이 인정되는 경우에만 발급된다) 신청 시 2매
❸ 신분증
❹ 여권 발급 수수료(일반 복수 여권 10년 5만 3000원, 5년 4만 5000원, 일반 단수 여권 2만원)
❺ 병역 의무 해당자는 병역 관계 서류(☎1588-9090, 홈페이지 www.mma.go.kr에서 확인)
❻ 18세 미만 미성년자는 여권 발급 동의서 및 동의자 인감증명서, 가족관계증명서(단, 미성년자 본인이 아닌 동의자 신청 시 발급동의서, 인감증명서 생략 가능)

여권 발급 소요 기간
보통 3~4일 정도 걸리지만, 성수기에는 10일까지 소요될 수 있으니 여행을 가기로 마음먹었다면 바로 신청한다.

유효기간 연장
태국을 여행하려면 여권의 유효기간이 6개월 이상 남아 있어야 한다. 2008년 6월 28일 이전 발급받은 일반 복수 여권의 유효기간이 10년 미만인 경우에는 종전의 규정에 따라 최초 발급일부터 10년이 되는 날까지 유효기간을 연장할 수 있다. 유효기간 연장 신청은 여권 유효기간 만료 전 1년부터 만료 후 1년 내에 해야 한다. 유효기간 연장 재발급 수수료는 2

만 5000원이며, 구비 서류는 신분증과 여권용 사진 1매, 구여권이다.

여권 재발급
여권을 분실했거나 훼손한 경우, 사증(비자)란이 부족할 경우, 주민등록 기재 사항이나 영문 성명의 변경·정정의 경우는 재발급을 받아야 한다. 재발급 여권은 구여권의 남은 유효기간을 그대로 받게 되며, 수수료는 2만 5000원이다. 단, 남은 유효기간이 1년 이하이거나 자신이 원하는 경우에는 유효기간 5년의 신규 여권을 발급받을 수도 있다(수수료 4만 5000원).

여권 사진 촬영 시 주의할 점
가로 3.5cm, 세로 4.5cm이며, 여권 발급 신청일 전 6개월 이내에 촬영한 상반신 사진이어야 한다. 바탕색은 흰색이어야 하고, 포토샵으로 보정한 사진은 사용할 수 없다.
즉석 사진 또는 개인이 촬영한 디지털 사진 역시 부적합하다. 얼굴과 어깨는 정면을 향해야 하며 치아가 보이지 않도록 자연스럽게 다문 입이어야 한다. 배경색과 비슷한 색상의 옷을 착용하는 것도 안 된다. 해외에서 생길 마찰의 소지를 줄이기 위해서라도 본인의 실제 모습과 가장 비슷한 사진을 준비하자.

여권 발급 문의
외교통상부 해외안전여행 서비스
여권 발급과 해외안전여행에 관한 정보를 얻을 수 있다. 여권 관련 민원 서식도 다운로드받을 수 있다.
홈페이지 www.0404.go.kr

영사 콜센터
24시간 운영되므로 해외에서도 언제든지 연락이 가능하다.
국내 이용 시 ☎ 02-3210-0404
해외 이용 시 ☎ 001-800-2100-0404, 1304

비자
입국일로부터 6개월 이상 유효한 대한민국 여권과 왕복 항공권을 소지하고 있다면 최대 90일까지 비자 없이 태국에서 체류할 수 있다. 취업 목적의 체류는 불가능하며 태국 내에서 체류 기간을 연장할 수 없다. 인접국으로 출국한 후 재입국하면 다시 90일간 체류할 수 있다.

여권 유효기간 연장 시 필요한 서류
❶ 여권 기재 사항 변경 신청서
❷ 여권용 사진 1장(여권 발급 신청 전 6개월 이내 촬영한 것)
❸ 주민등록등본 1부(행정 전산망으로 확인 불가능 시)
❹ 여권 및 여권 사본 1부
❺ 만 18세 미만인 경우 부 또는 모의 여권 발급 동의서 및 인감증명서(부모가 신청 시 제외)
❻ 병역 의무 해당자의 경우 병역 관계 서류

여권 재발급 사유에 따라 필요한 서류
❶ 분실 재발급
여권 발급 신청서, 여권용 사진 2장, 여권 재발급 사유서 또는 여권 분실 신고서
❷ 훼손 재발급
여권 발급 신청서, 여권용 사진 2장, 여권 재발급 사유서
❸ 주민등록 오류 정정 재발급
여권 발급 신청서, 여권용 사진 2장, 여권 및 여권 사본 1부, 주민등록 오류 정정 표시가 된 주민등록 초본 또는 동사무소의 협조 공문, 여권 재발급 사유서
❹ 영문 성명 정정 재발급
여권 발급 신청서, 여권용 사진 2장, 여권 및 여권 사본 1부, 증빙 서류(변경할 영문 성명이 기재된 재학증명서, 졸업증명서 등 해외 발행 서류), 여권 재발급 사유서

여행자 보험
TRAVEL INSURANCE

여행자 보험은 여행 중 발생할 수 있는 항공기 사고, 납치, 천재지변 등의 큰 사건은 물론 도난, 교통사고 등 개인적인 일까지 여행 중 일어날 수 있는 갖가지 사건, 사고에 대한 손해를 보상한다.

가입은 어디서
보험설계사, 보험사 영업점, 대리점을 통해 가입할 수 있다. 각 보험 회사의 온라인 사이트에서도 가입할 수 있다. 미리 보험을 준비하지 못했다면 비행기에 탑승하기 전 공항 내 보험 서비스 창구를 이용한다.

보험료
7일 이하의 단기 여행자는 최소 5000원부터 최고 3만 원 선. 여행 기간 3개월까지는 1회 단기 상품 가입이 가능하지만, 3개월 이상이라면 매달 납입하는 장기 상품에 가입해야 한다. 성별과 나이, 여행 기간에 따라 요금 차이가 있다.

여행자 보험 일반 보상 금액
사망 및 후유 장애 5000만~3억 원
상해 의료비 500만~5000만 원
질병으로 인한 사망 1000만~2000만 원
질병 의료비 500만~5000만 원
휴대품 손해 도난 물품 1개당 최대 20만 원(총 5개까지)

미리 여행자 보험에 가입하지 못했다면 공항에서 출국장에 들어가기 전 가입하자.

여행자 보험 Q&A
Traveller's Check

Q 여행 기간이 끝난 후에는 보상받을 수 없나?
A 여행하는 동안 일어난 사고에 한하지만, 여행 중 발생한 질병으로 인해 보험 기간이 끝난 후 30일 이내에 사망할 경우 보상받기도 한다.

Q 다른 보험과 중복 적용을 받을 수 있나?
A 의료실비보험에 가입했다면 여행자 보험과 별도로 치료비의 40%까지 보상받을 수 있다. 단, 2009년 10월 이후 가입했다면 중복 적용이 안 된다. 단체 여행자 보험과 개별 여행자 보험에 동시에 가입했다면 보장 한도에 따라 각각 보험금을 받을 수 있다. 사망할 경우 가입한 모든 보험 회사에서 사망 보험금을 받을 수 있다.

Q 보상을 받기 위해 필요한 서류는?
A 현지 병원이 발급한 진단서와 치료비 영수증, 약제품 영수증, 처방전 등을 챙긴다. 도난 사고가 발생한 경우라면 현지 경찰이 발급한 도난 증명서(사고 증명서)가 필요하다. 여행 중 구입한 상품을 도난당했다면 물품 구입처와 가격이 적힌 영수증을 준비한다.

Q 여행자 보험은 어느 나라에서든 적용되나?
A 국가에서 지정한 여행 금지 지역과 여행 제한 지역은 보험 가입과 보상이 불가능하다. 여행을 떠나기 전 외교통상부 해외안전여행 사이트(www.0404.go.kr)에서 확인할 수 있다.

Q 레저를 즐기다가 다치면 보상받을 수 있나?
A 스쿠버다이빙, 번지점프, 자동차 및 오토바이 경주, 골프 등 스포츠나 레저 활동을 하다가 사고가 나면 보상받지 못한다.

각종 증명서
CERTIFICATE

국제학생증

학생을 위한 특권이라 할 수 있는데 관광지 입장료, 교통비, 숙박비 등을 할인받을 수 있다. 환전 시 우대하는 은행도 있고, 현지에서 긴급 의료 서비스를 받을 수 있다. 국제학생증은 크게 ISIC와 ISEC로 나뉜다. 두 가지 모두 세계에서 공신력 있는 국제학생증으로 통하지만 발급 기관이 다르고, 혜택의 차이가 조금씩 있으니 참고한다.

유스호스텔 회원증

저렴하고 즐거운 여행을 즐기는 배낭여행자에게 첫손으로 꼽히는 숙소는 뭐니 뭐니 해도 유스호스텔이다. 유스호스텔을 이용하기 위해서는 회원증이 필요하다. 회원증은 유럽, 호주, 미주 지역을 여행할 때는 특히 유용하다. 세계에서 유스호스텔이 가장 잘 발달한 곳이며, 세계유스호스텔연맹에 가입한 호스텔에서 회원에게 다양한 혜택을 제공하기 때문이다. 단 방콕은 게스트하우스가 워낙 많이 발달해 있기 때문에 굳이 발급하지 않아도 된다. 회원증이 있는 사람만 투숙 가능한 곳이 있고, 회원가와 비회원가가 따로 책정된 곳도 많다. 회원증은 센터 방문 시 즉시 발급 가능하며, 웹사이트 신청 시 2~3일 후 택배로 받을 수 있다.

국제운전면허증

여행 방법이 점차 다양해지고 있다. 현지 대중교통을 이용하며 다니는 것도 의미 있지만, 미국이나 유럽 등에서 직접 운전하며 이동하는 일도 꽤 낭만적이다. 자동차 여행을 계획하고 있다면 국제운전면허증은 필수다. 태국에서 운전할 일은 거의 없지만, 만약 필요한 사람은 다음과 같이 신청한다. 대한민국 운전면허증 지참자라면 가까운 운전면허시험장과 구청에서도 신청·발급이 가능하다. 위임장을 구비하면 대리 신청도 가능하다. 단 대한민국 운전면허증과 여권을 함께 지참하지 않으면 무면허 운전으로 처벌받을 수 있으니 참고한다.

증명서마다 발급 비용이 들어가므로 효용을 따져 보고 발급받는다. 무턱대고 받아 놓기만 했다가 제대로 써 보지도 못한 채 유효기간을 넘길 수 있기 때문이다.

국제학생증 발급받기
발급처 ISIC, ISEC 사무실 및 제휴 대학교, 제휴 은행, 제휴 여행사
비용 1만 4000원~3만 원
유효기간 발급받은 달로부터 13개월(ISIC), 1~2년(ISEC)
문의전화 02-733-9393(ISIC)
　　　　　1688-5578(ISEC)
홈페이지 www.isic.co.kr
　　　　　www.isecard.co.kr

유스호스텔 회원증 발급받기
발급처 방이동 중앙연맹, 제휴 여행사, 웹사이트
비용 2만 1000원~3만 원
유효기간 1년 / 2년 / 3년 / 평생회원
문의전화 02-725-3031
웹사이트 www.kyha.or.kr

국제면허증 발급받기
발급처 운전면허시험장, 구청
준비 서류 여권(사본 가능), 운전면허증, 여권용 사진 1매(반명함판 사진 가능)
비용 8500원
유효기간 발급일로부터 1년
문의전화 1577-1120

환전과 여행 경비

MONEY TALK

외국에 가면 신용카드를 취급하지 않는 작은 상점이나 식당이 많다. 안전을 위해서라도 신용카드는 호텔이나 면세점, 대형 쇼핑센터, 은행 ATM에서만 사용하자. 여행자 수표는 장기간 여행한다면 고려할 만하다.

인터넷 환전

환율이 불리하게 적용되는 공항에서 돈을 바꿀 게 아니라면, 은행 업무 시간 중 시간을 내야 그나마 경제적으로 환전할 수 있다. 그런데 은행을 찾을 시간이 없다면? 인터넷 환전으로 눈을 돌리자. 은행 창구에서 하는 것보다 수수료가 싼 데다 인터넷 환전을 신청한 뒤 공항 지점에서 환전한 돈을 찾을 수 있어 바쁜 직장인들에게 요긴한 서비스다. 일부 은행은 업무가 끝나는 저녁 시간과 주말에도 환전이 가능하도록 인터넷 환전 서비스를 확대했다. 취급하는 외화의 종류도 늘어나는 추세다.

현금 환전

한 번만 바꾸는 게 유리

환전할 때는 언제나 수수료가 붙는다. 달러로 바꾼 후 현지 통화로 재환전하면 수수료를 두 번 무는 셈이다.

달러나 유로, 태국 통화인 바트는 대부분 시중 은행에서 갖추고 있다. 특수 통화는 규모가 큰 은행이나 KEB하나은행에 찾아가야 한다. 10일 미만의 여행 일정이라면 현지 화폐로 환전을 하고 신용카드를 적절하게 사용하는 것이 적당하다.

미국달러는 이럴 때

장기간 여행하며 여러 나라를 옮길 계획을 하고 있거나 특수 국가의 통화가 우리나라에선 가치가 현저히 떨어지는 경우, 미국달러로 환전하는 것이 현명하다.

환전 수수료 체크하기

창구에서 환율 우대 혜택이 있는지 먼저 문의한다. 묻지 않으면 우대해주지 않는 경우가 종종 있으므로 꼭 확인한다. 환율 우대를 높게 받고 싶다면 각 은행에서 운영하는 환전 관련 클럽에 가입한다. 대표적으로 KEB하나은행 환전 클럽이 있다. 이곳에 가입하면 최대 70% 안팎의 환율 우대를 받을 수 있다. 번거롭다면 주거래 은행에서 환전한다. 월급 통장을 갖고 있는 정도라면 50% 정도 환율 우대를 받을 수 있으며, 실적에 따라 할인율은 달라진다.

신용카드

현금만 가져가는 것이 조금 불안하다면 신용카드를 준비하자. 보안상 문제점이나 약간의 수수료 부담이 있지만 가장 편리하고 보편적인 보조 결제수단으로 사용된

외국에서도 사용 가능한 신용카드인지 확인!!

다. 게다가 신분증 역할까지 한다. 호텔, 렌터카, 단거리 항공권을 예약할 때 대부분 신용카드 제시를 요구한다. 현지에서 현금이 필요할 때 ATM을 통해 현금 서비스를 받을 수도 있다. 국제 카드 브랜드 중에선 가맹점이 많은 비자(Visa), 마스터(Master) 카드가 무난하다. 자신의 카드가 외국에서도 사용 가능한지도 반드시 확인하자. 또 외국은 카드 뒷면의 사인을 반드시 확인하므로 꼭 서명해둔다.

수수료 감안하기

신용카드로 결제한 금액과 청구 금액이 최고 3%까지 차이가 날 수 있다. 각종 수수료가 붙기 때문인데, 이런 수수료 부담을 덜어 주는 해외 선불 카드나 (국제 카드 수수료를 없앤) 국내 카드사의 해외 사용 특화 카드가 속속 출시되고 있다.

신용카드 사용 시 환율 체크하기

환율 동향을 주시한다. 환율이 떨어지는 추세라면 신용카드를 꺼낼 찬스다. 신용카드 승인은 바로 되지만 신용카드 회사에 정산이 되어 넘어가는 것은 1~2일 후. 만일 환율이 계속 떨어지고 있다면 결제할 때 좀 더 싼 환율로 계산이 된다는 뜻이다.

스키밍에 유의

스키밍은 신용카드 결제 단말기에 작은 칩을 부착해 타인의 신용카드 정보를 빼내는 것을 말한다. 위조 신용카드를 비롯한 신용카드 범죄의 원인이 된다.

현금카드로 인출

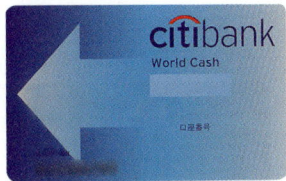
국제 현금카드

한국에서 발행한 해외 현금카드를 이용해 현지 ATM에서 현지 통화로 인출한다. 현금을 들고 다니는 것보다 안전하고, 신용카드보다 규모 있고 알뜰한 소비가 가능하다. 단, 신용카드처럼 준신분증 기능은 하지 못한다. 씨티은행, KEB하나은행, 국민은행에서 발급하고 있으며 비자(VISA), 시러스(Cirrus), 플러스(Plus) 등의 금융기관 마크가 붙어 있다. 현지에서는 자신의 카드 금융기관 마크와 일치하는 ATM을 찾아 인출하면 된다.

신용카드 수수료 계산하기

국제 카드 브랜드 수수료 1%
비자, 마스터에서 청구하는 수수료. JBC는 이 수수료를 받지 않는다. 단, 가맹점이 많지 않다.

국내 카드사의 환가료 0.2~0.75%
현지에서 카드를 결제하면 카드사는 가맹점에 외화로 비용을 미리 지불한다. 고객으로부터 돈을 받으려면 결제일까지 시간이 걸리므로 그 기간 동안 부여하는 이자 명목의 수수료다.

지불 통화 변경에 따른 환가 수수료 0.5% 내외
바트로 물건을 구매했다면, 이 금액이 국제 카드사를 통해 국내 카드사로 청구되는 과정에서 바트→달러→원화로 통화가 바뀌게 된다. 이때 기준 환율보다 높은 환율이 적용돼 금액이 조금씩 올라간다.

씨티은행 ATM은 한국어 서비스도 가능

방콕의 시티은행은 어디?
● 센트럴 월드 4층 MAP P.12
● Interchange 21 Building, 399 Sukhumvit Rd MAP P.7-C
● 323 United Center Building, Silom Rd MAP P.14-A

TRAVEL TIP

방콕에서 환전하기

방콕의 관광지나 쇼핑몰 주변에는 어김없이 은행 환전소나 사설 환전소가 있으니, 달러를 바트로 환전할 때 이용하면 된다. 만약 원화의 가치가 상승할 때는 5만원 고액권을 가지고 가서 환전하면 좋다. 나나역의 바슈(Vasu), 씨암역의 씨암 환전소(Siam Exchange), 라차담리의 슈퍼리치(Superrich)가 한화 환율이 가장 좋다.

시설 환전소에서는 환율과 수수료를 반드시 확인하고 환전하자.

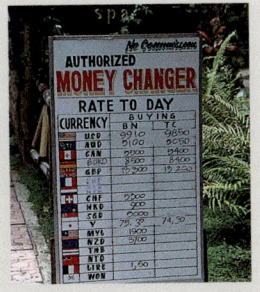

면세 쇼핑
DUTY FREE

해외여행자만이 누릴 수 있는 특권(?) 중 하나가 바로 면세 쇼핑. 평소에는 비싼 가격 때문에 잡지나 백화점 쇼윈도에서 바라만 봐야 했던 고가의 명품, 이번 기회에 내 것으로 만들어보자.

국내 면세점 이용하기

시내 면세점
시내 한복판에 독립 매장이 있거나 백화점, 유명 호텔 안에서 매장을 운영하는 형태. 주로 외국인 관광객을 대상으로 하는 곳이지만 내국인도 항공권을 발권한 상태라면 이용 가능.

인터넷 면세점
고가의 명품 브랜드는 인터넷에서 판매하지 않는 경우가 종종 있으니 참고한다. 결제를 마치면 교환권을 프린트하거나 교환 번호를 메모해 면세품 인도장에 여권, 항공권과 함께 제시하면 된다.

공항 및 기내 면세점
모든 시내 면세점 브랜드를 갖추고 있다. 유명 브랜드 또한 단독 매장을 열어 선택의 폭이 넓다. 기내에서 승무원이 돌아다니며 조촐하게 면세품을 판매한다. 시내 면세점에 비해 물건 수는 적지만 항공사가 독자적으로 상품을 구성하므로 다른 곳에서 볼 수 없는 물건이 가끔 있다. 현금은 항공기의 국적 통화, 출발지·목적지 국가의 통화, 미국달러가 쓰인다.

면세품 인도장 이용하기

시내 면세점과 인터넷 면세점을 이용한 사람은 출국 당일에 체크인과 출국 수속을 끝낸 후 입국장 안에 위치한 면세품 인도장에 가서 구입한 물건을 찾는 시스템이다. 인도장은 몇 군데에 나뉘어져 있으며, 본인이 물건을 찾을 인도장이 정해져 있다. 따라서 면세점 쇼핑 후 자신이 찾아갈 인도장 위치를 확인해두어야 한다.

인천 국제공항 내 면세품 인도장

인도장에 도착하면 해당 면세점의 번호표를 받은 후 전광판에 자신의 번호가 뜨는 곳으로 가서 직원에게 여권(교환권이 있다면 함께)을 보여주고 물건을 받으면 된다. 인도장은 항상 사람이 붐비며 주말과 여행 시즌에는 더욱 심하다. 시간 여유를 충분히 두고 공항에 가야 탑승 시간에 늦어 허둥대는 불상사가 생기지 않고 공항 면세점 쇼핑도 여유롭게 즐길 수 있다. 여권만 있어도 되지만, 교환권이나 교환 번호를 메모해가면 좀더 빨리 물건을 받을 수 있다.

추가 면세 혜택 물품

면세 범위와 관계없이 술, 담배, 향수 등 일부 품목에 대해서는 별도의 추가 면세 혜택을 받을 수 있다. 술은 1인당 1병까지 면세 혜택을 받을 수 있다. 다만 술의 용량은 최대 1L, 구입가격은 400달러를 넘지 않아야 한다. 담배는 최대 200개비(20개비 10갑, 1보루)까지, 향수의 경우 가격에 관계없이 용량 60ml까지 면세 혜택이 제공된다.

짐 싸기
TRAVEL BAG

귀국 길에는 출발 때보다 짐이 늘어나는 것이 확실하다. 가져갈지 망설여지는 물건은 빼고 현지에서 구하는 등 최대한 짐을 줄이자.

가방 선택이 반! 배낭 vs. 캐리어

배낭
여행지가 비교적 험난한 곳이며 이동이 잦을 경우에는 배낭이 편하다. 이코노미 좌석의 경우 기내에 들고 갈 수 있는 가방의 크기와 무게는 세 변의 합이 115㎝ 이내, 무게가 7㎏ 이내. 등판과 앞판이 분리돼 있고, 지퍼를 열면 앞판이 다 열리는 스타일의 배낭이 좋다. 몸통이 둥그렇게 돼 있는 것은 등이 배기고, 위쪽만 열리는 형태의 배낭은 짐을 정리하기가 힘들어 물건을 넣었다 빼기에 불편하다. 가벼운 옷, 수건 등은 아래에 깔고 무거운 짐은 위로 올리는 것이 배낭 꾸리기의 상식!

캐리어(트렁크)
단단한 플라스틱 외장의 하드 타입과 천으로 된 소프트 타입이 있다. 하드 타입은 튼튼하고 견고해 내부의 짐이 덜 상하는 장점이 있지만 긁힘이 심하고 무거우며 가방 크기에 비해 수납의 양이 적다는 단점이 있다. 소프트 타입은 짐을 많이 수납할 수 있고 가볍지만 비나 외부 충격에 약하다. 뒷부분에 어깨 스트랩이 달려 있어 평소에는 끌고 다니다가 여차하면 메고 뛸 수 있는 스타일의 '끌낭'도 인기다.

수하물(부치는 짐)

※이코노미 좌석의 수하물 제한은 15~23㎏이다.

모자 모자를 썼을 때와 안 썼을 때 머리 온도 차는 무려 10~20℃ 정도라고. 산이나 해변에 갈 때, 액티비티를 즐길 때 필수 아이템이다.

수영복 해변 휴양지로 떠날 때나 수영장이 준비된 호텔에 묵을 경우 챙겨 가자. 여행 내내 리조트에 머무는 경우에는 두 벌 정도 챙겨 가도 좋다.

속옷과 양말 가장 허름한 것으로 챙기자. 여행 중 잃어버려도 상관없는 것으로. 장기 여행자는 일주일에 한 번 정도 빨래할 것을 염두에 두자.

수하물(부치는 짐)

옷 가능한 한 옷가지 수와 부피를 줄이자. 어느 옷과 매치해도 어울리는 기본 아이템 위주로 가져가고, 장기 여행자는 몇 번 입고 버릴 만한 옷이 있다면 챙겨 가는 것도 방법. 여행 중 버리면 된다.

신발 산책이나 트레킹 계획이 있다면 운동화를 챙긴다. 오래 신어도 편하고 더러워져도 괜찮은 신발로 준비할 것. 해변에서 놀 때나 리조트 또는 호텔을 다닐 때 신을 슬리퍼도 유용한 아이템.

수건 호텔에 묵는다면 따로 준비해 갈 필요는 없다. 만약 호스텔, 민박, 게스트하우스 숙박자라면 중간중간 세탁을 해 가며 쓴다 생각하고 작은 타월 2장, 큰 타월 1장 정도 챙긴다.

세면도구 일정이 짧다면 작은 용기에 담아가는 것이 좋지만 일정이 길다면 현지에서 조달하는 것도 방법이다. 칫솔, 치약을 제공하지 않는 호텔도 있다.

화장품 기내 액체류 반입 제한 조항 때문에 위탁 수하물로 부치거나 규격 투명 지퍼백에 담아야 할 아이템이다. 자외선을 차단할 선블록 크림을 빼놓지 말자.

접는 우산 현지 날씨 사정에 따라 준비한다. 작고 가벼운 접이식이 좋고 현지 구입도 가능하다. 일부 호텔에서 투숙객에게 우산을 제공하기도 한다.

드라이어 스타일링에 신경 쓰는 여행자들의 필수 아이템. 작고 접을 수 있는 여행용 제품이 편하다. 호텔에 묵는다면 따로 준비할 필요 없다.

칼과 각종 공구 일명 '맥가이버 칼'이나 커터 칼은 부피가 크지 않으니 하나쯤 챙겨 가자. 의외로 유용하다.

각종 전자기기 부속 멀티어댑터와 디지털카메라, 게임기 충전기, 노트북 전원 등은 깔끔하게 정리해 넣는다.

기내에 가지고 타는 짐

지갑 출국 전까지 당장 쓸 현금(원화)과 방콕 공항에서 사용할 태국 화폐, 신용카드, 신분증 등을 넣을 지갑을 챙기자.

책 여행지의 정보가 들어 있는 가이드북과 여행지에서 심심할 때 읽을 책.

여권 및 e티켓 출력물 가장 깊숙한 곳에 잘 보관하자. 또는 복대나 목걸이 지갑을 준비해 항상 몸에 지니도록 하는 것도 방법이다.

각종 전자기기 휴대전화, 디지털 카메라, MP3 플레이어, 태블릿 PC 등 지루한 이동 시간을 해결하는 킬링 타임용 전자기기.

선글라스 눈과 피부 보호를 위한 필수 물품. 현지 조달도 가능하다.

필기도구 기내에서 출입국 신고서 작성할 때 필요하다.

비상약 진통제, 소화제 등을 간단히 챙겨 넣자.

TRAVEL TIP

기내 반입 제한 품목
기내로 액체를 가지고 들어 갈 때 새로운 규정이 도입됐다. 화장품이나 안약 등 겔이나 에어졸을 포함한 액체 물질을 기내에 반입할 때는 100㎖ 이하의 용기에 넣고, 용량 1ℓ(약 20×20cm) 이내의 투명한 지퍼백에 넣어야 한다. 손톱깎기, 병따개 등은 기내 반입 가능한 품목으로 2014년 1월 1일 규제가 완화되었다. 단, 맥가이버 칼 등은 부치는 수하물에 넣어야 한다.

공항 가는 법
TO THE AIRPORT

국제선을 타려면 늦어도 비행기 출발 2시간 전에는 공항에 도착해야 한다. 일부 지방 공항에서 출발하는 국제 항공편도 있지만, 대부분은 인천 국제공항에서 출발한다. 인천 국제공항으로 가는 방법도 여러 가지. 나에게 맞는 교통편을 찾아보자.

인천국제공항 제2터미널 개장!
출발 전 터미널을 꼭 확인하자

2018년 1월 18일부터 인천국제공항 터미널이 제1터미널, 제2터미널로 나뉘어 운영된다. 두 터미널이 멀찍이 떨어져 있는 데다 각각 취항 항공사가 다르므로, 출발 전 반드시 전자항공권(e-티켓)을 통해 어느 터미널로 가야 하는지 확인해야 한다. 자칫 터미널을 잘못 찾을 경우 비행기를 놓치는 불운이 생길 수도 있다. 새로 개장한 제2터미널로 이전하는 항공사는 대한항공, 델타항공, 에어프랑스, KLM네덜란드항공이다. 기존의 제1터미널은 아시아나항공, 기타 외국항공사와 저가항공사들이 취항한다. 터미널 간 이동은 5분 간격으로 운행되는 무료 순환버스를 이용할 수 있다. 제1터미널 3층 중앙 8번 출구, 제2터미널 3층 중앙 4~5번 출구 사이에서 출발하며 15~18분 소요된다. 공항철도는 제1터미널에서 제2터미널까지 약 6분 소요되며, KAL리무진을 제외한 일반 공항리무진(서울, 경기, 지방버스)은 제1터미널을 지나 제2터미널에 도착한다.

인천 국제공항 교통편

리무진버스
인천 국제공항으로 가는 가장 대표적인 교통수단이다. 서울, 수도권, 인천은 물론 경기도 북부와 충청남북도, 경상남북도, 전라남북도, 강원도에서 인천 국제공항까지 한 번에 오는 노선이 있다. 요금은 서울 및 수도권 기준으로 1만~1만 5000원 정도다. 정류장, 시각표, 배차 간격, 요금 등은 인천 국제공항 홈페이지(www.airport.kr)나 공항리무진 홈페이지(www.airportlimousine.co.kr)를 참고한다. 공항 리무진 버스는 시내-제1터미널-제2터미널 순으로 운행한다. 단, KAL 리무진버스는 시내-제2터미널-제1터미널 순으로 운행한다.

공항철도
서울역과 인천 국제공항을 연결하는 공항철도는 대중적인 교통수단이다. 30분 간격으로 운행하는 직통 열차를 이용하면 인천 국제공항 제1터미널까지 43분, 제2터미널까지 51분 소요된다. 요금은 9000원. 운행 횟수가 잦은 일반 열차는 배차 간격이 10여 분으로 인천 국제공항 제1터미널까지 58분, 제2터미널까지 66분 소요된다. 서울역에서 출발할 경우 제1터미널까지 요금은 4150원, 제2터미널까지 4750원이다. 수도권 지하철을 이용한 후 환승하면 서울역~검암역 구간에 한해 환승할인되므로 더욱 경제적이다.

자가용
인천 국제공항 고속도로를 이용하면 된다. 도로 이용료는 편도 기준 6600원(경차 3300원)으로 비싼 편이지만, 인천 국제공항 앞까지 가는 도로는 이곳 하나뿐이다. 짧은 시간 주차할 경우 단기 주차장 건물에 차를 세운다. 주차료는 기본 30분에 1200원으로, 15분마다 600원씩 부과된다. 1일 요금은 1만 2000원. 오랫동안 차를 주차할 경우 장기 주차장을 이용한다. 소형차는 1시간에 1000원, 하루 8000원이며, 대형차는 30분에 1000원, 하루 1만 원이다. 소형차일 경우 6일째 주차 요금부터 50% 할인 적용된다.

택시
당장 출발하지 않으면 비행기를 놓칠 경우 선택하는 최후의 교통수단이다. 가장 가깝다는 인천에서 이용하는 택시비는 2만 5000원~3만 원이고, 서울 도심에서는 미터 요금만 3만~4만 원에 공항 고속도로 이용료까지 부담해야 한다. 만약 4명이 함께 탑승한다면 리무진버스 요금과 비슷하니 택시를 이용하는 것도 괜찮다.

그 외의 공항, 이렇게 간다
김포공항 gimpo.airport.co.kr
김포공항역에서 바로 연결된다. 공항 리무진버스도 다양한 노선이 운행되고 있다.

청주공항 cheongju.airport.co.kr
대전에서는 고속버스, 천안과 충주에서는 시외 직행버스를 이용한다. 서울에서 출발할 때는 강남센트럴시티와 남부터미널에서 수도권 시외버스를 이용한다. 철도는 충북선으로 연결되는데 청사 바로 앞에 '청주공항역'이라는 간이역이 있다.

김해공항 gimhae.airport.co.kr
부산 시내버스, 공항 리무진버스, 시외버스를 이용할 수 있다. 지하철을 이용할 경우 307번 좌석버스나 마을버스로 다시 한 번 갈아타야 하며, 철도를 이용할 경우 구포역에서 하차해 307번 좌석버스를 이용한다.

광주공항 gwangju.airport.co.kr
리무진버스와 시내버스가 각각 1개 노선씩 운행하고 있다. 버스는 오후 10시 전후로 끊기기 때문에 늦은 시각에 공항을 이용하려면 택시를 탄다.

대구공항 daegu.airport.co.kr
대구 시내 및 인근은 물론 전국을 잇는 고속버스 노선을 편리하게 이용할 수 있다. 철도는 동대구역에서 시내버스를 이용하면 된다. 지하철 아양교역에서 버스나 택시로 환승해도 된다.

무안공항 muan.airport.co.kr
광주에서 리무진버스가 1일 5회 운행한다.

광명 도심공항터미널 개장
2018년 1월 KTX 광명역에 도심공항터미널이 문을 열었다. 대한항공, 아시아나항공, 제주항공, 티웨이항공, 이스타항공, 진에어, 에어서울 등 총 7개 항공사의 체크인 카운터가 있으며, 이곳에서 항공권 발권, 수하물 위탁, 출국 심사 등 탑승 수속을 할 수 있다. 출국·탑승 수속을 마치고 리무진 버스를 이용하면 인천공항 제1터미널까지 약 50분, 제2터미널까지 1시간 약 1시간 10분이면 갈 수 있다. 리무진 버스는 광명역-인천공항 1터미널-인천공항 2터미널-송도국제교-광명역 코스로 운행되며 요금은 모두 1만 5000원이다. KTX와 연계해 발권할 경우 3000원을 할인받을 수 있다.
전화 02-3397-8151

TRAVEL TIP
도심에서 여유롭게 수속하고 떠나자

●**도심공항터미널** 서울 삼성동에 있는 도심공항터미널에서도 탑승 수속, 법무부 출국 심사를 할 수 있다. 다만 국내 취항 중인 몇 개의 항공사만이 이곳에서 탑승 수속을 하므로 가능한지 미리 알아보고 가야 실수가 없다. 현재 탑승 수속이 가능한 항공사는 대한항공과 아시아나항공, 제주항공 등 6개 사.
3시간 30분 전에는 도착해야 출국 수속을 하고 인천 국제공항에 늦지 않게 갈 수 있다. 도심공항터미널에서 인천 국제공항까지는 70~80분이 걸린다.
전화 02-551-0077~8 홈페이지 www.kcat.or.kr

●**서울역** 서울역~인천 국제공항역 개통과 함께 공항철도 서울역에서 도심공항터미널(카르스트) 서비스를 실시한다. 지하 2층 카르스트에는 대한항공, 아시아나항공, 제주항공 등 3개 항공사의 체크인 카운터와 출국 심사대, 환전소 등이 들어서 있다. 6개의 체크인 카운터에서는 탑승 수속과 수하물 탁송 서비스를 제공한다. 출발 3시간 전까지 탑승 수속을 마친다. 서울역에서 인천 국제공항까지는 직통 열차로 43분, 일반 열차로 53분 정도 소요된다.
전화 02-364-7788 홈페이지 www.karst.or.kr

출국 수속
DEPARTURE

주말이나 성수기는 출국 수속을 하는 데 더 많은 시간이 걸리므로 여유 있게 하는 것이 안전하다. 공항 면세점을 이용할 생각이라면 좀 더 서둘러야 한다.

1 공항 도착
출발 2시간 전에는 도착

start!

7 보딩 패스와 배기지 태그 받기

부칠 짐은 제한무게를 넘기면 안 돼요!

※항공사에 따라 제한 무게가 다르다.

6 좌석 선택, 짐 부치기

8 출국장 들어가기
출국장으로 들어갈 때는 여권과 보딩 패스를 제시.
Tip 1 참고

노트북, 태블릿PC는 따로 빼서 통과.

9 세관 신고, 보안 검색
신고할 물건이 있으면 여행자 휴대물품 반출 신고서를 작성한다. 엑스레이 검색대를 거친다.
Tip 2 참고

2 카운터 확인
전광판에서 해당 항공사의 카운터를 확인.

3 카운터 도착
줄을 서서 차례를 기다린다.

셀프 체크인을 이용하면 빠르게 수속을 마칠 수 있다.

4 체크인 시작

5 여권과 항공권을 제시

10 출국 심사
직원에게 여권과 보딩 패스를 건넨다.
심사가 끝나면 다시 돌려받는다.
Tip 3 참고

The End!

11 출발 게이트로 이동
면세품을 찾거나 쇼핑을 한 후 출발 시각 30분 전까지 게이트 앞에 도착.
Tip 4 참고

여행자 보험 카운터

로밍 카운터

Tip 1 출국장으로 들어가기 전에 잠깐

환전, 여행자 보험 가입과 휴대전화 로밍을 아직 하지 않았다면 마지막 기회다. 인천 국제공항에는 은행, 여행자 보험 카운터와 휴대전화 로밍센터가 있다. 출국장으로 들어가기 전에 해결하자. 에어사이드에 로밍 카운터가 있기는 하나 그곳에서는 로밍 서비스 신청을 받지 않는다.

Tip 2 보안 검색 시 주의

기내에 휴대하는 모든 물건을 바구니에 넣어 검사대 레인 위에 올려놓는다. 주머니에 있는 것을 전부 꺼내 넣고, 액체 휴대품은 비닐 팩에 넣어 따로 놓는다. 비닐 팩은 공항 내 편의점과 간이서점에서 판매하므로 미리 준비하자. 노트북은 가방에서 꺼내어 따로 통과시켜야 한다. 부츠나 모자를 착용한 경우 벗어서 문제가 없는지 확인시켜 주어야 한다.

Tip 3 자동출입국심사제도

공항에서 줄 서서 기다리는 일이 딱 질색이라면 자동출입국심사제도를 이용하자. 기존의 자동출입국심사는 각 공항에 위치한 사전등록센터에서 여권, 지문, 얼굴 사진을 등록 절차를 거쳐야 했으나, 2017년 1월부터 만 19세 이상 대한민국 여권 소지자라면 사전등록 절차 없이도 자동출입국심사 서비스를 이용할 수 있게 되었다. 그러나 만 19세 미만, 이름 등 인적 사항이 변경된 사람, 주민등록증 발급 후 30년이 지난 사람은 꼭 사전 등록을 해야 한다.

사전 등록은 여권과 얼굴 사진을 준비해가야 하며, 인천공항 출국장 3층 F 발권카운터 앞 등록센터 또는 출국 심사장 자동출입국심사대의 등록장에서 할 수 있다(김포공항에서는 국제선 여객청사 2층 출입국 민원실에서 등록 가능).

Tip 4 제1터미널 101~132번 게이트로 가려면 트램을 타자!

101번~132번 게이트로 가려면 입국심사를 통과한 후 사진의 표지판을 따라 지하로 내려간 후 트램을 타고 이동해야 한다. 트램은 자주 오고 이동 시간도 2분 정도로 짧지만, 사람이 붐빌 경우 트램을 놓치거나 하는 경우도 있으므로 20분 정도 먼저 출발해 게이트에 도착하는 것이 안심할 수 있다. 이쪽 게이트 앞에도 다양한 면세점과 식당 등이 들어서 있다.

트램 타는 곳

위급한 상황 대처하기

여행 중 응급 상황이 생길 때도 있다. 언어가 잘 통하지 않는 낯선 나라에서 아픈 곳을 설명하기란 정말 어려운 일이다. 하지만 방콕 시내에는 한국어 통역 서비스가 가능한 병원들이 있으니 걱정하지 않아도 좋다.

한국어 통역 서비스가 가능한 병원

범룽랏 병원 Bumrungrad Hospital
- 33 Sukhumvit Soi 3 ☎ 0-2667-1000
- www.bumrungrad.com

싸미티웻 병원 Samitivej Hospital
- 133 Sukhumvit Soi 49 ☎ 0-2711-8000
- www.samitivejhospitals.com

방콕 병원 Bangkok Hospital
- 2 Soi Soonvijai 7, New Petchburi Rd ☎ 0-2310-3000 ● www.bangkokhospital.com

방콕 크리스찬 병원 Bangkok Christian Hospital
- 124 Silom Rd ☎ 0-2625-9000, 0-2235-1000
- www.bch.in.th

BNH 병원 BNH Hospital
- 9/1, Convent Rd, Silom ☎ 0-2686-2700
- www.bnhhospital.com

태국 주재 한국 대사관
Embassy of the Republic of Korea
- 23 Thiam-Ruammit Rd, Ratchadapisek, Huay-Kwang, Bangkok ● 월~금 08:30~11:30, 13:30~16:00 ● 토, 일 휴무 ☎ 0-2247-7537~39(근무 시간), 081-914-5803(근무 시간 외) ● MRT 타일랜드(Thailand Cultural Center)역 1번 출구로 나와 쏘이 티얌루엄밋 방향으로 약 15분 거리. 택시 이용 시 태국어로 한국 대사관은 '싸탄툿 까올리 따이'라고 하며, '쏘이 티얌루엄 밋 타논 라차다피섹, 후어이 꽝 방콕'이라고 말하면 한국 대사관 앞에 내려준다.
- tha.mofa.go.kr

비싼 데이터 로밍은 이제 그만. 태국 여행에 유심은 필수.

가격이 비싼 데이터 로밍 대신 여행자용 심카드를 구입해 사용하는 합리적인 여행자들이 늘고 있다. 심카드를 구입하면 태국 전화번호를 부여받아 사용할 수 있고, 데이터가 제공된다. 짐을 찾아 공항 밖으로 나오면 AIS, True, Dtac 등의 태국 통신사 데스크가 있다. 이중에서 가장 줄이 짧은 곳에서 여행자용 심카드를 구입하면 된다. 여행자용 심카드는 가격이나 조건이 비슷하다. 보통 7일, 30일간 사용할 수 있는 심카드를 구입하면 되는데, 사용할 수 있는 데이터 용량에 따라 가격이 달라진다.

태국어 회화

여행을 하다 보면 현지인들과 의사 소통을 해야 할 경우가 있다. 일반적으로 태국에서는 외국인이 많은 고급 호텔이나 레스토랑 외에는 영어로 대화하기 힘드므로 한두 마디쯤은 태국어를 배워 보는 것도 좋을 것이다. 외우기 힘들다면 책을 보여주며 손가락으로 짚어 주자.

필수 단어 & 회화

★ 태국어 발음은 현지 발음대로 표기했다.

안녕(낮·헤어질 때)
สวัสดี • ลาก่อน [ค่ะ/ครับ]
싸왓디·라껀[카/캅]

예
ใช่ [ค่ะ/ครับ]
차이[카/캅]

아니오
ไม่ใช่ [ค่ะ/ครับ]
마이 차이[카/캅]

고맙다
ขอบคุณ [ค่ะ/ครับ]
캅쿤[카/캅]

천만에요
ไม่เป็นไร [ค่ะ/ครับ]
마이 뺀 라이[카/캅]

미안합니다
ขอโทษ [ค่ะ/ครับ]
커 톳[카/캅]

얼마입니까
เท่าไร [ค่ะ/ครับ]
타올 라이[카/캅]

나
ดิฉัน • ผม
디 찬(여성) · 폼(남성)

당신
คุณ
쿤

당신의 이름은 무엇입니까?
คุณชื่ออะไร [ค่ะ/ครับ]
쿤 츠 아 라이[카/캅]

[이것을] 주세요
ขอ [อันนี้] [ค่ะ/ครับ]
커 [안니][카/캅]

[빈방]은 있습니까?
มี [ห้องว่าง] ไหม [ค่ะ/ครับ]
미 [헝 왕] 마이[카/캅]

기본 단어

1	หนึ่ง 능	오늘	วันนี้ 완니	나쁘다	ไม่ดี 마이 디	환전	แลกเงิน 렉응언	
2	สอง 썽	내일	พรุ่งนี้ 푸룽 니	많다	มาก 막	편도	เที่ยวเดียว 탕 디여우	
3	สาม 쌈	어제	เมื่อวานนี้ 므어완 니	적다	น้อย 어	병원	โรงพยาบาล 롱 파야 반	
4	สี่ 씨	아침	เช้า 차오	비싸다	แพง 팽	호텔	โรงแรม 롱렘	
5	ห้า 하	밤	กลางคืน 깡큰	싸다	ถูก 툭	매표소	ที่ขายตั๋ว 티 카이 뚜어	
6	หก 혹	주	อาทิตย์ 아팃	택시	แท็กซี่ 택씨	우체국	ไปรษณีย์ 빠이 싸니	
7	เจ็ด 쩻	일	วัน 완	역	สถานี 싸타니	모르겠습니다	ไม่เข้าใจ 마이 카오 짜이	
8	แปด 뻿	상	บน 본	공항	สนามบิน 싸남빈	버스 정류장	ป้ายรถเมล์ 빠이 롯 메	
9	เก้า 까오	하	ล่าง 랑	선착장	ท่าเรือ 타르아	버스 터미널	สถานีขนส่ง 싸타니 콘쏭	
10	สิบ 씹	좌	ซ้าย 싸이	왕복	ไปกลับ 빠이 깝			
100	ร้อย 러이	우	ขวา 콰	경찰	ตำรวจ 땀루엇			
1000	พัน 판	좋다	ดี 디	사원	วัด 왓			

374

여행 기본 단어

- [메모를 보이고] 이곳으로 가 주세요.
[ให้ดูกระดาษโน๊ต] ไปที่นี่ [ค่ะ/ครับ]
빠이 티 니 [카/캅]

- [왕궁]까지 50밧으로 갈 수 있습니까?
ไป [พระราชวัง] 50 บาทได้ไหม [ค่ะ/ครับ]
빠이 [프라 라 차 왕] 하 씹 밧 다이 마이 [카/캅]

- 여기에 가격을 써 주세요.
ช่วยเขียนราคาที่นี่ [ค่ะ/ครับ]
추어이 키안 라카 티 니 [카/캅]

- 미터기를 작동시켜 주세요.
ช่วยใช้เมเตอร์ด้วย [ค่ะ/ครับ]
쫏 미떠 두어이 [카/캅]

- 이곳은 아닙니다.
ไม่ใช่ที่นี่ [ค่ะ/ครับ] 마이 차이 티 니 [카/캅]

- 이곳에서 왼[오른]쪽으로 도세요.
เลี้ยวซ้าย [ขวา] ที่นี่ [ค่ะ/ครับ]
리여우 싸이[콰] 티 니 [카/캅]

- 여기에서 멈추세요.
จอดที่นี่ [ค่ะ/ครับ] 쩟 티 니 [카/캅]

- 거스름돈이 부족합니다.
เงินทอนไม่ครบ [ค่ะ/ครับ]
턴 옹언 마이 크롭 [카/캅]

- 가격이 약속과 다릅니다.
ราคาไม่ตรงกับที่ตกลงไว้ [ค่ะ/ครับ]
라카 마이 똥 깝 티 똑롱 와이 [카/캅]

- [공항]으로 가는 버스 정류장은 어디입니까?
ป้ายรถเมล์ที่ไป [สนามบิน] อยู่ที่ไหน [ค่ะ/ครับ]
빠이 롯 메 티 파이 [사남빈] 유 티 나이 [카/캅]

- 이 버스는 [씨암 스퀘어]로 갑니까?
รถเมล์คันนี้ไป [สยามสแควร์] ไหม [ค่ะ/ครับ]
롯 메 칸 니 빠이 [싸얌 스퀘어] 마이 [카/캅]

- [치앙마이]까지 얼마입니까?
ไป [เชียงใหม่] เท่าไหร่ [ค่ะ/ครับ]
빠이 [치앙마이] 타오 라이 [카/캅]

- 몇 시에 차가 떠납니까?
รถออกกี่โมง [ค่ะ/ครับ]
롯 옥 끼 몽 [카/캅]

- [활람퐁역]에 도착하면 알려 주세요.
ถึง [สถานีหัวลำโพง] แล้วช่วยบอกด้วย [ค่ะ/ครับ]
싸 타니[활람퐁] 레우 추어이 벅 두어이 [카/캅]

- 좀 더 싸게 해주세요.
ลดอีกหน่อยนะ [ค่ะ/ครับ]
롯 익 노이나 [카/캅]

- 예, 주세요.
ค่ะ เอาอันนี้ [ค่ะ/ครับ]   카오 안니 [카/캅]

- 아니오, 필요없습니다.
ไม่เอา [ค่ะ/ครับ]   마이 아오 [카/캅]

- [포장마차에서] 이것을 얹어 주세요.
ช่วยยกอันนี้ขึ้น [ค่ะ/ครับ]   추어이 럿 안니 두어이 [카/캅]

- 저 사람과 똑같은 것을 주세요.
ขอที่เหมือนกับของคนนั้น [ค่ะ/ครับ]
아오 므언 컹 콘 난 [카/캅]

- 몇 시까지 영업합니까?
เปิดถึงกี่โมง [ค่ะ/ครับ]   뻣 틍 끼 몽 [카/캅]

- 좀 더 큰[작은] 것이 있습니까?
มีขนาดใหญ่ [เล็ก] กว่านี้ไหม [ค่ะ/ครับ]
미 야이[렉] 콰 미 마이 [카/캅]

- 화장실은 어디입니까?
[ห้องน้ำ] อยู่ที่ไหน [ค่ะ/ครับ]   [헝남] 유 티 나이 [카/캅]

- 한번 더 말해 주세요.
ช่วยพูดอีกที [ค่ะ/ครับ]   추어이 풋 익티 [카/캅]

- 사진을 찍어도 됩니까?
ถ่ายรูปได้ไหม [ค่ะ/ครับ]   타이 룹 다이 마이 [카/캅]

태국어의 표기와 억양에 관하여

태국어는 표기가 동일하더라도 억양에 따라 의미가 달라진다. 발음은 원음에 가깝도록 표기했으나, 실제로 태국인이 알아듣기 어려운 경우도 있다는 것을 알아 두자. 긴 문장으로 의사 표현을 하려고 노력하지 말고, 가능한 짧은 단어를 나열하는 식으로 회화를 이어가는 것이 요령이다. 상대편도 태국어에 능통하지 않은 외국인이라는 사실을 알고 있으므로, 발음이 어눌하더라도 단어의 의미로 대략적인 내용은 이해할 것이다. 또한 태국어에는 남성과 여성의 표현이 다르다. 기본적으로 문장 마지막에서 남성은 '캅', 여성은 '카'를 붙이면 공손한 표현이다.

긴급할 때 회화

여행지에서는 어떤 일이 일어날지 예상할 수 없다. 긴급할 때 사용하는 기본문장을 기억해 놓자. 긴급한 상황에서는 이 책을 펴볼 여유가 없다.

필수 단어 & 회화

- 필요없습니다.
ไม่เอา [ค่ะ/ครับ]
마이 아오 [카/캅]

- 도와 줘요!
ช่วยด้วย
추어이 두어이

- 사진기를 도난당했습니다.
ถูกโมยกล้องถ่ายรูป [ค่ะ/ครับ]
툭 카모이 껑 타이 룹 [카/캅]

- 경찰서에 데려다 주세요.
ช่วยพาไปสถานีตำรวจหน่อย
추어이 파 빠이 사타니 땀 루앗 이

- 여권을 잃어 버렸습니다.
ดิฉัน [ผม] พาสปอร์ตหาย [ค่ะ/ครับ]
디챈폼] 파 사 뻣 하이 [카/캅]

- 경찰을 불러 주세요.
ช่วยเรียกตำรวจให้หน่อย [ค่ะ/ครับ]
추어이 리약 땀루엇 너이 [카/캅]

- 구급차를 불러 주세요.
ช่วยเรียกรถพยาบาลให้หน่อย [ค่ะ/ครับ]
추어이 리약 롯 파야 반 하이 너이 [카/캅]

- 도둑이야!
ขโมย
카 모이

- 아야!(아플 때)
เจ็บ
쨉

- 위험해!
อันตราย
안 딸 라이

- 메스껍습니다.
อาการไม่ดี [ค่ะ/ครับ]
아 깐 마이 디 [카/캅]

- 병원에 데려다 주세요.
ช่วยพาไปโรงพยาบาลหน่อย [ค่ะ/ครับ]
추어이 파 빠이 롱 파야 반 이 [카/캅]

- 그만두세요.
หยุดนะ [ค่ะ/ครับ]
윳 나 [카/캅]

- 흥미없습니다.
ไม่สนใจ [ค่ะ/ครับ]
마이 쏜 짜이 [카/캅]

- 마시고 싶지않습니다.
ไม่อยากดื่ม [ค่ะ/ครับ]
마이 약 드음 [카/캅]

- 나가 주세요.
กรุณาออกไป [ค่ะ/ครับ]
까루나 옥 빠이 [카/캅]

- 이것이 전부입니다.
นี่ทั้งหมด [ค่ะ/ครับ]
니 탕 못 [카/캅]

- 말한 대로 하겠습니다.
จะทำตามที่บอก [ค่ะ/ครับ]
짜 탐 땀 티 벅 [카/캅]

영어

- 여권을 잃어 버렸습니다.
I lost my passport.   아이 로스트 마이 패스포트

- 도난 증명서를 발행해 주세요.
May I have a report of the theft?
메이 아이 해브 어 리포트 오브 더 세프트?

- 한국 대사관은 어디입니까?
Where is the Korean embassy?
웨어 이즈 더 코리언 엠버시?

- 여행자 보험에 가입되어 있습니다.
I have travel insurance. 아이 해브 트래블 인슈어런스

- 가방을 도난당했습니다.
My bag has been stolen.   마이 백 해즈 빈 스톨-ㄴ

- 택시 안에서 지갑을 놓고 내렸습니다.
I have left my purse(wallet) in the taxi.
아이 해브 레프트 마이 퍼스(월릿) 인 더 택시

- 신용 카드를 취소해 주세요.
Please cancel my credit card.
플리즈 캔슬 마이 크레딧 카드

- 여행자 수표를 재발행해 주세요.
Please reissue my traveller's checks.
플리즈 리아슈 마이 트래블러스 첵스

- 경찰을 불러 주세요.
Please Call the police.
플리즈 콜 더 폴리스

- 병원에 데려가 주세요.
Please take me to a hospital.
플리즈 테이크 미 투 어 호스피틀

- 구급차를 불러 주세요.
Please call an ambulance.   플리즈 콜 언 앰뷸런스

- 열이 있습니다.
I have a fever.   아이 해브 어 피버

- 배가 아픕니다.
I have a pain in my stomach.
아이 해브 어 페인 인 마이 스터먹

- 설사를 합니다.
I have a diarrhea.   아이 해브 어 다이어리어

- 고장 났으니까 교환해 주세요.
This one doesn't work. Please change it.
디스 원 더즌트 워크. 플리즈 체인지 잇

- 인천행 비행기를 놓쳤습니다.
I have missed the flight to Incheon.
아이 해브 미스트 더 플라이트 투 인천

- 탑승 가능한 비행편을 예약해 주세요.
Please make a reservation for the next available flight.
플리즈 메이크 어 레저베이션 포 더 넥스트 어베일러블 플라이트

- 환불해 주세요.
Please give me a refund.   플리즈 기브 미 어 리펀드

찾아보기

이 책에 실은 관광명소와 쇼핑, 레스토랑, 나이트라이프, 마사지 숍을 가나다순으로 정리했다.

관광명소

국립극장	252		쌈프란 동물원	291
국립미술관	253		씨리랏 의학 박물관	278
국립박물관	250		암파와 수상 시장	292
꼬 란	306		왓 라차보핏	252
농눅 빌리지	305		왓 라차부라나	284
담넉 싸두악 수상 시장	290		왓 라차부라나	295
두씻 동물원	271		왓 라캉	278
두씻 정원	272		왓 로카야쑤타람	295
딸라 테웻(테웻 시장)	269		왓 마하탓	251
라마 5세 동상	271		왓 망콘 까말라왓	284
락 무앙	251		왓 벤짜마버핏	270
로즈 가든	291		왓 보원니웻	259
룸피니 공원	219		왓 쁘라마하탓	295
마담 투소 방콕	177		왓 쁘라씨산펫 & 왕궁 터	294
마하깐 요새	258		왓 쑤탓	257
매끌렁 기차 시장	292		왓 아룬	277
민주 기념탑	257		왓 인트라위한	269
바운스인크 타일랜드	144		왓 짜끄라왓	285
반캄티양	117		왓 트라이밋	283
방람푸 시장	259		왓 포	249
방콕 아트 앤 컬쳐 센터	178		왕궁 & 왓 프라깨우	245
방파인 여름 궁전	296		왕실 선박 박물관	278
벤자씨리 공원	143		위한 프라몽콘보핏	295
부적 거리	253		제스 전쟁박물관	293
시라이프 방콕 오션 월드	176		좀티엔 비치	304
싸남 루앙	250		짐 톰슨 하우스 박물관	175
싸오 칭 차	257		쭐라롱껀 대학교	175
싸판 풋 다리	285		짯다라 궁전	271

카오싼 로드	256
콰이 강의 다리	293
타마쌋 대학교	253
파타야 비치	304
파타야 수상 시장	305
푸 카오 텅(황금의 산) & 왓 싸켓	258
프라 쑤멘 요새	259
활람퐁 기차역	283

쇼핑

게이손 플라자	202
그레이하운드	200
나라야	147
나컨 까셈	287
로빈슨 백화점	118
로프트	185
마콩분 센터(MBK)	185
빅토리아 시크릿	182
빠뚜남 시장	204
빠뚜남 플래티늄 패션 몰	204
빡 콩 딸랏	288
쌈펭 거리	287
세나다	183
세포라	182
센트럴	202
센트럴 엠버시	202
센트럴 월드	199
싸판 풋 야시장	288
쑤쿰윗 플라자	118
씨암 디스커버리 센터	183
씨암 센터	181
씨암 스퀘어	184
씨암 스퀘어 원	184
씨암 파라곤	179
엠쿼티어	146
엠포리움 백화점	145

오픈 하우스	203
올드 씨암 플라자	286
짐 톰슨	201
짐 톰슨 아웃렛	147
찰스 앤 키스	201
클로젯	183
타임 스퀘어	118
탄	180
터미널 21	119
톱숍	200
파후랏 시장	286
푸파 숍	132
플라이 나우 III	200
한	180

레스토랑

MK 골드 레스토랑	186
TWG 티 살롱 & 부티크	188
갤러리 드립 커피	193
그레이하운드 카페	192
글래스 하우스 파타야	310
낀롬 촘 싸판	262
나라	153
나이 쏘이	261
나인스 카페	209
낭누알	307
닌자 BBQ	307
뒤크 드 프랄린 벨지움 초콜릿	125
딘 앤 델루카	222
딘타이펑	206
따링 쁘링	225
라 바게트	308
라이브러리	150
라틀리에 드 조엘 로브숑	221
레몬 팜	209
로스트 커피 앤 이터리	155

로켓 커피바	223		오오토야	158
로티 마타바	260		온 더 테이블	207
롱 테이블	123		인 더 무드 포 러브 원	162
류안 말리카	149		인더스	151
르 달랏	126		일레븐 갤러리	131
르안 우라이	228		잇 미 레스토랑	230
리키스 커피숍	260		재 능오	127
림파라핀	309		조이럭 클럽	261
마더 웨이 아이	159		존스 더 그로서	151
망고 탱고	189		체사	128
망고 트리	229		촉차이 스테이크 하우스	125
모스 버거	130		츄	127
무까따	263		카르마카멧 다이너	154
뭄아로이	310		캐비지 & 콘돔	124
믹스 레스토랑	130		캐비지 & 콘돔 파타야	311
반 라이 카페	162		커피 빈 바이 다오	205
반 카니타	120		코 당 탈레	231
반 쿤 매	190		코카 수끼	191
배코피노	160		쿠파	121
베이 오토	128		쿤댕 꾸어이짭 유안	262
붕 스타 커피	262		크레이프 & 코	208
브리즈	230		키나리 타이 레스토랑	133
블루 엘리펀트	226		타파스 카페	132
샤부 시 바이 오이시	210		탄잉	225
셀라돈	232		탕롱	209
수다	122		텅 크르앙	156
시크릿 가든	233		텍사스 수끼	289
시푸드 마켓	152		톰슨 레스토랑 앤 와인 바	193
쌀롬 빌리지	224		트루	187
쏜통	148		티케어 시푸드	289
쏨땀 누아	191		팀호완	129
쏨분 시푸드	211		팁 싸마이	263
아이스 몬스터	308		파툼 오가닉 리빙	159
알 마스리 레스토랑	132		퍼햅스 래빗츠	161
애프터 유	157		폴	210
언 패션 카페	161		푸드 로프트	309
에브리데이 카르마카멧	227		푸드 리퍼블릭	192
오드리 카페 디 플뢰르	152		푸앙 깨우	124
오봉팽	158		피어 21	130

피에르 에르메	150
하이 쏨땀 컨벤트	227
해러즈 플랜테이션 룸	189
해브 어 지드 바이 스테이크 라오	129
헴록	260
후지	187

나이트라이프

나나 플라자	135
네버 엔딩 섬머	240
더 루프	195
더 루프 바	264
더 클럽	264
데모	171
라파르트	136
레벨스 클럽 앤 라운지	134
루프 톱 바	213
멧 바	238
몰리 말론	239
바추스	213
뱀부 바	238
버티고 그릴 앤 문 바	236
브릭 바	264
스칼렛 와인 바 앤 레스토랑	237
쏘이 카우보이	135
쓰리 식스티 라운지	237
싱싱 시어터	170
씨로코	234
알카자 쇼	313
어보브 일레븐	134
업 앤 어버브 레스토랑 앤 바	213
옥타브	170
워킹 스트리트	313
젠세	212
파크 소사이어티 앤 하이소 바	235
펑키 빌라	171

페이스 바	170
피프티 파이브 앤 레드 스카이	213
하드록 카페	195
하드록 폼 파티	313

마사지

닥터 핏	167
디바나 디 디바인 스파	165
디바나 마사지 앤 스파	138
디오라	214
라바나	137
렛츠 릴렉스	312
리프레시 앳 24 스파 앤 마사지	168
리플렉스 플레이스 마사지 테라피	140
마이 스파	138
바와 스파	215
방콕 오아시스 스파	169
스파 1930	214
쌀리라롬 트로피칼 스파	167
아시아 허브 어소시에이션	163
유노모리 온센 & 스파	166
인피니티 스파	241
코란	164
킹 앤 아이	140
탄 생츄어리	214
트래저 스파	194
팜 허벌 리트리트	168
퍼셉션 블라인드 마사지	241
페이스 스파	167
풋 마스터	141
헬스 랜드(방콕)	139
헬스 랜드(파타야)	312

공연 예약

홍익여행사
칼립소 쇼 Calypso
100바트 할인 쿠폰

쿠폰 1매로 2인 사용 가능

Justgo

공연 예약

홍익여행사
씨암 니라밋 Siam Niramit
100바트 할인 쿠폰

쿠폰 1매로 2인 사용 가능

Justgo

케이 네일 라운지
K-nail Lounge
100바트 할인 쿠폰

쿠폰 1매로 2인 사용 가능

Justgo

홍익여행사

홈페이지 http://hongiktravel.com
주소 49/4 Soi Rongmai,Chaofa Road,Banglampoo,Bangkok
전화 0-2282-4114, 0-2281-3825

유효기간 2018년 12월 31일
*방콕 홍익여행사 방문 시 실물 쿠폰을 지참해야 할인 혜택을 받을 수 있음.
*단, 현지 사정에 따라 할인율이 달라졌을 경우 다른 상품으로 교체 할인될 수도 있음.

홍익여행사

홈페이지 http://hongiktravel.com
주소 49/4 Soi Rongmai,Chaofa Road,Banglampoo,Bangkok
전화 0-2282-4114, 0-2281-3825

유효기간 2018년 12월 31일
*방콕 홍익여행사 방문 시 실물 쿠폰을 지참해야 할인 혜택을 받을 수 있음.
*단, 현지 사정에 따라 할인율이 달라졌을 경우 다른 상품으로 교체 할인될 수도 있음.

뷰티 쿠폰

홈페이지 www.facebook.com/Knaillounge
주소 2 Sukhumvit Soi 25
전화 0-2661-7289
영업시간 11:00~20:00
가는 방법 BTS 아쏙(Asok)역 3, 4번 출구 방향으로 Soi 25에서 1분 거리

유효기간 2018년 12월 31일
*네일아트, 젤 네일아트 1000B 이상 이용 시 100B 할인 혜택을 받을 수 있음
*실물 쿠폰을 지참해야 할인 혜택을 받을 수 있음
*제품 구매 시 사용 불가

여행에 여유로움과
감성을 더한
새로운 여행 무크지

마 실
시 리 즈

아날로그적인 분위기와 세련된 감각을 동시에 갖춘
감성 스폿들을 선별해 여러분과 공유합니다.
마실 시리즈는 바쁘고 지친 일상에 힐링이 필요하거나
계절마다 여행 욕구에 몸서리치는 이들에게
짧지만 긴 여운의 여행을 선물할 것입니다.

Volume 01
도쿄 마실

정꽃보라 · 정꽃나래 지음 | 276쪽 | 값 15,000원

Volume 02
제주 마실

김주미 지음 | 196쪽 | 값 12,000원

지 금 서 점 에 있 습 니 다

시공사

Just go 해외여행 가이드북 ❸❾

방콕

2018년 4월 26일 개정4판 1쇄 발행
2018년 9월 17일 개정4판 2쇄 발행

지은이 | 노소연
발행인 | 이원주
책임편집 | 원경혜
마케팅 | 이재성
발행처 | (주)시공사
출판등록 | 1989년 5월 10일 (제3-248호)

주소 | 서울시 서초구 사임당로 82(우편번호 06641)
전화 | 편집 (02)2046-2897 · 영업 (02)2046-2877
팩스 | 편집 (02)585-1755 · 영업 (02)588-0835
홈페이지 | www.sigongsa.com

ⓒ 노소연 2018

ISBN 978-89-527-9027-9 14980
ISBN 978-89-527-4331-2(세트)

파본이나 잘못된 책은 구입하신 서점에서 교환해 드립니다.
값은 뒤표지에 있습니다.